深圳市哲学社会科学"十二五"规划项目
深圳大学中国经济特区研究中心文库

全 球 视 野 深 港 视 角

# 人民币国际化路径研究

曹龙骐　陈红泉
李艳丰　杨　文 　　著

中国金融出版社

责任编辑：丁　芊
责任校对：张志文
责任印制：陈晓川

图书在版编目（CIP）数据

人民币国际化路径研究（Renminbi Guojihua Lujing Yanjiu）/曹龙骐等
著．—北京：中国金融出版社，2014. 11
ISBN 978 - 7 - 5049 - 7655 - 0

I. ①人… II. ①曹… III. ①人民币—金融国际化—研究 IV. ①F822

中国版本图书馆 CIP 数据核字（2014）第 213883 号

出版
发行　　中国金融出版社

社址　　北京市丰台区益泽路 2 号
市场开发部　（010）63266347，63805472，63439533（传真）
网 上 书 店　http://www.chinafph.com
　　　　　　　（010）63286832，63365686（传真）
读者服务部　（010）66070833，62568380
邮编　100071
经销　新华书店
印刷　三河市利兴印刷有限公司
尺寸　169 毫米 ×239 毫米
印张　18.75
字数　333 千
版次　2014 年 11 月第 1 版
印次　2014 年 11 月第 1 次印刷
定价　40.00 元
ISBN 978 - 7 - 5049 - 7655 - 0/F. 7215
如出现印装错误本社负责调换　联系电话（010）63263947

# 序

据权威机构预测，人民币国际化很可能成为未来十年世界经济的重大发展趋势。因此，这一问题也已上升到中国发展战略层面。可见，对此进行研究迫在眉睫、意义重大。

一国货币的国际化是指该国本币的国际化，具体指该国的主权货币，如美国的美元、英国的英镑、德国的马克、日本的日元、欧元区的欧元等，被普遍用于国际经济贸易和金融活动之中，并成为国际储备货币或世界货币。

作为世界货币，一般都具有相互联系、层次交叉和不断递进的三种功能：（1）计价功能。这一功能依托于货币的价值尺度职能，即作为商品和劳务及其交易的计价工具。（2）投融资的结算功能。这一功能依附于金融市场，因为世界货币作为价值的承担者，广泛用于个人和各种机构作为国际金融市场的投融资支付和结算工具。（3）由上述两种功能滋生出的世界货币功能具有国际通行的价值储藏功能，它也可作为国家、各种机构和个人的一般价值储藏手段。

关于货币国际化，进一步分析，还可以从不同角度加以定义：（1）就货币"质"的规定性加以分析，它是指作为一般等价物的一国货币，越出国境发挥其应有的作用。（2）就货币职能的角度分析，因为货币职能是货币本质的具体体现，越出国境即发挥计价（依托货币的价值尺度职能）、结算（依托货币的流通手段和支付手段职能）和当作国际储备货币（依托货币的世界货币职能），由此得出，货币国际化是指走出国门的货币能成为国际贸易和国际投融资的计价结算货币以及国际储备货币。（3）就货币国际化的状态而言，从静态角度看，它表现为某国货币在对外经济交往中越来越多地发挥上述国际货币的三大功能，并得到国际社会普遍承认，因而可在世界范围内自由兑换的一种结果。从动态角度看，一国货币国际化涉及由窄到宽、由浅入深的过程，在这一过程中的某一时段，不能自称已"国际化"了，因为可能存在"倒退"的危险。可见，货币国际化的这一过程的"一切"是为了"结果"的最终实现，它是一个"过程"，也是一个市场行为。即使"结果"实现了，种种情况也可能回归到"结果"前"过程"中的某一时段，甚至在客观上已不发挥国际货币的独特作用。这可从货币发展史上得以证明，例如，英镑一时施行贸易霸权夺得货币国际化地位，随后因经济衰落被美元依托政治经济的强势地位而替代；日元虽依靠实行放开外汇管制发挥单一功能使其走上国际化道路，但在20世纪初开始终究不能正常把握升值之度，加上坚持出口导向型经济政策等原因，使其日益走向衰败。

由上述分析，科学简练地表述货币国际化的定义：货币国际化是指一国货币在世界范围内可以自由兑换、成为国际上普遍认可的计价结算、交易媒介及储备货币的过程。简言之，就是一国货币要走出国门，成为跨境贸易计价结算货币、投融资货币和国际储备货币而发挥其独特的作用。

2008年下半年爆发的全球金融危机，充分暴露了以美元为世界主权货币的国际货币体系的弊端，各国要求改革的呼声四起，构建一个公平、公正、多元的国际货币体系已是众人所望。与此同时，人民币的"区域化—离岸化—国际化"，也已取得了举世瞩目的进展。事实证明，人民币的扩大影响和持续走强，无论对抑制美元的霸权地位，还是对保持和增强我国经济的内在实力和活力，都有重大而深远的意义。当今，中国作为世界第二大经济体，国际地位也日趋上升，特别是近几年，我们在深化改革开放政策之际，满足世界各国和中国交往过程中对人民币的客观需求，中国庞大的贸易体系与增长潜力促使人民币日渐嵌入全球贸易结算体系。资本项目管制正在稳步放松，离岸人民币市场基本形成，加上相互间拓展的人民币交易、互换以及人民币债券发行和流通等业务活动，已见证了人民币国际化的破冰之旅，并向世人展示了它今后的发展前景。总之，在众多正能量的推动下，人民币国际化问题自然地上升到国家战略层面，成为近十年世界经济发展的重大趋势。

本书从全球视野和深港视角这一"面"和"点"的结合上，紧扣人民币国际化"路径"这一关键词展开讨论。本书涉及货币国际化的理论依据和历史经验；人民币国际化的风险和以美元为主权货币的现行国际货币体系的改革；人民币国际化的动力源、战略构想和应树立的新理念；中国实施扩大境外贸易结算、创建离岸市场以及搞好深港金融合作这一人民币国际化的"试验场"等。在此基础上，试图走出一条适应全球形势和符合本国国情的人民币国际化切实有效的新路径，要求：一方面，要重新审视和积极推进现行国际货币体系的改革，中国力争获取相应的话语权和份额，以确立其应有的地位；另一方面，要牢牢抓住"区域化—离岸化—国际化"的运行线，以深港合作为切入点，以创建"深圳前海—香港"这一现代经贸和服务业合作区，充分利用深港合作优势，为加快推进人民币国际化进程而努力。

在写作过程中，我们在广泛吸取前人和同行研究成果的基础上，反复思考，认为在探索人民币国际化路径问题上，以下问题值得高度重视：

1. 研究人民币国际化问题，既要放眼全球，又要立足本国来加以考察，这有利于在从宏观和局部的结合上厘清人民币国际化的脉络走向和发现其真谛所在。这是因为：一方面，货币国际化顾名思义是该主权国家的货币获得全球至少是大部分国家和地区的认可，愿意用它来发挥计价、结算和储藏功能。由此，研究人民币国际化的全过程必须要有全球视野，全面掌握和不断拓展世界各国对人民币的实际需求，这既是人民币国际化的客观要求，也是货币"国际化"的本质体现。另一方面，人民币要实现"国际化"，一定要致力于"立足本国"创建货币国际化的基础性也即根本性条件，特别注重在经济实力、制度建设和良好信誉上下工夫。否则，货币国际化只是纸上谈兵和空中楼阁。还有，不能忽视的是，货币的国际化客观上又是一国或多国组成的一个目标意向和战略安排，这自然就离不开该国的实际，即必须结合该国或该地区的经济、政治、文化等来确定在总目标下的具体策略。从英镑开始，到美元、马克、日元等十几种货币的国际化进程来看，各国的经济政治制度不同，在实现货币国际化过程中的情况和方法上有差异，但都经历过兴衰成败。因此，科学研究货币国际化问题既要拥有全球视野，又要立足本国或局部地区，这两者存在相辅相成、彼此互动的关系。

2. 注重理论联系实际。要从理论和实践结合的基础上，剖析货币国际化的理论基础、研究现状以及主要国家货币国际化发展的路径。理论指导实践，跨境贸易计价货币选择理论、货币替代理论、最优货币区理论和金融深化理论等对货币国际化有重要的指导意义。坚持以科学的货币理论指导人民币国际化的全过程，是确保国家这一重大战略实现的重要保证。与此同时，一个多世纪以来，在有关货币国际化条件、过程和特征等方面人们已做了详尽的研究。特别是从 2011 年以来，人民币国际化问题引起了全球的关注，国内外对人民币国际化的机遇与挑战、重大意义、路径选择、发展现状、难点所在等方面也做了较为充分的研究和分析。人们常说回顾往事、展望未来，才能心领神会、坚定信心。可见，只有通过对货币国际化理论和实践的回顾总结，才能为人民币国际化问题的研究提供借鉴和参考。

3. 注重历史与现实相结合。事实证明，通过剖析美元作为主权货币弊端和风险，以新的思维重新审视和积极推进现行国际货币体系的改革，才能真正确立人民币国际化的策略。从全球视野看，美元既在国内配置资源，又在其他储备货币国家配置资源，这种实际上的不平等往往使储备国家的经济利益向主权货币发行国单方面转移。因此，这一机制客观上造成主权货币发行国敢于冒特大风险，而其可通过运用国际储备货币地位，以及美国惯用的在转型时期采取的美元量化宽松货币政策和华尔街强大的金融"魔法"，吸引境外美元支撑其巨额的贸易赤字和超前消费，最终让全球特别是发展中国家为其"埋单"，将风险转移出去，自己却实现"胜利大逃亡"。中国作为一个承受风险的大国，对此绝不能等闲视之。

4. 紧扣"理念"和"路径"两个关键点。探索人民币由区域化到国际化这一长期复杂的发展进程，事实证明，要实现这一宏伟的战略目标，首先在理念上要有所提升，如对人民币国际化上升到国家战略层面的利益所在；人民币"从区域化到国际化"之间的互相关系及其意义；人民币区域化国际化与人民币自由兑换的互动关系；世界各国对人民币区域化国际化的现实要求等问题厘清认识，以注入深化改革开放的思想动力。在此基础上，应选择的人民币"由区域化到国际化"现实路径是：一方面，应重新审视和积极推进现行以美元为主权货币的国际货币体系改革，参与构建一个公平、公正和多元的国际货币体系做努力，实现中国在现行国际货币体系中的"一席之地"；另一方面，致力于深化改革开放，立足以"以内为本"，在增强综合国力和完善体制上下工夫，注重加强世界各国之间的金融支持、产业合作和信息共享，加快推进人民币"由区域化到国际化"的进程。其实，这两个方面是相互联系和互为推动的，都是为了创建一条既适应全球形势又适合中国国情的人民币国际化新路径，以加快实现人民币国际化这一宏伟的战略目标。

5. 本书在结构布局上，注重宏观和局部相结合，理念和实践相联系，坚持深化改革开放和立足"以内为本"相融合。这样做，既为了顾及现行国际货币体系，又利于选择适合中国国情的"区域化—离岸化—国际化"路径。对身临特区的我们来说，特别要注重将深港合作中拓展跨境人民币业务看作是人民币国际化的重要"突破口"，将创建人民币离岸金融市场看作是人民币"区域化—离岸化—国际化"的中间连接纽带。努力为巩固深港全球国际金融中心做贡献，期望在人民币国际化进程中，形成以美元、欧元、人民币为主体的公平、公正、多元的国际货币体系。书中这样的结构布局，明显地体现了"一个目标（人民币国际化）、两个相连（区域化—国际化）、点面结合（多层次、全方位）"的论证格局。

本书的写作目的是：人民币国际化是一个全新和长期而复杂的系统工程。近几年，我们虽连续研究了几个与此相关的课题，但对这一工程而言，仍只是刚刚起步。之所以要这样做，我们的心愿只是期望在总结前期认识的基础上，能为未来的研究提供一些参考性资料和思路，力求为全面推进人民币国际化的研究贡献一点微薄之力。

作者

**2014 年 6 月**

于荔园深大文科楼

# 目　录

# 第1章

# 导论

本书试从全球视野（从"面"的角度）和深港视角（从"点"的角度）出发，在这一"面"和"点"的结合上，注重理论联系实际，紧扣人民币国际化的"路径"这个关键问题展开论述。本书坚持既顾及现行国际货币体系的存在，选择适合当今世界以美元为主的国际货币体系发展态势，又要选择符合中国国情的人民币国际化现实路径，立足于"以内为本"和"深化改革开放"相融合，充分发挥深港合作作为"试验场"的作用，确立"一个目标"（人民币国际化）、"双重策略"（一是积极推进现行国际货币体系的改革，二是牢牢抓住"区域化—离岸化—国际化"这条立足中国国情的人民币国际化"运行线"），为加快实现人民币国际化这一"立志高远"的宏伟战略目标做贡献！

## 1.1 本书主要内容

本书共分12章，具体内容安排如下：

第1章：导论。围绕人民币国际化"路径"这一主题词，简要介绍本书的主要内容、主要观点及其学术价值、创新之处和待研究的问题以及就有关人民币国际化提出若干政策建议。本章以导论形式，概括地对本书做较为全面、简要地介绍。

第2章：理论基础与文献综述。关于理论基础，本书有针对性地选择对国际货币化有直接作用和现实意义的相关理论进行分析，主要有跨境贸易计价货币选择理论、货币替代理论、最优货币区理论、金融深化理论等，目的是尝试运用货币国际化的理论真谛来指导人民币国际化的全过程。

关于文献综述，以马克思关于世界货币的论述为理论基础，从对18世纪以来国际货币几大职能入手，论证国际货币及其形成过程，进而有针对性地收集并分析人民币国际化、离岸化和区域化的联系，人民币国际化的收益与成本，人民币国际化的条件、现实路径（包括全球化的和区域化的路径）等文献并加以评述。

第3章：主要国际化货币发展路径剖析。为在推进人民币国际化过程中更好地吸取经验和教训，本章就英镑、美元、马克、日元四种货币的国际化过程进行了陈述和剖析。其各自的主要特点是：英镑国际化是以贸易霸权为后盾发展起来的；美元国际化是因为美国雄厚的政治经济强势地位使美元得以取代英镑国际地位；马克国际化是积极参与区域经济和货币金融合作迈向货币国际化的典范；日元国际化主要是通过放开外汇管制发挥单一功能而实现的。通过对上述主要国家货币国际化经验借鉴和历史教训的分析，试图探索一条人民币国际化成功之路。

第4章：美元作为主权货币的存在和风险所在。当今世界，是以美元为主权货币在国际货币体系中称"王"的时代，这是人民币国际化进程中首先要碰到的一个现实难题和严峻挑战。本章通过分析美元作为主权货币的存在和发展，进而提出美元霸权所产生的弊端及对其他国家特别是发展中国家的影响，由此而产生的美元充当计价货币、结算货币和储藏货币的风险所在，以及由美元储备货币风险表现出来的通胀风险、汇率风险、铸币税流失风险和投资风险等。本章目的不单是暴露美元作为主权货币所存在的风险，更重要的是为论证在实施人民币国际化进程中必然会涉及两个关联的双重目标，即一方面通过改革现行国际货币体系，增加人民币的份额和投票权，为建立一个公平、公正、多元的国际货币体系而努力；另一方面通过"区域化—离岸化—国际化"这一运行线，以深港合作为"切入点"，以创建"深圳前海—香港"这一服务业合作区为试验场，加快推进人民币国际化进程。值得注意的是，这两个目标只是在推动人民币国际化进程中的具体分类而言，实际上在现实运作中相互影响、共同推进，向实现同一目标即人民币国际化这一目标而努力。

第5章：重新审视和积极推进现行国际货币体系的改革。历史的发展证明，现行的国际货币体系是长期以来美国凭借其政治经济实力采取垄断手段且以美元作为主权货币所形成的，也称为牙买加体系，是1971年布雷顿森林体系崩溃的产物。虽几经改革，起过某些积极作用，但至今仍存在多种根本性和系统性的缺陷，需要进行不懈的共同努力和不断推进改革创新才能得以解决。但是事实证明，因为存在缺陷之深，所面临的难度必然越大，主要体现在：

（1）需要对国际货币基金组织的治理结构进行根本性改革；（2）改革国际货币基金组织的贷款职能；（3）改革国际货币基金组织的监督职能。对中国而言，应确立改革国际货币体系的中国策略：（1）要力争应有的话语权和份额，保证在国际货币体系中的应有地位；（2）注重在改革现行国际货币体系中不断推进人民币区域化国际化。其实，这两方面是有密切联系和相互联动的关系，所以也称为双轨齐下，对推进人民币国际化会产生共同效应。

　　第 6 章：人民币国际化的历史机遇、发展现状与战略构想。本章的目的是通过对人民币国际化机遇、发展、战略三个紧密关联问题的剖析，引申出人民币国际化过程中可能碰到的各种挑战和需要采取的应对策略，即既要看到中国目前在人民币国际化道路上存在"天时、地利、人和"的良好环境，又要正视诸多客观存在的问题。在战略思路上看，努力探索既要应对世界发展潮流，又要符合中国国情的人民币国际化路径，并促其梦想成真。

　　第 7 章：人民币国际化的三大动力源。人民币国际化根本上取决于该国的综合经济实力。就中国而言，经济实力与人民币国际化是紧密相连的，反映其综合经济实力的正能量，主要有三大动力源：（1）增强贸易合作，它是人民币国际化的根基所在；（2）扩大对外投资，它是人民币国际化的助推利器；（3）完善金融市场，它是人民币国际化的强大引擎。从总体上看，中国改革开放三十多年来，前两个因素对人民币国际化的推力是比较良好的。但第三个因素，即完善金融市场，看来还有一个长期和艰巨的过程。本章分析主要通过进一步深化改革开放，实现生产方式的转型，既充分又有重点地发挥这三大动力源的作用，以加快推进和努力实现人民币国际化的战略目标。

　　第 8 章：树立新的理念：人民币国际化的重要前提。历史发展的经验证明：理念是实践的先导，只有全新的理念，才有全新的发展。必须明确，人民币国际化是中国的长远利益和核心利益所在，它关系到国家金融安全和持续发展的重大问题，由此必须从国家战略高度加以考量。具体重要方面是：（1）要充分认识人民币国际化已是部分国家和地区的现实需求；（2）对中国来说，要实现人民币国际化，必须在增强综合国力和完善现行经济体制上下工夫；（3）要弄清楚货币国际化与货币自由兑换的关系，货币自由兑换应该是货币国际化的必要条件但并非充分条件；（4）要深刻认识人民币国际化是一个长期复杂的系统工程；（5）要正确认识和处理好在推进人民币国际化过程中市场和政府的关系等问题。本章就以上一些重要认识问题逐一加以阐述和分析。

　　第 9 章：选择有全球视野并适合中国国情的人民币国际化路径。本章从遵循人民币国际化基本原则和剖析在"有"、"无"资本管制下的人民币国际化表现形态的基础上，集中就"区域化——离岸化——国际化"的人民币国际化现实路径进行了全方位、有层次、全过程的剖析，同时引出拓展跨境贸易人民币结算业务和创建深港人民币离岸金融市场是实现这一路径的两个重要环节，以求寻找适应全球发展形势和符合中国国情的人民币国际化新路径。

第10章：跨境人民币业务：人民币国际化的重要突破口。人民币国际化的根本要求是要通过相应的流通渠道将人民币推出国门，走向世界，使其在有这一需求的国家和地区发挥计价、结算和储藏的功能，以获取更多的经济效益和加强国与国之间的密切联系，共同为世界人民创造福祉。人民币要在世界货币史的长河中掀起"汹涌波涛"，来自无穷无尽的"源头活水"则是关键。近几年，中国试行并越来越拓展的跨境人民币业务，则是创造这一"源头活水"的主要缘由所在。本章将顺着这一思路，先从中国实施跨境人民币业务的背景和意义、发展和存在的问题加以阐述。在此基础上，提出了完善和扩大跨境人民币业务的若干建议。

第11章：离岸金融市场：人民币"区域化—离岸化—国际化"的连接纽带。跨境人民币业务的相应拓展，既加快了人民币通过香港这一天然通道的速度，又拓宽了香港离岸金融市场的空间。由此，人民币"由区域化到国际化"的这一连接纽带，即深港离岸金融市场的创建已成为紧迫而重大课题。当今世界，已建立的离岸金融市场已有60多个，它已成为当代国际金融的核心。人民币国际化要在一个较高的水平上运作并发挥作用，如果没有相应规模的离岸金融市场作为依托和支撑，这是难以想象的。中国"十二五"规划明确提出要支持香港成为离岸人民币业务中心。本章重点探讨依据深港金融合作和香港作为国际金融中心的背景和特征，提出了创建香港人民币离岸金融市场为中心的多市场并存的离岸金融市场体系，以充分发挥作为人民币区域化和国际化连接纽带的离岸金融市场的应有作用，为加快推进人民币国际化作出贡献！

第12章：深港金融合作：人民币国际化的"试验场"。人民币国际化作为一项长期、艰巨的系统工程，它既需要有无畏的勇气，更要求有科学的总体设计；既要有近期的规划，也要有一个中长期的远景设想。所以，要实现这一宏大目标，迫切需要在国内设有一个或几个具备相当条件的"试验场"，如深圳前海就是一例，它毗邻香港，得天独厚；又如已创建的中国（上海）自由贸易试验区应该说都是最理想的选择。本章主要从深港金融合作为"切入点"，分析两地金融合作的必要性和必然性，进而以人民币国际化为主题，紧跟世界金融业和其他现代服务业发展的足迹，论证其路径的现实条件和具体设想，以充分发挥这一"试验场"的辐射和示范作用。

以上涉及的共十二章内容，都紧紧围绕人民币国际化"路径"这一主题，如图 1 - 1 所示：

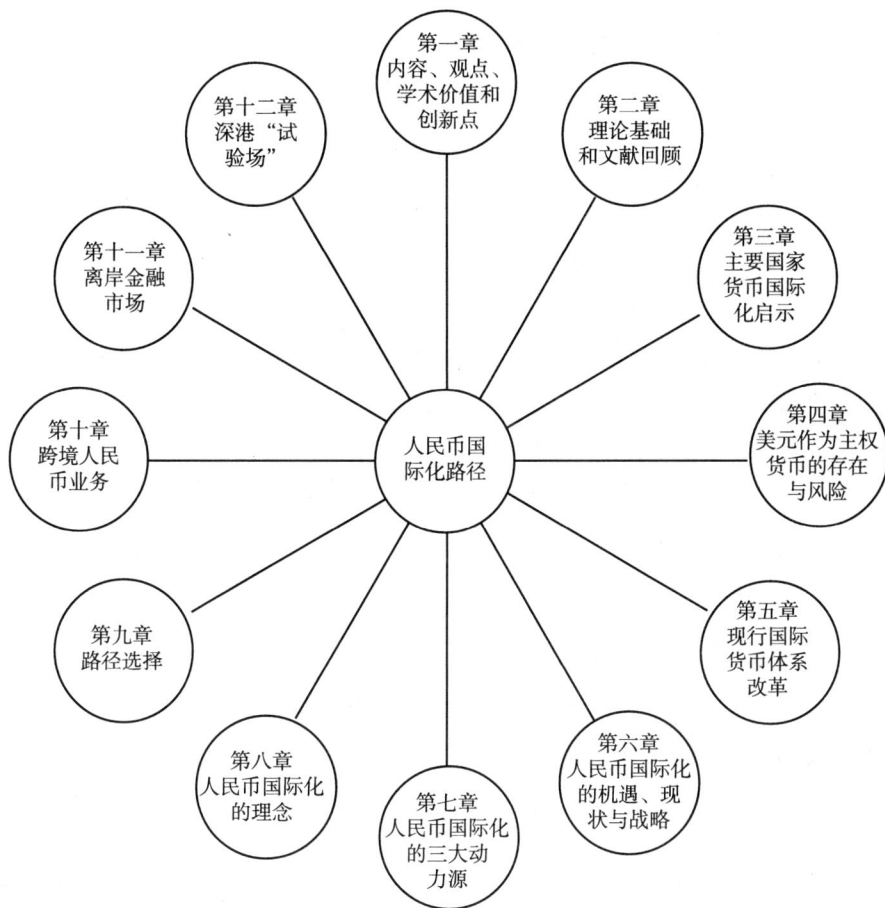

图 1 - 1　本书内容结构图

## 1.2　主要观点及其学术价值

### 1.2.1　货币国际化的理论与实践

1. 货币战争是现代战争的重要形式之一。由美国次贷危机引发的全球金融海啸，据权威研究机构估计，全球财富损失超过 45 万亿美元，相当于 2007

年美国 GDP 的 3 倍，中国 GDP 的 10 倍。其祸根之一，正是美国拥有美元发行特权和超强的国际储备货币地位，通过华尔街强大的金融功能，吸引境外美元支撑美国创纪录的贸易逆差和超前消费，最终让全球为其埋单，实现所谓的"胜利大逃亡"。可见，货币战争已是当今世界的一个重要特征，以美元为主权货币潜伏着巨大的风险，应引起高度重视。

2. 人民币国际化问题已上升到国家战略层面。人民币国际化问题早在 20 世纪 80 年代末就提出，2008 年以来的全球金融海啸，凸显了国际货币体系的不合理性，特别是美元霸权，再次激发了对人民币国际化问题的研究，2009 年 4 月胡锦涛总书记参加 G20 峰会提出美元因素对世界经济的影响。中国人民银行行长周小川也连发数文，倡议改革现行国际货币体系等，我国与韩国等国签署货币互换协议，跨境人民币业务从试点扩展到全国，从经常项目扩展到部分资本项目。这些标志着人民币国际化已进入一个全新的阶段。

3. 货币国际化是国际市场的选择。亚洲货币要实现区域化国际化，从历史背景和推进程序来分析，"欧元货币区"的模式值得借鉴，同时要吸取美元、日元国际化的有益经验。但一国或一个区域货币的国际化，终究是国际市场的选择。由此，从多个方面适时、有效、长期地获得国际市场的认可，是面临的重大和繁难问题，只能因势利导，逐步推进。

4. 科学的货币理论为人民币国际化提供理论基础。例如：（1）跨境贸易计价货币选择理论，指一国货币充当贸易的记账单位而形成货币国际化的市场选择机制。贸易计价货币功能作为国际化货币的微观基础，代表人民币在贸易往来中的市场需求，推进并深化人民币国际化在投资以及价值储藏中的影响力。（2）货币替代是开放经济条件下所特有的一种货币扰动，在货币自由兑换的前提下，外币在价值尺度、交易媒介和价值储藏等方面全部或者部分地取代本币。跨境贸易人民币结算的实质是人民币在计价结算功能方面从进出口方"双向"地替代美元。与此同时，在人民币外汇市场和人民币债权和股权市场发展为市场主体提供风险对冲的同时，也使人民币金融资产成为资产组合选择，发挥人民币的价值尺度、交易媒介和价值储藏的功能，并有利于解决中国作为高额外汇储备国家的货币错配问题。（3）最优货币区理论则为区域货币合作提供理论指南。欧元区的发展，是最优货币区理论的实践蓝本，它从加入货币区该国所需要支付的成本和获得收益来综合衡量这一决策。（4）人民币国际化的最终实现包含人民币的完全可兑换，这依赖于金融市场的深化。金融市场深化从价格指标来看，主要包含利率和汇率的市场化。利率市场化为商业银行提高风险经营能力创造外部条件，汇率的市场化则为实现人民币的自由可兑换性提供条件。人民币资金价格的市场化和商业银行竞争力的形成是人民币可兑换的前提条件，也是人民币良好信誉的保障。人民币离岸金融市场形成的市场化汇率和利率对在岸金融市场反馈效应，能推进在岸金融市场的自由化。

5. 科学货币理论对人民币国际化全过程实行指导。亨利·基辛格曾经说过："控制了货币，你就控制了整个世界。"一国货币在全球金融市场中的影响力对该国参与世界经济利益格局的分配以及自身核心利益的维护有着举足轻重的作用。人民币国际化伴随着中国经济市场化进程，同时也与中国实施的经济发展模式转型、对外贸易合作战略、金融市场开放以及离岸市场的建设等紧密联系在一起。现有的货币理论源自于发达国家货币国际化实践，中国作为发展中国家，在运用已有理论的同时需要充分考虑中国贸易、金融以及离岸金融市场国内外差异，结合中国经济具体条件，实现经济货币理论的本土化适应和创新。只有以科学的经济和货币理论，对人民币国际化进行全过程指导，才能真正实现人民币成为国际货币。

6. 通过对国内外关于货币国际化文献进行综述认为，国外学者在货币国际化内涵、层次和存在条件等；国内学者对人民币国际化含义、收益和成本、区域化路径的研究（包括区域化路径、分阶段路径和全球化路径等）均已取得了大量的研究成果。但是，国内外学者对货币国际化和人民币国际化问题的研究存在着三个方面的不足：一是主要以发达国家货币作为研究对象，对发展中国家货币国际化问题关注不够；二是片面地将资本账户可兑换与人民币实现国际化等同起来；三是人民币国际化路径研究忽略人民币国际化是一个系统工程和系统内各变量的动态变化，各种新的因素之间又呈现相互促进，动态耦合的关系。

7. 从发展路径的角度对英镑、美元、马克和日元国际化进行剖析；英镑走的是依托世界贸易霸权实现货币国际化的发展路径；美元实现货币国际化主要是依靠经济和金融强综合优势，并且通过布雷顿森林体系的制度性安排固化美元的主导地位，走的是市场竞争为主政府推动为辅的货币国际化发展路径；马克国际化是通过良好货币信誉成为欧洲货币体系关键货币，创造性借助于欧洲货币一体化制度安排实现了国际化的发展路径；日元实行单一功能性的直接国际化发展路径，是贸易大国不断金融深化和资本账户的开放，使日元成为国际经济活动中普遍使用的货币。通过剖析英镑、美元、欧元、日元等主要国际货币的经验及其对人民币国际化给予的启示是：国际化货币的具体路径虽然不一，但其背后反映的是该国经济、金融、科技、教育、制度等综合国力水平。可见，一国货币的国际化既是一国经济实力的显示，也是一国政治"软实力"

的反映。

## 1.2.2　人民币国际化的意义

1. 人民币国际化是我国综合国力提升的反映，反过来也有助于我国综合国力的提升。它不仅能够获得铸币税、减少交易成本和汇率风险等种种好处，而且对我国经济、金融、贸易、产业结构调整以及区域经济发展都具有极为重要的意义。当然，与此同时，人民币国际化也可能引发一些风险，比如防范"热钱"的防火墙消失、会加大我国货币政策的制定和调控难度等。

2. 人民币区域化国际化是一个长期复杂过程，它既是中国长期利益所在，也是维护国家金融安全的重要举措，必须提升到国家战略高度，绝不能等闲视之。

3. 人民币国际化是中国的长远利益所在。从中国现状看，中国是一个出口大国，外汇储备多，特别是美元储备占比大约为80%。如果美方采取所谓量化宽松货币政策下的美元贬值，则必然会导致我国遭受难以估量的巨大损失。如果人民币没有国际货币储备地位，中国就很难成为一个名副其实的经济大国，不可能真正拥有国际经济的决策权，拥有巨大的需求却没有市场的定价权，不时遭受美元、甚至欧元货币政策的干扰。从经济发展角度分析，中国人口多资源少，外需依赖性大，人民币国际化以及人民币成为国际储备货币，这对中国购买国外资源产品，缓解经济、人口和环境的压力意义重大。

4. 要树立新的理念，一是要明确人民币国际化的战略意义，充分认识货币国际化已是世界各国的必要需求；二是要弄清货币国际化与货币自由兑换的关系，两者既不是一回事，但又是密切相连在互动中不断推进的过程；三是要把握住人民币国际化过程中市场和政府的关系，既要遵循市场规律的作用，而政府也应顺势而为并辅以推动力。

5. 在人民币国际化战略下，人民币资本项目可自由兑换也将循序渐进展开，由此将导致国内人民币金融市场的巨大发展，国内金融业将迎来包括 QFII 在内的越来越多的外国投资者，其结果不仅有助于国内金融市场国际化程度极大的提高，而且也促使国内金融业获得巨大的发展，特别是促使上海和深港的国际金融中心地位的不断提升。

## 1.2.3　国际货币体系改革

1. 国际货币体系又称国际货币制度，是世界各国在国际经济交往中为满足对国际货币的需求在国际支付原则和储备货币的选择、汇率制度以及国际收支调节机制而做的制度性安排。具体而言，国际货币体系包含四个基本要素：一是规定用于国际贸易、投资的计价和结算货币的币材、来源和数量等的制度安排；二是各国用于应付国际支付等需要的储备货币的币材、构成及其数量；三是确定不同国家之间的货币的比价、调整以及波动幅度；四是当一国出现国际收支失衡时，如何进行调节来促进国际收支平衡并促进全球经济的协调发展。

2. 2008 年爆发的全球金融危机，充分暴露了以美元为世界主权货币的国际货币体系的弊端。以美元为主权货币充当国际储备货币的风险主要表现为：一是通货膨胀风险，它包括可测性贬值风险和不可测性贬值风险两种情况；二是汇率风险，它包括宏观层面和微观层面两种表现；三是铸币税风险，它是储备货币国际化外汇需求的一种必然；四是投资风险，即指资产投资于实体经济或在购买金融资产发生投资损失的可能性。

3. 本次全球金融海啸的发生和蔓延，虽然有世界经济发展的不平衡，经济结构的扭曲，金融创新的过度，金融道德水准的下降和人性的扭曲等原因，但一个重要原因就是美国滥用美元作为国际储备货币的发行权，支撑其巨额的贸易逆差和超前消费。而在金融危机之后，又通过巨额财政赤字滥发美元，向全球转嫁金融危机，让全世界特别是发展中国家为其埋单。

4. 国际货币体系改革已是一个不可逆转的趋势。国际货币体系改革的实质是扭转美元独大的局面，通过多元化来分散国际货币波动的风险。早在 20 世纪初，国际社会舆论就认为：21 世纪国际货币体系将形成美元、欧元和日元三足鼎立的格局，但随后发生的国际金融动荡，加上美元的霸权地位并未撼动，加上中国、印度、巴西、俄罗斯等国的迅速崛起，特别是这次全球金融海啸中美国暴露出来的不负责任、损人利己行为，客观上要求这些国家的货币国际化，以降低美元在国际储备体系中的比重。因此，深化改革现代国际货币体系也是面临的一个紧迫而重要课题。目前，应确立的中国策略：一是力争应有的话语权和份额，保证在现行国际货币体系中的应有地位；二是注重在改革现行国际货币中不断推进人民币国际化；这样做的目的是要产生所谓国内外双轨齐下的共同效应，以加快推进人民币国际化的进程。

5. 改革现行国际货币体系，必然涉及不同国家间特别是发达国家和发展中国家之间利益的重新调整，这就必然触犯某些国家的既得利益（如美国、欧盟等主要储备货币发行国的利益），导致改革难以推进或者收效甚微。因此，改革国际货币体系必须有新的理念，并采取富有针对性的改革措施，才可能构建起一个相对稳定的新型国际货币体系。

### 1.2.4　人民币国际化的路径

1. 由社会发展过程中种种因素所决定，货币国际化路径并非都要明显地经历相同的过程，如美元是第二次世界大战后依靠自己的经济政治势力和国际合作协议取代英镑国际地位的，而日元则是在日本经济迅速发展、国际经济贸易地位骤升而成为国际货币的。可见，各国货币国际化过程中，经济发展是硬道理，但并非是固定的模式。

2. 人民币区域化国际化是一个长期复杂过程，它既是中国长期利益和核心利益所在，是中国拥有强大"软实力"的标志所在，也是维护国家金融安全的重要战略。由此，必须提升到国家战略高度，绝不能等闲视之。那种认为中国在现阶段推行人民币国际化的时机尚未成熟的观点和认为中国探索人民币国际化问题没有多大实际利益的观点，显然是片面的，也是错误的。

3. 人民币国际化发展路径是一个综合性的研究课题，它涉及外贸计价货币选择、货币替代理论、贸易全球化和经济全球化基础上的最优货币区理论以及金融深化理论等。本书在总结已有研究成果基础上，剖析主要国际化货币发展的路径，进而联系中国实际，通过分析经济（人民币经济循环）和金融（人民币金融循环）的内在联系以及离岸市场在现阶段的补充或者部分替代境内金融市场以发挥人民币可完全兑换性功能，提出人民币国际化的最优现实路径选择应该为"区域化—离岸化—国际化"。

4. 人民币国际化的最终实现建立在产品和要素市场化完成的基础之上。要素市场作为市场化改革的重点以及经济增长的推动力，人民币国际化依赖于金融要素市场的金融深化、利率和汇率的市场化机制形成、开放的资本市场和人民币可自由兑换的实现。因此，人民币国际化实际上是中国金融市场在广度和深度上外延和拓展，是中国政府逐步放开市场，减少行政干预的过程，是中国经济实力在世界经济版图中扩张的有利表现。

5. 货币的区域化是指在特定区域内逐渐国际化并成为区域性国际货币的过程，它介于货币周边化和货币国际化的一个中间环节，起到承上启下的重要作用。依据亚洲国家目前的货币需求和国际化条件，人民币区域化致力于推进亚元货币区的诞生，这既是中国经济社会发展的客观要求，也是亚洲国家利益所在，更是构建多元国际货币体系的现实需要。但这要取决于亚洲国家特别是中国、日本、韩国直至世界各国的不懈努力和真诚合作。

6. 我国正处于人民币周边化区域化阶段，已构建离岸金融中心为主的人民币离岸化是实现人民币区域化到国际化的关键性步骤。应该说，支撑这一过程进展的则是货币国际化的必要条件：国家经济的发展和稳定、拥有一个成熟的金融市场和赢得国际社会的公信力。而这三个条件在中国金融市场功能的发挥不可小视。这是因为它既是经济发展和稳定的明显标志，又是国际信誉的直接来源和推力。

7. 人民币的"区域化—离岸化—国际化"是三个相互紧密联系的统一过程。它对深港两地金融市场的一体化、人民币跨境贸易结算的扩展、人民币离岸市场的构建以及完善人民币清算和回流机制等方面，有一定的针对性和代表性。要注重在这些试验中不断总结经验，这对充分发挥香港作为国际金融中心的重要地位和作用，在防范风险的前提下确保金融安全，助推并加快人民币的区域化国际化进程意义重大。由此，应该构建深港两地金融合作这一试验田，力推人民币由"区域化—离岸化—国际化"这一过程加快实现。

8. 一国或一个区域的货币国际化水平取决于雄厚的经济实力、发达的金融市场和国际社会的公信力，应遵循"以内为本"的方针，在增强综合竞争力和完善现行体制上下工夫。与此同时，要进一步加强世界各国之间内部的金融支持、产业合作和信息共享。

9. 要明确推进人民币国际化的三大动力源：即增强贸易合作、扩大对外投资和完善金融市场对推动人民币国际化的重要作用。具体地说，增强贸易合作是人民币国际化的根基所在，这是因为从全球金融竞争与产业变迁趋势看，中国要实现由贸易与制造大国向资本与产业强国转变，必须由人民币深度嵌入全球金融与贸易分工作为价值链的载体来承担。扩大对外投资是实现人民币国际化的助推利器，因为扩大对外投资的稳定上升说明中国进入资本稳定输出阶段，必然有利于经济的持续稳定上升和企业竞争力的提高。完善金融市场是推进人民币国际化的强大引擎，因为金融市场中的资本账户的开放、利率的市场化、汇率市场化，从很大程度上决定人民币单位价格的变动，由此决定人民币自身的作用力和公信度。

10. 通过对主要国际化货币的发展路径的总结，可以得出实现国际化的基本条件应该是一致的。但也必须看到，实现国际化可以有不同的模式，由此也可以有不同的发展路径。发展路径主要有市场竞争导向和市场竞争与政府推动相结合两种，前者主要以英镑为代表，后者主要有马克和日元。结合中国实际情况，人民币币国际化需要采取市场竞争和政府推动相结合的发展路径为妥，并对货币国际化的历史经验采取科学借鉴的态度。

### 1.2.5　跨境贸易人民币结算和离岸金融市场

1. 扩大跨境贸易人民币结算对推进人民币区域化、国际化，提升我国外贸企业国际竞争力等方面具有重要意义。跨境贸易人民币结算开展以来实现了跨越式发展，但仍然存在规模小、结构失衡等问题，其直接原因在于境外企业人民币计价结算意愿弱，更重要的是境外人民币离岸市场发展滞后等。为进一步扩大跨境贸易人民币结算，以助推人民币区域化国际化的实现，必须借助香港国际金融中心平台，加快发展香港人民币离岸市场，积极推进境外银行业开展人民币资产业务，壮大境外银行业人民币资产规模，同时须加快推进中资银行业"走出去"的步伐。

2. 注重建立、开拓和不断完善中国的金融市场。历史的经验证明，如果没有一个涵盖货币市场、资本市场、外汇市场和金融衍生品市场的功能齐全的金融市场体系，没有丰富的金融产品，就很难满足境外不同主体对人民币交易、投资和风险管理的需求，就不能夯实人民币国际化的根基，至少在人民币国际化的范围上受到一定的制约，这一切需要体制改革，特别是金融体制的改革和技术创新。

3. 事实证明，增强贸易合作，扩大对外投资和完善金融市场，是人民币国际化的动力源所在。可以设想：如果中国无法成长为贸易强国，就不可能在贸易计价结算中具备应有的地位，也就难以履行人民币作为国际货币的计价、结算、储备的职能；如果中国不能充分利用国内外两种资源、两个平台，实现在自主创新中计价结构调整和产业、技术的不断升级，人民币国际化就缺乏现实的基础；如果对外贸易和对外投资为人民币区域化离岸化国际化提供原动力基础，它有利于在亚洲地区和金砖国家等新兴市场积极、稳妥、有序地推动人民币区域化、国际化发展。与此同时，如果金融体制改革力度低、效率差，不能使人民币国际化与利率汇率和资本账户有序开放紧密结合，也难以解决人民币国际化过程中实际存在的金融制度障碍，必然会降低人民币在国际领域中的吸引力和竞争力。

4. 事实证明，贸易基础和对外直接投资成为人民币区域化离岸化国际化提供强有力的支撑。中国贸易商品在保持原有劳动密集型产品竞争力的同时，资本密集型和技术密集型产品有较好的竞争力。中国贸易地区结构特征显示，中国替代美国和日本成为亚洲地区"市场提供者"并且与金砖国家为代表的新兴市场经济体贸易往来密切，这能够推进人民币在亚洲和金砖国家的贸易结算中的使用。同时，中国对外投资流量居前的 46 个国家，以中国直接投资流量和流量占投资国 FDI 的比重看，显示中国对外直接投资主要投向邻国和亚洲经济体。另外，中国也成为非洲吸引外商直接投资的最主要来源国之一。

5. 人民币国际化与香港人民币离岸金融中心的关系紧密。人民币国际化的一个重要特征是人民币成为国际储备货币，对于持有人民币的外国货币当局来讲，需要有满足其流动性、安全性和收益性的人民币金融市场，在这方面，香港建立和发展人民币离岸金融市场既有先天条件也具有重大意义。

6. 从人民币离岸市场的现实条件分析，深港两地是构建这一市场并助力人民币区域化国际化的理想之地。香港完全有条件建成具有国际影响力的内外一体型人民币离岸中心，成为人民币区域化国际化的桥头堡；而深圳可以与香港合理分工，利用自身优势拓展对外人民币业务，打造有特色的内外分离型境内人民币离岸清算市场，防范人民币在"走出去"进程中的风险和真正起到"防火墙"作用。深港人民币离岸市场必将开辟人民币境外流动与使用的新渠道，丰富境外人民币产品，促进对外金融开放，为实现人民币区域化国际化目标创造难得的有利条件。

### 1.2.6　深港金融合作中的人民币国际化

1. 深港人民币国际化有着学习机制、协同机制、金融创新机制和服务机制四个方面合作机制。"深圳前海—香港"人民币循环机制的建立，在于探索人民币跨境业务的金融创新，为建设香港人民币离岸金融市场这一人民币国际化枢纽奠定基础。同时，通过资本账户局部开放的先行试点，既在中国境内与境外市场之间形成一个有效的"防火墙"，又为向全国推广积累经验，通过"深圳前海—香港"的合作推动人民币国际化。深圳前海人民币创新"试验场"的蓝图具体构想是：一方面，深圳前海可发展成为中国境内人民币离岸市场；另一方面，发挥金融对产业升级的推动力，提高中国企业"走出去"的竞争力。

2. 立足于深港研究人民币国际化有其特殊意义。深港是大陆走向世界的"桥梁"。深港两地金融业的合作从起步到不断深化，两地金融业的资金、信息、人才流动日益频密，各个领域的合作全面开花，已经为在人民币国际化背景下进一步加强深港金融合作建立了良好的基础。人民币国际化对深港的实际意义在于：与深港两地建立全球金融中心、统筹规划和衔接配套珠三角地区的发展规划、在香港拓展跨境人民币业务、实施两地资本市场的一体化、探索深港离岸金融中心的建立等重大事项均密不可分。

3. 在人民币国际化进程中，作为国际金融中心的上海、香港和深圳的竞争会日益激烈，同时三地合作共赢也会越来越紧密。特别是促使港深金融合作将更上一个台阶，如何加快推进人民币国际化，将是深港面临的一个重大和紧迫的课题。

# 1.3　创新之处和待研究的问题

## 1.3.1　创新之处

1. 理念是生产力。在人民币国际化问题上，重要的首先必须厘清若干认识，提升新的理念，例如，人民币国际化这一长期复杂的系统工程的国际化战略意义和利益所在；人民币国际化不仅是中国自身也是世界许多国家的现实需求；人民币国际化与人民币可兑换两者存在互动推进的关系，但不一定强求"同步"，人民币可兑换只是为货币国际化提供必要条件，而并非充分条件等。通过理念的提升，不断注入改革开放条件下积极推进人民币国际化的思想动力，这是人民币国际化的重要前提。

2. 人民币"区域化—离岸化—国际化"三者之间"依次相连、动态耦合、缺一不可"。书中关于选择有全球视野并适合中国国情的人民币国际化路径、关于跨境人民币业务是人民币国际化的重要"突破口"、关于创建深港离岸金融市场是人民币区域化和国际化之间的一个重要"连接器"、关于深港金融合作是人民币国际化的"试验场"的论述以及分别提出的一系列对策建议有一定的现实意义和参考价值。

3. 人民币国际化要切实在"化"字上"下工夫"。"化"的关键就是解决路径依赖问题。实现人民币国际化固然要有基础条件，如综合国力水平、经济金融成熟度和开放度、人民币公信力等，但各国具体的现实路径并不雷同。就人民币国际化而言：一方面，积极参与和重新审视现行国际货币体系的改革，加大中国的话语权和份额，构建一个公平公正的国际货币体系；另一方面，走出一条符合中国国情的"区域化—离岸化—国际化"的发展道路。这里，货币区域化是人民币周边化的自然演进和在特定区域内逐步国际化进而成为区域性国际货币的过程。离岸化是在区域化基础上的促进人民币国际化目标实现的中间连接环节，起到承上启下的重要作用。以上两个方面"双管齐下"，最终目标都是为了加快推进人民币国际化进程。

4. 在本书结构和布局上，注重宏观和局部相结合，理念和实践相联系，坚持深化改革开放和立足"以内为本"相融合。人民币国际化既要顾及现行货币体系的存在,又要选择适合中国国情的"区域化—国际化"路径,更好充分发挥深港金融合作作为"试验场"的作用。期望在人民币国际化进程中,形成以美元、欧元、人民币(或亚元)为主体的公平、公正、多元的国际货币体系;形成"一个目标、多个层次、全方位"的论证格局。

## 1.3.2 待研究的问题

1. 人民币国际化指数(RII)是指从国际货币职能角度出发,融合人民币各项职能的全球占比,它是客观、动态、科学地描述人民币国际化程度的指标数据。因为编制宗旨、原则、方法要求科学综合,数据的来源和处理以及指数模型的确定的权威性和复杂性,所以综合编制必须由官方和权威研究机构共同完成。但作为研究人民币国际化的研究人员,这一指数有关评判人民币国际化水平,如何通过纵向和横向的比较,发现市场运作中对其的认可程度,发现政策或制度设计上的不足或缺陷,并提出有关改进的意见,这对人民币国际化研究也是不可缺少的一部分。

2. 书中涉及贸易合作和对外直接投资角度分析人民币"区域化—离岸化—国际化"的基础所在,同时也分析了人民币在亚洲和金砖国家等新兴市场经济体有着区域化的潜力。书中侧重于选择有市场基础的国家和区域在促进人民币在双边贸易和投资中的计价结算作用,依托离岸市场提供的境外金融平台实现人民币国际化的三大货币职能,而对于选择区域间货币合作或者仍然以市场推进的形式来实现人民币区域化这一目标,书中并没有具体涉及和深入分析。在以后的研究工作中,应该对人民币区域化问题展开更详尽研究,以有利于对人民币"人民币—离岸化—国际化"的科学剖析。

3. 随着中国对外贸易和对外投资发展和变化,其规模和地区分布也必然会发生相应变动,如果采用动态分析方法,对人民币在贸易和投资中的实际状况随时进行相应调整,则会更具有现实性和科学性。

4. 书中在阐述推进人民币"区域化—离岸化—国际化"的原动力的前两大因素(增强贸易合作和扩大对外投资)时,主要从一国经济实力的角度出发。如果换成资本账户人民币输出,那么,则除对外直接投资外,实际上还包含对外援助、贷款和证券投资等。结合中国对外援助或者对外贷款等实际情况,以后的研究应考虑包括政策性金融机构和商业性金融机构在内的分析,以阐明人民币输出对人民币"区域化—离岸化—国际化"的推动作用。

5. 人民币离岸金融市场研究需要进一步深化。离岸金融市场在不断发展壮大过程中，随着人民币离岸市场流动性的增加，对在岸金融市场的深化作用将进一步显现，如何解释离岸金融对在岸金融价格的传递和影响，或者在岸金融对离岸金融的货币政策溢出效应，以及离岸金融市场在环境变化中自身的发展等都有待进一步深入研究。

6. 继续对深圳前海作为人民币国际化试验场进行跟踪研究。深圳前海是人民币国际化创新的试验场，同时也是在努力探索离岸资金的回流和在岸资金输出、为资本账户渐进开放实现人民币国际化最终目标提供最前沿的理论和实践的经济学素材。在今后的学术研究中，应继续关注深圳前海的人民币跨境业务的创新以及现代服务业的经济转型、新型商业模式等重大问题，以不断深化已有的研究内容。

## 1.4　关于人民币国际化的若干对策建议

1. 面对世情、国情的变化和现行的国际货币体系，关于人民币国际化的路径选择应该是：一方面应继续为努力构建一个公平、公正、多元的国际货币体系作出应有的贡献；另一方面中国应在坚持改革开放前提下，创造出一条适应全球形势和适合本国国情的人民币国际化新路径，牢牢抓住"区域化—离岸化—国际化"的运行线，在实施过程中以深港金融合作为"切入点"，创建"深圳前海—香港"现代经贸和服务业合作区，并以此作为"试验场"，充分利用深港优势，加快推进人民币国际化进程。

2. 必须十分注重深港合作中的离岸金融市场。离岸金融市场是特指那些经营非居民之间的融资业务，即外国（或境外）投资者与外国（或境外）筹资者之间的资金借贷业务形成的金融业务。最形象和简单的说法就是"两头在外"。离岸金融市场已成为当代国际金融的核心部分。它不仅具有市场范围广阔、需求巨大、资金雄厚、市场相对独立等特征，而且缩小了各国金融市场的时空距离，疏通国际间的投融资渠道，为国际贸易提供了便利。由此它以市场化规则促进货币资金在全球范围内的最优配置，提高资金使用效率，推动国际贸易和跨国投资的发展，有利于国际收支平衡，对培育金融创新环境以及加快推进人民币国际化进程等方面均具有重大意义。

3. 发展人民币离岸市场的关键在于在短期内加快聚集和扩大人民币境外存款规模。事实证明：依靠贸易逆差，规模小而分散，最有效的渠道一是依靠国有或股份制银行直接扩大人民币对外贷款规模，二是可以通过政府、国有企业和民营企业运用证券市场在境外发行债券方式来实现。

4. 实施人民币国际化战略是我国经济、金融、外贸发展的必然要求。人民币国际化是我国国力提升的反映。加快这一进程，要依据目前世界经济发展现状和我国开放经济条件下的特点，转变现行经济发展方式，实现由出口导向型向稳定出口增加进口转型；由制造业为主的经济结构向以现代服务业、高附加值出口产品转型；由以投资驱动为主导向确立以消费为主导、立足扩大内需为主转型。资本项目对外开放是人民币国际化的必要条件。但是人民币国际化的过程却不必等到资本项目实现完全可兑换后才进行，我国放松资本项目的管制必定是一个循序渐进的过程，从这个角度上说，人民币国际化也应是循序渐进的过程。但不能以此为拖延人民币国际化进程的理由，要注重发挥人民币国际化和人民币可兑换相互之间的互动作用，以积极的心态，加快人民币国际化战略目标的早日实现。

5. 货币区域化国际化虽有客观标准，但没有固定模式，也是一个复杂繁难的长期过程。对中国来说，在积极参与和重新审视现行以美元为主导的国际货币体系的同时，一是要致力于在调整生产方式的前提下发展经济，扩大国内外贸易，夯实本国实现人民币国际化的根基；二是要坚持深化改革开放，以科学发展观为指导，设想以深港金融合作为"试验田"摸索经验，稳步推进；三是要以上述为基础加快人民币完全可兑换的过程，为人民币国际化创造必要条件；四是应加快推进人民币的周边化区域化，并不断提升国际化水平及其在全球范围的公信力。

6. 世界主要国家货币国际化的发展经验表明，人民币国际化不可能一蹴而就，要经历数十年甚至更长时间的推进。人民币国际化不仅是一个系统工程，也是个逐步推进的过程。面对全球金融海啸，中国应抓住百年一遇的机会，从货币国际化的一般性条件和规律出发，探索人民币区域化的具体路径，不断扩大人民币计价结算的范围；处理好人民币资本项目可兑换和人民币国际化的关系，防范和降低人民币国际化过程中的风险；设想建立人民币远期交易市场，以及人民币境内业务和境外业务既严格划分又适度相连的离岸金融市场；不断完善建立跨国境的、与其他国家清算系统相互衔接的人民币清算系统等，在开拓创新中不断推进人民币国际化进程。

7. 就目前来说，深圳前海发展对深化深港合作意义重大，两地通过机制创新、基础设施对接和人才教育合作，不仅将深港合作提升到一个新的水平，而且为进一步促进两地经济的共同发展与繁荣，从而在此基础上为实现人民币"区域化—离岸化—国际化"起到举足轻重的作用。

8. 事实证明，转变经济发展模式为人民币国际化提供持续发展动力。中国经济发展三十年来持续高速增长，给人民币创造了强劲了境外需求，为人民币国际化创造一定基础。而现有的经济发展模式建立在对出口的依赖，如何由贸易大国向贸易强国转变，必须注重的问题是：通过转变经济发展模式进行结构调整和优化出口商品贸易结构以提高出口企业的定价权。总之，人民币国际化最大的长期挑战来自实体经济，中国能否抓住未来科技创新和产业革命的新周期，形成产业竞争力，将是人民币国际化能否成功的根本关键。

9. 努力完善国内金融市场的配套改革。要提高人民币使用的广度和深度，应与完善的人民币金融市场相匹配。人民币作为计价结算工具满足支付手段需求的同时，还需要实现人民币作为交易媒介和价值储藏两大功能，而后者需要金融市场提供投资工具选择和投资便利。如果没有人民币的金融市场，人民币的可获得性和可兑换性无法实现，会降低非居民交易人民币的积极性。因此，必须要在完善金融市场上下力气，特别需注重对国内金融市场利率、债券市场、汇率的深化改革。

10. 审慎资本项目开放。灵活的利率和汇率是开启资本自由流动按钮的必要条件，是人民币真正走向国际化必须跨越的一步。长期而言，资本账户开放有利于经济发展，而资本管制会扭曲市场行为。资本账户开放是中国经济崛起与经济金融全球化的大势所趋。在资本项目开放方面，需进一步放宽跨境资本流动限制，健全资本流出流入均衡管理体制，完善对外债权债务管理，稳妥有序推进人民币资本项目可兑换，促进直接投资便利化、加快利率市场化、完善汇率运行机制、加快提高证券投资可兑换程度、实施跨境融资便利化、不断扩大个人用汇自主权等。

11. 互联网金融是互联网向金融领域渗透的结果。它将创新技术和理念运用到金融产品的销售中去，从而改变金融业特别是银行业的商业模式，进而改变了当今社会人们的工作方式和生活方式。互联网金融的新型支付方式、通信工具的普及化和移动化、面向大众和跨越边界（包括地域边界和金融业边界）、低成本的明显优势以及通过对互联网平台提供的庞大数据潜力的挖掘和利用等特点，使得我国互联网金融发展迅猛、势不可挡。这在人类已经进入虚拟经济领域和通信技术飞速发展的今天，无疑对全球经济和金融的市场化和国际化是一个巨大的推动。为此，我们应面对现实，抓住机遇，紧密联系实际，加快培养既懂金融又懂互联网的复合型人才，稳健地促进互联网金融的规范和发展，充分挖掘和发挥互联网金融对人民币国际化的重大推动作用。

# 第 2 章

# 理论基础与文献综述

　　人民币国际化是世界货币国际化的一种，必须遵循货币国际化的一般规律。自中国人民银行推动人民币在跨境贸易和投资中计价结算使用以来，人民币国际化问题已引起学术界的广泛研究，取得了不少有价值的成果。学术界对人民币国际化的共性条件已基本形成共识，但在实现人民币国际化特别是"路径"上还远未达成一致的看法。所以，如何科学有效地推进人民币国际化，找到既适应世界潮流又适合中国国情发展道路，是我们亟须解决的重大问题。因此，借鉴已有的相关理论为人民币国际化发展路径研究提供理论支持尤为重要。下面试分别对相关理论进行回顾分析以及对已有的文献进行综述梳理。

## 2.1　理论基础

### 2.1.1　跨境贸易计价货币选择理论

　　1. 降低交易成本理论

　　Swoboda（1968）是研究货币兑换交易成本的先行者，他强调货币兑换中交易成本的作用，较早提出作为交易媒介的货币与低交易成本有关联的讨论。他认为，在贸易结算中使用单一媒介货币可以减少整个交易成本，这是因为一国货币成为交易货币需要具备两方面特征：（1）大规模国际贸易和外汇市场交易量；（2）发达的金融市场。Krugman（1980）也研究了本币与外币间的兑换，认为一国货币交易存在规模经济效应，即平均交易成本随着交易量上升而降低，最低交易成本且最大交易量的货币可能成为交易货币；另外，他也发现交易媒介的货币地位还能受到惯性的支撑。Rey（2001）在三国一般均衡模型中引入货币兑换交易成本，建立更为严谨的模型来分析 Swoboda（1968）和 Krugman（1980）所做的研究，在理论上阐明国际贸易中交易货币选择的多重均衡是如何产生的，证实一种货币的因大量业务在全球国际贸易和低交易成本的交换中引起的厚度市场外部性现象。Firberg（1996）研究发现世界贸易中美元计价比例超过50%，远高于美国占世界贸易比重的14%，很重要的原因是第三方使用美元作为交易货币节省了交易成本。

2. 商品特征和市场结构理论

计价货币的选择与国际贸易中出口商品的特征以及商品市场竞争状况相关。Mckinnon（1979）将可贸易商品分为高度同质初级产品和高度差异工业制成品。一方面，初级产品大多为大宗均质产品并以国际货币计价，主要原因在于同质性商品中使用单一货币交易成本低；另一方面，高度异质类商品计价货币选择上存在 Grassman 法则，即发达国家间贸易出口以本币计价，比如瑞典和丹麦间贸易计价货币的使用，两国都倾向于在贸易往来中使用本国（生产商国家）货币作为计价货币，而在发达国家与发展中国家双边贸易中，主要以发达国家货币为计价货币。Johnson 和 Pick 发现，如果在不完全竞争情况下有其他出口商出现，就会导致交易货币计价（Vehicle Currency Pricing，VCP）。Bacchetta 和 Van Wincoop（2005）强调产业结构中出口商品需求价格弹性和出口生产成本需求弹性的作用。如果产品差异性小，考虑到出口市场稳定，出口商希望保持相对价格固定，将采用交易货币计价；如果产品存在高度差异性，由于产品市场竞争力强，出口商将采用出口商国家货币计价（Producer Currency Pricing，PCP）。Goldberg 和 Tille（2008）通过实证检验计价货币选择的主要影响因素是产业特征和国际贸易规模，外汇市场差价也起一定的作用。

3. 规避汇率风险

后布雷顿森林体系时代，计价货币选择理论研究受到不同国家宏观经济波动作用的驱动（汇率波动明显）。Giovannini（1988）在假定汇率变动不确定的前提下从垄断出口商最大化利润角度分析计价货币的选择，他得出结论认为计价货币的选择依赖于利润函数的形状。Devereux 等（2004）强调宏观经济波动，在两国的一般均衡模型中研究货币供应量的波动对计价货币选择的作用，他们发现国内和外国企业可能选择最小货币供应变动的货币作为计价货币。换句话说，当本国货币供应变动更小时，本国企业选择出口商国家货币（PCP）计价，外国企业选择进口商国家货币（Local Currency Pricing，LCP）计价；而当本国货币变动量更大时，本国企业选择 LCP 计价，外国企业选择 PCP 计价。

这一研究结论对货币政策的执行有很重要的启示作用。也就是说，拥有稳定货币政策的一国货币往往被选为出口商的计价货币。

## 2.1.2 货币替代理论

V. K. Chilly（1969）开创性提出"货币替代"这一概念，指在开放经济条件下，一国居民因对本币的币值稳定失去信心，或本币资产收益率相对较低时，本国居民减少持有相对价值较低的本币，增加持有价值相对较高的外国货币。外币替代本币执行货币职能时，货币替代就发生。Mckinnon（1985）把货币替代分为直接货币替代和间接货币替代，直接货币替代是指两种或多种货币作为支付手段在商品交易中相互竞争，而间接替代是因为不同货币汇率的预期变化、非货币金融资产在投资者之间的转换间接影响了货币需求。Calvo、Vegh（1992）重点研究了拉丁美洲的货币替代现象，认为货币替代是拉丁美洲经济美元化的最后阶段。理论上看，货币替代过程实质上是不同国家之间主权货币的竞争过程。现实中替代一旦发生，几乎不具有可逆性，这种现象是货币替代的棘轮效应（Guidotti、Rodriquez，1991）。

布雷顿森林体系之后，固定汇率转向浮动汇率制度，西方学者开展对货币替代问题的理论研究。他们以开放经济条件下的货币需求理论为基础，将对货币功能的不同理解作为出发点，研究货币需求函数以及货币替代决定影响因素。

1. 货币服务的生产函数理论

Marc A. Miles（1978）是货币服务生产函数理论的代表人物。他的研究认为，人们持有货币是由于货币有服务功能，这一服务可以由本币提供也可以由外币提供。该理论从货币的综合效用角度入手，在给定资产约束的条件下，人们根据持有本外币的相对效益和机会成本来灵活调整它们之间的比例，以求获得最大化的货币服务。Marc A. Miles（1978）基于不变替代弹性货币性服务生产函数检验加拿大数据，证实在加拿大存在较高程度的货币替代。

2. 货币需求的边际效用理论

以 Michael D. Bordo 和 Ehasn U. Choudhri（1982）为代表的货币需求的边际效用理论强调货币需求的交易动机，将货币性服务具体化为便利交易和支付，使用货币需求的交易动机来解释货币替代现象。该理论建立实际本外币余额在内的效用函数，在资产约束条件下实现持币者效用最大化时本外币持有量，认为货币需求函数是收入水平和持币机会成本的函数，并以此说明货币替代的内在机制。其内容与 Marc A. Miles 的货币需求函数相比，货币需求的边际效用理论将经济因素考虑进本外币的相对需求中，将两国利率水平作为衡量本外币间替代弹性的一个重要变量。

3. 货币需求的资产组合理论

Lee R. Thomas（1985）提出的货币替代的资产组合理论是从价值储藏的角度出发的，将不生息的货币余额看成个人所持有的一种资产形式，出于保值和增值的目的，经济主体根据不同币种资产的收益和成本来调整所持有本外币资产的比例，进而导致货币替代的出现。资产组合理论将货币服务的生产函数从实物经济扩展到金融领域。当一国拥有较为发达的金融市场时，投资者不仅可以通过本外币之间的兑换来分散持有单一货币的风险，还可以通过购买配置金融资产实现这一目标，由此货币替代的范围被延伸至资产替代。

4. 货币的预防性需求理论

1986 年，加拿大学者 Stephen S. Poloz（1986）撰文指出以往的货币替代理论没有考虑到获得货币资产所需支付的流动性交易成本以及消费者支出的不确定性。Stephen S. Poloz 的研究主要考虑当经济主体面临流动性交易成本和支出的不确定性时，如何调整自己的资产组合形式，从而导致货币替代现象发生。货币在商品交易中充当媒介，未来交易面临的不确定性要求人们在持有本币余额的同时还需持有一定量的外币余额，以应付可能发生的支付。因此，这种预防性的货币需求是构成货币替代的原因。该理论认为，人们为了支付的需要通常要保持一定量的本外币现金余额，当手中的现金不能满足货币需求时，必须把其他资产转换成所需币种，并需支付交易成本，这就是预防动机的货币替代行为。

### 2.1.3　最优货币区理论

最优货币区（Optimal Currency Areas，OCA）是指一种最优的地理区域。在这个区域内，一般性的支付手段或是一种单一的共同货币，或者是几种货币，这几种货币之间具有无限的可兑换性，其汇率在进行经常性交易和资本交易时互相钉住，保持不变，但区域内国家与区域外的国家之间的汇率保持统一浮动，如固定汇率制度，或者使用同一货币的货币联盟。"最优"是指一国经济同时实现内部均衡和外部均衡，具体包括物价和就业之间是内部平衡以及经常账户和资本账户的国际收支平衡。下面主要介绍最优货币区经典理论和成本收益综合分析。

1. 最优货币区经典理论

根据蒙代尔的定义，当要素在几个地区能够自由流动，而其他地区之间要素流动存在障碍时，要素自由流动的几个地区可以构成最优货币区。继蒙代尔提出最优货币区理论之后，经济学家们也纷纷提出各种最优货币区的判断标准，主要有凯南（P. B. Kenen，1969）提出的产品多样化标准、麦金农（R. I. Mckinnon，1963）提出的经济开放度标准、英格拉姆（Ingram，1969）提出的金融市场一体化标准、哈伯勒（G. Harberler，1970）和弗莱明（J. M. Fleming，1973）分别提出的通货膨胀率相似标准等。

蒙代尔最早于 1961 年提出了最优货币区理论，主张生产要素高度流动性准则。蒙代尔认为，货币区内各国汇率采用相互钉住，稳定区域内物价和就业水平，并且认为生产要素流动性与汇率调整之间具有相互替代的作用。需求在货币区内国家之间转移造成的国际收支失衡，既可以通过汇率调整来实现，又可以通过生产要素在两国间的移动来解决。蒙代尔认为，生产要素流动性越高的国家之间，越适合组成同一货币区，由此带来的收益在于减小汇率波动对贸易的冲击，有利于区域内经济稳定；而要素市场流动障碍越大的国家和地区，越适合组成单独的货币区，即实行浮动汇率。

麦金农强调用一国经济开放度作为最优货币区的衡量标准。麦金农以一国贸易品部门相对于非贸易品部门的生产比重（或者占社会总产品的比重）作为衡量经济开放度的指标，并且认为一国经济开放程度越高，越适合实行单一货币区，反之，则实行浮动汇率制。若一个地区对外开放程度高，可贸易商品占非贸易品比重很高，国际收支赤字导致的本币贬值将会带来较大幅度物价水平上升，从而抵消本币贬值对贸易收支的调节作用。麦金农认为，在其他条件一定的前提下，贸易关系密切（经济一体化程度高）的国家和地区间应组成货币联盟，这有利于实现内外部经济的均衡。同时麦金农认为相对大开放经济体而言，小型开放经济体更适合固定汇率制。

凯南主张用出口产品多样化作为最优货币区的衡量标准。凯南（1969）在蒙代尔和麦金农的基础上将产品数量扩展到多元化产品。研究认为产品多样化程度较高的国家在应对国外商品需求发生变化时，由于多种商品的需求相互交叉的影响，可以消除国外需求的波动，保持经济的相对稳定。这在一定程度上说明在外部冲击条件下，产品种类多元化带来了稳定出口需求的功能。因而，在产品多样化程度高的国家之间更适合于实行固定汇率制，组成共同货币区。凯南的多元化标准假设外部经济不稳定，如果只有大的经济体才能实现出口商品的多样化，那么大国才会受益于货币同盟。这一结论与麦金农的经济开放度标准中假设外部经济稳定的结论相反。

英格拉姆强调国内外金融市场一体化标准。英格拉姆（1969）指出，在解释最优货币区标准时，需要衡量经济社会的金融特征。英格拉姆强调资本要素的流动对汇率的影响，即当全球金融市场高度一体化时，一国可以借助资本完全流动来阻止国际收支失衡所导致的汇率的一切不利变化，从而避免了汇率的波动。这一分析模式类似于蒙代尔—弗莱明模型中资本账户自由流动与独立货币政策的搭配，此时选择固定汇率制能够实现"稳定三角"的调控目标。因此，英格拉姆认为当国内外金融市场高度一体化时，实行固定汇率制是合适的，有利于形成最优货币区。

哈伯勒（1969）和弗莱明（1973）先后提出以通货膨胀的相似性作为确定最优货币区的标准。他们认为只有通货膨胀率非常相似的国家才能实行最优货币区。通货膨胀率的差异导致各国难以实行共同的货币政策，或者即使实行共同的货币政策，货币政策对经济的调控作用将产生迥然不同的效果。反之，如果货币区内各国通货膨胀率趋于一致，就可以保持汇率稳定。通货膨胀率的相似性标准同样要求各国之间对经济冲击的一致性，即各国之间的经济一体化程度越高，就越适合建立单一货币区。

综上所述，以上的各种标准均是从经济一体化的某一个方面提出来，虽然或多或少反映了最优货币区的必要条件，但仍然无法对一国是否加入货币联盟给出完整的解释。随着欧洲统一货币的推进，货币区问题转向成本收益综合的角度进行研究。

2. 最优货币区理论的成本收益综合分析

欧洲经济一体化和货币联盟的发展使最优货币区理论研究出现新的进展，基于早期单一标准分析基础上，学者对一国加入货币联盟进行成本和收益的综合分析。

克鲁格曼（Krugman，1990）以芬兰加入欧元区为例，分析芬兰加入欧元区的成本—收益曲线，得出了著名的 GG－LL 模型。GG－LL 模型假定货币区规模越大，区内价格水平的稳定性和可预测性就越高；货币区内固定汇率的承诺有保障；货币区内各国市场联系紧密，加入货币区收益越高。图 2－1 中 GG 曲线代表收益曲线（Gain Curve），它表示一国加入货币区（如欧元区）所获得的潜在收益取决于该国同货币区的经济一体化程度。曲线向右上方倾斜，表示若一国与所在固定汇率制的货币区的经济一体化程度越高，其加入货币区的收益则越大，原因在于参与国能节省因浮动汇率波动所带来的不确定性、计价和交易成本。LL 曲线为成本曲线（Loss Curve），表示一国加入货币区与经济稳定性损失之间的关系。LL 曲线斜率为负，说明一个国家的经济与货币区的经济一体化程度越高，其加入货币区的成本越小。加入货币区的成本即因一国加入货币区放弃利用汇率和货币政策稳定产出以及就业的宏观调控能力而产生的损失。图中横轴表示加入国与货币区的经济一体化程度，它可以用经济交往占 GDP 的百分比表示；纵轴表示加入货币区的收益或成本。图中 GG 曲线和 $LL_1$ 曲线的交点为 $E_1$，它决定了一国是否加入货币区的经济一体化程度的临界点 $\theta_1$。当该国与货币区的一体化程度大于 $\theta_1$ 时，加入货币区有净收益，否则只会带来净损失。克鲁格曼的 GG – LL 模型借用传统的成本—收益分析方法，分析一个国家加入货币区的净收益（或者临界点），成为确定一国是否加入货币区的决策分析工具。例如，当一国出口需求增加时，在经济一体化程度的任何一个水平上，固定汇率使该国产出和就业的不稳定性增大，于是 $LL_1$ 曲线上移到 $LL_2$，结果使得加入货币区的临界点由 $\theta_1$ 变动到了 $\theta_2$。

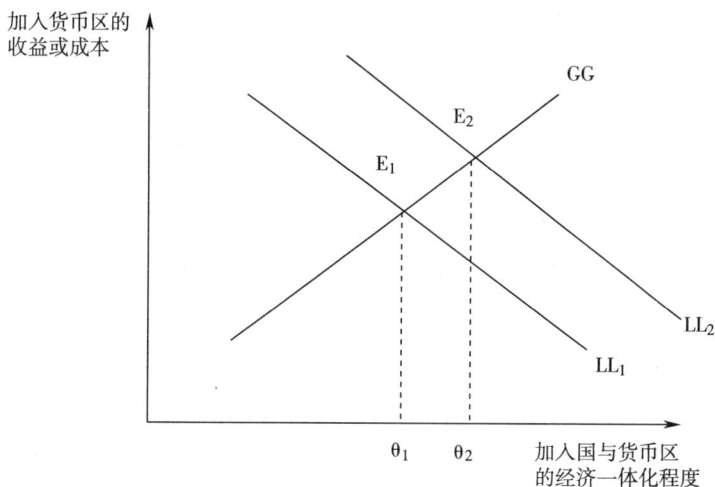

**图 2 – 1 GG – LL 模型**

## 2.1.4 金融深化理论

中国市场化改革包括实现产品和要素市场化两方面。经过三十多年的改革开放，中国的产品市场改革基本完成，不仅形成了统一的国内市场，而且中国制造的产品在国际市场已具备一定份额。相比之下，要素市场化改革滞后于经济发展，主要原因在于，政府是要素市场资源配置的主体，使得要素市场价格不能反映资源的供求，并且扭曲了资源的收益分配，市场化机制处在建立或者尚未完成阶段。

金融市场是要素市场化改革的重点。金融改革，价格是核心。在中国等发展中国家经济结构一般是割裂的，金融领域也呈现"二元"状态，信用工具存量有限且分布不一，同时政府对金融的干预过大，这些都导致了发展中国家的利率和汇率水平不能真实地反映货币的供求状况，造成了资源配置的错位，从而阻碍了经济的发展。发展中国家金融市场不发达，居民可供选择的金融资产范围狭窄，故内源融资居主导地位。在这种情况下，要实现金融深化目标，唯有金融自由化一条路可循。E. S. Shaw 主张由市场决定利率和汇率水平，使其能够真实地反映资金的供求状况，这样才能促进储蓄以及投资的增长，发展本国经济。金融改革的核心主要是利率市场化、汇率市场化、金融市场结构的多元化和货币的可自由兑换。当前的中国金融改革，放开利率管制，推动金融自由化，让信贷市场的利率有效地反映资金供求变化，反映金融机构对风险的判断和定价，同时在政策层面上，让利率有效地反映货币政策的调控意向，成为货币传导机制的有机组成部分。在逐步消除利率管制的同时，进一步放宽汇率弹性空间也是金融自由化的内容之一。在此基础上放开金融市场的准入限制，让更多的民间资本作为独立的经营主体进入金融业，参与市场竞争。在资本账户下，发展开放的资本市场，实现货币的可自由兑换。

张宜浩、裴平和沈晓华（2009）综合香港和内地相关样本数据的实证研究证明，短期内香港离岸金融中心发展会推动中国内地的资本开放；长期内香港离岸金融中心发展则对中国内地金融深化存在正面效应。金融深化作用主要体现在利用离岸市场形成汇率机制和市场化利率，并且以此形成对在岸金融市场反馈效应。学者戎如香认为汇率改革以来，随着人民币汇率幅度的扩大以及资本项目和外汇管制的部分解除，人民币在岸远期市场和离岸 NDF 市场之间的联系不断加强，境内外相同期限人民币未来汇价相互影响，并不存在处于绝对优势地位的人民币远期汇率定价市场；但人民币 NDF 市场汇率的变动趋势引导在岸远期市场汇率变化趋势。香港人民币离岸即期市场与 NDF 远期市场反映市场参与者对人民币价格的预期，为中央银行了解和掌握市场预期提供真实信息来源，为调控人民币汇率波幅的创造了市场环境。

离岸利率市场化机制对在岸金融市场的反馈效应体现在境外点心债券市场的发展可能会形成一股倒逼境内债券市场发展的力量。日本在 20 世纪 80 年代的经验显示离岸债券市场的快速发展有利于境内债券市场的发展。20 世纪 80 年代日本外汇市场开始自由化，离岸日元市场的发展促使企业大量使用离岸市场资金（Hoshi 和 Kashyap，2001），反过来促使国内债券市场融资自由化。其具体表现在：一方面，企业融资渠道多元化，减少对银行特别是中资银行的依赖，人民币离岸市场的发展也可能迫使中国的银行业将注意力放在中小企业上，这有利于金融机构之间形成必要的良性竞争、规范的金融运作模式，推动国内金融市场健康发展；另一方面，境内债券市场的发展，优化境内间接融资与直接融市场结构同时，有利于形成长期资金收益率曲线，为利率市场化提供条件。

人民币国际化的最终实现建立在产品和要素市场化完成的基础之上。要素市场作为市场化改革的重点以及经济增长的推动力，人民币国际化依赖于金融要素市场的金融深化、利率和汇率的市场化机制形成、开放的资本市场和人民币可自由兑换的实现。因此，人民币国际化实际上是中国金融市场在广度和深度上的外延和拓展，是中国政府逐步放开市场、减少行政干预的过程，是中国经济实力在世界经济版图中扩张的有利表现。

### 2.1.5 坚持以科学的货币理论为指导

人民币国际化不仅是理论问题，也是实践问题。以科学货币理论为人民币国际化提供理论基础，充分考虑中国贸易、金融以及离岸金融市场国内外差异，结合中国经济具体条件，实现经济货币理论的本土化适应和创新。

1. 科学的货币理论为人民币国际化提供理论基础

人民币的国际化是人民币在贸易和金融中充当计价结算、交易媒介和储备货币职能的过程，同时还包含实现货币的可兑换性。理论回顾部分主要从跨境计价货币选择、货币替代理论、最优货币区理论以及金融深化理论为人民币国际化进行归纳和整理，为人民币国际化提供理论基础。

（1）跨境贸易计价货币选择理论，指一国货币充当贸易的记账单位形成货币国际化的市场选择机制。贸易计价货币功能作为国际化货币的微观基础，代表人民币在贸易往来中的市场需求，推进并且深化人民币国际化在投资以及价值储藏中的影响力。

（2）货币替代是开放经济条件下特有的一种货币扰动，在货币自由兑换的前提下，外币在价值尺度、交易媒介和价值储藏等方面全部或者部分地取代本币。跨境贸易人民币结算的实质是人民币在计价结算功能方面从进出口方"双向"地替代美元。与此同时，人民币外汇市场、人民币债权和股权市场发展为市场主体提供风险对冲的同时，也使人民币金融资产成为资产组合选择，发挥人民币的价值尺度、交易媒介和价值储藏的功能，并能够解决中国作为高额外汇储备国家的货币错配问题。

（3）最优货币区理论则为区域货币合作提供理论指南。经典的最优货币区理论从单一判断标准角度分析单一货币区形成所需要的条件。随着欧元区的进展，最优货币区理论从一国所需要支付的成本和获得收益综合衡量加入货币区这一决策。人民币要想成为重要的国际货币，短期来说，满足亚洲地区企业在双边贸易中更多使用人民币作为贸易结算货币的需求，中期则拓展人民币成为亚洲融资市场的交易货币，远期则在于推进地区经济金融的一体化的进程。依托亚洲区域间紧密的贸易投资往来作为支撑人民币区域关键货币地位。

（4）人民币国际化的最终实现包含人民币的完全可兑换，这依赖于金融市场的深化。金融市场深化从价格指标来看，主要包含利率和汇率的市场化。一是利率市场化为商业银行提高风险经营能力创造外部条件，它将为遍布全球的人民币经济和金融交易提供人民币资金融通和完善清算网络。二是汇率的市场化则为实现人民币的自由可兑换性提供条件。人民币资金价格的市场化和商业银行竞争力的形成是人民币可兑换的前提条件，也是人民币良好信誉的保障。三是人民币离岸金融市场形成的市场化汇率和利率对在岸金融市场反馈效应，推进在岸金融市场自由化。

2. 科学的货币理论对人民币国际化全过程指导

亨利·基辛格曾经说过："控制了货币，你就控制了整个世界。"一国货币在全球金融市场中的影响力对该国参与世界经济利益格局的分配以及自身核心利益的维护有着举足轻重的作用。人民币国际化伴随着中国经济市场化进程，同时也与中国实施的经济发展模式转型、对外贸易合作战略、金融市场开放以及离岸市场的建设等紧密联系在一起。人民币的国际化客观上要求中国经济平稳持续的发展，因为只有一国经济实力的持续强大，才能够支撑货币良好信誉，才能够扩大本国货币在贸易、金融和储备货币当中的市场份额。人民币国际化本身对现有国际货币体系带来外部挑战和冲击，在位主导国际货币的历史惯性以及为了维持其国际货币特权存在阻挠人民币国际化的可能，这导致人民币这一新兴国际货币的兴起道路并不平坦。以上均表明实现人民币国际化这一目标所面临的挑战是非常明显的，而这并没有现成的国际货币理论作为支撑。现有的货币理论源自于发达国家货币国际化实践，中国作为发展中国家，在运用已有理论的同时需要充分考虑中国贸易、金融以及离岸金融市场国内外差异，结合中国经济具体条件，实现经济货币理论的本土化适应和创新。必须以科学的货币国际化理论为引导，紧密并结合中国的实际才能使人民币成为国际货币。

## 2.2 文献综述

### 2.2.1 货币国际化文献综述

1. 货币国际化的内涵

（1）马克思关于世界货币职能的论述

马克思的货币理论认为：货币在与商品交换发展过程中，逐渐形成了价值尺度、流通手段、贮藏手段、支付手段和世界货币五种职能。马克思认为价值尺度和流通手段派生了其他货币职能，并且货币是价值尺度与流通手段的统一。马克思在《资本论》中指出世界货币执行一般支付手段的职能，一般购买手段的职能和一般财富的绝对社会化身的职能。它的最主要的职能是作为支付手段平衡国际贸易差额。① 马克思处在英镑作为世界货币的金本位时代，货币的发行均由黄金作为储备，各国货币根据黄金含量计算兑换比例。马克思所指的世界货币职能，主要所指的是在国际收支中充当支付手段的职能，债权债务的清算，这包含在国际贸易、国际投资以及国家间财富的转移。比如，在金本位时期，英国国际收支盈余主要体现在黄金的净流入。

马克思所说的世界货币不是指信用货币，而是在国际交往中可以普遍接受的黄金及其含量。正如马克思所说："金银天然不是货币，但是货币天然是金银"。当今主权国家信用货币充当国际货币的时代，即使一国货币实现了货币国际化的高级形态，也不可能完全等同于金本位制下黄金作为世界货币的情况，因为信用货币充当国际货币天然就存在着信心和清偿力不可调和的内在矛盾，会导致国际货币体系的不稳定。

（2）西方学者对国际货币理解

Benjamin Cohen（1971）是研究国际货币问题的先驱学者之一，最早从货币职能的角度定义国际货币，认为国际货币的职能是货币国内职能在国外的扩展，无论是私人还是官方出于何种目的，将一种货币的使用扩展到该货币发行国以外时，这种货币就具备国际货币的特征了。Hartmann（1998）将国际货币职能划分为交易媒介、记账单位和价值储藏手段（见表2－1）。这里，作为交易媒介是指在国际贸易和金融交易中被用于私人部门直接货币交换以及两种其

---

① 资料来源：马克思. 资本论［M］. 第一卷，北京：人民出版社，1975：146.

他货币之间间接交换的媒介货币，被官方部门用作干预外汇市场和平衡国际收支的工具；记账单位是指国际货币被用于商品、服务贸易和金融交易的计价，并且被官方机构用于确定汇率平价（作为汇率钉住的"驻锚"）；价值储藏手段是指国际货币在私人部门选择金融资产时被运用，如表示非居民持有的存款、贷款、债券等价值，而官方机构拥有国际货币和以它计价的金融资产作为储备资产。国际货币基金组织认为国际货币是能够在世界范围内发挥类似金属货币的作用，可以为政府当局和中央银行持有以及作为干预外汇市场的储备基金的货币。显然国际货币基金组织从官方组织的角度表明持有储备货币的动机，对国际货币职能提出全面的要求。

表 2 - 1　　　　　　　　　　国际货币的私人和公共职能

| 职能 | 私人部门 | 官方部门 |
|---|---|---|
| 交易媒介 | 工具货币（用于国际贸易的计算和国际金融债务的偿还） | 干预货币（用于外汇市场干预货币和国际结算融资货币） |
| 记账单位 | 计价货币（用于国际金融工具和外贸交易的计价） | 钉住货币（用于表示汇率关系和作为其他货币的锚） |
| 价值储藏 | 投资货币（用于存款、贷款和债券的计价） | 储备货币（用于货币当局的国际储备） |

资料来源：Hartmann（1998）根据 Cohen（1971）整理而成。

国际货币以上三大职能之间不是独立存在的，而是有相互联系的。它们之间的相互关系有两种代表性观点：①三者之间存在先后关系。Bourguinat（1985）认为，作为国际贸易媒介货币职能优先于其作为金融目的货币职能，金融目的货币职能又优先于价值储藏职能。即因贸易计价货币需求是基础，从而派生出投融资需求和价值储藏需求。②三者之间有协同效应。国际货币三大职能间相互促进，存在一种内在的增强机制。即一种职能的充分发挥，会促进和增强其他职能发挥的效果。

显然，执行国际货币所有职能的货币数量是非常有限的。目前，在全球范围内美元是唯一的主要货币，另一些货币虽然执行国际货币的三大职能，但只在有限地理区域，例如欧元和日元，而其他货币通常只执行国际货币的部分职能。

（3）货币国际化

货币国际化仍然从货币职能角度进行界定，Tavlas（1997）认为一国货币在国际经济交易中充当交易媒介、记账单位和价值储藏功能时就成为国际化货币；Mundell（2003）将主权国家货币的流通地理区域考虑在内，认为货币流通超出法定地理区域时，或者该国货币被其他地区使用时，该货币就是国际化货币。以日元国际化为例，日本大藏省（1999）对其进行了界定，货币国际化是指提高日元在国际交易和投融资中的使用比例，或指提高日元计价的金融资产的非居民持有比例以及各国中央银行外汇储备中日元所占比重。总之，货币国际化是指一国货币演进成为国际货币的过程，这一过程表现为一国货币的职能或部分的由本国法定范围扩大到其他国家乃至全世界，同时也是不同货币之间竞争和市场选择的过程。

2. 货币国际化的层次

科恩（2004）从货币地理学的角度，把货币的等级关系描绘成一个金字塔形状，代表货币不同的势力范围。货币按照其影响范围从顶端到底层依次分为顶级货币、贵族货币、杰出货币、普通货币、被渗透货币、准货币和伪货币。其中，一战前的英镑和二战后的美元符合顶级货币的属性；马克、日元和欧元主要在某一经济区域使用，属于贵族货币；杰出货币能充当国际货币职能，但影响力有限，如英镑、瑞士法郎和澳大利亚元；顶级货币、贵族货币和杰出货币在全球外汇交易中占比超过 80%；普通货币除在国际交易中使用，一般很少被第三方使用；被渗透货币、准货币和伪货币三者的货币职能呈现出被外币替代的倾向，替代程度依次增强。

金字塔型的货币层级关系是货币竞争的结果，并且货币层级关系不是固定而是变动的。在全球范围使用和流通的美元，已经大大超出发行政府所在的地理范围，而英镑的实力范围明显缩小。欧元想要挑战美元地位，欧元区虽然在经济规模上可以与美国相媲美，但是金融市场流动性以及统一的国家信誉是欧元区暂时难以企及的。货币竞争类似于达尔文的进化斗争，最终形成以顶级货币为中心的货币关系。

另外，值得一提的是，随着货币形态的变化和中央银行制度的建立，首先是西方国家，对货币量层次划分的理解也在不断变化，到了 20 世纪 50 年代，世界各国中央银行均依据不同情况和要求，公布了不同的"货币供给量层次指标系列"，一般用 $M_1$、$M_2$、$M_3$ 等符号标出这种以流动性为基本依据划分出来的货币量层次，也逐渐运用于经济金融活动的实际，并根据理论进展状况和实际操作经验作适当的调整，因而，各国之间的货币量层次划分虽大致相同，但层次设定的多少和每个层次包括内容却不尽相同。

3. 货币国际化的条件

Bergsten（1975）从综合条件角度分析一国货币国际化条件，认为货币国际化必须满足政治和经济两方面的要求，包括强大的政治影响力和国际合作的支持。同时该国保持经济增长并具有相对优势、货币良好的信誉、发达金融市场提供良好的流动性、可兑换性以及外部经济平衡等。Tavlas（1997）认为通货膨胀率、贸易一体化和发达的金融市场是一国货币成为国际货币的原因，该分析与最优货币区判断标准相联系。Mckinnon（1998）则强调经济规模的重要性，认为欧盟的经济规模和区域内紧密的贸易往来，使欧元的影响力远远超出国界。许多东欧国家以及欧洲过去的非洲殖民地国家因为与欧盟的紧密贸易往来而倾向于将货币钉住欧元，因此，这些国家也更有可能将欧元作为干预货币和储备货币。Mundell（2003）认为良好的货币信誉是一国货币成为国际货币的重要条件，货币境外流通规模或交易经济区域大小、货币政策的稳定性和独立性、发行国的综合国力和经济的可持续性以及货币的可自由兑换是影响货币信誉的因素。Kenen（2002，2003）强调网络外部性的作用，认为美元作为关键国际货币得益于美元国债的良好流动性，而美元国债本身的广泛接受程度以及给投资者带来的便利性也使美元外汇市场受益。Ewe – Ghee Lim（2006）认为从一国货币成为国际货币有五方面因素，即强大的经济规模、发达的金融系统、信誉良好的货币、政治稳定和网络外部性，欧元之所以难以超越美元的原因在于美元有深度、高流动性和多样化的金融市场为支撑。刘郁葱等（2010）通过扩展比较优势理论的框架，分析了一国产业竞争力对该国货币国际化的决定性影响，并应用1993—2008年美元国际地位变化的实证分析结果证实了理论预期。要推进一国货币国际化，关键在于提高本国的产业竞争力，而不仅仅是培育和发展金融市场。

### 2.2.2　人民币国际化文献综述

1. 人民币区域化、人民币离岸化和人民币国际化联系

李翀（2002）认为人民币区域化是指人民币在中国周边国家或地区的区域内被接受，作为贸易结算的手段以及一定范围内用作交易媒介和价值储藏手段。学者通常认为货币区域化有对称型和非对称型两种形式。前者主要以欧元区为代表，即区域内成员国采用欧元区中央银行统一发行的共同货币充当记账单位、交易媒介和价值储藏手段，本国主权货币退出流通领域并且放弃汇率调节工具。后者主要以美元区为代表，即主权国家境内的主权货币被美元替代或者将本国货币钉住美元形成固定汇率，如拉丁美洲美元化以及中国香港采用的联系汇率制。

根据前文对国际化货币的理解，从国际货币职能的角度对人民币国际化进

行界定，可以把人民币国际化理解为：人民币能够跨越国界，在境外流通，成为国际上普遍认可的计价结算、交易媒介及储备货币的过程。可见，人民币国际化不仅仅包含人民币跨境结算，同时也包括基本可兑换性以及人民币成为国际储备货币的内容。

人民币区域化即是指人民币在一定地理区域内实现计价结算、交易媒介和价值储藏的功能，并成为区域性国际货币的过程。人民币离岸化是指离岸市场发挥补充或部分替代在岸金融市场发挥人民币可自由兑换功能，提供非居民交易平台，实现人民币国际货币的三大货币职能。离岸市场在人民币资本管制条件下建立起来，同时发挥着金融创新和金融稳定的功能。人民币区域化深化和扩展需要离岸化，人民币区域化、离岸化是实现人民币国际化的必经之路。

那么人民币区域化和国际化有何差异呢？区域化货币相对于国际化货币，并不是在货币本质、功能上存在根本性的差异，只是一国货币在本国金融市场对外延伸度以及在国际货币职能地域使用上的程度不同，人民币区域化是人民币国际化发展的中级阶段，人民币国际化才是最终目标。

2. 人民币国际化收益与成本

一国在享有本币成为国际货币带来收益的同时，也需要承担国际化相对应的成本。事实上，一些国家努力促进本国货币的国际化以追求利益，而其他国家由于担心国际化带来的成本而显得有些保守。那么，人民币货币化的主要收益与成本有哪些？下面进行具体分析。

（1）关于人民币国际化收益的研究

①便利企业贸易、投资和融资。第一，进出口企业用人民币进行计价和结算，能够有效降低汇率风险和减少利用外币结算带来的交易成本。交通银行课题组（2009）认为，人民币国际结算有利于节省企业进行套期保值的外汇交易成本以及汇兑成本。例如，据相关银行估计，用人民币向中国供应商支付货款的外国企业相比用美元支付可以获得4%～5%的价格优惠。第二，人民币国际化还有利于中国企业进行人民币对外投资，避免使用外币投资的流动性限制，更多地参与经济全球化。第三，人民币国际化意味着非居民增加对人民币资产的需求，把人民币证券作为资产配置的一部分，提高市场流动性，使得中国企业能够以更低的融资成本拥有多元化的融资渠道，降低企业的资金成本，解决企业货币错配的问题。

②拓展金融机构业务能力，提高国际竞争力。第一，本国金融机构对本国货币的业务相比外国银行具有比较优势（Chinn Frankel，2005），使本国金融机构有机会拓展本币的海外业务。金融机构业务的拓展和进一步导致利润的增

加也会降低本国企业融资成本，并扩大本国企业可选择融资的范围（Kenen，2009）。人民币国际化过程中，银行为进出口企业选择人民币作为计价货币提供结算服务，为境外进口商提供人民币贸易融资支持，调整银行的收入结构，提高中间业务占比。例如，因德国市场对人民币使用增加，为了满足境外客户人民币金融服务需求，交通银行作为母行向在法兰克福的分行增拨营运资金2亿元人民币，这是中资银行首次实现人民币资本的境外输出。第二，货币国际化在给本国银行带来新业务的同时，由于范围经济的存在，还能提高本国商业银行的国际竞争力。金融机构不同业务间的互补性，可以提高金融机构的经营效率，进而提高整个金融市场的广度和深度，增加人民币资产的流动性。货币国际化后，本国中央银行作为金融机构的最后贷款人，可以提高流动性保护，降低本国金融机构的外汇风险，从而在一定程度上增加本国商业银行在国际市场上的本币业务竞争力。

③对缓解中国外汇储备快速增长的压力具有一定的作用。一方面，本币国际化可以使贸易往来中使用人民币计价结算，同时有利于本国居民投资于海外，缓解贸易顺差和资本项目顺差导致的外汇储备压力。另一方面，本币成为国际货币，货币政策具有更大的自主权，有利于一国货币对内和对外保持稳定。本币国际化使人民币为国际收支融通资金提供国际清偿力，减少外汇储备的持有。

④国际铸币税收入。铸币税，包括狭义的和广义两个范畴。根据《新帕尔格雷夫货币金融大辞典》狭义的铸币税是指由货币发行主体垄断性地享受通货币面值超出生产成本的收益（Peter Neumann，2001）。广义的铸币税还包括因本币国际化而获得的本币及其代表的金融资产的净收益，这包含国际货币发行国持有的海外资产与该国以本币发行的金融负债（即非居民购买的金融资产）所支付的利率差带来的收益。Portes 和 Rey（1998）估计海外流通的美元能给美国带来的铸币税约占 GDP 的 0.2%，欧元的国际化则可以通过减少金融交易成本而给欧元区带来 0.2% 的附加收益。以人民币为例，陈雨露等（2005）在钟伟（2002）一文的基础上量化了人民币国际化带来的经济利益。货币国际化利益分为可计量利益和难以量化的利益两部分，在假设国债等利率水平前提下，如果 2010 年实现人民币区域国际化，预测 10 年内可获得近 7 439亿元人民币的货币国际化收益。

（2）关于人民币国际化成本的研究

①经济政策独立性受损。在分析一国货币成为国际货币必须付出的成本时，本国经济政策独立受损是被现有问题提及最多的一项。按照三元悖论，对

任何一个国家而言，通常都要追求三个重要的金融政策目标：一是一国可自主的选择本国货币政策，来调控通货膨胀或通货紧缩；二是在固定汇率或浮动汇率制下，运用货币政策灵活调整实现较为稳定的汇率；三是资本的自由流动，实现货币完全可自由兑换，尤其实现资本账户下的自由流动。因为在逻辑上，这三个经济目标是相互矛盾的，最多同时只能实现其中的两个目标，也就是存在三难选择。比如，在独立货币政策和固定汇率汇率制搭配下，需要进行资本账户管制，才能实现经济内外均衡。

钟伟（2002）认为如果中国推进以亚洲为支点的人民币国际化，那么人民币相关的宏观货币政策因需要考虑该区域其他国家经济发展需要而丧失货币政策独立性。何慧刚（2007）认为人民币国际化存在为非居民增强并维持持有人民币的信心成本以及因货币政策溢出效应而减小对本国经济的影响力的偏离成本，从而产生国内外货币政策重叠使本国货币政策偏离预期目标。

②货币地位逆转风险的成本。货币国际化离不开其他国家对国际货币发行国经济实力和政治局势稳定的信心。如果国际货币发行国的政局不稳或者经济发展不可持续，那么该国货币持有者的信心就会发生动摇，投资者为了规避风险，更倾向于持有其他信誉更好的国际货币，形成对该国货币的抛售和挤兑，产生货币国际化的逆转风险。具体而言，货币逆转所带来的成本包括救助货币危机的成本和干预汇率的成本。虽然，国际货币发行国基本都实行的是浮动汇率制度，但汇率的剧烈波动会严重影响国际货币发行国，进而对汇率的剧烈波动进行干预。那么，这就无形中增加了货币国际化过程中必须支付的成本，这给国际货币发行国带来一定的损失。黄亭亭（2009）在假设人民币已经完全自由兑换和资金跨境自由流动的条件下，认为人民币国际化稳定运行依赖于国际市场对人民币的信心和预期，信心和预期具有正向和逆向自我强化的双重倾向。

③收益与成本随着时间而发生的动态平衡。有关国际货币的大部分研究倾向于认为国际货币的收益与成本是静态的。然而，因为关键国际货币的领导地位从来不是永恒不变的，则国际货币的收益与成本随着生命周期而发生变化。外国货币需求在国际上通常使用的早期阶段会上升，但随着时间的推移供给超出其需要的点则开始下降。因此，发行国际货币的好处是随着时间的推移可能会下降，而其成本也有可能会增加（蒙代尔，1993；科恩，1998）。

例如，当海外货币流通量的增长使其币值的信心受到威胁时，国际货币所在国可能需要提高利率，以维持其金融（财务）吸引力，这将国际铸币税收益净额减少为零甚至是负数。在这种情况下，为了避免出现外国突然或大量抛售本国货币，国内政策有必要采取措施以对国际货币发行国进行约束。此外，国家的软实力还可能下降，因为持有该货币不再受到支持。发行国际货币的好处将丧失，增加该国际货币的成本，而且其他货币作为替代的国际货币出现则可能加剧这一情形（科恩，1998）。

英镑的经验是解释这一现象的典型例子。第二次世界大战前，英镑作为主要国际货币，使英国在战争期间为其庞大的军费开支得以融资。然而，第二次世界大战后由于英镑的国际地位被美元永久替代，因战争带来债务的负担成为一个令人头痛的问题，政府在经济衰退时的混乱管理加剧了 20 世纪 60 年代以来的金融危机。

3. 人民币国际化的条件

（1）国内学者的相关研究

依据中国的整体经济实力评价人民币国际化，如赵海宽（2002）在接受《金融经济》采访时从中国经济基础、经济实力、国际收支以及人民币国际信誉入手认为人民币可以"问鼎世界货币"。吴念鲁（2002）分析实现货币国际化可获得收益与需要付出的成本，提出中国应该逐渐放开资本管制的建议，使人民币实现资本项下的自由兑换，为人民币国际化创造有利条件。袁宜（2003）认为中国当前整体实力还不具备人民币国际化的基本条件，人民币国际化的过程中有许多障碍有待克服，政府应着力为人民币国际化创造条件。朱孟楠和陈硕（2004）选择包括国民经济实力、出口贸易、外汇储备、通货膨胀等在内的多个指标衡量人民币国际化条件，研究认为中国已经具备了人民币国际化的基础。刘群（2005）则认为人民币国际化有利于中国在全球范围内配置资源。蒋万进（2006）则认为中国的经济实力以及政策制度安排演进均有利于人民币国际化。高海红和余永定（2010）对人民币国际化的条件进行分析，认为主权货币发展成为国际货币除符合一般条件即具有强大的政治影响力和军事实力、经济规模、金融实力和货币信誉以及历史因素外，还要结合人民币国际化具体发展，同时需要考虑金融自由化和国内金融市场发展、人民币离岸市场、人民币汇率弹性以及货币可兑换性与资本管制程度。郭建伟（2012）认为中国外贸的微观特征显示人民币成为主要国际货币的核心基础并不稳固，稳步推进人民币国际化，构建中国外贸层面的微观基础。

（2）国外学者的相关研究

①资本项目可兑换是实现人民币国际化的重要前提条件。随着跨境人民币使用的试点的展开，西方学者对人民币国际化的关注度开始升温。有观点认为跨境贸易人民币结算仅仅满足了"实际需求"的交易，而为人民币使用的便

利需要人民币的完全可自由兑换，中国的资本账户以及金融市场受到的明显的管制，这就使得人民币的国际化道路是漫长的（Masahiro Kawai；Park，2010；Jeffrey Frankel，2011）。针对中国金融市场受到的管制，也有学者提出了相关建议，建立有竞争力的外汇市场，为中国企业提供防范汇率风险的手段，政府应该放松对金融市场的管制，实现人民币在全球的流通，促进人民币发展成为世界性的储备货币（Hans Genberg，2009；Tetsuji Murase，2011）。

②人民币国际化需要实现稳定人民币汇率。主权货币的稳定性和可测性是实现货币良好信誉的保障，这包括稳定的物价和汇率（Cohen，1998）。人民币汇率的稳定包含两个方面，一是稳定的人民币汇率调节机制，围绕市场均衡汇率在给定的波动区间内实现上下浮动。二是人民币成为东亚区域经济体的"货币锚"，成为区域内的关键货币，保障区域内的汇率稳定。这就需要中国经济模式从过度依赖出口转向国内需求（石田护，2010）。另外，有学者认为人民币升值压力在人民币国际化过程中是难以避免的，原因在于市场主体对于人民币需求在增加，包括实际交易需求和投资（投机）需求（Prasad，2011）。

### 2.2.3 人民币国际化路径研究文献综述

1. 国内学者相关研究文献综述

（1）区域化路径

有关区域化路径，国内学者主要从以下四个方面进行的分析：①区域货币合作。李晓（2004）认为人民币亚洲化是指人民币通过参与东亚区域货币金融领域的制度性合作，争取成为区域内关键货币的过程，人民币可借助于东亚金融合作的平台推进人民币亚洲化。李晓（2005）研究认为中国作为新兴贸易国家要实现货币的国际化可以选择加强区域货币合作，通过人民币区域化路径逐步实现国际化，该结论是在吸取日元国际化的经验和教训基础上得出的。②东亚关键货币。喻晓平（2006）和李婧（2009）基于中国发挥区域经济稳定器的作用，认为首先使人民币成为东亚关键货币，然后谋求人民币更广范围内的国际化。③制度和契约基础。陈治国（2011）认为区域化需要制度上和契约基础，需要区域内主权国家制度上的承认，比如新加坡元、马来西亚林吉特本身能够进行离岸化交易，实现一定程度上的国际化，但这种情况只是属于货币本身的交易，不能成为严格意义上的区域化货币。④亚元/货币联盟。曹龙骐（2011）认为人民币区域化国际化是一个长期复杂的过程，要实现这一目标，中国应选择的现实路径是：一方面积极参与和重新审视现行以美元为主的国际货币体系，提出更务实和有价值的改革方案；另一方面，应加快人民币周边化和区域化，并不断提高国际化水平，在可能的条件下为推进"亚元"做努力。黄俊（2012）从最优货币区理论角度验证包括中国大陆、香港、澳门、台湾在内的大中华区具备最优货币区的条件，大中华区可以建立统一货币联盟。

（2）分阶段路径

钟伟（2002）指出在未来的 20 年里，中国难以成为亚洲经济的主导力量仅仅作为重要平衡力量存在，因而人民币国际化需要政策的搭配和协调，并且认为人民币资本项目可兑换与国际化应同步推进。何慧刚（2007）研究认为在中国现有经济条件下，人民币国际化结合宏观经济政策和区域经济货币合作等制度安排，走"弱经济—强制度"模式，依从"人民币周边国际化→人民币亚洲化→人民币国际化"的渐进路径。李稻葵（2008）建议采取双轨制推进人民币国际化，逐步实现资本账户的开放，同时借助香港地区的国际金融中心的优势，建立境外人民币金融市场。巴曙松（2008）和夏斌（2011）认为实现人民币国际化分两个"三步走"：一个是货币职能经历交易媒介、计价单位和价值储藏三个阶段；二个是空间上经历周边化、区域化、国际化三个阶段。殷剑锋（2011）以日元国际化的失败教训作为借鉴，认为在国内金融改革实质推动基本完成前，人民币国际化应该"贸易结算 + 离岸市场/资本项目开放"模式转变到渐进、稳定的"资本输出 + 跨国企业"模式。还有的学者认为人民币国际化的目标是实现在东亚、东南亚和上海合作组织的区域化（杨长湧，2010），提出人民币在能源贸易中实现国际化的路径（王颖和赵亚平，2013）等。

2. 国外学者相关研究文献综述

国外学者研究认为，人民币国际化可以选择全球化路径（Global Approach）或者是区域化路径（Regional Approach）两条路径来实现。

（1）人民币国际化的全球化路径

Eichengreen（2009）认为由于政治体制的多元化以及经济要素市场存在分割的情况，使得在亚洲实现货币联盟的可能性非常低。中国通过自然演进方式实现人民币区域化，而可能不需要区域货币同盟来获取经济和金融上的地位。在贸易结构方面，中国习惯于从亚洲进口或出口到美国等发达国家，使人民币在亚洲区域内市场接受程度高于全球其他地区。同时认为中国境内金融市场发展相对滞后，人民币金融基础非常薄弱。Park（2010）认为人民币国际化最终目标是成为像欧元和美元那样国际储备货币，而不仅仅满足于区域化货币。Jong Wha Lee（2010）研究认为由于中国金融体系以间接融资即银行业作为主要融资渠道，使得金融市场的效率和公开透明度远远落后于国际金融市场。Cooper（2009）等学者分析认为，中国至少需要十多年才能在金融条件方面满足人民币国际化的要求。全球化路径研究表明金融市场是制约人民币国际化的主要因素。

（2）人民币国际化的区域化路径

Park（2010）和Ito（2010）研究认为这取决于人民币区域化维度的选择。中国可以在东亚地区通过跨境贸易和金融交易推进使用人民币作为计价结算和交易媒介，推动人民币国际化进程。当周边国家与中国的贸易、投资和金融往来更加密切时，人民币在这些经济体中的接受程度会提高，进而将人民币作为多元化储备货币的选择。随着中国经济影响力的提高，为了便利区域内贸易往来，一些国家的货币可能倾向于提高货币篮子中人民币权重，从而形成"人民币区"（Renminbi Block）。根据经贸往来密切程度，人民币区域化路径可以选择"东盟＋3（中国、日本和韩国）"或"东盟＋新3（东盟＋中国内地、中国香港和中国台湾）"来推进人民币国际化。

## 2.2.4 文献评述

1. 关于人民币国际化研究对象的文献评述

长期以来，在货币国际化研究对象方面主要以发达国家货币国际化为主，对发展中国家货币国际化问题关注不够。

有关国际货币问题的研究兴起于20世纪70年代，已有的国外学者对该问题的研究主要源自于以成熟的发达国家的货币国际化实践为分析对象，特别是美元和欧元等货币国际化为依据，而对于发展中国家如何实现货币国际化问题的研究还比较欠缺，从而导致研究结论更多地符合发达国家或地区货币国际化的实际。尽管近年来对人民币国际化这一问题开始关注，但是还缺乏系统而深入的理论分析。

2. 关于人民币国际化条件的文献评述

已有的文献片面地将资本账户可兑换视为推进人民币国际化的充分必要条件。认为货币区域化国际化的过程也是"货币经常项目可兑换→资本项目有管理可兑换→资本项目完全自由兑换→国际货币"的过程。由此得出的结论是：资本账户可兑换程度决定货币国际化的推进层次，国际货币必须与自由兑换货币同节拍。一国货币可兑换和国际化进程不一样，前者是货币当局的外汇管理，而后者是市场的供需双方驱动，这两者在不同时期可能会有矛盾，但长期而言互相促进推动，并不是谁以谁为前提。同样在国际货币基金组织的基金协议书中规定：与经常项目交易的国际支付必须是自由的不同，对资本项目下资本转移的方式，在必要时成员国可以有条件地实施对资本流动的管制。这说明，货币的国际化并不要求资本项目下的可兑换完全重合。

3. 关于人民币国际化路径的文献评述

已有的有关人民币国际化路径研究文献忽略人民币国际化是一个系统工程，系统内的变量是动态的，且各变量之间可以相互促进，动态耦合。有人认为，同时人民币国际化的进程应该注重市场演进与政府制度推进相结合。有人认为，区域化路径依赖于亚洲区域内贸易往来以及区域内货币合作，中国在亚洲应充当经济稳定器来实现。还有人因对区域内货币合作缺乏信心而认为中国可以通过金融方面的完善来促进人民币实现国际化。

# 第3章
# 主要国际化货币发展路径剖析

在国际货币形成和发展进程中，英镑、美元、德国马克和日元在不同的历史背景和经济条件下充当几乎全部或者部分国际货币的职能。本章按照英镑、美元、德国马克、日元的时序分别对这些货币的发展路径进行介绍，并总结货币国际化的共性、个性及其阶段性特征，试图为人民币国际化发展的路径选择提供有益的借鉴和启示。

## 3.1 英镑：贸易霸权实现货币国际化

英镑国际化是以贸易霸权为后盾发展起来的，特别与英国作为当时工业革命完成后的头号经济强国地位紧密相关。从货币国际化三大基本条件来看，英镑完全满足成为国际货币的要求：（1）英国经济规模庞大，贸易份额占比高，成为世界对外直接投资的强国，在当时占据绝对主导地位，拥有绝对优势；（2）伦敦作为世界最重要金融中心城市发挥了重要作用；（3）英镑币值稳定，从1560年到1914年，期间虽有温和的通货膨胀和通货紧缩，但英国物价指数几乎保持不变。国际货币体系以黄金为基石，长期物价水平惊人稳定。[①] 凭借其政治经济大国的地位和相当规模的金融市场以及旨在稳定汇率的金本位制度，英镑逐渐成为全世界普遍接受的国际货币。

---

① 资料来源：蒙代尔. 国际货币：过去、现在和未来［M］. 向松祚，译. 北京：中国金融出版社，2003：122.

### 3.1.1　英镑国际化的推进因素

1. 英镑国际化的经济因素

（1）英国的对外贸易和对外投资地位。国际贸易是英镑走出国门的主要原因和动力，与此同时，英镑的海外投资也强化了英镑在外国经济体中的使用。工业革命发生在英国，使其最先实现由农业国向工业国的转变。1850年，英国工业产值占世界工业总产值的39%，其中，金属制品、棉织品和铁产量占世界总产量的一半，煤产量占世界总产量的2/3，造船业和铁路等都居世界首位，商业贸易占世界贸易的35%。① 1860年英国所生产的工业品占世界比重为40%~50%，出口贸易总额占主要发达国家出口额的40%。保罗·肯尼迪曾说："联合王国的人口占全世界人口的2%，占欧洲人口的10%，却似乎具有相当于全世界潜力40%~50%的现代工业能力。"② 英国不仅在工业品和服务业出口方面占有领先地位，而且同时也是进口食品和原材料的主要消费者。1860年，英国进口占世界其他国家出口总量超过30%，1890年达到20%。同时，外国供应商发现用英镑计价很有利于打开英国市场，于是1860—1914年全球近60%的贸易以英镑计价和结算③，英国海外贸易的年均增长率具体见表3-1。

| 表3-1 | 英国海外贸易的年均增长率 | 单位：% |
| --- | --- | --- |
| 时间 | 进口 | 出口 |
| 1840—1860年 | 4.5 | 5.3 |
| 1860—1870年 | 4.4 | 4.4 |
| 1870—1890年 | 2.9 | 2.1 |
| 1890—1900年 | 2.6 | 0.7 |
| 1900—1913年 | 1.5 | 3.3 |

资料来源：Werner Schlote（1952）。

从历史时间走向来看，19世纪初英国贸易量占世界总额达到1/3的峰值，此后开始下降，但在1860年以前的贸易量占世界贸易总额比重保持在25%以

---

① 资料来源：冯郁川. 人民币渐进国际化的路径与政策选择［D］. 成都：西南财经大学博士论文，2007.

② 资料来源：唐晋. 大国崛起：以历史的眼光和全球的视野解读15世纪以来9个世界性大国崛起的历史［M］. 北京：人民出版社，2006.

③ 资料来源：Barry Eichengreen，Sterling's Past，Dollar's Future：Historical Perspectives on Reserve Currency Competition，NBER Working Paper 11336，http：//www. nber. org/papers/w11336，2005.

上（如表 3 - 2 所示）。根据国家间横向对比，英国在 19 世纪初世界贸易中占比远超其他国家，表 3 - 2 给出的数据显示英国在 1913 年贸易占比达到 16%，这表明即使到了 20 世纪初，英国仍然是世界最大的贸易国。

表 3 - 2　　　　　　　　　各国所占世界贸易的比例　　　　　　　单位：%

| 年份 | 1780 | 1800 | 1820 | 1840 | 1860 | 1880 | 1913 | 1928 | 1938 | 1948 | 1958 |
|---|---|---|---|---|---|---|---|---|---|---|---|
| 英国 | 12 | 33 | 27 | 25 | 25 | 23 | 16 | 14 | 14 | 12 | 9 |
| 法国 | 12 | 9 | 9 | 11 | 11 | 11 | 7 | 6 | 4 | 5 | 5 |
| 德国 | 11 | 10 | 11 | 8 | 9 | 10 | 12 | 9 | 9 | (2) | (8) |
| 美国 | 2 | 5 | 6 | 7 | 9 | 10 | 11 | 14 | 10 | 16 | 14 |
| 欧洲其他国家 | 39 | 25 | 29 | 30 | 24 | 27 | 22 | 22 | 20 | 22 | 26 |
| 世界其他国家 | 24 | 17 | 19 | 20 | 21 | 19 | 25 | 35 | 43 | 43 | 38 |

资料来源：米歇尔·波德. 资本主义的历史（从 1500 年至 2010 年）［M］. 郑方磊，任轶，译. 上海：上海辞书出版社，2011：121，163.

同时，英镑的海外投资强化了英镑在外国经济体中的使用。至今为止，没有一个国家对外投资可以投入这么多的国民收入和储蓄。英国净海外资产占净国家财富存量的比例从 1850 年 7% 上升到 1870 年的 14%，1913 年达到 32%。[1] 1913 年英国对外投资总额超过法、德、美三国之和，居各国之首（见表 3 - 3）。1914 年英国境外投资总值约占西方国家对外投资总值的 41.8%。英国的外国贷款行为从价值存储单位和交换媒介两方面给予英镑更大的可信度：①海外贷款以英镑计价，为借款国偿还债务使用英镑外汇储备提供了便利；②伦敦金融中心通过银行承兑汇票以及商业汇票为国际贸易提供融资服务。在 1860 年后，大多数发达国家都趋向于统一的全球金本位，英镑作为交易和投资货币几乎在全球每个地方都可以被接受。[2]

进一步分析英国国际收支的主要特征。货物贸易逆差和对外投资（广义的对外投资，包括贷款、证券投资、直接投资等）共同驱动英镑走向世界。在整个 19 世纪，英国几乎每年都是货物逆差，但由于服务贸易大量顺差，导致整个经常项目一直是顺差。与此同时，大量对外贷款和投资使英国从海外投资中获取高额利润，包括商业佣金、海外汇款和来自投资等方面的收益（见

---

　①　资料来源：Edelstein, M., Foreign investment and accumulation, 1860 - 1914, In Eds. Floud, R. and McCloskey, D. 1994. The economic history of Britain since 1700 2nd ED, Vol. 2: 1860 - 1939. Cambridge, UK: Cambridge University Press.

　②　资料来源：本杰明·J. 科恩. 货币地理学［M］. 代先强，译. 成都：西南财经大学出版社，2004：44.

表3-4）。当时发生的几乎所有重大政治事件，如拿破仑战败后法国政府赔款、美国南北战争、法国和美国大兴铁路建设等，都成为英国扩大对外贷款和投资的机会。根据上文中的数据，19世纪和20世纪初英国的对外投资规模比其他主要欧洲国家对外投资之和都大。当这些对外投资以英镑实现时，英镑自然而然就大量的走出了国门。[①]

表3-3　　　　　　　　主要国家对外投资（1825—1913年）　　　　单位：百万美元

| 年份 | 1825 | 1840 | 1855 | 1870 | 1885 | 1900 | 1913 |
|------|------|------|------|------|------|------|------|
| 英国 | 500 | 750 | 2 300 | 4 900 | 7 800 | 12 100 | 19 500 |
| 法国 | 100 | 300 | 1 000 | 2 500 | 3 300 | 5 200 | 8 600 |
| 德国 | — | — | — | — | 1 900 | 4 800 | 6 700 |
| 美国 | N | N | N | N | N | 500 | 2 500 |

注：—表示无估计数字，N表示可忽略不计。

资料来源：金德尔伯格．西欧金融史［M］．徐子健，何建雄，朱忠，译．北京：中国金融出版社，2010：240．

（2）伦敦国际金融中心。英镑成为占主导地位的国际货币，还得益于伦敦作为世界最重要金融中心的重要作用。19世纪末伦敦成为世界黄金、货币和金融中心，伦敦金融中心是海外短期和长期信贷的主要供给者。1877—1914年，外国和殖民地银行在伦敦的存款由1.07亿英镑增加到18.55亿英镑。[②]。伦敦通过完善金融设施为贸易伙伴提供廉价信贷，为各国提供国际支付服务，同时提高了英镑在国际经贸往来中作为国际货币的实力。根据Walter（1991）研究，在1870—1913年的几十年里，英镑票据和短期信贷为60%的世界贸易提供融资。外国资本家包括阿根廷和巴西资本家在内，都踊跃购买本国政府在伦敦发行的债券。

与此同时，巴黎、巴林和其他金融中心为了吸引来自伦敦的金融业务，以降低交易成本、享有良好货币信誉度和政府金融政策，前提是必须效仿英国的金本位（Schwartz，1996）。这在一定程度上强化了伦敦金融市场的流动性，促使伦敦金融市场对外国中央银行和政府持有该市场生息资产有着巨大吸引力。由于伦敦金融市场具有一定的深度和流动性，持有英镑作为外汇储备的各国货币当局可以在不影响市场价格或不披露国际收支平衡表的情况下增加或减

---

[①]　资料来源：韩文秀．人民币迈向国际货币［M］．北京：经济科学出版社，2011：167．

[②]　资料来源：金德尔伯格．西欧金融史［M］．徐子健，何建雄，朱忠，译．北京：中国金融出版社，2010：240．

少他们所持有的资产头寸，他们还能够使用英镑干预外汇市场以阻止本币汇率水平偏离黄金输送点。虽然由于黄金储备量的问题使得英格兰银行偶尔修改英镑的黄金价格，但它从来没有严重影响非居民自由出口黄金，不会给英镑的自由兑换带来根本性影响（Barry Eichengreen，2005）。

表3-4　　　　　　　　　英国货币支付差额①　　　　　　单位：百万英镑

| 时间 | 贸易差额 | 移民、游客、政务 | 海运 | 利润、利息、分红 | 保险、经纪、佣金 | 总净结余 |
|---|---|---|---|---|---|---|
| 1816—1820 年 | −11 | −3 | +10 | +8 | +3 | +7 |
| 1826—1830 年 | −14 | −3 | +8.5 | +9.5 | +2 | +3 |
| 1836—1840 年 | −23 | −4 | +11 | +15 | +4 | +3 |
| 1846—1850 年 | −25 | −6 | +14 | +18 | +4 | +5 |
| 1856—1860 年 | −33.5 | −8 | +26 | +33.5 | +8 | +26 |
| 1866—1870 年 | −65 | −9 | +45 | +57 | +13 | +41 |
| 1876—1880 年 | −124 | −9 | +54 | +88 | +16 | +25 |
| 1886—1900 年 | −159 | −11 | +62 | +132 | +16 | +40 |
| 1911—1913 年 | −140 | −22 | +100 | +241 | +27 | +206 |

资料来源：米歇尔·波德. 资本主义的历史（从1500年至2010年）[M]. 郑方磊，任轶，译. 上海：上海辞书出版社，2011：123 和 160.

更为重要的是，英国通过发行信誉良好的英镑和调整贴现率为其贸易逆差融资。其中，贴现率可以"控制英国国际收支的经济影响而不用考虑其他中央银行的行为"②（Cleveland，1976）。英格兰银行可以以此应对最具挑战的资本流动（Eichengreen，1985）。正是由于伦敦在国际信贷市场的统治地位，凯恩斯认为"英格兰银行可以宣称自己是国际银行业的指挥者"。

2. 英镑国际化制度因素——金本位

1816 年英国通过了《金本位制度法案》，以法律的形式承认黄金作为货币本位来发行纸币，代表英国开始实行金本位制。1821 年英国正式启用金本位制，英镑成为英国标准货币单位。在此之前 1717 年，牛顿出任英国铸币局局长时，就已确立了英镑的黄金价格，即每盎司黄金为 3 英镑 17 先令又二分之一便士。由此，英国成为世界上第一个实行金本位制的国家。金本位制是指以

①　英国维持收支平衡主要通过服务贸易、海运收入、从外界收取的利润、利息和分红、保险活动以及经纪业的盈利等，并因此获得余额，这一余额在 19 世纪上半叶还仅适中，到下半叶就已相当可观了。

②　英国受到外汇储备外流的威胁时，英格兰银行提高贴现率调整资本流动。

黄金作为本位币的货币制度，在该货币制度下，各国政府通过法律形式规定本国货币的含金量。金本位制度的典型特点包含自由铸造、自由兑换及黄金自由输出和输入三个方面。各国货币按照各自含金量形成固定汇率体系，允许黄金在国际间自由流动。

为什么许多欧洲国家在 19 世纪 70 年代采取了金本位？巴里·艾肯格林认为原因在于工业革命。工业革命使已经实行了金本位的英国，成为世界经济的主导力量和其他国家融资的主要来源。这使许多国家以英国为榜样，努力与英国进行贸易，并从英国输入资本。① 正是由于当时英国在世界政治经济中的霸权地位，英国实行金本位之后，法国、意大利、德国等国纷纷效仿。到了 19 世纪后期，各主要资本主义国家普遍采用了金本位制，并且通过建立国内和殖民地之间相联系的货币体系，迫使英国殖民地使用英镑。

金本位的确立和英国强大的经济实力以及通过战争和殖民扩张确立的海上霸权和自由贸易政策，为英镑在全球的主导地位奠定坚实基础，世界货币进入了英镑时代。英国的经济地位支撑英镑成为当时唯一与黄金地位等同的货币。在现实的货币流通中，英镑在国际范围内成为黄金的替代物，国际金本位演变为"黄金—英镑"本位。英国通过维持本币与黄金的固定汇兑比率，提升政府的公信力，并确立以英镑为中心、以黄金为基础的国际金本位制度，英镑也就成了国际货币。

### 3.1.2　英镑国际地位的衰落

一国货币的价值与其国家的命运息息相关。两次世界大战的爆发使英国完全丧失了超级大国的地位，同时战争也导致了金本位制度的崩溃，英镑国际地位走向衰落。

英国是最先完成工业革命的国家，而随着法国、德国、美国等国在 19 世纪 20 年代末完成工业革命，经济实力大幅度提高，不断缩小了与英国之间的差距。例如，在世界工业总产值中的比重，英国由 1860 年的 50% 下降到 1913 年的 14%，同期其在世界贸易中的份额也由 40% 下降到 15%。②

英国在第一次世界大战中实力遭到严重削弱。战争耗费了英国国民财富的

---

① 资料来源：巴里·艾肯格林. 资本全球化——国际货币体系史［M］. 上海：上海人民出版社，2009：15.

② 资料来源：冯郁川. 人民币渐进国际化的路径与政策选择［D］. 成都：西南财经大学博士论文，2007.

1/3，军费开支约达 100 亿英镑。由于战争造成的损失，以及其他国家的崛起，战后英国的国际收支状况发生了根本性的变化，经常项目已经从顺差变为了巨额逆差。但为了维持其国际金融中心地位，以及低成本占有他国资源，英国选择了高估其汇率的政策，并试图恢复战前的金本位制，重建战前以英镑为中心的国际金本位体系。英镑币值的高估，导致英国的工业产业竞争力下降，对美国和法国的进口大量增加，黄金储备加速外流，英镑体系处于崩溃边缘。1931 年，英国宣布停止英镑兑换黄金，金本位制最终宣告结束，并随后用竞争性的货币贬值展开新的国际贸易战，加重并延长了 1929 年开始的经济危机。于是英镑作为主导货币的影响力相对下降，美元和法郎实力开始强大，国际货币体系也呈现多元货币竞争的局面，并且由于在位货币使用惯性挥发作用，直到 1943 年，英镑仍是世界主要储备货币之一，国际贸易 40% 左右用英镑结算。

第二次世界大战结束后，英国的大国地位已丧失殆尽。英镑主导货币地位被美元所替代的标志性事件是布雷顿森林体系的建立，从制度安排上确定了美元的国际货币地位。同时，英国殖民地纷纷独立，即使是仍然留在英联邦的国家，也减少了对英国的依赖，英镑的流通区域大大缩小。欧洲货币一体化进程中，英镑脱离欧洲货币体系。由于伦敦在国际金融中心的重要地位，使得英镑至今还在国际交易中仍占有一席之地，排在美元、欧元后，与日元地位大致相当。

## 3.2 美元：国家货币独自发展成国际货币

美元依靠自身强大的经济实力以及一系列制度安排实现货币国际化。自布雷顿森林体系确立以来，美元一直充当世界主导货币，在国际贸易、金融活动和外汇干预中得到普遍使用，是全球经济交往中使用最广泛的国际货币。

### 3.2.1 美元国际化的推进因素

1. 美元国际化的经济因素

19 世纪下半叶的迅速工业化使美国取代英国成为世界上的经济大国。从经济总量上看，经济史学家们普遍认为，在 1894 年前后，美国的工业产值跃居世界首位，相当于英国的两倍。与此同时，美国在世界贸易中的地位明显提高。1870 年，美国在世界贸易中所占比重只有 8%，1913 年则增加到 11%，

1915 年成为世界第一大贸易出口国（Chinn 和 Frankel，2005）。[①] 1913 年美国的工业生产在世界工业生产中所占比重为38%，英国的比重下降到14%[②]。以实际购买力衡量 GDP 规模占世界比重来看，美国经济规模在 1870 年已经超过英国（Toru Iwami，1996）。

表3-5　　　　　　　　第二次世界大战前后主要国家经济实力对比　　　　　　　单位：%

| | 年份 | 美国 | 英国 | 法国 | 德国 | 日本 |
|---|---|---|---|---|---|---|
| 工业生产 | 1937 | 42.0 | 12.5 | 5.0 | 12.0 | 4.0 |
| | 1948 | 53.9 | 11.7 | 4.0 | 3.6 | 1.0 |
| 出口贸易 | 1937 | 14.2 | 9.8 | 4.1 | 10.3 | 5.2 |
| | 1948 | 32.5 | 16.4 | 4.0 | 0.5 | 0.4 |
| 黄金储备 | 1937 | 50.5 | 16.4 | 10.9 | — | 0.07 |
| | 1948 | 74.5 | 4.9 | 1.7 | — | 0.03 |

资料来源：《第二次世界大战后资本主义国家经济情况统计录编》。

主权货币成为国际货币除经济实力外，还需要良好的货币信誉。1900 年美国《金本位法》确立金本位以及 1913 年联邦储备体系的建立，为美元可兑换性和美元币值的稳定性提供了保障。金本位制规定每盎司黄金兑换 20.67 美元，并且为提供货币的可承兑性，1913 年美国国会通过《联邦储备法》，建立联邦储备体系，规定联邦储备券的 40% 以黄金为支撑，从而有效地保障了美元的长期可兑换性。20 世纪 20 年代在其他货币纷纷限制黄金自由兑换条件下，美元是唯一以固定汇率与黄金保持可兑换的货币。

两次世界大战期间，美国迅速由头号工业强国向世界头号经济大国转变，加上金融实力的增强，为美元国际化奠定了坚实基础。一方面，世界主要经济体之间的力量对比发生重大转变：美国经济实力受益于战争所带来的外部市场的扩大以及外部需求的增加；战争使德国战败；英国经济实力遭到严重削弱。战后美国工业生产占资本主义世界的 53.9%，出口贸易占到全世界的 1/3，黄金储备占 75%（见表 3-5），美国已经成为世界头号经济大国。另一方面，美国的金融实力也赶上或超过了英国、德国等国，为美元实现国际化提供了重要支撑。战争期间，纽约成为欧洲各国政府发行公债筹措资金的金融中心。1919

①　资料来源：Menzie Chinn and Jeffrey Frankel，Will the Euro Eventually Surpass the Dollar as Leading International Reserve Currency? NBER Working Paper，No. 11510. 2005。

②　资料来源：米歇尔·波德. 资本主义的历史（从 1500 年至 2010 年）[M]. 郑方磊，任轶，译. 上海：上海辞书出版社，2011：162.

年美国以 125. 62 亿美元海外净资产而成为世界最大的对外投资国。1927—
1928 年，美国向海外借款人发行的新证券达到了高峰，这些债券由美国的投
资银行代表国外政府和公司在本国以美元定值债券形式发行。同时 1941—
1946 年间美国向同盟国提供大约 380 亿美元信贷，是一战时的 3 倍多。① 在金
融市场的发展方面，早在两次世界大战期间，纽约市场的重要性就得到了大大
提高，从表 3 - 6 中可以看到，1930 年无论是短期的债权和债务，还是长期的
直接投资和证券投资，纽约市场就足以与伦敦市场相提并论，到战争结束时纽
约市场更是奠定了在世界的领先地位。

表 3 - 6　　　　　　　　**1930 年纽约市场与伦敦市场的比较**　　　　单位：亿美元

| 项目 | 美国 | | 英国 | |
|------|------|------|------|------|
| 短期 | 在纽约市场外国短期债券余额 | 26. 7 | 在伦敦市场上外国短期债券余额 | 21. 7 |
| | 美国对外短期资产 | 17. 8 | 英国对外短期资产 | 8. 5 |
| 长期 | 美国对外证券投资余额 | 72 | 英国对外证券投资余额 | 89 |
| | 美国对外直接投资余额 | 80 | 英国对外直接投资余额 | 79 |

资料来源：宫崎犀一等. 近代国际经济要览 [M]. 日本东京大学出版社，1981.

2. 布雷顿森林体系从制度上正式确立了美元世界货币地位

1944 年，布雷顿森林体系将美元国际化通过制度化平台加以固定。布雷
顿森林体系使美元依托正式的国际货币制度获得世界主导货币地位，这一地位
的确立对于美元的进一步国际化提供了制度上的保障（何帆，2005）。② 第二
次世界大战还未完全结束，美国便开始着手建立新的国际货币体系秩序。英镑
希望重回世界货币的地位与美元主导新秩序的建立引发了 "凯恩斯计划" 与
"怀特计划" 之争。正如经济学家罗伯特·蒙代尔所说："最强大的货币是由
最强大的经济力量所支撑，这乃是一个实际的历史惯例和事实。" 由于当时美
国经济实力远远强于英国，布雷顿森林体系最终以 "怀特计划" 为蓝本，更
多体现了美国在全球经济中的绝对霸主地位和利益。布雷顿森林体系的核心内
容指美元与黄金挂钩（1 盎司黄金兑换 35 美元）、其他货币与美元挂钩、实行
可调整的固定汇率，围绕法定汇率上下浮动 1%。这种双挂钩的体制使美元等
同于黄金的地位，美元成为各国外汇储备中最主要的国际储备货币和国际支付

① 资料来源：斯坦利·L. 恩格尔曼，罗伯特·E. 高尔曼. 剑桥美国经济史 [M]. 第二卷，高
德步，王珏，译. 北京：中国人民大学出版社，2008.

② 资料来源：何帆，李婧. 美元国际化的路径、经验和教训 [J]. 社会科学战线，2005（1）：
266 - 272.

手段。布雷顿森林体系这一正式制度安排代表国际货币由英镑时代正式进入美元时代，美元因此实现真正的国际化。

布雷顿森林体系建立了以美元为核心的国际货币体系，但全球经济生产由于战争陷入低谷，美元作为主要交易媒介地位缺乏市场使用基础。为了培育和扩大美元交易的市场和地理范围，美国着手恢复全球经济生产和推行自由贸易。美国实行马歇尔计划（官方称为欧洲复兴计划）对被战争破坏的西欧各国进行经济援助、协助重建。马歇尔计划从 1948—1951 年持续了四个财政年度，美国向西欧国家提供包括金融和经济形式的援助共计 130 亿美元（Eichengreen，Barry；Uzan，Marc，1992）①。马歇尔计划通过提供美元信贷，既缓解困扰西欧重建的美元荒②，又成功全面介入西欧受援国的经济结算环节，成为欧洲最早通用的世界货币，美元的实际霸权地位得以先期确立。马歇尔计划是美国主张构建战后全球自由贸易新秩序的目标体现，即形成西欧经济和政治的一体化，消除国家间的贸易壁垒、关税和规章，实现了欧洲支付联盟以及货币可兑换。通过马歇尔计划的实施使更多美国公司进入西欧市场，并且西欧国家经济体制与美国经济保持一致，夯实了美元的国际货币地位。

### 3.2.2  后布雷顿森林体系时代的美元本位

布雷顿森林体系的瓦解给美元带来了冲击，国际货币体系由固定汇率向浮动汇率转变。美元没有"正式约束"来保证其在世界经济交易中的地位，但是美国仍然是世界上最富有的国家，美国经济基本面和金融市场的广度和深度仍然是其他各国难以企及的。在全球经济不平衡和货币竞争背景下，美元国际化地位和持续霸权统治地位仍然面临挑战。

1. 布雷顿森林体系崩溃

在 20 世纪 50 年代和 60 年代初，布雷顿森林制度有效促进西欧经济复苏。美国的通货膨胀相对温和，同时也保持着较高的经常项目盈余，这些都支持着其他国家对美元的信心以及固定汇率体系的稳定。同当初英国的做法类似，在经常项目盈余的情况下，美国通过无偿援助和贷款的形式向其他国家提供美元的流动性和支付能力③，缓解了战后初期的美元荒局面，如表 3－7 所示。

---

① Eichengreen，Barry，Uzan，Mar，"The Marshall Plan：Economic Effects and Implications for Eastern Europe and the Soviet Union"，http：//escholarship. org/uc/item/6kr8157r，1992.

② 布雷顿森林体系运作早期无法应付西欧的大额贸易赤字。

③ 到该体系解体之前，美国经常账户一直持续顺差，通过资本项目逆差输出美元。之后，则是通过经常项目逆差输出美元。

| 表 3 - 7 | | | | 美国的对外援助 | | | 单位：亿美元 | |
|---|---|---|---|---|---|---|---|---|
| 项目 | 1941—1945 年 | 1946 年 | 1947 年 | 1948 年 | 1949 年 | 1950 年 | 1951 年 | 合计 |
| 对外捐款 | 481.28 | 38.61 | 23.48 | 28.3 | 54.23 | 46.91 | 44.47 | 717.28 |
| 对外借款 | 10.96 | 23.26 | 39.21 | 26.43 | 11.23 | 4.2 | 4.19 | 119.58 |
| 小计 | 492.24 | 61.97 | 62.69 | 54.73 | 65.46 | 51.11 | 48.66 | 836.86 |

资料来源：宫崎犀一等．近代国际经济要览［M］．日本东京大学出版社，1981.

然而，以美元为核心的布雷顿森林体系本身面临着维持美元信心同提供美元流动性之间的特里芬难题：要保持美元币值稳定和坚挺，美国必须是长期贸易顺差国；而为了向全世界提供美元清偿能力，美国又必须保持国际收支赤字，这两者相互矛盾，是一个悖论。随着西欧主要发达国家经济逐渐恢复以及海外美元资产的大量积累，美国对外进行军事侵略，国际收支由盈余向赤字转变，造成美元贬值并且动摇了人们对美元与黄金固定兑换比价的信心（见图 3 - 1）。1960—1973 年爆发的四次美元危机最终使布雷顿时森林体系崩溃。尼克松政府被迫在 1971 年 8 月 15 日宣布停止美元与黄金的兑换关系，随后美元的黄金平价经历了两次下调，各主要国家的货币在 1973 年后相继采取浮动汇率制度，布雷顿森林体系宣告结束。同时也表明单极国际货币开始向动态多级货币体系转变。

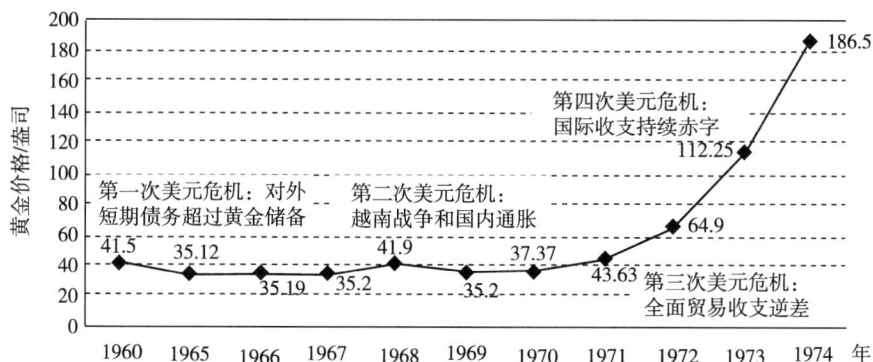

资料来源：《国际金融统计年鉴（1992 年）》。

**图 3 - 1　伦敦黄金市场的金价波动（1960—1974 年）**

2. 美元在三大货币职能中的具体表现

（1）交易媒介。外汇市场交易币种中，美元市场份额略有下降但仍占绝对的主导地位（见表 3 - 8）。欧元和日元的市场份额有所上升，英镑的市场份额有所下降。2010 年 4 月，按双边统计美元在全球外汇市场交易额的占比相比过去十年虽然略有下降，但占比仍高达84.9%，处于绝对统治地位，排名第二到第四依次为欧元39.1%、日元19%、英镑12.9%。总的来讲，从发展趋势上来看，美元在外汇市场交易份额会继续下滑，但未来十年出现明显下跌的可能性不大，美元在交易市场的霸主地位很难被动摇。

表3-8　　　　　　　　　　全球外汇市场交易的货币构成　　　　　　单位：%

| 年份 | 1989 | 1992 | 1995 | 1998 | 2001 | 2004 | 2007 | 2010 |
|------|------|------|------|------|------|------|------|------|
| 美元 | 90.0 | 82.0 | 83.3 | 87.3 | 90.4 | 88.0 | 85.6 | 84.9 |
| 欧元 | — | — | — | — | 37.6 | 37.4 | 37.0 | 39.1 |
| 德国马克 | 27.0 | 39.6 | 36.1 | 30.1 | — | — | — | — |
| 法国法郎 | 2.0 | 3.8 | 7.9 | 5.1 | | | | |
| ECU 和其他 EMS 货币 | 4.0 | 11.8 | 15.7 | 17.3 | | | | |
| 日元 | 27.0 | 23.4 | 24.1 | 20.2 | 22.7 | 20.8 | 17.2 | 19.0 |
| 英镑 | 15.0 | 13.6 | 9.4 | 11.0 | 13.2 | 16.5 | 14.9 | 12.9 |
| 瑞士法郎 | 10.0 | 8.4 | 7.3 | 7.1 | 6.1 | 6.0 | 6.8 | 6.4 |

注：外汇交易有两种货币，货币份额合计为200%。货币排名基于2010年4月日均全球外汇市场成交量。

资料来源：BIS Triennial Central Bank Survey（2000/2010）。

（2）记账单位。布雷顿森林体系崩溃后，来看美元在主要发达国家进出口贸易中计价货币份额的变化情况（见表3-9）。①德国出口计价中用美元计价所占份额上升至2.1个百分点，但是出口中德国马克所占比重仍然保持在80%以上；进口计价美元所占份额上升3.4个百分点，而同期的德国马克占比由49.9%上升到52.4%。相比较而言，虽然美元在进出口中均有所上升，但是德国马克仍然在德国对外贸易中占主导地位。②日本出口和进口计价中美元所占份额分别下降14.4个百分点和5.8个百分点，这体现了日元国际化所带来的本币在对外贸易中作为计价货币比重的提升。③英国、意大利和OPEC进口中美元计价份额的下降主要在于德国马克作为计价货币替代了美元[①]。由于德国马克和日元的国际化，美元在对外贸易中计价货币比重有所下降且货币国际化呈现多元化趋势。

---

① 资料来源：Prem, Room, International Currencies and Endogenous Enforcement, University of Massachusetts, A Phd. Dissertation, pp. 142 - 143, 1994.

表3-9　　　　　美元在进出口中计价份额（部分国家）　　　　单位：%

| 国家 | 出口中的美元计价份额 | | | 进口中的美元计价份额 | | |
|---|---|---|---|---|---|---|
| | 1973 年 | 1987 年 | 变化 | 1972 年 | 1987 年 | 变化 |
| 美国 | 97[b] | 96 | -1 | 85[b] | 80 | -5 |
| 英国 | 18[a] | 17[b] | -1 | 29.0[d] | 20.0 | -9 |
| 联邦德国 | 5.3 | 7.4 | 2.1 | 18.6 | 22.0 | 3.4 |
| 日本 | 78[c] | 63.6 | -14.4 | 89.9[c] | 84.1 | -5.8 |
| 法国 | 8.7 | 11.8 | 3.1 | 15.6 | 18.7 | 3.1 |
| 荷兰 | 10.1 | 16.5[b] | 6.4 | 17.7 | 29.4[b] | 11.7 |
| 意大利 | 31.1[a] | 30.0[b] | -1.1 | 32.1 | 28.0 | -4.2 |
| 比利时 | 9.7 | 13.8[b] | 4.1 | 18.3 | 23.4[d] | 5.1 |
| 丹麦 | 15.0 | 14[b] | -1 | 21.0 | 27.0[d] | 6 |
| OPEC | — | 96[b] | — | 50.0[b] | 40.0 | -10 |

注：a 是 1976 年，b 是 1980 年，c 是 1975 年，d 是 1979 年。

资料来源：Prem，Room. （1994）。

（3）价值储藏职能。价值储藏功能与一国货币的可信度以及汇率波动幅度有很大关系。一国货币在国际化过程中本币往往会升值，即非居民对本币的需求相对上升，反之则相反。美国自 20 世纪 70 年代初至 20 世纪 90 年代中期，经常账户呈现赤字，成为美元持续贬值的主要原因，导致美元的国际货币地位出现下降。同时日元和德国马克在这段时期内成为强势货币，承担了一部分市场避险需求，在官方储备中所占份额逐渐上升。欧元自 1999 年诞生后，币值呈贬值趋势，进而影响其国际化进程，而随着 2002 年欧元价值的回归，其国际货币地位有所增强，全球官方储备中欧元份额开始上升（见表 3-10）。美元地位受到汇率波动影响较大且随着德国马克（欧元）、日元的崛起，份额有所下降；但随着美国在 20 世纪 90 以来经济持续高速的增长，扭转了美元的贬值趋势，支撑美元在外汇储备份额中的主导地位。

表3-10　　　主要国家货币在官方外汇储备中的份额（年末值）　　　单位：%

| 年份 | 1965 | 1973 | 1977 | 1982 | 1987 | 1992 | 1997 | 2003 |
|---|---|---|---|---|---|---|---|---|
| 美元 | 56.1 | 64.5 | 79.2 | 57.9 | 53.9 | 48.9 | 59.1 | 63.8 |
| 日元 | 0 | 0.1 | 2.2 | 4.1 | 6.8 | 7.4 | 5.1 | 4.8 |
| 英镑 | 20.0 | 4.2 | 1.6 | 1.8 | 1.9 | 2.6 | 3.3 | 4.4 |
| 瑞士法郎 | 0 | 1.1 | 1.9 | 2.3 | 1.7 | 0.8 | 0.5 | 0.4 |

续表

| 年份 | 1965 | 1973 | 1977 | 1982 | 1987 | 1992 | 1997 | 2003 |
|------|------|------|------|------|------|------|------|------|
| 欧元 | — | — | — | — | — | — | — | 19.7 |
| 德国马克 | 0.1 | 5.5 | 9.3 | 11.6 | 13.8 | 14 | 13.7 | — |
| 法国法郎 | 0.9 | 0.7 | 1.1 | 1 | 0.9 | 2.6 | 1.5 | — |
| 荷兰盾 | 0 | 0.5 | 0.7 | 1 | 1.2 | 0.7 | 0.5 | — |
| ECUs | 0 | 0 | 0 | 13.8 | 13.6 | 9.7 | 5 | — |
| 其他 | 22.9 | 23.6 | 4.1 | 6.5 | 6.4 | 13.3 | 11.3 | 6.8 |

资料来源：Menzie Chinn，Jeffrey A. Frankel（2007）。

### 3. 依靠金融运作支撑美元国际化

（1）金融市场创新与监管制度的创新共同推动美国发达金融市场的形成，使美元国际货币地位得以巩固和维持。经历自由竞争的金融市场后，美国转向以市场自由竞争为基础，通过金融监管限制金融业过度竞争，为金融业创造稳健而有活力的经营环境，具体做法：一是美国政府通过采取一系列措施，规范银行业和证券业的经营行为；同时限制垄断，鼓励金融创新，使得满足市场需求的金融中介快速发展。总之，通过一系列金融创新以及规则和制度的完善，美国建立了最发达的金融市场，为全球投资者提供便利的投融资市场和多元化投资工具选择。二是金融创新增强了美国金融机构在国际金融领域的竞争力。金融创新使得美国金融中介向综合金融发展。美国在马歇尔计划时期打造的欧美自由市场，随着欧洲经济复苏，美国的对外投资从生产领域转移到欧洲的金融市场和控股公司，这极大地增强了美国在国际金融领域的影响力，同时也为美元国际化提供了全覆盖的网络体系。

（2）石油美元战略。美国自20世纪80年代开始推行石油美元战略，这一战略使美元在石油输出国组织的石油贸易中替代英镑作为计价货币。石油美元战略牢牢确立美元作为国际大宗商品计价货币的地位，对维持美元的国际货币地位起到了重要作用。石油美元是指石油美元盈余（Petrodollar Surplus），即通过出售石油获得的美元收入扣除本国发展所需资金之后的盈余。[①] 一方面，石油贸易以美元作为计价结算货币，极大地推动了美元的使用。据相关估算，在1973—2008年，国际石油贸易交易额累计达11.8万亿美元，美元的流动性大幅增加，同时为美国创造了铸币税收入。另一方面，美国的金融市场为石油美元提供了极

---

① 资料来源：常军红，郑联盛. 石油美元的回流、影响及政策建议［J］. 国际石油经济，2008（1）.

具竞争力的资产投资选择，同时石油美元的回流也推动了美国金融市场的发展。石油出口国直接持有包括股票、国债、公司债、机构债在内的美国金融资产，还通过伦敦、新加坡等美元离岸金融市场购买美元衍生品（见图3－2）。

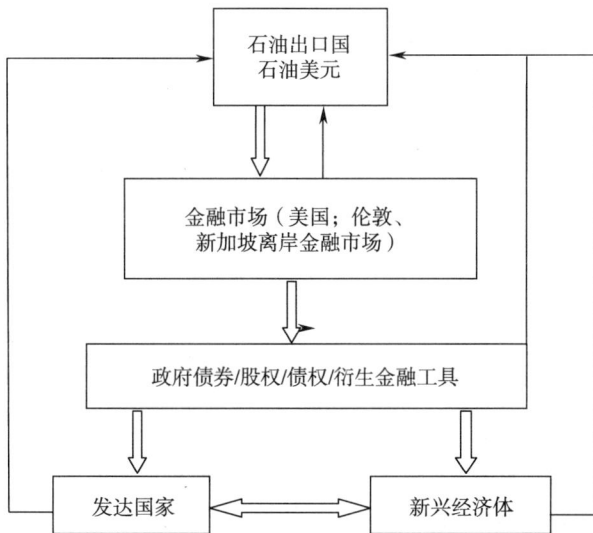

资料来源：常军红，郑联盛．石油美元的回流、影响及政策建议［J］．国际石油经济，2008（1）．

**图3－2　石油美元回流机制**

石油美元的回流为美国经常账户逆差提供低成本融资，在一定程度上缓解了国际收支失衡，也形成石油美元的循环流通。Richard Cooper（2005）研究指出美国信息技术为基础的新经济发展使得对美国的投资能够分享高经济增长带来的红利，在投资于美国的石油美元追逐较高回报的同时，也有利于美国的经常项目逆差融资。① 石油价格的不断上涨，使石油出口国储蓄率不断提高，石油美元与新兴经济体的高储蓄额成为投资美元金融资产的重要资金来源，形成美元资本流动的循环图。

4. 美元国际化遇到的挑战

1971 年开始，美国经常账户开始出现持续性逆差，美元输出的方式开始发生根本性转变。美国的国际收支通过金融项目顺差为经常项目逆差提供融资来维持外部平衡（见图3－3）。美国大量进口国外产品向世界输出美元，同时持有美元的私人部门和拥有高额美元外汇储备政府又通过购买美元金融资产方

---

① 资料来源：Cooper, R., U. S Deficit：It Is Not Only Sustainable, It Is Logical, Financial Times, 2005－10－31.

式回流美国。美国正是依赖低成本美元融资作为对外投资的资金来源，获取高额的投资回报率，充当国际银行的角色。

十亿美元

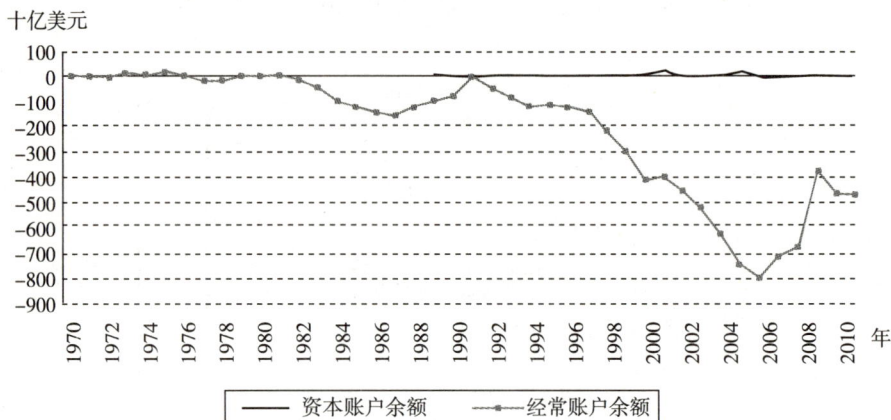

资料来源：世界银行，http：//data. worldbank. org。

**图 3 - 3　美国经常账户余额和资本账户余额（1970—2010 年）**

　　那么，面对外国中央银行所持有的美国流动性负债大于美联储与美国政府持有的外国流动性资产这一事实，这是否可能加剧各国中央银行向其他替代形式国际储备转移呢？回答是肯定的。美国持续的经常账户逆差，长期而言将使美元面临贬值趋势。那么美元作为国际货币的地位是否遇到挑战，抑或美元仍然可以依赖其货币特权而持续向世界超额供应美元？Michael Mussa（2004）认为在通货膨胀的情况下，美联储有两种选择：一是不使用利率以抵消通货膨胀的影响，导致美元贬值。美国的通货膨胀率三倍于其他国家，美元作为价值储藏、媒介货币和计价货币的可能性就会下降。因为美元贬值导致的资本损失将促使各国中央银行和政府寻找更稳定的储备货币。二是美联储提高利率防止通货膨胀大幅加速。当然，因为影响经济状况的因素复杂，一方面可能在美联储提高利率遏制通货膨胀的同时，并没有导致严重的经济衰退，经济实现平稳着陆；另一方面也有可能引发严重的经济衰退和美元汇率的急剧下降，导致外国中央银行和其他投资者抛售美元的现象。

　　美元是否保持其储备货币的地位取决于美国的政策。严重的经济管理不善将会导致美元被其他储备货币取代。在此，严重的经济管理不善是指政府当局允许不可持续的巨额经常账户赤字持续存在，而积累沉重的外债负担，导致美国高通胀和美元贬值，这将使得持有美元储备缺乏吸引力。相反，如果美国的经常账户赤字控制住了，并且美国的政策稳定，经济充满活力和金融市场发达，则美元储备仍具吸引力。这并不代表着美元将如过去一样继续占主导地位，原因在于：其他国家流动性金融市场的形成使得该金融市场的货币变得更易于被各国中央银行储备，而金融创新将继续减少货币转换成本，从而进一步激励以多元化形式持有储备货币的可能。

## 3.3　德国马克：区域化货币迈向国际化的典范

### 3.3.1　德国马克国际化的推进因素

第二次世界大战后，在马歇尔计划援助下，联邦德国经济迅速实现复兴。联邦德国 GDP 在 1951—1970 年间增长 2.4 倍，年均增长 6.28%[①]，居西方国家之首。20 世纪 80 年代，德国经济累计增长达 57.1%，国民生产总值稳定地保持在世界第三位，欧洲第一位。随着德国经济的强大，马克在国际市场的需求增加，逐渐超越美元、英镑和法郎，成为欧元区的主导货币，成功实现区域货币的国际化。

1. 德国马克国际化的贸易基础

德国贸易规模的不断壮大，在世界贸易中的份额也在不断攀升。1980—1988 年联邦德国出口规模占世界市场份额由 9.9% 上升到 11.6%，其中对工业化国家的出口份额由 10.5% 增加到 13.2%，九年内净增 2.7 个百分点（见表 3-11）。同期美国出口的世界市场份额从 11.3% 上升到 11.5%，对工业化国家的出口份额从 9.2% 上升到 9.8%，均低于联邦德国的上升幅度。对工业化国家的出口份额反映各国制造业部门的比较优势，联邦德国出口份额的提高既说明联邦德国制造业具有一定的竞争优势，也为德国马克货币国际化提供了显著的促进作用。

表 3-11　　　　　　1980—1988 年联邦德国出口市场份额情况　　　　单位：%

| 出口流向 | 1980 年 | 1981 年 | 1982 年 | 1983 年 | 1984 年 | 1985 年 | 1986 年 | 1987 年 | 1988 年 |
|---|---|---|---|---|---|---|---|---|---|
| 世界市场 | 9.9 | 9.2 | 9.8 | 9.8 | 9.3 | 9.7 | 11.7 | 12.2 | 11.6 |
| 工业化国家 | 10.5 | 9.7 | 10.6 | 10.5 | 10.0 | 10.5 | 12.7 | 13.3 | 13.2 |
| 发展中国家 | 7.5 | 7.2 | 7.4 | 7.1 | 6.6 | 6.8 | 7.9 | 8.0 | 6.9 |

资料来源：Tavlas, G. S. （1991）。

---

① 资料来源：刘谊，等. 国际货币体系非主流货币国际化对人民币国际化的启示——基于德国马克模式的思考 [J]. 经济研究参考，2010（22）：12.

德国的对外贸易发展存在一个显著的特点，即德国在全球贸易市场中，与欧洲的贸易往来相对稳定和更加紧密。德国在欧洲区域贸易一体化中发挥着核心功能，而区域贸易一体化为货币区域合作奠定了良好的经济基础，推动了马克在区域内的使用。从欧元诞生后德国的贸易地区格局看，2001 年德国出口的地区结构中欧洲货币联盟占 44%；除欧洲货币联盟外的欧盟国家占 12%；北美自由贸易区占 12%；中东欧国家占 10%；亚洲占 8%；其他国家占 14%（Sabine Stephan，2002）。这在某种意义上既说明了欧元的出现促进了德国同区域内其他国家之间的贸易发展，同时也部分说明，德国对外贸易区域集中有助于货币国际化的发展。

从进出口贸易本币计价比例中，可以看到联邦德国的贸易基础对马克成为国际化货币的支撑作用。1980—1987 年，在联邦德国的出口贸易计价中，马克占比在 79.4% ~ 82.5% 上下波动；同期美元计价从 7.2% 上升到 7.4%；在进口贸易计价方面，马克占比从 43% 上升到 52.6%；同期美元计价从 32.3% 下降到 21.6%，马克成为第二大国际贸易计价单位货币[①]。其中马克出口贸易计价保持在 80% 左右，除因为德国出口市场主要在欧洲之外，很重要的一个原因是德国产品具有很强竞争力。

2. 德国马克资本项目自由兑换

德国资本项目可兑换是按照先放开资本流出后放开资本流入的顺序展开的。1952 年联邦德国首次个案批准居民对外直接投资，1956 年放松居民对外证券投资，到 1957 年秋进一步放宽对外资本输出，适用于非居民国内投资的清算和资金汇出，1958 年联邦德国正式实现马克经常项目可兑换。[②] 在 20 世纪 60 年代后期到 20 世纪 80 年代早期，联邦德国中央银行认为资本的大幅波动将有损于国内经济稳定，妨碍货币稳定目标的实现，试图缓和马克的国际化使用。德国严格的资本管制主要针对资本流入，这一点与其他国家鼓励资本流入有显著不同。例如，在 1972 年和 1973 年早期，为了降低通胀，实施严格的货币管制措施以减少资本流入。德国中央银行对非居民实施比居民更高的最低存款准备金率，限制企业发行外国马克债券（Neumann，1986）。在此期间，当经常账户顺差下降，或者经常账户盈余可以通过资本账户逆差实现国际收支平衡时，德国就会对资本流入放松管制。随着马克国际地位的上升，德意志联

---

① 基于 Black（1989）估计，见 Talvas（1991）第 40 页。
② 资料来源：王信. 西德马克可兑换和国际化历程及其启示 ［J］. 中国金融，2009（16）：16 - 18.

邦银行放松了金融市场限制，并且在 1984 年 12 月实现了资本项目可自由兑换。尽管联邦德国的资本市场对非居民开放较晚，但马克的国际化发展迅速，各国官方外汇储备中马克大幅增长证明了这一点。1965—1987 年，联邦德国马克在各国官方储备中的份额由最初的 0.1% 上升到 13.8%。

从经常项目可兑换到资本项目可兑换，德国用了 26 年的时间，期间经历了马克的升值以及由固定汇率转向浮动汇率制的变化。马克国际化以相对稳定的汇率联合浮动作为基础，使得德国在面临三元悖论时能够实现独立的货币政策和资本的自由流动政策搭配，这为马克国际化赢得了主动权。

3. 良好货币信誉

德国自经历战争带来的恶性通货膨胀以来，对低通胀的经济环境有着强烈的偏好。德国的中央银行不仅是第一家拥有完全独立性的中央银行，还拥有工具独立性和目标独立性[1]。自 1975 年始，德国的货币政策以"保持货币中长期价值稳定倾向"为目标。该货币政策提供了可信、低通胀市场预期，有助于降低不确定性以及促进了国内投资。在 20 世纪 70 年代，同时期反对通胀除德国以外，还有法国、意大利、日本、瑞士、英国和美国。治理通胀的结果如表 3 – 12 所示。1970—1988 年，在 7 个国家中，德国经历了最低的平均通胀率 4%，排在德国后面的有瑞士（4.2%）和日本（5.9%）。马克币值稳定不仅表现在内部价值同时也体现在对外汇率水平上。1975—1988 年，德国马克的汇率波动性是七个发达国家中是最低的，波动率仅为 1%[2]。稳定的币值为马克赢得良好的国际信誉，使马克发展成为仅次于美元的第二大国际货币。

表 3 – 12　　　　　1970—1988 年主要发达国家通胀率比较　　　　单位：%

| 时间 | 法国 | 德国 | 意大利 | 日本 | 瑞士 | 英国 | 美国 |
|---|---|---|---|---|---|---|---|
| 1970—1974 年 | 8.1 | 6.2 | 10.1 | 11.5 | 7.9 | 10.4 | 6.2 |
| 1975—1979 年 | 10.2 | 4.2 | 15.9 | 7.5 | 2.9 | 15.7 | 8.1 |
| 1970—1979 年 | 9.2 | 5.1 | 13.3 | 9.3 | 5.1 | 13.3 | 7.2 |
| 1980—1984 年 | 11.2 | 4.5 | 16.6 | 3.9 | 4.4 | 9.6 | 7.5 |
| 1980—1988 年 | 7.8 | 2.9 | 12.0 | 2.6 | 3.3 | 7.4 | 5.6 |
| 1970—1988 年 | 8.5 | 4.0 | 12.6 | 5.9 | 4.2 | 10.4 | 6.4 |

资料来源：Tavlas, G. S. (1991)。

---

[1]　工具独立性和目标独立性分别指短期内自由使用利率政策以及长期内有权决定通胀目标。见罗伯特·C. 芬斯特拉等著《国际宏观经济学》，中国人民大学出版社 2011 年版，第 442 页。

[2]　数据来源于国际货币基金组织的国际金融统计。

4. 区域货币合作使马克成为区域关键货币

借助于欧洲区域货币的力量,通过贸易发展和货币联动机制,推动德国马克成为区域内"货币锚"。欧洲国家相比美国的贸易更开放,这使各国对汇率波动更加敏感,为此试图创造一个制度框架稳定相互间的汇率,构造支持集体货币钉住所需要的国际合作。1979 年 3 月欧洲货币体系(EMS)正式建立,其他成员国的货币与马克挂钩,马克成为这些国家事实上的"名义锚"。Kenen (1988) 认为:通过钉住马克,EMS 成员国将他们的货币政策与德国中央银行联系在一起,借用了德国中央银行反通胀的部分做法。正是因为这个原因,许多的研究人员将 EMS 描述成马克区(Dornbusch,1986)。在欧洲货币体系中,其他国家货币与坚挺的马克保持固定汇率,并且与德国的货币政策接近,这有利于控制通胀。借助于欧共体货币一体化,马克国际化进程加快。马克在各国官方外汇储备中的占比由 1977 年的 9.3% 上升至 1992 年的 14%。此外,德国马克在欧洲债券发行中所占份额由 20 世纪 80 年代初的 6.15% 提高到80 年代末的 9%,在欧洲货币存款中所占份额由 1983 年的 7% 提高至 1990 年的 12%。① 应该说,借助于区域合作的力量,马克成了区域货币实现国际化的典型代表。

### 3.3.2　德国马克到欧元:欧洲货币的统一

马克国际化是指德国借助欧洲区域内的贸易发展以及区域货币合作的力量,特别是货币联动机制,推动马克成为区域关键货币。马克在欧洲区域统一货币即欧元的产生中发挥核心功能的作用。欧元的诞生是国家间货币合作的一个创举,建立在欧洲经济贸易一体化和货币一体化的基础上,第一次真正实现国别货币向单一货币的统一。

欧洲货币体系的核心是欧洲汇率机制(Exchange Rate Mechanism,ERM),这是一种有波动范围的固定汇率制度。ERM 规定了每种货币对其他货币的中心平价,即所谓的 ECU(欧洲货币单位),也是欧元的前身。实际上,非德国货币最终都采用钉住德国马克的方式,马克为该体系的中央储备货币。1979年,除英国以外的凡符合既定条件的欧共体国家都加入了 ERM。1991 年的《欧洲联盟条约》,又称《欧洲联盟条约》,该条约是欧洲从欧洲货币体系下的固定汇率制向经济货币联盟过渡的蓝图。经济联盟将单一市场的理念进一步推

---

① 资料来源:刘谊,等. 国际货币体系非主流货币国际化对人民币国际化的启示 [J]. 经济研究参考,2010 (22):10 - 16.

进到包括全部商品与服务、资本市场和劳动力市场；货币联盟计划在整个欧盟内使用一种新的货币即欧元。依据该计划，各国在规定的期限内从 ERM 允许的钉住汇率制过渡到不可撤销的钉住欧元。并且各成员国通过欧洲中央银行对欧盟的货币事务进行共同管理。《欧洲联盟条约》在德国的坚持下设定了加入货币联盟资格标准，关键的财政标准——预算赤字不得超过 GDP 的 3%、公共债务不得超过 GDP 的 10%。1999 年 1 月 1 日，当时欧盟 15 个成员国中的 11个成员国达到了《欧洲联盟条约》四项统一标准，欧元成为这 11 国的单一货币，并且欧洲中央银行在这些国家实施统一货币政策。

欧洲货币持有的储备币种中，欧元所占份额逐步蚕食了美元的地位。相对于欧元前时代各国分割的本币金融市场而言，欧元区金融市场的深度和流动性都要好一些，这使得欧元较之其替代的国别货币在作为储备货币方面更有吸引力。欧元越来越多地被用作贸易结算货币，在西欧的近邻中东欧尤其显著，世界其他国家也越来越多地将欧元作为国际债券定值货币。但国际储备货币比重构成最显著的特征依旧是其稳定性，没有出现大规模地将美元储备卖掉转为欧元，美元在合并的总储备中所占份额的下降过程是渐进的①。

欧元区因其统一的货币政策与相对独立的财政政策之间存在内在冲突②，对区域货币合作以及欧元的发展前景存在争议。欧元模式是市场演进和政府规划相结合的一种发展路径，尤其依赖于欧元区成员国统一货币的强烈主观意愿以及政治层面的支持。欧元促进了区域内的经济发展，节约了大量的交易费用，便利区域间跨境贸易和投资，形成共同的金融市场。全球金融危机的爆发，欧元区成员国的经济发展与财政盈余（赤字）的不平衡使欧元的发展面临考验，欧元这一货币区域化的"试验田"仍需时间和实践的检验。

## 3.4 日元：单一功能性货币国际化道路

日元的国际化起因于日本经济大国地位。第二次世界大战后，日本从西方学到了先进的技术和管理经验，同时由于布雷顿森林体系的解体等国际因素，

① 资料来源：巴里·艾肯格林. 资本全球化国际货币体系史 [M]. 彭兴韵，译. 上海：上海人民出版社，2009：227.
② 具体表现为德国的宏观经济目标（防止经济过热采取紧缩的货币政策）和实施钉住汇率国家的目标（实施扩张的货币政策以提高产出）之间产生冲突。

日元在国际贸易中的需求开始增加，学者以及政府部门开始关注日元国际化。日元国际化是日本作为贸易大国不断深化国内金融市场和开放资本账户的渐进式国际化道路。

### 3.4.1　日元国际化的推进因素

1. 日元国际化的经济因素

（1）日元国际化的对外贸易和对外直接投资地位。第二次世界大战后，日本执行合理的产业政策和外贸政策，实现了 1955—1972 年年均实际 9.3% 的高速经济增长，使日本在战后不到 20 年的时间里实现经济腾飞，经济规模在 1968 年超过联邦德国，成为仅次于美国的第二大经济强国。在经济高速增长的同时，日本的贸易顺差不断扩大（见图 3－4），迅速取代 20 世纪五六十年代的美国，成为全球最大的贸易顺差国，庞大的贸易顺差使日元面临巨大升值压力。同时，布雷顿森林体系崩溃后，国际货币体系转向浮动汇率制，日元对美元开始升值（见图 3－5），对外贸易按美元结算就使日本企业面临汇率风险的问题。日本综合国力的上升以及日元逐渐成为硬通货，使日元在对外贸易中充当结算货币成为规避进出口企业汇率风险的不错选择。1970—1980 年，在日本的进口额、出口额中，按日元结算的比重分别由 0.3% 和 0.9% 提高到 2.4% 和 29.4%。20 世纪 80 年代是日本对外直接投资的黄金时期，并在东亚地区建立产业发展"雁行模式"。日本对外直接投资开始起步于 1972 年，"第一次石油危机"爆发，使日本结束 20 年的高速经济增长。此时的日本国内资本积累开始出现过剩，同时因为日元的升值使日本的生产成本提高且贸易顺差的增加导致贸易摩擦的加剧，日本企业对外投资稳步增加，具体从两方面说明：①日本对外直接投资在 20 世纪 80 年代中期有突飞猛进的发展。日本企业的对外直接投资真正形成规模是在 1985 年"广场协定"带来日元升值以后，特别是 80 年代后期，已领先于美国成为世界最大的对外直接投资国①（见图 3－6）。②日本在东亚地区建立了以自己为核心的"东亚雁行国际分工体系"。在 20 世纪 70 年代至 80 年代期间，日本对东亚地区新兴工业化经济体（NIEs）和东盟国家（ASEAN）直接投资不断增加。以泰国为例，日本作为其最大的投资国，投资额占泰国吸收外来投资额的 37.2%，占中国香港、新加坡以及中国台湾吸收外来投资额总和的 22.7%（同期美国为 20.7%）。日本大规模直

---

① 资料来源：李国平. 日本对外直接投资的发展与结构变化研究［J］. 现代日本经济，2001（3）：7－12.

接投资于亚洲国家，使该地区变成日本的全球供应链体系中重要生产基地。同时除了输出到亚洲地区的直接投资外，日本官方援助和市场贷款、出口信贷以及以日元标价债权也在这段时期显著增加①。20世纪90年代以来，伴随着日本泡沫经济的崩溃，日本的对外直接投资增长开始回落，增速放缓。

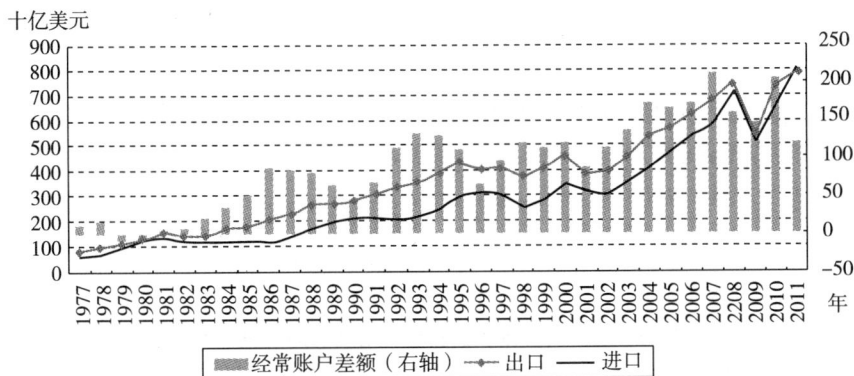

资料来源：世界银行网站，http：//databank.worldbank.org。

**图3-4 日本经常账户差额的长期走势**

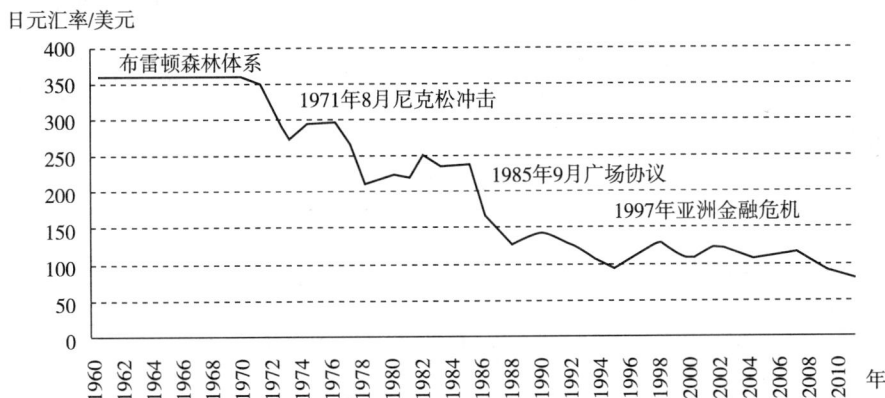

资料来源：世界银行网站，http：//databank.worldbank.org。

**图3-5 日元汇率长期趋势（1960—2010年）**

（2）日元资本账户开放。日元国际化伴随着资本账户的渐进开放。1964年日本正式成为国际货币基金组织"第八条成员国"（见表3-13），日元经常

　　① 资料来源：沈联涛. 十年轮回：从亚洲到全球的金融危机 [M]. 杨宇光，刘敬国，译. 上海：上海远东出版社，2009.

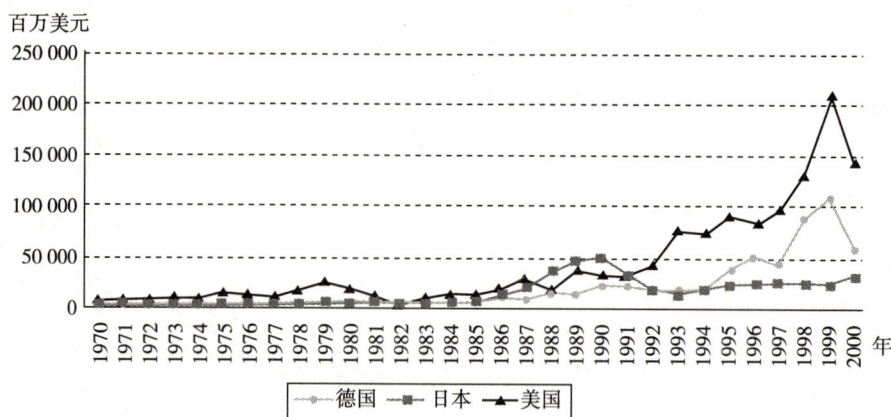

百万美元

资料来源：UNCTADstat。

**图 3 - 6    日本对外直接投资长期趋势（1970—2000 年）**

账户实现自由兑换，使在国际贸易和外汇交易中使用日元成为可能。同时，资本对外输出明显增加，日元逐渐成为强势货币。1972 年 5 月日本政府取消外汇集中制度，允许居民持有外汇。由此，在日元汇率市场化方面，1973 年 2 月日本开始实行完全的浮动汇率制度，且在此后的两次美元危机中日元表现坚挺，日元开始满足市场对硬通货的需求。与此同时，非居民对日元金融资产需求不断增加，因为日元作为低息货币，使非居民主动持有日元负债的意愿也不断提高。

表 3 - 13                                              日本资本账户开放顺序

| 年份 | 措施 |
| --- | --- |
| 1964 | 采取国际货币基金组织协议第八条款 |
| 1966 | 放宽货币兑换限制 |
| 1970 | 资本账户开放，放松外资银行进入限制，进一步放宽货币兑换限制 |
| 1971 | 向浮动汇率过渡 |
| 1973 | 采取浮动汇率体系 |
| 1980 | 基本放开所有资本管制 |
| 1983 | 允许短期欧洲日元贷款给非居民 |
| 1984 | 允许本国居民发行欧洲日元债券，完全货币兑换 |
| 1985 | 开放中长期欧洲日元贷款给非居民 |
| 1986 | 允许外国银行发行欧洲日元债券，创立东京离岸市场 |
| 1987 | 放开非居民发行欧洲日元票据 |
| 1989 | 放开居民欧洲日元贷款 |

资料来源：日本中央银行网站，http://www.boj.or.jp。

20 世纪 70 年代之前，日本银行和大藏省认为日元的国际化会干扰国内金融政策的有效性。1978 年的《大藏省金融局年报》也认为，如果在欧洲发行了过多的日元债券，将会对外汇市场乃至日本金融发生难以预料的影响。这一时期，日本政府确有担心货币的国际化带来日元汇率波动会对本国经济造成不利影响，所以对日元国际化的态度并不积极。

1980 年 12 月日本大藏省修改后的《外汇法》开始实施标志着日元实现资本项目下可自由兑换。《外汇法》将资本交易的"原则上禁止"改为"原则上自由"，实现本国居民向境外提供日元贷款和外汇自由兑换日元，这增强了经济交易中日元的可兑换性和可获得性，大幅度提高了日元在进出口贸易中的计价结算比例。

1984 年 2 月"日元—美元委员会"成立，同年 5 月发表《日元美元委员会报告书》，同时大藏省发表《关于金融自由化、日元国际化的现状和展望》报告书。美国意在推进日元国际化的同时，要求开放日本金融市场，允许外国金融机构进入市场[①]。日本政府同意实施自由化金融系统，允许资本进出。1984 年 4 月和 6 月日本分别撤销远期外汇交易中的"实需原则"以及允许非居民外汇自由兑换成本币，这些标志着日本基本放弃资本流动管制。

日元实现资本项目可自由兑换大约花了 16 ~ 20 年之久。日元国际化的显著特点之一是日元的升值，并且在广场协议后升值步伐加快。1985 年广场协议前，日元汇率升值较为缓慢；广场协议签订目的是为了解决美元贬值的问题，自此日元兑美元加速升值并持续了十年时间，期间升值幅度曾超过 200%。1986 年 12 月东京离岸市场的建立，在日本境内为非居民进行日元资产的投资和日元资金的融通提供了交易场所，由此日元的国际化在 20 世纪 90 年代初达到高峰。此时，繁荣孕育危机，日本经济泡沫的破灭，使得日本经济陷入"失去的十年"，日元国际化也因此陷入了停滞甚至倒退的状态。

2. 日元国际化的成果

从 20 世纪 80 年代开始，在接近二三十年的国际化过程中，日元国际化与日本经济发展紧密相连，日元国际化在交易媒介、计价结算和价值储藏方面随着经济的发展而取得了较好的效果。

（1）交易媒介。从外汇交易规模来看，日元份额有所下降，自 20 世纪 80

---

① 正如 Frankel（1984）指出，日本金融市场开放使日元国际化以及日元汇率升值和贸易再平衡，但政策在预期的时间窗口并未达到预期目标。这里存在激烈讨论，围绕着政策在多大程度上应该为货币扩张导致的资产泡沫负责。

年代末的 27% 下降到 2010 年 19%，但近年来基本维持 20% 左右的水平，当然仍然低于美元和欧元的使用规模（具体见表 3 - 8）。

（2）计价货币。贸易结算而言，日元出口结算份额从 1970 年的不足 1% 上升到 2003 年的 39.3%，进口商品日元结算份额同期由 0.3% 达到 25.3%（见图 3 - 7）。与其他发达国家相对比，日元的国际贸易结算比例是有限的，这表现在美元在日本国际贸易结算中仍然居统治地位。日本出口中美元结算达到 50% 以上的水平，进口达到 60% 以上[①]，而同期的其他工业国家德国在本国出口中本币结算达到 60% 以上，进口则达到 50% 以上，且日元在贸易中作为第三方货币（媒介货币）几乎可以忽略不计。

（3）价值储藏。①私人部门。就投资货币而言，日元占比呈现下降趋势。日元在国际债务市场的份额由 4.3%（2001—2005 年均值）下降到 2.8%（2006—2010 年均值），2011 年第一季度占比为 2.6%（见图 3 - 8）。从图中可看到，欧元债券市场规模扩大，流动性改善，欧元已经赢了相当的份额，欧元计价的国际债务相比美元国际债务占比更高，成为美元最强劲对手。②官方部门。日元作为储备货币在 1992 年达到 7.4% 份额峰值后，储备货币地位开始下降，近年维持在 3% 左右呈下降趋势。

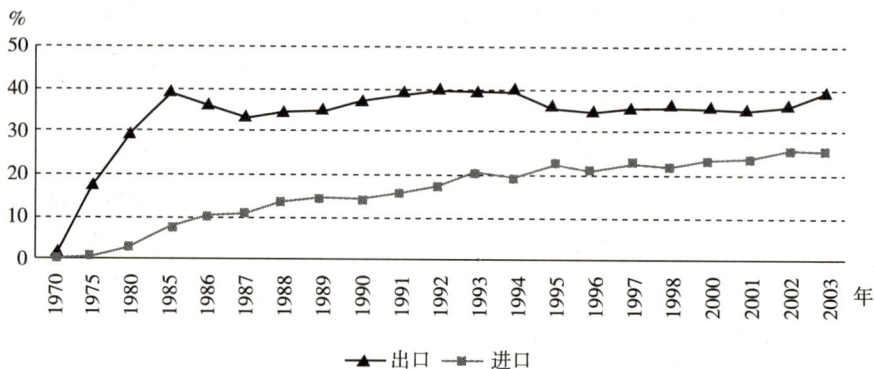

资料来源：Hiroo Taguchi（1994），Shinji Takagi（2009）。

**图 3 - 7　日本进出口本币结算比例**

综上所述，从日元行使国际货币职能中可以看到，随着日本经济的起落，日元国际化的进程自 20 世纪 80 年代末的上升趋势后有明显的回落。日元作为贸易计价货币在进出口计价占比分别维持在 25% 和 40% 左右，同时日元在国

---

① 资料来源：日本财务部网站，http://www.mof.go.jp。

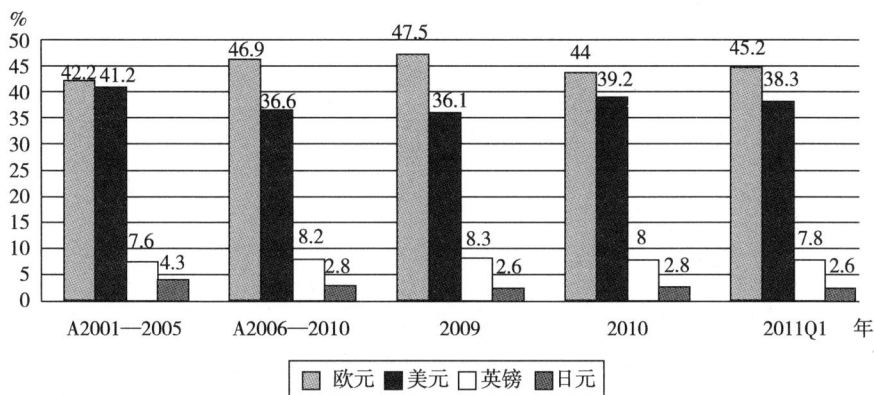

资料来源：Frankel，J.（2011）。

注：国际债务包含国际债券、票据以及国际货币市场工具，A表示平均值，Q1表示第一季度。

**图3-8 日元及其他主要国际货币在国际债务中的比重**

际债务市场中的份额以及作为官方储备中的储备货币地位在20世纪90年代后期开始均所有下降。

### 3.4.2 日元国际化受阻原因剖析

尽管日元实现了一定程度的国际化，但是其国际化地位与经济实力相比并不匹配。既有自身贸易、金融和经济发展中的原因，也与当时的国际货币竞争环境有着密切联系。日元国际化受阻的主要原因有以下几个方面：

1. 日本的贸易结构使日本企业没有足够的激励在贸易中选择日元计价

（1）日本的出口中对美国的对外贸易依存度很高，出口到美国的商品绝大多数是以美元计价。（2）在进口中由于日本资源匮乏，生产所需初级产品如原油和原材料进口比重达到30%，而初级产品要按照美元计价。（3）日本出口商出口到美国的商品采取随行就市（Pricing to Market，PTM）行为。贸易中外币计价的倾向是由于日本大贸易公司的存在，在管理外汇风险方面相比贸易对手更有优势。宁愿用美元计价以使商品价格稳定，也不愿用日元作为结算货币来规避汇率风险，这是市场战略成为减低出口中使用日元结算比率的重要原因（中条诚一，2002）。

2. 日本在开放资本账户的同时，国内金融市场改革滞后

（1）日本欠发达的货币和资本市场不能为日本贸易使用日元结算进行融资，表现为诸如20世纪90年代落后的清算系统，过高的证券交易税等导致过

高的交易成本等（Kiyotaka Sato，1998）。（2）短期货币市场由于广度、深度和流动性有限，难以满足居民和非居民用日元计价的资产作为国际交易流动性平衡工具的需求。（3）日元快速持续升值①使日本的出口部门竞争力下降。而宏观经济政策调整带来的宽松货币政策引发地产和股市泡沫。快速的日元升值，使得日本产业结构的调整承受巨大压力，且令出口部门竞争力下降，而日本试图用货币政策对冲汇率对经济波动的影响，最终并没有对汇率走势形成实质性结果，反而触发了国内通胀和资产价格泡沫。有学者认为日元在国际化过程中同时开放资本账户与金融部门的改革对加速开放的影响是灾难性的，对此提出了批判性意见②。历史证明，90 年代日本经济的重创，影响了日元的国际化进程。

3. 在与美元竞争中，美元的惯性成为日元国际化的障碍

（1）东亚地区除日本外，亚洲各国仍然实行与美元挂钩的汇率制度安排③，东亚仍然是"美元区"。东亚各国实行出口导向政策，美国成为包括日本在内的东亚国家的最终市场提供者，出口中选择美元计价符合交易成本最小化的原则。（2）日元国际化走的是一条直接的、功能性的货币国际化道路④，忽视邻近亚洲国家的支持和合作。日元国际化是以"日本对世界"为出发点，直接追求日元作为国际货币，一味谋求日元在全球范围内作为贸易和投资计价货币、金融交易货币以及作为官方外汇储备资产的功能。

在日本经济衰退后，日本政府开始推动金融改革继续推进日元国际化。国际化战略转向亚洲，着重于日元国际化功能在亚洲地区的扩大。但在亚洲金融危机中日本从东南亚全面抽回资金，日元大幅贬值使市场失去对日本作为区域货币锚的信心，日元国际化再次遭遇挫折。

## 3.5  主要货币国际化发展路径启示

通过对英镑、美元、德国马克和日元国际化发展路径的研究，可以得出主

---

① 广场协议至亚洲金融危机十余年间，日元升值幅度达到200% 。

② 资料来源：Vallée. Shahin, The Internationalization Path of the Renminbi, Bruegel Working Paper, 2012：24.

③ 亚洲金融危机以前，亚洲国家大多实行钉住美元的汇率政策。危机过后，开始逐步转向浮动汇率制。

④ 资料来源：李晓. "日元国际化"的困境及其战略调整［J］. 世界经济, 2005（6）：3 - 28.

权国家货币实现国际化既有共性又有差异性，既需要满足实现国际化的经济金融条件又需要主动且有效的制度安排做保障。

1. 实现货币国际化的经济金融条件

（1）强大的经济实力是一国货币国际化的基础。经济实力与货币国际化地位存在相当大的相关性。一国货币的国际化往往就是该国经济实力的综合反映。英镑在第二次世界大战前上百年的时间里一直稳居最主要的国际货币，主要是因为当时英国是世界上头号经济强国并且拥有海上霸权。伦敦为全世界近60%贸易提供贸易融资，成为各国政府的资金清算中心，并且直到第一次世界大战前，英国的对外直接投资仍然占据世界统治地位。美元地位变化与美国经济实力变化同样基本一致，经济实力决定了美元最终替代了英镑的霸主地位。1915年美国成为世界第一大贸易出口国，第二次世界大战后美国在1950年占全球经济总量的比例达到27.3%，这一经济地位迄今为止没有其他国家可以企及，美元成为全球主导货币。布雷顿森林体系崩溃后，马克和日元成为重要的国际货币。1973年，德国和日本的经济规模占全球经济的份额分别为5.9%和7.7%，这一时期伴随着贸易的扩张和对外资本的输出，马克和日元开始在国际货币体系中占有一席之地。

（2）发达的金融市场是成为国际货币并得以维持的前提和保障。在金本位制下，英镑战胜法郎成为国际货币的主要原因之一就是英国拥有一个高度发达的金融市场。[①] 伦敦为市场提供流动性支持，为商业票据贴现融资，英格兰银行成为全球银行业的指挥者，伦敦是世界贸易金融的中心。根据前文提供的数据，按照购买力平价计算，1870年美国经济规模已经超过英国，并且到1899年，英镑在官方外汇储备占比中达到2/3，超过排在第二名的2倍，而美元还排不上号。美元此时主要问题不是规模，而在于缺乏有深度、流动性、可靠和开放的金融市场。[②] 美联储成立以及美国资本市场和银行体系的运行在美元国际化过程中起到重要作用。纽约金融市场发展超过伦敦，使美国能够为世界投资者提供最广泛和安全的资产选择，可见发达的金融市场为美元的国际化提供了重要的支撑，并且在布雷顿森林体系后使得美元本位的支配地位得以维持和延续。德国马克国际化建立在政府对国内金融市场的改革以及使马克缓慢

---

① 1899官方外汇储备资产主要货币份额：英镑占比64%，法郎16%，马克15%，其他货币6%。具体请见 Barry Eichengreen（2005）。

② 当时美国还没有一个确保银行承兑工具市场发展的中央银行，直到1913年颁布《联邦储备法》成立的美国联邦储备系统负责履行美国中央银行的职责。

升值维持金融市场的稳定基础上，并以法兰克福、卢森堡的金融市场作为依托，为马克国际化提供金融服务。日元国际化同样经历了金融市场深化的过程，在政府资本账户管制放松的同时，开放欧洲日元市场以及建立东京离岸金融市场在日元国际化中提供重要作用。总之，在英镑、美元、马克和日元货币国际化过程中，发达的金融市场是一国货币成为国际货币不可或缺的支撑。

2. 在位国际货币的历史惯性是新兴货币国际化发展的重大障碍

英镑有 100 年的在位历史，1943 年英镑在国际贸易结算中还是被广泛使用，仍是各国主要储备的国际货币。而美国经济规模在 19 世纪末已超越英国，直到 1944 年布雷顿森林体系建立，英镑和美元的地位才发生彻底的逆转。英镑作为国际货币存在历史惯性，即使新的国际货币（美元）币值稳定性更好，由于英镑的使用形成规模效应以及货币转换成本的存在，就会使得新的国际货币替代原有货币的过程是缓慢的，经历由量变到质变的过程。美元替代英镑所花费的时间为 70 年左右。在日元与美元货币竞争中，美元在贸易、投资和外汇交易市场中已形成的在位"赢者通吃"优势，并成为日元国际化受阻碍的原因之一。美元作为国际货币具有国际公共品的功能，美元的历史惯性特征表现为由于规模经济和货币转换成本的存在，使得在美国经济实力不足以支撑美元的现有地位的情况下，美元作为主导国际货币仍将持续很长时间。国际货币的这种自我强化作用对新的国际货币构成严重的进入壁垒。

3. 主动的政策选择对货币国际化路径影响显著

英镑和美元成为国际货币经历了主动市场竞争的过程，而日元和马克作为美元危机后新的全球汇率制度下的美元替代货币，包含了日本和德国政府主动推进的过程。英国借助贸易霸权和国际金本位制这一历史选择确立了英镑的世界货币地位。美国凭借在经济、贸易和金融三方面的绝对优势，主导建立了布雷顿森林体系这一"正式性约束"的国际货币制度，推动马歇尔计划和石油美元战略，确立了美元的中心货币地位。马克国际化除马克本身的良好信誉外，离不开欧洲货币体系以马克作为关键货币建立的汇率联动机制。马克作为关键货币，发挥稳定区域内汇率、促进区域内贸易和投资以及使得区域经济平稳发展的作用。依靠货币一体化这一制度安排，马克成为区域货币国际化的典型代表。日元国际化以日本贸易发展和金融制度渐进改革为基础，逐步实现日元国际化。但是日元国际化忽略了区域化合作，使得在日元升值压力下缺乏汇率波动分担机制，日元汇率快速的升值，给国内产业结构调整带来巨大冲击。另外由于日本资本账户开放与宏观调控政策配合出现失误使得日本经济出现衰退，导致单一功能性的国际化受到阻碍。

　　结合中国的实际情况，人民币国际化需要采取市场竞争和政府推动相结合的发展路径，并对货币国际化的历史经验采取科学借鉴的态度。人民币国际化与日元国际化的起始阶段相似，即作为贸易大国金融市场发育还不够完善，这就需要政府当局不断深化国内金融市场改革，渐进推动金融自由化，并且在金融市场开放背景下实现宏观经济运行的平稳发展。在世界经济多极化的背景下，人民币国际化不能走英镑和美元的发展道路，而应采取深化中国与所在的亚洲地区经济体的经贸往来并扩大与新兴市场国家贸易合作为基础，同时巩固欧盟、美国、日本等发达国家和地区经贸关系。为了深化国内金融市场改革，推动人民币离岸市场的建设，形成人民币在离岸和在岸市场之间的有管理的资金双向流通，形成人民币国际化的双向或多点推进。当然主要货币国际化过程中的经验同样值得借鉴，比如美元国际化中的马歇尔援助、马克的欧洲货币合作以及马克汇率缓慢升值等。总之，人民币国际化不仅需要实力，还需要决策者严谨细致的规划并且持之以恒地实施。

# 第 4 章

# 美元作为主权货币的存在和风险所在

就主要的国际化货币英镑、美元、马克和日元而言，美元是国际化程度最高的主权货币。当前，美元已经成为世界贸易、国际直接投资中最主要的计价和结算货币，也是全球各国最主要的国际储备货币。美元作为美国的主权信用货币，是如何走出国门并确立国际货币霸权地位的？作为霸权货币，美元存在哪些弊端？而且，在扮演国际间最主要的计价结算和国际储备货币的角色中，美元又相应地暴露出怎样的风险？本章将对这些问题逐一展开讨论。

## 4.1 美元作为主权货币的存在和弊端

### 4.1.1 美元作为主权货币的存在与发展

美元作为美国的主权货币，其存在和发展可通过以下三个阶段体现出来。

1. 第一阶段：美元作为主权货币的确立（1792—1943 年）

1776 年 7 月 4 日，《独立宣言》的发表，标志着美国的诞生。但是作为美国的主权货币——美元，直到 16 年后才有了雏形。1792 年，美国颁布的《铸币法》规定：1 美元 =371.25 格令的纯银。这种与西班牙银元规制相同的银币就是最初的美元。

1863 年，美国国会通过了《国民货币法》，规定在全国范围内实行法定存款准备金制度，并发行了"持有人可凭此兑换金币"的金币券。这标志着作为主权货币的美元从金属货币时代过渡到代用货币时代。

随着美国经济的持续快速增长，在 20 世纪初，美国的 GDP 已经超越了老牌资本主义国家英国。相应地，美元也悄然崛起。1900 年，美国国会通过了

《金本位法案》，标志着美元开始崛起。1912 年，美国总统塔夫脱提出了"金元外交"政策，昭示了美国争夺国际货币霸权的野心。1913 年，美国国会通过了《联邦储备法》即《欧文—格拉斯法案》，并成立了美国联邦储备银行及其委员会（美联储）。美联储不仅被赋予了制定和实施货币政策、监管银行及主导银行资金的清算的义务，而且被赋予了发行联邦储备券的权利。该券持有人可在任何一家联邦储备银行兑换黄金或其他法定货币如国库券、金币或者银币。联邦储备券的发行是有金银支持并可自由兑换成黄金的"优先货币"，是现代美元的前身，这就是被货币主义学派代表人物弗里德曼盛赞的金本位币。

1934 年，美国颁布了《黄金储备法》，修改了《联邦储备法》中有关美元自由兑换的条款，新增了赎回条款"本券是一切公私债券的法定支付手段，可在美国财政部或任何一家联邦储备银行兑换成法定货币"。即美国废除了美元自由兑换黄金的条款。同年，美国借助于"睦邻政策"与拉美签订了互惠贸易协定。由此，美国在西半球构建起以美元为中心的区域性货币、贸易集团，为美元迈向国际货币提供了试验场。

综上，从《铸币法》到《黄金储备法》，美元的主权货币地位得以建立。美国也借助美元，试图延伸美元的国际货币地位。

2. 第二阶段：美元作为主权货币的延伸——国际货币地位的确立（1944—1975 年）

第二次世界大战不仅没能导致美国国力下降，反而使其大发战争横财，综合国力首屈一指，黄金储备更是接近了全球黄金总储备量的近 70%。与此相反，英国却受到第二次世界大战的重创，综合国力大幅下降，黄金储备也大幅减少，已经失去了和美国抗衡的实力。借此良机，美国在第二次世界大战尚未结束就由财长助理怀特提出了延伸美国主权货币范围的怀特计划。尽管英国著名经济学家凯恩斯也提出了凯恩斯计划，以此维持已经衰落的英镑的国际地位，但在强大的美国军事和经济实力面前，这一计划注定夭折。

1944 年 7 月，联合国货币与金融会议在美国新罕布什尔州布雷顿森林的华盛顿饭店召开。这次会议通过了对国际经济和金融产生深远影响的《布雷顿森林协定》，确立了以美元为中心的国际货币体系。依赖美国巨额的黄金储备，该协定规定国际贸易和储备货币的"双挂钩"制度，即美元与黄金挂钩（1 盎司黄金 = 35 美元），各国货币与美元挂钩并保持固定汇率关系。由此，美元成了主权国家最主要的贸易计价货币、结算货币和储备货币。

为了巩固和扩大美元作为国际货币的影响力，布雷顿森林会议建立起了国际货币基金组织和世界银行集团（WBG）这两大国际金融机构。作为国际货币基金组织的会员，美国拥有该组织的最大缴款份额和投票权，可借此来稳定和提升美元的国际货币地位。为了扩大美元对世界经济的渗透，借助于复苏战后经济和促进国际贸易发展的"东风"，美国通过操控世界银行和实施"马歇尔计划"使巨额美元流入欧洲、日本等世界各国。特别地，美国通过向英国提供巨额贷款以打压英镑的国际地位，巩固和提升了美元的国际货币地位。

要确保和扩大美元作为世界各国最主要的国际储备货币、计价和结算货币的地位，美国需要为世界各国源源不断地提供美元。一方面，为了满足世界贸易规模的不断扩大和美国海外投资对美元的需求，就需要美元的持续和快速增长，这势必造成美元泛滥。另一方面，随着各国持有的美元数量的快速增加，美国拥有的黄金储备无法满足美元作为国际储备货币增长的速度，这就必然导致美国无法履行按照美元兑黄金的官价比例为各国持有的美元兑换成黄金的承诺。这一矛盾即所谓的特里芬难题，是布雷顿森林体系的固有缺陷。它必然会伴随"美元灾"的出现而凸显和日趋激化，并最终导致布雷顿森林体系的崩溃。

1960 年，美国的国际收支逆差导致了美元由"美元荒"转变为"美元灾"，美国的黄金储备锐减了 27.5%，降至 178.04 亿美元，直接导致了第一次美元危机。1968 年 3 月，美元泛滥和黄金储备锐减的局面进一步加剧，导致了第二次美元危机的爆发。1971 年 8 月 15 日，尼克松总统被迫实行"新经济政策"，宣布美元停止兑换黄金，并放弃美元和黄金的固定官方比价，美元贬值。美元与黄金脱钩标志着布雷顿森林体系开始崩溃。1973 年 3 月，主要国家的货币与美元脱钩，实行单独浮动或联合浮动，布雷顿森林体系逐步瓦解。

尽管布雷顿森林体系崩溃，美元也遭受了信任危机，但是，美元的国际货币地位却凭借布雷顿森林体系，依赖于国际货币基金组织和世界银行这两大国际金融机构而得到了巩固和强化。

3. 第三阶段：美元作为主权货币的扩展——"霸权美元"的确立（1976年至今）

1976 年 1 月 8 日，《牙买加协定》签订。1978 年 4 月 1 日，该协定正式生效。这个协定放弃了《布雷顿森林协定》所规定的固定汇率制，代之以浮动汇率制，这标志着布雷顿森林体系的彻底解体。尽管该协定提升了特别提款权作为国际储备货币的作用，并在表面上削弱了美元在各国的国际储备货币中的地位，但是《牙买加协定》是在强化国际货币基金组织这一重要的国际金融机构的前提下签订的，美元的国际货币地位不仅未被削弱，反而得到空前强化。可以这样说，布雷顿森林体系的崩溃只是表明以"双挂钩"为主要内容的美元霸权[①]的衰落，而不是美元霸权的终结。《牙买加协定》直接导致了美元——黄金本位制向美元本位制过渡。美元本位制意味着美国可以不再受到黄金储备的约束，仅凭美国的国家信用作为担保为世界各国提供储备货币、计价和结算货币，而美国的国家信用在美国国家利益至上的真理面前显得苍白无力、不堪一击。因此，美元本位制的确立使得美元霸权地位得到加强。

随着美元的贬值和美元本位制的确立，美国经济在20世纪70年代末得到了调整和复苏，美元的地位也开始恢复和加强。20世纪90年代后期，世界上4/5的外汇交易采用美元计价。全球各国的官方储备之中，美元作为官方储备的比例也从1990年的50%提高到了2007年的65%。1991年，苏联解体和东欧剧变。与此同时，美国却是第一次海湾战争的大赢家，大胜后国内经济得以快速复苏，其持续的经济繁荣直到2008年美国金融危机爆发时才停住了脚步。2008年，全球贸易中以美元计价和结算的货币达到了90%，美元储备在全球储备中的比重高达63%。发端于美国并席卷全球的金融危机，并未使美元的霸权地位下降，反而进一步巩固。2008年7月至2009年2月，美元对欧元升值了23%。通过量化宽松货币政策的实施，美国经济获得了复苏和增长，而欧洲却陷入了债务危机的泥潭而不能自拔，美元作为国际储备、计价和结算货币的地位进一步强化了。

凭借美元霸权地位，美国获得了如下收益：（1）巨额铸币税。截至2003年，美国累计获得铸币税4 319亿美元。这相当于其他国家为美国提供了一笔无息贷款，为美国每年节约大约两千亿美元的利息支出。（2）巨额国际通胀税。美国通过采取美元贬值的做法，使得他国持有的美元及美元资产大幅缩水。（3）外汇规避的成本节约：一是采用美元计价和结算能够降低美元贬值的风险。据估计，2003年美国企业节约的外汇规避风险达到了198亿美元。二是美国少持有外汇储备节约的成本。美国依赖美元的国际本位币的地位，在进出口中可以直接用美元结算，因此美国可持有比国际公认的适度外汇储备保

---

①　美元霸权有以下四种观点：观点一认为美元霸权是布雷顿体系后美元占主导地位的国际货币体系格局。观点二认为美元的发行基础与其主导地位间的矛盾。1971年以来，美元作为首要的储备货币、计价和结算货币，其发行的基础仅仅依靠美国的军力和地缘政治支撑，是一种无黄金支撑的、无美国货币和财政约束的不兑现的纸币（殷佳，2009）。观点三认为从福利角度看，美元在执行世界货币的职能时，给美国带来了多种收益，给他国造成不利影响。观点四认为美元霸权体现在美元的超中心地位和发行自由化，即美元处于整个国际货币体系的中心，赋予美元享受世界货币的权利，而发行自由化意味着美元不承担世界货币的义务（尹应凯、崔贸中，2009）。

有量少得多的外汇储备额。根据陈恩富、夏晖（2007）估算，美国在 2003 年因少持有外汇储备而获得了 120 亿美元的收益。

综上所述，凭借美元本位制，美元霸权给美国带来了一系列收益。尽管 2008 年金融危机造成了各国对美元作为国际储备、计价和结算货币的信任危机，但这只是短暂的、阶段性的。随着美国经济的复苏和缓慢增长，美元的霸权地位并未得到削弱，反而呈现继续强化的趋势。

### 4.1.2 美元霸权的弊端

在美元主导的国际货币体系下，美国获得了美元霸权带来的一系列收益。但是，美元霸权带来的更多是弊端，包括对美国的弊端和对世界其他国家的弊端。

1. 美元霸权对美国的弊端

美元霸权下，美国陷入了"霸权陷阱"，集中表现在：

（1）美国陷入高消费、低储蓄的消费模式。一般而言，消费是收入的增函数，利率的减函数。在美元霸权下，美国居民将其收入更多用于当期消费，用于储蓄的部分较小并呈现逐步下降趋势。为了维持其消费模式，美国居民可在金融市场上获得低利率贷款。这是因为美国有发达的金融市场，世界各国需要为手中持有的美元寻求投资的出路和寻找获利空间，只能将手中持有的美元在美国金融市场上购买美元资产（如美国国债）或在美国存款，这就实现了美元的回流。然而，这些回流的美元融资成本极低（低利率成本），因而美国拥有了向本国居民提供低利率贷款的源源不断的坚实基础。

（2）美国产业结构失衡。美国产业结构失衡集中表现为过度发展金融业，造成了实体经济空心化。在美元霸权下，美国通过经常项目的持续逆差来消费别的国家生产的初级产品和工业制成品，美国将注意力集中在发展本国的高科技、金融市场等能耗小、环境友好型等第三产业和高端产业，而将资源消耗大、环境污染严重的低端产业和制造业转移到第三世界国家，这就使得实体经济趋于空心化。美国自 1970 年以来，实体经济占 GDP 的比重高达 49.16%。此后，这一比例就一直下降。截至 2007 年，这一比例下降到了 33.99%。相应地，制造业占 GDP 的比例也呈现下降趋势，从 1970 年的 22.17% 下降到 2007 年的 11.70%。然而，虚拟经济占 GDP 的比重却不断上升，从 1970 年的 14.64% 上升到了 20.67%（见图 4-1）。

（3）资产泡沫和通货膨胀。在美国的负债消费模式下，美国为了对其"双赤字"融资，具有增发美元的冲动。但是，美元供给的增加只能发挥对经

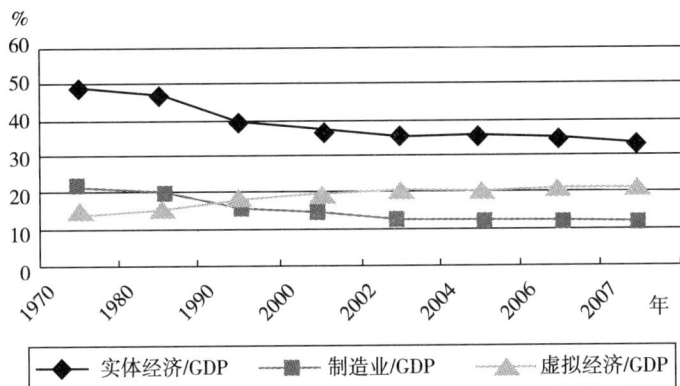

资料来源：张云，刘骏民. 金融危机、美元危机与世界货币体系［J］. 财经问题研究，2009（2）.

图4-1 美国实体经济、制造业和虚拟经济占GDP的比重走势

济增长的短期刺激作用以及导致资产泡沫化和物价上涨，而并不能带来长期的经济增长。同时，美元供给的增加导致超额美元流向全球并部分回流美国，这就进一步加剧了美国资产泡沫和通货膨胀，使得美国经济和金融面临极大的风险，并最终导致金融危机的爆发，动摇了世界各国对美元作为国际储备、计价和结算货币的信心。

（4）美国国际收支严重失衡。在美元霸权下，美国通过经常项目赤字向全球提供国际储备货币美元，而自身则通过大量进口全球特别是发展中国家的工业制成品和初级产品来维持美国居民的高消费。世界各国要为不断增长的美元储备寻求投资收益，而美国发达的金融市场就为各国的美元储备提供了投资的标的和市场，这就使得相当数量的美元回流。相应地，美国也成了世界最大的债务国。因此，美元霸权使得美国的经常项目出现了持续赤字，而国际收支的总体平衡只能通过资本和金融账户的盈余来维持（见图4-2）。

2. 美元霸权对世界其他国家的弊端

在美元本位制下，美元在充当全球的储备、计价和结算货币的同时，对其他国家带来了一系列严重弊端，具体可归纳如下：

（1）经济发展严重失衡。这表现为经济发展结构的失衡，即美国注重发展金融、高科技等第三产业，而将高能耗的低端产业和制造业转移到世界各国尤其是发展中国家。美国通过这种不平等的产业结构，可以轻松地掠夺发展中国家的自然资源。而其他国家通过消耗本国的自然资源和环境污染来生产初级产品和工业制成品以换取储备货币美元，并催生了外向型的中低端产业为主的

亿美元

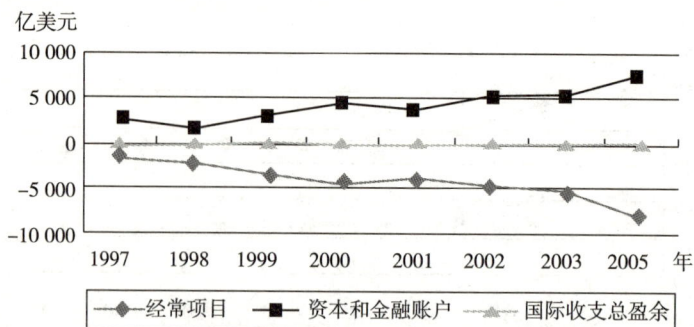

资料来源：根据 1995—2007 年各年《国际统计年鉴》计算得出。

**图 4-2　美国的国际收支趋势图**

畸形经济结构，以此维持本国经济持续增长。

（2）国际收支严重失衡。如前所述，在美元本位制下，美国通过大量进口为他国提供国际储备货币美元的同时，出现了严重的经常项目逆差。而其他国家特别是以中国为代表的发展中国家为了换取美元，通过大规模地向美国出口初级产品和工业制成品，导致了持续的经常项目顺差。随着各国持有的美元储备增加，购买美国国债等美元资产的方式使美元又回流。这可能导致他国对美国金融市场的持续性投资，并成为美国的债主。例如，中国依赖于经常项目的持续顺差来换取美元，并通过美元回流导致了资本项目的顺差（见图 4-3）。因此，美元霸权导致了他国的国际收支失衡并日益加剧。

亿美元

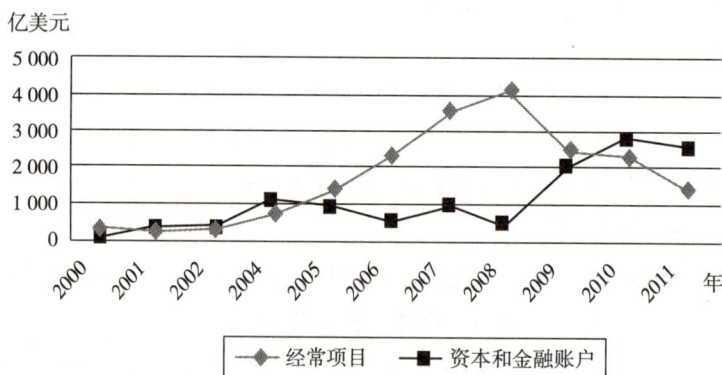

资料来源：根据国家统计局网站 http：//data. stats. gov. cn 的数据绘制。

**图 4-3　中国国际收支结构变化趋势**

（3）金融动荡。一是造成他国的通货膨胀。美国通过经常项目持续逆差为世界各国提供美元。在强制结售汇制下，本国的企业和个人需要将手中持有的美元到外汇指定银行进行结汇，这势必会增加本国货币的供应量。如果短期内，结汇规模较大，可能会造成本国货币供给严重大于货币需求的局面，从而造成通货膨胀。因此，在美元霸权下，全球通胀水平很大程度受到美国货币政策的影响，而其他国家货币政策缺乏独立性。例如，日本的国际储备在1981—1986年间增长了260％。二是加剧了长期利率的波动。麦金农（2006）研究发现，在美元霸权下，各国的长期利率水平更容易波动。这是因为美元本位制下，各国大多采取了浮动汇率制，使得汇率风险不能完全对冲，并出现风险溢价。为了获得溢价收益，套利者需要频繁地变换不同货币计价的资产组合，这就会引发利率水平的剧烈波动。三是他国美元及美元资产面临大幅贬值的风险。美元作为各国的储备、计价和结算货币，当美元贬值时，对于拥有巨额美元储备的国家而言，就会面临直接的美元贬值损失。特别地，当各国对美元产生信任危机时，就会试图抛售以美元计价的资产，从而导致美元资产的贬值。

## 4.2 现阶段美元作为国际货币的风险

发端于美国，并席卷全球的2008年金融危机重创了美国的金融体系，也使得美元遭受了信任危机，但时至今日，美元本位制仍然主导着国际货币体系，美元依旧是各国最为主要的计价货币、结算货币①和储备货币 。而美元在发挥作为国际货币的功能时，也伴随着相应的风险。

### 4.2.1 美元充当计价和结算货币的风险

在布雷顿森林体系下，作为美国主权货币的美元与黄金相挂钩，并维持固定的兑换比例，因此美元在充当国际的计价和结算货币职能时，具有坚实的物质基础——黄金。然而，在该体系崩溃后，美元充当国际计价和结算货币就失

---

① 结算货币是指在国际贸易中，在签订贸易协议时所使用的货币，而将用作实际支付使用的货币称为结算货币（Friberg，1998）。在国际贸易中，常常把计价货币和结算货币不加以区分，而是笼统地称为计价货币或结算货币；在少数情况下，国际贸易中会规定某种货币作为计价货币，另一种货币作为结算货币。多数有关计价货币方面的外国文献认为，计价货币的决定因素与结算货币的决定因素是一致的，并包含了相同的风险。因此，本书对计价货币和结算货币的表述上，不进行严格区分，而是混合使用。

去了黄金基础，只能依赖于软约束的美国政府信用，这势必会使美元霸权控制力减弱甚至消失，因而，美国借助于和沙特签订"石油—美元秘密协议"等战略性措施来维持和强化美元充当国际计价和结算货币的功能。但是，在美元本位制之下，美元在充当国际计价、结算货币时，存在以下风险：

1. 美元贬值的汇率风险

在国际贸易当中，如果货款采用美元来计价和结算，出口方可能会由于本币对美元的升值（即美元贬值）而蒙受汇率贬值的风险。美元要维持其霸权地位，发挥国际间交易媒介的功能，各国就需要储备美元。在美元本位制之下，美国从自身利益最大化出发，倾向于滥发美元弥补财政赤字，并为世界各国提供满足其计价、结算功能的储备货币。然而，美元滥发的结果就是美元流动性泛滥和通货膨胀，使美元汇率下降。一方面，在外汇市场上，当对美元需求保持不变，美元供给过多会带来美元汇率下降而使得美元贬值。另一方面，美国经济的疲软也会使得各国丧失对美元经济的信心，并通过抛售美元显现出来，从而加深了美元贬值的程度。

在各国的进出口贸易中，从总体上看，美元是最主要的计价和结算货币。2008 年，用美元作为计价和结算货币的金额占据了全球贸易总额的90%。在国际贸易中，石油、铁矿石和有色金属等重要能源，小麦、大豆等初级农产品，在投融资领域中，多数金融产品及其衍生品均以美元计价和结算。美元的贬值，必然导致以美元计价和结算的美元资产的本币价值缩水。以中国为例，自 2005 年 7 月 21 日人民币汇率制度改革以来，人民币对美元累计升值已经接近25%[①]。自人民币汇率形成机制改革以来的八年间，人民币对美元升值非常明显（见图 4 - 4）。着眼于未来，人民币对美元汇率还会有升值的空间和要求，这势必会使以美元计价和结算的出口货物以人民币计价时缩水，给出口商造成经济损失。

2. 增加交易成本

以美元作为国际间的计价和结算货币的交易成本包含了两个部分：换汇成本和时间成本。换汇成本是指将贸易伙伴国的本币兑换成美元时发生的手续费，而时间成本是则是指将本币兑换成美元用以对货款等进行计价和结算时浪费的时间所产生的损失。在国际贸易中，交易成本的产生存在两种情况：第一种情况是当贸易双方中有一方为美国，则另一方支付给美国货款时需要采用美

---

① 注：2005 年 7 月 21 日，人民币对美元汇率为 1 美元 = 8. 11 元人民币，而 2013 年 11 月 27 日，人民币对美元的汇率变为 1 美元 = 6. 133 元人民币。人民币对美元累计升值高达 24. 37% 。

元计价和结算，这就会产生一次换汇成本和时间成本；第二种情况是当贸易双方都不是美国，但需要用美元来计价和结算时，就会产生两次换汇成本和两次时间成本。然而，如果采用双边货币结算，就能减少一次交易成本。根据中国人民银行估算，在中国的对外贸易中，使用人民币结算比用美元结算能够降低平均交易成本 2%～3%。在中国和日本的双边贸易中，如果绕开美元而直接采用中国和日本的双边货币结算，估计每年能够节省 30 亿美元的手续费支出。

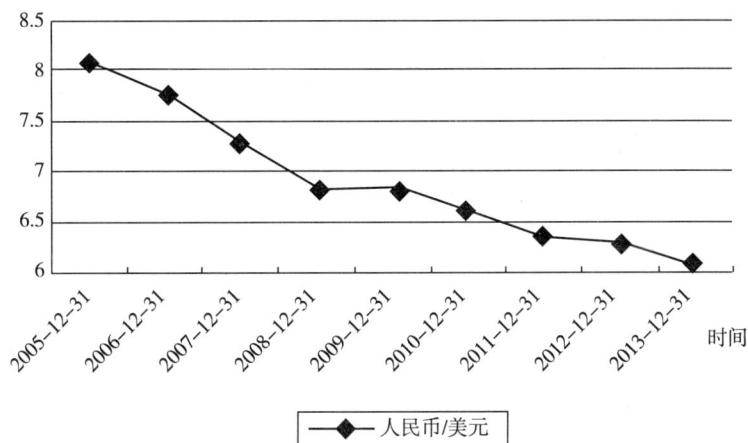

资料来源：中国人民银行网站，http://www.pbc.gov.cn/publish/main/537/index.html。

**图 4-4　人民币对美元汇率走势图**

3. 资产价格泡沫化风险

国际间采用美元计价和结算的资产突出表现为两类：一类是石油、铁矿石、大豆、小麦等能源类、大宗类的实物资产，另一类是金融工具及其衍生品等金融类资产。当这两类资产使用美元计价和结算时，由于投机炒作等因素可能因为价格虚高、偏离实际价值太远而出现泡沫化的风险。

这里用石油资产来说明对于实物资产的价格泡沫化风险。全球石油几乎全部采用美元计价和结算。作为最重要的全球性能源类大宗产品，全球每年的石油交易额超过了 6 000 亿美元，占到了全球贸易总额的 10%，因而石油可能成为全球投机的标的资产，造成了石油的美元价格急剧攀升并催生价格泡沫。一方面，以沙特为代表的欧佩克组织通过控制石油产量，减少石油供给量以维持较高的油价；另一方面，国际炒家等投机集团先通过做多石油再低价"吸货"，而后通过制造石油恐慌，借助美元的通胀和美元汇率的贬值来推高石油的美元价格，使美国、中国等石油消费大国承受巨额石油消费支出，这些炒家却可以通过做空获得巨额的石油美元。然而，石油的美元价格大幅攀升的结果就是石油的价格泡沫，石油市场出现较大的内生性和外生性风险。当石油价格泡沫破裂时，石油的高位接盘者就会面临严重的经济损失。

金融工具及其衍生工具的价格泡沫化风险，其基本作用机制是美元的计价和结算功能导致了美元储备的泛滥，而当巨额美元在短期内追逐有限的金融工具及其衍生品时，可能会导致这些金融工具和衍生品价格过高而出现泡沫。美元作为主要的计价和结算货币，美国需要为全球提供规模日益增大的美元货币，以保证全球贸易和投资交易的顺利进行，而世界各国也需要储备美元以应对国际支付和投资的需要。同时，美国为了弥补经常项目逆差和财政赤字，刺激美国经济的增长，采取了宽松的货币政策（如量化宽松货币政策）和低利率政策，这势必会导致美元的流动性泛滥和积极在海外寻求投资及投机机会。相比美国而言，新兴市场国家经济增长较为强劲，这些经济体发行的以美元计价的金融工具及其衍生品对希望在海外寻求投资和投机机会的美元来说具有较大的吸引力，因而成为其投资、投机的目标。在短期内，这些美元计价的金融工具及其衍生品可能由于过多美元的追逐而价格上涨过快，出现价格泡沫。当美国金融工具及其衍生品的收益率上升时，做空机会的出现将会导致这些金融工具及其衍生品的价格泡沫破裂，使投资者和投机者蒙受损失。在2012年前9个月中，新兴市场以美元计价的债券基金吸收的资金达到了388亿美元，而上一年同期只有184亿美元，增幅超过了200%，而债券价格也随着其需求量的快速上涨而大幅提高，这就蕴藏着较大的金融资产泡沫。

4. 货币危机

美元作为计价和结算货币，在充当国际间重要能源如石油等大宗商品交易媒介的功能时，很可能导致这些资产价格泡沫化，如石油的美元价格暴涨。而石油的美元价格泡沫的直接反映是美元贬值，这可能带来美元危机和发展中国家的货币危机。一方面，美国为了应付石油价格的暴涨，采用增加美元供给的办法来应对高油价的货币支出，而美元发行的增加又会导致美元通货膨胀、贬值，使得美元遭受信任危机。另一方面，当美国为了抑制美元的通货膨胀，转而提高利率水平以收缩美元的流动性时，发展中国家出于逐利目的而增加对的美元需求，并用于投资美国金融市场的金融工具，从而导致本币供给增加，并出现本币贬值的风险，造成本币危机。

5. 经济危机

美元作为全球的主要计价和结算货币，会带来资产价格泡沫，而泡沫破裂的直接影响就是经济衰退和经济危机。2008年的美国金融危机发生之前，以美元计价和结算的金融工具及其衍生品的价格泡沫化严重。为了抑制资产价格的泡沫化程度，美国转而提升利率水平，导致信用紧缩，并使得部分企业出现流动性危机并引发资产泡沫破裂，而泡沫破裂会带来美国股市的大幅下跌，导致金融机构倒闭，进而导致全球性的经济衰退和经济危机。

6. 弱化了货币的币种管理

采用美元作为计价和结算货币，会形成依赖美元的惯性，从而对世界主要货币的汇率变化反应迟缓，对结算货币的币种选择产生惰性心理，从而弱化了结算货币的币种经营和管理意识。

## 4.2.2 美元充当储备货币的风险

一国的国际储备通常由黄金储备、特别提款权（SDR）以及在国际货币基金组织所拥有的储备头寸和外汇储备①构成。近年来，黄金储备囿于黄金产量而无显著变化，特别提款权和储备头寸亦无显著变化，而各国持有的外汇储备却快速增加，成为了国际储备扩张的主要推动力。2008年，在全球外汇储备之中，接近90%的国际储备由外汇储备构成。根据国际货币基金组织公布的《官方外汇储备构成》的各季度报告显示，在国际货币基金组织成员国中央银行公开宣布的分配外汇储备②之中，美元是最为重要的外汇储备，并在全球中央银行的外汇储备构成中，占据了决定性份额。如表4-1所示，1995—2012年，在国际货币基金组织的成员国之中，美元储备对分配的外汇储备份额均超过了50%。2001年美元储备在分配的外汇储备中高达75.80%。即使2008年美国金融危机导致美元信心的下降，美元储备在全球分配的外汇储备之中仍然超过了60%，美元储备的绝对地位仍然未能改变。据国际货币基金组织公布的数据显示，2013年第二季度，美元储备在所有分配外汇储备中仍然高达61.6%，遥遥领先排在第二位的占比为23.8%的欧元储备。在中国人民银行持有的国际储备资产当中，外汇储备占据了绝对份额。据"中国国际收支头寸表"（1994—2012年）数据显示，中国的外汇储备占总国际储备的比例③均

---

① 根据国际货币基金组织对外汇储备的分类，外汇储备主要分为两类：一类是国际货币基金组织的各成员国中央银行对外公开宣布的分配的外汇储备；另一类是未分配的外汇储备，包括了非国际货币基金组织成员国持有的外汇储备和未对外宣布的外汇储备。

② 根据国际货币基金组织对分配的官方外汇储备的最新分类，国际货币基金组织将分配的官方外汇储备的货币种类分为了八类，即美元、英镑、日元、欧元、瑞士法郎、加拿大元、澳元以及其他货币。

③ 在1994—2012年各年年末，外汇储备占总国际储备的比例依次为：98.59%、99.18%、98.66%、98.77%、98.97%、97.80%、97.70%、97.71%和97.75%。

维持在97%以上。虽然中国在近年来不断优化外汇储备结构，但是由于欧洲债务危机和日本经济疲软，美元依然是最主要的储备币种选择，其比例高达65%以上。

表 4 - 1　　　　　　　　美元储备在分配的外汇储备中的比例趋势

| 年份 | 1995 | 1996 | 1997 | 1998 | 1999 | 2000 | 2001 | 2002 | 2003 |
|---|---|---|---|---|---|---|---|---|---|
| 总外汇储备 | 1.39 | 1.57 | 1.62 | 1.64 | 1.78 | 1.94 | 2.05 | 2.41 | 3.02 |
| 分配的外汇储备 | 1.04 | 1.23 | 1.27 | 1.28 | 1.38 | 1.52 | 1.57 | 1.80 | 2.22 |
| 美元储备 | 0.61 | 0.76 | 0.83 | 0.89 | 0.98 | 1.08 | 1.12 | 1.19 | 1.45 |
| 美元占分配外汇储备的份额 | 58.65 | 61.79 | 65.35 | 69.53 | 71.01 | 71.05 | 75.80 | 62.22 | 65.32 |
| 年份 | 2004 | 2005 | 2006 | 2007 | 2008 | 2009 | 2010 | 2011 | 2012 |
| 总外汇储备 | 3.75 | 4.32 | 5.25 | 6.70 | 7.35 | 8.16 | 9.26 | 10.20 | 10.95 |
| 分配的外汇储备 | 2.66 | 2.84 | 3.32 | 4.12 | 4.21 | 4.59 | 5.16 | 5.65 | 6.08 |
| 美元储备 | 1.74 | 1.89 | 2.16 | 2.63 | 2.68 | 2.85 | 3.19 | 3.52 | 3.73 |
| 美元占分配外汇储备的份额 | 65.41 | 66.55 | 65.06 | 63.83 | 63.66 | 62.09 | 61.82 | 62.30 | 61.35 |

注：1. 总外汇储备、分配的外汇储备和美元规模的单位为万亿美元，美元储备占分配外汇储备的份额单位是%。

2. 表4-1中的数据根据国际货币基金组织官方网站的数据库中的"官方外汇储备货币构成"数据整理而成，数据来源可参见 http://www.imf.org/external/np/sta/cofer/eng/index.htm。

然而，美元作为世界各国，特别是发展中国家和新兴经济体的主要储备货币，面临着各种风险挑战。这是因为美国近年来经济增长乏力，失业率较高，财政赤字和经常项目赤字严重。在此情况下，美国使用扩张性的货币政策刺激本国经济的增长，解决就业和弥补"双逆差"。特别地，针对2008年金融危机给美国经济的重创，美国采取了量化宽松货币政策才促进其经济复苏和增长。这些宽松的货币政策，在最大化美国的经济利益和为全球提供计价、结算和支付手段的同时，却给全球的美元储备国带来经济损失，使它们面临以下风险挑战：

1. 通货膨胀风险

美元作为美国的主权信用货币，无论对于该信用货币的发行国美国还是对于其他国家而言，如果将美元作为储备货币，都会面临随着时间推移美元购买力下降的风险。也就是说，美元在衡量商品价值时，由于美元贬值导致其购买力下降，这就是在纸币流通条件下，美元作为储备货币的通货膨胀风险。客观上讲，任何信用货币在作为储备货币时都存在通货膨胀风险。因而，美元作为储备货币的通货膨胀风险并不是美元所特有的。但是，由于美元作为最为全球最主要的国际储备货币，其通货膨胀风险所引起的关注度更高，影响也更严重。美元的通货膨胀风险由两方面的风险类型构成：一是可测性风险，二是不可测性风险（刘群等，2011）。可测性通货膨胀风险是指在统计意义上可以计量的风险，通常用官方所公布的消费者物价指数（CPI）来反映。当预期美国的 CPI 越高时，说明美元的购买力越低，美元作为储备货币的通货膨胀风险越大。不可测性风险是指随时间推移，在剔除了可测性通货膨胀风险 CPI 之后，货币的购买力仍然下降的情形。不可测性风险反映了信用货币的时间价值的贴水，即货币类似池塘中的水会自然蒸发而不能被计量。因此，美元作为国际储备货币，在剔除了可测性通货膨胀的影响之后，还可能由于自然原因存在购买力下降的不可测性通货膨胀风险。例如，1973—2009 年，美元对黄金的年均通货膨胀率为 9.2%，而同一期间，美国劳工部劳动统计局公布的年均通货膨胀率仅为 4.5%。这里，美国官方公布的 4.5% 可视为美元的可测性通货膨胀，而余下的 4.7% 则可被看作不可测性通货膨胀。

美元作为全球最为主要的储备货币，面临的通货膨胀风险远超世界其他任何国家的主权货币。

原因一：在美元本位制下，美国需要为全球提供足额的美元储备以满足世界经济发展和世界贸易交易额的扩大对美元需求量的上升（见图 4 - 5）。尽管遭受了 2008 年国际金融危机，使得世界货物出口额和服务贸易出口额出现了

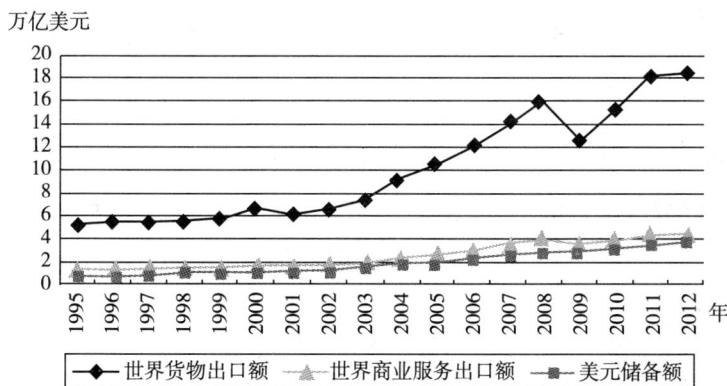

资料来源：（1）美元储备额数据来源于国际货币基金组织网站。具体参见 http://www.imf.org/external/np/sta/cofer/eng/index.htm。

（2）世界货物贸易出口额和世界商业服务贸易出口额数据根据世界贸易组织数据库整理，具体参见 http//www.wto.org/index.htm。

**图 4 - 5　世界货物贸易出口额、世界商业服务出口额和美元储备额的年度趋势**

短暂下降，但是总体而言，这两项出口额等呈现增长趋势，特别是世界货物贸易出口增长迅猛，从 1995 年的 5.17 万亿美元增长到 2012 年的 18.4 万亿美元。为了适应不断扩大的国际贸易对美元储备的需求，世界各国的美元储备也需要相应增加，因而美元储备额呈现出稳步增长趋势，从 1995 年的 0.61 万亿美元增加到了 2012 年的 3.73 万亿美元。

原因二：美国为了刺激本国经济增长，弥补政府的财政赤字和经常项目逆差，需要采取宽松的货币政策。美元的宽松政策包含了两个方面：一是增加美元供给量，二是实施低利率政策。美国为了刺激本国的经济增长，长期实行低利率政策，刺激企业投资和降低融资成本。在此基础上，美国通过增加货币供给，尤其是 2008 年以来所实施的四轮量化宽松货币政策，使得美国的货币供给量大幅增加（见图 4-6）。例如，美国在 2007 年末，广义货币供给量 $M_2$ 为 74 388 亿美元，但是，为了应对史无前例的金融危机，美国采取了四轮量化宽松货币政策①，使得 $M_2$ 在 2012 年末突破了 10 万亿美元。

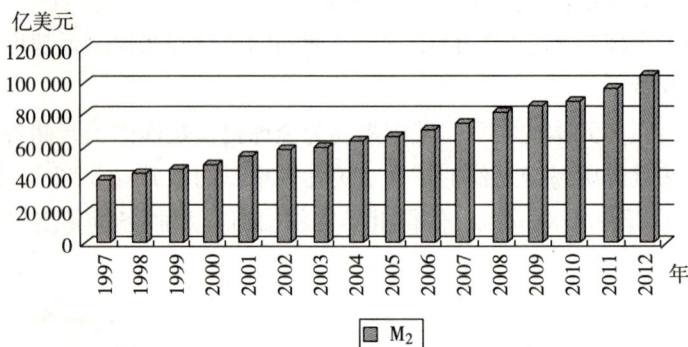

资料来源：根据美国联邦储备委员会网站数据整理，具体参见：http：//www.frbdiscountwindow.org/historicalrates.cfm？hdrID=20&dtlID。

**图 4-6　美国货币供给量 $M_2$ 的年度变化趋势**

美国通过大量增发货币，导致美元在全球的流动性泛滥，使得美元的购买力大幅下降，美元贬值风险程度不断加深。CPI 是体现通货膨胀的主要参考指标，能够较好地反映可测性通货膨胀水平。根据美国劳工部公布的 CPI 数据显

---

① 在 2008 年 11 月 25 日，美国通过购买机构债权和抵押贷款支持证券开启了首轮量化宽松货币政策；2010 年 11 月 4 日，美联储宣布实施第二轮量化宽松货币政策；2012 年 9 月 15 日，美联储推出了第三轮量化宽松货币政策，宣布每月采购 400 亿美元的 MBS；2012 年 12 月 13 日，美联储推出了第四轮量化宽松货币政策，宣布每月购买 450 亿美元美国国债。

示，美国的 CPI 在 1983 年为 99.6，而在 2012 年，飙升至 229.59。在近 20 年的时间内，美元的可测性贬值程度超过了 1 倍，达到了 130.5%。由此可见，即使不考虑美元的不可测性通货膨胀风险，世界各国因持有巨额美元储备而遭受了严重的通货膨胀损失。可以预见，如果不彻底改变目前的美元储备货币格局，美国出于本国经济利益的考量就会继续增加货币供给量，美元作为国际储备货币的通货膨胀风险就必然不断增加，给其他国家带来巨大损失。

2. 汇率风险

当一国将美元作为国际储备货币时，由于通货膨胀、投机炒作等因素导致美元兑换他国货币数量减少，这就是美元作为储备货币的汇率风险①。在浮动汇率制度下，美元作为储备货币的汇率风险尤为突出。在固定汇率制下，各国一般维持本币对美元的固定兑换比例，美元与他国的货币在较长的时间内保持稳定的兑换关系，因而，在这种汇率制度下，美元作为储备货币的汇率风险为零或者较小。然而，随着布雷顿森林体系的崩溃，浮动汇率制浮出水面。美国在强化美元的国际霸权地位的同时，并不具有维持美元对他国货币的固定兑换比例。由此，美元作为储备货币的汇率风险大幅上升，主要依据如下：一是美元作为国际储备货币的内在必然性。美元作为最主要的国际储备货币，随着世界经济的发展和国际贸易的扩大，必然要求美元的不断增长。然而，随着美元供给量的不断增长，无法确保美元对黄金的固定比价或者维持美元的购买力不变，这就必然会导致美元的贬值，从而出现美元对他国货币贬值的风险，即美元汇率风险上升。二是由于美国面临低速经济增长、高失业率和财政赤字的糟糕局面，出于国内经济利益最大化的考量，通过实行宽松的货币政策，即采取通货膨胀的策略来振兴美国经济，增加就业和为财政赤字融资，随之而来的结果就是美元的货币贬值。表现在美元的汇率上，就是美元对别国货币的兑换力下降，美元汇率上升。图 4 - 7 列出了四种主要主权货币（人民币、欧元、英镑、日元）对美元的汇率走势图。在 2002—2013 年的 12 年间，尽管欧元和英镑在 2007—2008 年对美元汇率有所下降，但从长期的总的变化趋势来看，这四种货币对美元都是升值的，即美元对它们是贬值的。而美元作为主要的国际储备货币，持有美元和美元资产的非美元发行国就必然遭受美元汇率下跌带来的经济损失。

3. 铸币税流失风险

---

① 一般来看，与作为计价和结算货币的美元汇率风险相比，更加关注美元作为储备货币的汇率风险，因为作为储备货币，美元受到时间因素的影响更大，而汇率风险与时间存在高度的相关性。

　　铸币税并不是一种税种，而是指凭借货币发行权，通过铸造不足值的货币形成的购买力与货币铸造成本的差额，这个差额就是铸币税流失风险。在金属货币流通条件下，铸币税是铸币的购买力与其铸造成本之差。在足值货币条件下，铸造货币根本就没有铸币税可言。然而，货币最重要的职能在于媒介交换，人们更多地关注货币本身能否作为交易媒介，而其本身的真实价值并不成为关注的焦点，这就是说，金属货币的铸造本身可以是不足值的甚至是严重低于货币本身代表的价值。因此，不足值的金属货币日益被接受和流通。在此情况下，货币当局通过发行不足值的金属货币就可以获得巨额的铸币税。在纸币流通条件下，由于纸币的发行成本极低以至可忽略不计，铸币税几乎等于纸币所代表的购买力。这就说明货币当局可以通过发行纸币来获得等同于其购买力的铸币税。

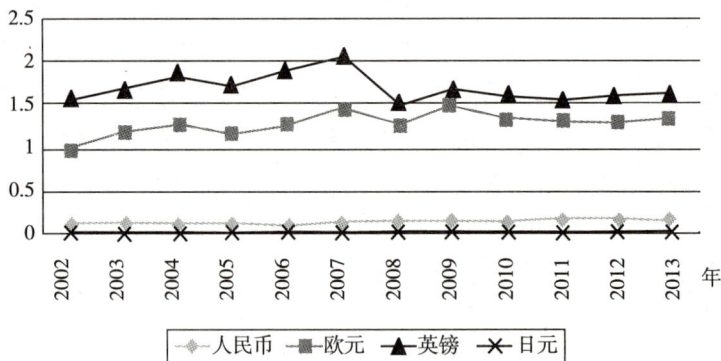

图4-7　主要货币对美元的汇率走势图

　　美元作为美国的信用货币，发行美元可以获得等同于美元全部购买力的铸币税。由于美元是主要的国际储备货币，美元的铸币税就与非国际储备货币的铸币税存在的显著差异。非国际储备货币的铸币税的承担者仅仅是非储备货币发行国的国内公民和机构等该种货币持有者。美元的铸币税承担者不仅包括美国国内的公民和机构，而且还包含了那些将美元作为主要国际储备货币的国家的公民和机构。美国为了刺激本国经济增长、增加就业和解决财政赤字，甚至以为世界各国提供储备货币为借口，滥发美元，使得美国获得了数额惊人的铸币税收入。由于美元作为主要国际储备货币的特殊身份，美元的铸币税流失风险主要体现为非储备货币发行国的公民和机构因持有美元储备而遭受铸币税流失的风险。如表4-1所示，在1996—2012年间，美元储备在全球分配的外汇储备中的份额均超过了60%，美元储备也从1996年的0.76万亿美元增加到

2012 年的 3. 73 万亿美元。也就是说，全球非美元发行国由于储备美元而蒙受的经济损失在不断增加。综合考虑流通于美国之外的美元现金、储备货币国的美元原始存款以及由美国支付的转账货币（如汇票）等数额，美元作为储备货币的铸币税损失高达 30 万亿美元以上（李海燕，2003）。因此，美元的铸币税流失风险是极其高的。

4. 投资风险

一般而言，投资风险是指一笔资产用于投资实体经济或者购买金融资产发生投资损失的可能性。投资损失既包括项目失败或者按期无法获取预期收益的损失，也包括了未将该笔资产投资于更高收益的实体经济项目或者金融资产的机会成本的损失。美元作为最主要的国际储备货币，其投资风险是指非储备货币发行国将积累的储备货币美元用于投资实体经济或者购买金融资产所导致的损失。

随着世界各国持有的美元储备额增加，各国都试图将所持有的大部分美元资产运用于投资以获取投资收益。其投资大体分为两类：一类是用于国内投资，比如运用于购买国内公司的股权；另一类是将美元储备用于国外投资。由于美国有发达的金融市场和各种金融产品作为投资选择，多数国家将巨额的美元资产用于投资美国的金融市场，特别是用于购买美国财政部发行的国债。这是因为，在将美元资产用于国外投资时，首要的考量是投资的安全性。就目前情况看，投资于美国国债是较为安全的选择，欧洲债务危机使得购买欧洲金融产品风险更大。因此，多数国家倾向于将手中持有的美元储备用于购买美国的国债等金融资产。然而，投资于美国国债对美国和美元储备投资国（债权国）而言，影响是完全不同的。对美国而言，美国可以利用美元的回流，为美国的经常项目逆差和财政赤字进行低成本融资；对于美元储备投资国而言，由于美国大量发行国债，而且国债收益率水平较低，它们更多的是面临低收益率的美国国债投资风险。

美国利用美元回流的优势，使其成为世界上最大的债务国，而中国是美国最大的债权国。根据美国财政部公布的数据显示，截至 2013 年 5 月，中国持有美国的国债已经突破了 8 000 亿美元，达到了 8 015 亿美元，使得中国成为了美国第一大债权国。如图 4 - 8 所示，在 2005—2013 年间，美国的 10 年期以上国债的实际收益率水平较低，并在总体上呈现下降趋势。2008 年 12 月 31 日，美国国债实际收益率达到最大值，但仅为 2.43%。此后，这一收益率不断下降。在 2012 年 12 月 31 日，该收益率甚至低至 - 0.04%。尽管 2013 年有所上升，但该收益率仍不到 1.5%。这表明，将美元储备用于购买美国国债的投资风险极大。

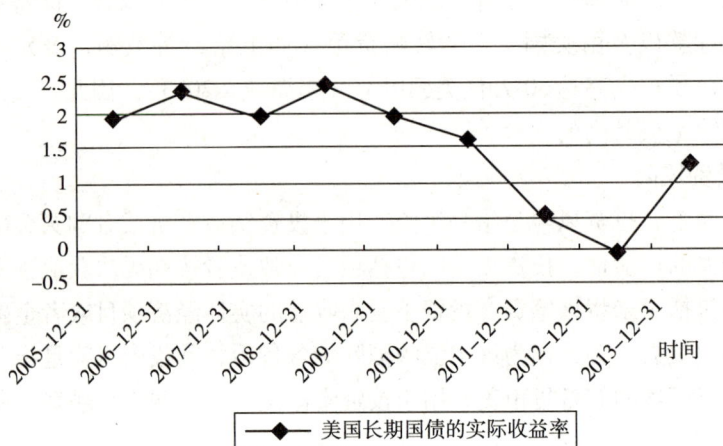

资料来源：美国财政部网站，http：//www.treasury.gov。

图 4－8　美国 10 年期国债的实际收益率曲线

尽管投资美国国债等金融资产有较高的投资风险，然而，由于没有更好的投资渠道，世界各美元储备国多选择将美元储备用于购买美国国债等金融资产。某种意义上讲，这可以说是世界各国不得已而为之的择优选择。

# 第5章

# 重新审视和积极推进
# 现行国际货币体系的改革

人民币国际化的推进及其实现，是一个长期而复杂的系统工程。这一系统工程要求我们在人民币国际化进程中充分认识现有国际货币体系的缺陷，通过重新审视和积极推进现行国际货币体系的改革，为加快人民币国际化进程营造良好的国际货币制度环境。本章集中探讨了现行国际货币体系存在的若干缺陷，提出了相应的改革措施，并在推进国际货币体系改革中力争中国的应有地位并借此推进人民币国际化。

## 5.1 力促现行国际货币体系改革

### 5.1.1 现行国际货币体系的缺陷

国际货币体系亦称国际货币制度，是世界各国在国际经济交往中为满足对国际货币的需求在国际支付原则和储备货币的选择、汇率制度以及国际收支调节机制而做的制度性安排。具体而言，国际货币体系包含四个基本要素：一是规定用于国际贸易、投资的计价和结算货币的币材、来源和数量等的制度安排；二是各国用于应付国际支付等需要的储备货币的币材、构成及其数量；三是确定不同国家之间的货币的比价、调整以及波动幅度；四是当一国出现国际收支失衡时，如何进行调节来平衡国际收支并促进全球经济发展。

现行国际货币体系即所谓的牙买加体系，它是在1971年的布雷顿森林体系崩溃之后的产物，被称为"无体系的体系"（王庆华，2010）。和布雷顿森林体系这一相对稳定的国际货币体系①相比，牙买加体系有以下五个显著变化：（1）黄金非货币化。这不仅使得以黄金为币材的金属货币退出了历史舞台，而且使得美元的发行基础不再依赖于黄金而是美国的国家信用。（2）提高特别提款权（SDRs）作为国际储备货币的地位。充当国际储备货币极为重要的条件是要求其币值稳定，然而以美元作为主要的国际储备货币面临着大幅贬值的风险。因此，在布雷顿森林体系崩溃之后，为了扩大国际储备货币的货币范围和构建相对稳定的国际储备货币结构，国际货币基金组织发行了以一揽子主权货币为基础的记账单位 SDRs，并主要依据国际货币基金组织成员在国际货币基金组织中的缴款份额来向成员国分配 SDRs。（3）浮动汇率合法化。在布雷顿森林体系下，各国货币与美元维持相对稳定的比价关系，被称为是可调整的固定汇率制。然而，在布雷顿森林体系运行的后期，美元的滥发导致美元无法与黄金维持固定的汇兑关系，而各国对美元的信心也大幅动摇，美元对主要货币频繁波动和大幅贬值。牙买加体系所确立的浮动汇率制实质上是对美元发行失去黄金准备基础，以及美元对主要国家货币频繁大幅波动的承认和制度性准备。（4）扩大对发展中国家的资金融通。在国际经济交往中，发达国家和发展中国家都可能面临国际收支不平衡的局面。但是，发展中国家相比发达国家而言，对国际货币的需求程度更高，需求更加迫切。牙买加体系确立了国际货币基金组织对发展中国家特别是贫困国家提供优惠利率的贷款或援助，以帮助它们解决国际收支逆差问题。（5）增加国际货币基金组织成员国的基金份额。这一举措使得国际货币基金组织成员国的国际储备货币的规模有所增加，并在一定程度上缓解了国际收支不平衡的矛盾。

牙买加体系的这些变化有如下积极意义：（1）SDRs 作为国际储备货币使得国际储备货币呈现多元化格局。这在一定程度上有助于缓解使用单一主权国家货币（如美元）作为国际储备货币出现的顽疾——特里芬难题。（2）浮动汇率制的灵活性在根本上反映了世界各国的经济增长和经济实力的提升，也有助于各国根据自身的禀赋调整产业结构和改善国际收支。（3）国际收支调节方式的多样化。在现行国际货币体系下，可采用多种方式调节国际收支的不平衡。比如，国际货币基金组织成员国使用其在国际货币基金组织中持有的 SDRs，向国际货币基金组织借款甚至利用浮动汇率制下的本币贬值等方式来

① 之所以把布雷顿森林体系视为相对稳定的体系，理由是在该体系下，单一主权货币美元作为国际间计价、结算和储备货币无法克服"特里芬难题"这一内在不稳定缺陷，但是由于美元发行有黄金作为基础，且各国货币也和美元在战后相对较长的时间内保持了稳定的汇率关系。

弥补国际收支逆差带来的国际储备货币不足的困境。

然而，现行的牙买加体系仍然存在着各种缺陷，甚至有一些缺陷是根本性的和系统性的，这使得该体系展现出极度的不稳定性和不对称性，并以频繁的金融危机的形式表现出来。现行的牙买加体系的主要缺陷如下：

（1）特里芬难题依然存在。目前，尽管牙买加体系提升了 SDRs 作为国际储备货币的地位，使得国际储备货币出现多元化格局。然而，由于国际间用于计价、交易和储备的货币仍然以美元为主[①]，而美元的发行已经和黄金脱钩，不再以黄金作为其发行准备基础，代之以美国的国家信用为基础，这就使得特里芬难题不仅未能从根本上解决，反而有加深的可能。这是因为，在这种以美元为中心的牙买加体系下，美国作为国际储备货币美元的发行国，其权利和义务缺乏对称性。具体而言，美国一方面享有发行美元带来的巨额铸币税和无需持有大规模美元储备的成本节约等若干利益，另一方面美国又必然滥发美元而无法承担美元币值稳定的义务。美元滥发源于以下两个原因：一是美国要确保为全球提供美元流动性以满足国际贸易和国际储备的不断上升的需要[②]，从而推动世界经济增长。二是美国从刺激本国经济增长、增加就业的国内利益的角度出发会倾向于实施宽松的货币政策，即滥发美元。这两方面的原因导致的结果就是美元发行额在短期内迅速膨胀，这势必会使美元币值的快速下降。也就是说，美国无法在为美国和世界其他国家的经济增长而提供足够美元流动性的同时保持美元币值稳定，这就是特里芬难题。本质上看，任何单一主权货币充当国际货币都存在特里芬难题的内在缺陷。然而，由于在牙买加体系之下美元发行脱离了黄金基础，加之以为世界提供美元储备等为借口，美元的发行速度时而变成一匹"脱缰的野马"。

（2）汇率波动剧烈。在牙买加体系下的汇率制度，并没有有效地纠正布雷顿森林体系后期出现的美元对主要国家货币快速贬值和剧烈波动的局面，而是对此放任自由，将汇率自由浮动进行合法化。因此，当前的国际货币体系缺乏以前的制度化的汇率协调机制，代之以大国间的非正规化的汇率政策协调机制。这种非正规化的协调机制对各国几乎不存在实质上的约束力。这就意味

---

①　在国际贸易中，大宗商品和初级产品的计价和结算主要以美元为主，如国际间的石油贸易全部采用美元计价和结算。据国际货币基金组织的统计显示，自 1996 年以来，美元储备在其成员国的所有外汇储备中占到了 60% 以上的份额。

②　根据国际货币基金组织统计，截至 2009 年，中国、日本、韩国、中国香港、中国台湾、马来西亚、印度尼西亚、印度等处于美元体系外围的亚洲国家持有的外汇储备总量达到 45 000 亿美元，占全球外汇储备总量的近 70% 。

着，美国作为国际储备货币的发行国，可以完全基于本国经济利益最大化而实施宽松的财政政策和货币政策，同时毫不顾忌美元汇率的大幅波动和美元贬值。美国拥有全球最为发达的金融市场和最高的防范和抵抗金融风险的能力，而广大发展中国家特别是小国往往金融市场脆弱，经济总量和国际储备极其有限而防范和化解金融风险能力极低，使得它们在剧烈的汇率波动中所处的地位是非常不对等的，以美国为代表的发达国家比广大发展中国家就有明显的优势。根据国际货币基金组织的研究报告，1975—1997 年，在亚洲金融危机爆发之前，全球有大约 53 个国家发生了 158 次货币危机（国庆，2009）。亚洲金融危机导致泰国、菲律宾等国货币大幅贬值、汇率剧烈波动。尽管 2008 年的国际金融危机发端于美国，但这场危机却席卷了全球，使得包括美国在内的多数国家遭受了损失，然而，美国采取了四轮量化宽松货币政策来刺激美国经济增长，美国经济得到了快速的企稳回升。

（3）缺乏有效的国际收支失衡调节机制。有效的国际收支调节机制可分为两类：第一类是各国的贸易不存在国际收支失衡，既无顺差，也无逆差。这种国际收支均衡的状态一般是在金属货币流通条件，利用金属货币的自动调节机制来维持国际收支平衡。第二类是指当一个国家或经济体出现国际收支逆差而国际货币储备不足导致国际支付困难时，能够及时和以较低的成本获得充足的国际储备货币。在纸币流动条件下，一个有效的国际收支失衡调节机制就属于这一类。

目前的牙买加体系在国际收支调节机制上是无效的，这主要因为该体系在国际收支条件方面缺乏对称性和均衡性。以美国为代表的发达国家具有发达的金融市场，应对汇率波动和抵抗外部冲击的能力远远高于广大发展中国家，因而它们无需储备大量外汇储备以应对国际收支逆差和外部冲击。相反，广大发展中国家，尤其是众多的发展中小国的金融市场较为脆弱，随时可能遭受猛烈的外部攻击而导致该国货币贬值甚至金融危机的发生，如泰国、菲律宾等东南亚金融危机，因此，它们需要储备大量的美元等国际储备来应付外部冲击和国际收支的失衡。发达国家和广大发展中国家的国际收支调节的非对称性，以及发达国家处于优势地位表明在应对国际收支失衡上，发达国家应该主动承担主要责任和积极地予以国际援助。

然而，实践证明，以美国为首的发达国家在国际收支失衡的调节上是失职的且令人失望的。当发展中国出现国际收支失衡时，通常是寻求向国际货币基金组织等国际金融机构借款，而国际货币基金组织的一个基本功能就是为其成员国提供及时的、成本较低的充足国际储备以满足其国际清偿所需的短期性资金。然而，当广大发展中国家面临国际支付困难而向国际货币基金组织借款时，国际货币基金组织一般要求借款国实施紧缩性的财政政策和货币政策，甚至干预其内政，而且还不能及时和充足地提供贷款，这不仅延误了广大发展中国家治理国际收支失衡和金融危机的时机，甚至变为了干预其内政的工具。因此，广大发展中国家（如东南亚小国）一般不愿意向国际货币基金组织等国际金融机构借款，转而依赖积累大量外汇储备等办法来实施自救。不过，由于近年来巨额国际游资在短期内涌入金融体系较为脆弱的发展中小国，即使这些国家储备了较多的外汇储备，也难以抵抗大规模的国际游资的侵袭，导致广大发展中国家面临金融动荡、货币危机的风险。

## 5.1.2　现行国际货币体系的改革方向

现行的牙买加体系是一个缺乏内在稳定性和对称性的国际货币体系，导致汇率波动剧烈、金融危机频发和国际收支失衡严重。因此，必须对这个货币体系进行改革才可能解决其不对称性和不稳定性，避免出现相应的不良后果。特别是 2008 年全球金融危机以来，对现行国际货币体系进行改革的呼声不断高涨。然而，改革现行国际货币体系，必然涉及不同国家间特别是发达国家和发展中国家之间利益的重新调整，触犯某些国家的既得利益（如美国、欧盟等主要储备货币发行国的利益），导致改革难以推进或者收效甚微。因此，改革国际货币体系必须有新的理念，并采取富有针对性的改革措施，才可能构建起一个相对稳定的新型国际货币体系。

1. 改革应坚持以 G20 机制为主要平台的集体行动

现行的不稳定、不对称的国际货币体系，导致世界金融危机频繁发生、国际收支失衡等严重问题，并使得世界各国相互指责和推诿。然而，深入考察这个不稳定的具有内在缺陷的体系，不难发现世界各国受益于该体系的同时又都受到程度不同的负面冲击，只是程度上的差异罢了。例如，美国和欧盟等储备货币发行国通过发行储备货币享受铸币税等收益，而中国等发展中国家获得了一种被国际社会普遍接受的储备货币选择权，这在一定程度上满足了全球经济发展和贸易规模的不断扩大对国际储备货币的需求，因此从这个角度来看，世界各国都受益于该体系。与此同时，如 1997 年的东南亚金融危机和 2008 年的美国金融危机都对各国的金融体系和实体经济构成了冲击，甚至导致经济衰退。因此，改革这个具有内在缺陷的不稳定的货币体系，不能相互指责或者仅仅要求某一个国家或者某些国家进行金融政策、经济政策改革或者经济结构调整，而必须加强协商、强化国际合作，坚持集体行动的基本改革理念才能形成国际共识。这样，才有可能使得现行的利益与矛盾交织的国际货币体系的改革朝着健康、稳定的方向前进。

G20 机制是贯彻集体行动理念的主要平台。坚持集体行动的理念，需要一个富有影响力的国际合作、协商和交流的平台。目前来看，G20 机制是改革现行国际货币体系的有效平台。2008 年，发端于美国的次贷危机席卷全球，并演变为自 1929—1933 年大萧条以来最为严重的金融危机和经济危机。以美国为代表的西方八国集团①意识到，仅依靠他们的力量难以有效应对和化解这场危机，必须寻求国际合作。在这个背景下，在二十国中央银行和财长会议机制基础上，G20②平台机制应运而生。2008 年 11 月，在美国华盛顿召开了首次二十国领导人峰会，这标志着治理国际货币体系的机制从八国集团向二十国集团的迈进，即从 G8 向 G20 转变。G20 集团由世界上主要的发达国家和发展中国家成员构成，其经济比重占到世界经济总量的绝对份额。例如，2010 年 G20 的经济总量占全世界经济总量的 88.87%。因而，G20 机制拥有构建稳定的国际货币体系的巨大潜力。截至 2013 年 9 月 5 日至 6 日召开的俄罗斯圣彼得堡峰会，G20 峰会已召开了 19 次，并已经在国际金融危机的治理上取得了较为丰硕的成果。但是，由于 G20 峰会机制的非正式性弱化了 G20 机制对集体行动的约束力，因此，需要通过加强 G20 峰会机制的制度性建设，提升其决策的执行力。

2. 构建三元国际储备结构来有效缓解特里芬难题

任何单一的主权信用货币充当主要的国际储备货币都会面临特里芬难题。这意味着必须打破现行的以美元作为主要国际储备货币的格局，构建新型国际储备货币结构。目前，存在三种改革现行国际货币体系的方案。

方案一：恢复金本位制。从货币制度演进的角度看，金铸币具有自动调节国际收支的功能和自动蓄水池的功能，并且金铸币作为国际储备货币具有国际间广泛的接受性，因此，用金铸币作为国际储备货币不会出现国际收支的失衡局面以及规避主权信用货币贬值的巨大风险。因此，将国际储备货币恢复到金本位制有其优越性。例如，世界银行原行长佐利克就呼吁黄金应在新国际储备体系中发挥一定作用；罗恩·保罗（2010）则明确提出重返金本位制。

---

① 现行的牙买加国际货币体系就是在八国集团的主导下形成的。八国集团包括了美国、英国、法国、意大利、德国（西德）、加拿大、日本、俄罗斯。

② G20 机制包括了二十国重要的国家，即八国集团成员、金砖四国（中国、巴西、印度、南非）、阿根廷、墨西哥、沙特阿拉伯、韩国、土耳其、印度尼西亚、澳大利亚、欧盟。

方案二：发行世界货币。通过建立世界中央银行，并发行全球流通的唯一货币，这能够在根本上解决采用单一主权信用货币作为国际储备货币的难以克服的特里芬难题。因此，这一改革方案被称为是对现行国际货币体系的根本性改革。由于全球在经济、政治和文化上差异巨大，这一方案在目前来看仅仅是一种幻想，缺乏现实性和可操作性。因此，以中国人民银行行长周小川（2009）为代表提出了采用 SDRs 作为世界货币的一种替代方案。他建议在短期内扩大 SDRs 的发行规模和使用范围。Greenwald 和 Stiglitz（2006）也提出了全球性货币的概念，并认为当前的国际货币体系改革可从对 SDRs 的改造来推进其改革。

方案三：构建三元国际储备货币。这一主张建议通过构建"三元制衡"的国际货币结构来形成稳定的国际储备货币结构。也就是说，到 2030 年，构建起以美元、欧元和亚元（或某个亚洲经济体的货币）为三大支柱的国际货币体系。通过三种主要国际储备货币之间的充分有效的竞争来对币值不稳定的货币形成制约，以此约束储备货币发行国的货币滥发行为，维护三种主要储备货币币值的相对稳定性。

显然，以上三种改革方案都各自存在一定的优越性和合理性，但是却都存在一定缺陷：就金本位制而言，受制于黄金产量和供应量的限制，以黄金作为主要的国际储备货币难以满足世界经济发展和全球贸易量的不断膨胀对黄金需求量的要求，因此，这个方案不具有现实性。可以这么说，自从布雷顿森林体系崩溃之后，金本位制就载入史册而一去不复返了；就发行世界货币而言，尽管这一方案从理论而言最为彻底，但是缺乏现实性和可操作性，因而至少在目前来看难以成为国际货币体系改革的选择，即使采用替代方案 SDRs，也会面临来自发达国家的反对而较难实施或者推进缓慢；对于构建三元储备货币方案，虽然这个方案也未能从根本上解决特里芬难题，但是由于这个方案既考虑到了当前以美元、欧元为主要国际储备货币的现实，又兼顾了亚洲等新兴经济体（如中国）的经济利益，因此，从改革的现实性来看，这一折中方案最具现实性和可操作性。

3. 构建防范汇率剧烈波动等金融风险的国际协调机制

在现行的牙买加体系下，美元滥发和浮动汇率合法化使国际间汇率的剧烈波动成为常态，并有日益恶化的趋势。汇率的剧烈波动不仅增加了企业经营的风险，而且提高了储备货币需求国特别是金融体系较为脆弱的发展中的中小国家应对汇率波动的难度，增加了这些国家金融危机发生的概率。

在牙买加体系下，防范汇率剧烈波动和化解金融危机风险的主要责任落在了以国际货币基金组织、世界银行为主要代表的国际金融机构上。特别是国际货币基金组织，具有监督其成员国的经济金融政策、汇率政策，提供其成员国的金融风险报告等职责，为有效防范汇率剧烈波动和金融危机提供预警机制以及危机处理机制。但是，国际货币基金组织的表现越发偏离其应有职责：一是对各成员国的宏观监测报告有失客观性和准确性，导致了对其成员国政策建议无效甚至有害；二是注重单边监督，缺乏多边监督，造成难以有效应对全球性联动的国际金融危机；三是不能对汇率剧烈波动和处于金融危机的国家提供及时有效的短期融资，造成汇率波动加剧和金融危机加深以及随之而来的经济衰退。可见，现行国际金融监管体系的最大障碍是缺乏在全球范围内负责金融监管的统一机构。因此，必须改革现行的国际货币监督和协调机构，加强各国就有关金融领域的交流和货币合作，突出危机的预警和及时处置能力。

G20 峰会是一个有效防范和化解国际金融风险的重要平台。借助 G20 机制，深化对国际货币基金组织、世界银行、国际清算银行等国际金融机构之间的改革和协调，避免出现监管真空。突出 G20 作为协调中心的角色，实现金融治理权在主权国家、正式和非正式的国际经济组织之间的合理分配，使国际货币基金组织、金融稳定理事会（FSB）、世界银行和巴塞尔委员会以及重要的全球会计准则机构等组织联合资源和力量共同防范和处理汇率剧烈波动和金融危机，促进全球经济的健康发展。

4. 深化国际金融机构改革，有效解决国际收支失衡

在美元本位制下，各储备货币国必须储备充足的美元以应对金融危机的冲击和满足国际贸易的需要，还常常借助经常项目逆差手段来获取美元储备，这客观上加剧了国际收支失衡的程度。在牙买加体系下，解决国际收支失衡主要依赖于国际货币基金组织。但是，国际货币基金组织在以下两方面是失职的：一是未能对国际收支逆差国提供及时充足的短期资金支持，导致这些国家国际收支失衡加剧，延缓了危机处理的时间，降低了危机处理的效力；二是对国际收支失衡国家提供的政策建议失灵，导致其失衡的加剧。

## 5.2　现行国际货币体系的缺陷与其改革

国际货币基金组织作为拥有 185 个成员国的重要国际金融机构，在促进汇率稳定、为会员国提供临时短期资金融通以解决国际收支失衡、促进会员国之前的货币磋商与合作负有重要职责。也就是说，国际货币基金组织具有稳定现

行牙买加国际货币体系的职责。但是，现行的国际货币体系却表现出极度不稳定性，如汇率大幅波动、主要储备货币美元的大幅贬值以及国际收支失衡等。究其原因，除了单一美元本位制的难以克服的特里芬难题以及成员国国内经济结构差异导致国际收支失衡之外，国际货币基金组织的失职不能不说是一个重要原因。因此，这一节将集中讨论国际货币基金组织存在的缺陷，并提出相应的改革措施。

### 5.2.1　现行国际货币体系的缺陷

国际货币基金组织是在第二次世界大战即将结束背景下，美国主导国际金融体系改革的产物，是维系布雷顿森林体系运行的重要载体和机构。随着该体系的解体和牙买加这一"无体系的体系"的建立，要求国际货币基金组织在维系汇率稳定、提供短期融资以解决国际收支困难以及提升政策咨询和强化监督职能上发挥更大作用。但是，国际货币基金组织的表现却令人失望，其暴露的缺陷越发明显和严重，甚至被质疑是否有继续存在的必要性。国际货币基金组织的主要缺陷如下：

1. 贷款缺陷

为陷入国际收支困难的成员国提供及时充足的短期资金援助是国际货币基金组织的基本职能之一，而短期资金融通主要通过向国际货币基金组织成员国提供贷款来实现。然而，就国际货币基金组织近年来的贷款实践看，主要有以下五方面缺陷：

（1）主要提供长期贷款。国际货币基金组织为其成员国提供的贷款大多期限过长，以至于受援国往往采取提前还款的方式来终止借款。从理论上看，为成员国提供长期贷款是世界银行的主要职责，而非国际货币基金组织的基本业务。由此，国际货币基金组织有目标不清之嫌。

（2）贷款附加过多苛刻的限制条件。国际货币基金组织给予陷入国际支付困难的成员国提供的信贷支持具有一定的援助性质，不应让本已陷入国际收支困境甚至国内金融危机和经济危机的经济体承担苛刻的贷款条件，应该试图为这些陷入困境的经济体及时减负，改善其国际收支状况和顺利化解其危机。但是，国际货币基金组织的贷款却往往伴附加较多的苛刻条件。例如，国际货币基金组织要求接受贷款的国家紧缩国内宏观经济政策（如紧缩性财政政策），这势必会导致已经陷入衰退的经济雪上加霜；要求受援国改革金融部门，这可能使得本来就脆弱的国内金融市场受到国际游资的猛烈攻击，造成金融动荡甚至酿成严重的金融危机；要求受援国放开国内市场，这可能导致这些国家国际收支逆差的进一步恶化（谷秀娟，2006）。这些苛刻的贷款条件，使得陷入国际收支困难的国家望而却步，不贷款、少贷款甚至提前还款（张明，2010）。例如，巴西、阿根廷、土耳其和菲律宾都选择了向国际货币基金组织提前还款；冰岛在向西方国家求助以解决主权债务危机未果之后，才不得已向国际货币基金组织借款（万国华等，2010）。

（3）贷款金额不足。陷入国际支付危机的成员国一般需要巨额资金才能暂时维持国际收支均衡，舒缓国际收支状况。但是，国际货币基金组织所提供给受援国的贷款一般额度较小，难以有效缓解国际收支状况。究其原因：一方面，国际货币基金组织的资金来源有限，有"囊中羞涩"之意味；另一方面，国际私人资本增长过快，使得国际货币基金组织有限的资本总量难以抗拒巨额私人资本流动引发的金融危机。自1970年以来，以美元计价的国际货币基金组织的资本总量仅仅增加170%，而国际私人资本流动量却增加了850%（邵丽，2011）。

（4）贷款周期过长。在成员国陷入国际收支支付困难时，国际货币基金组织给予的贷款融资应该具有及时性，帮助其迅速渡过难关或者应对国际游资的猛烈攻击。但是，国际货币基金组织在给成员国提供贷款时，往往需要经过较长的贷款资格评估和审查周期，这势必会导致成员国失去缓解国际收支困难和化解金融危机的最佳时机，导致国际收支失衡严重、金融危机加剧甚至更深的经济衰退。

（5）国际货币基金组织贷款利息收入下降。贷款利息收入是国际货币基金组织补充资本金和维持其财务预算平衡的重要手段，但是由于国际货币基金组织贷款规模有限，以及受援国选择提前还款等原因（如巴西、阿根廷和菲律宾等选择提前还贷），导致了国际货币基金组织无法平衡自身的财务预算困境（万国华等，2010）。

2. 监督不利

国际货币基金组织对成员国具有监督职责：一方面，国际货币基金组织具有为其成员国的宏观经济运行情况进行跟踪并提供评估报告，并作为是否对其成员国提供贷款的评估标准；另一方面，国际货币基金组织具有为成员国提供金融风险的预警报告，并为国内经济发展提供政策咨询。但是，国际货币基金组织并没有充分发挥监督作用，主要表现有以下三点：

（1）国际货币基金组织提供的预测和决策信息不准确。国际货币基金组织对成员国提供的预测和决策信息主要依据成员国对其自身的经济参数的披露，而没有进行深入细致地调研来获得及时准确的第一手资料，这就使得国际货币基金组织所掌握的成员国信息与成员国的真实情况不一致、不对称，其结果是失去对成员国金融风险的预警作用，也是缺乏对其宏观经济的指导作用。

（2）国际货币基金组织对成员国的监测过于偏重双边监测却忽视多边监测。也就是说，国际货币基金组织主要对各国的宏观经济运行状况进行独立监测，而忽视了把世界经济和全球金融市场作为一个整体来进行监测，这就不能对全球的系统性风险作出预警并提出有效的防范措施。一定程度上看，2008年这场席卷全球的金融危机，可以说是国际货币基金组织忽视多边监督的直接后果。

（3）国际货币基金组织对发达国家无约束力。国际货币基金组织的宏观监测报告主要是针对向其借款的中小发展中国家和新型经济体，而对于不向其借款的国家尤其是对美国为首的发达国家而言没有约束力，有时甚至出现发达国家向国际货币基金组织施压，反对国际货币基金组织发布对其不利的监测报告（万国华等，2010）。

3. 治理结构存在根本缺陷

从某种意义上看，国际货币基金组织类似于股份公司，其基本的治理结构为"理事会—执董会—总裁"。在这个治理结构中，理事会类似于股份公司的股东大会，而执董会类似于股份公司的董事会，而总裁由执董会产生。国际货币基金组织基于成员的缴款份额来决定其在理事会总的投票权，而投票权又决定了该成员在执董会中的代表权（谷秀娟，2006）。也就是说，成员国在国际货币基金组织的缴款份额决定了在执董会中的总裁人选和重要事务中的影响力大小。目前，国际货币基金组织的治理结构主要存在以下缺陷：

（1）发展中国家拥有的份额和投票权与其在世界经济中所占比重不对称。目前，在国际货币基金组织的缴款份额和投票权中，以美国和欧盟成员国为代表的发达国家占了主要份额，而发展中国家在国际货币基金组织的缴款份额和相应的投票权严重不足。例如，美国在国际货币基金组织中的份额和投票权分别为17.674%和16.732%，而中国在国际货币基金组织中的份额和投票权比重仅仅分别为3.997%和3.807%（蔡恩泽，2009）。根据国际货币基金组织的条款，国际货币基金组织的重大事项如SDRs分配与管理、贷款和汇率安排等需要拥有85%的赞成票方能实施，这就意味着美国拥有一票否决权。也就意味着，凡有悖于美国国家利益的重大决策都可能无法通过。

（2）基本投票权严重不足。国际货币基金组织的投票权分为基本投票权和加权投票权。国际货币基金组织条款规定，每个成员国拥有250万票基本投票权，而每10万SDRs可折合一个加权投票权。在过去60年中，国际货币基金组织的投票权总数增长了 37 倍，但基本投票权并未发生变化。由于 SDRs 主要把持在发达国家手里，投票权总数的增加并未惠及发展中国家和新兴经济体，这导致发展中国家和新兴经济体的投票权主要依赖于基本投票权。在基本投票权中，非洲国家的基本投票权仅占据了国际货币基金组织投票权总数的 2%。这表明，非洲国家作为一个整体在国际货币基金组织中无任何决定权和影响力，特别是最贫穷国家在国际货币基金组织中的声音过于微弱（万国华等，2010；张明，2010）。

（3）对执董会的监督不利。国际货币基金组织的重大缺陷之一是缺乏有效的权力制衡机制。尽管国际货币基金组织现在具有所谓的监督机构——独立评估办公室，但是该办公室在执董会之下运行，并不具备专职监督职能。也就是说，国际货币基金组织尚未形成权力机构、决策机构和监督机构的体制优势。缺乏有效的监督机构导致国际货币基金组织的执董会权力膨胀和滥用，使其不能作出科学的决策，在经济预测频频失误的同时更是损害了中小发展中国家的利益（蔡恩泽，2009）。

### 5.2.2　现行国际货币体系的改革措施

1. 对国际货币基金组织的治理结构进行根本性改革

（1）提高发展中国家在国际货币基金组织中的基金份额和投票权，使其与在世界经济中的比重相适应。首先，重设份额的计算公式，使基金份额分配趋于公平。现行的基金份额计算公式主要盯住四个变量：按照市场价格计算的 GDP、贸易总量、外汇储备和经济波动。其中，可将按市场价格计算的 GDP 改用按购买力平价计算的 GDP，以反映更加真实的 GDP。其次，削弱美国和欧盟对国际货币基金组织重大事项的一票否决权。可考虑在两个方面进行改革：一方面修改重大事项需要 85% 的赞成票方可通过的条款，改为过半数赞成票即可通过，以实现限制美国"一股独大"和一票否决的现状。另一方面提高发展中国家的基金份额比重和投票权，相对削弱美国和欧盟的份额和投票权。总之，通过提升发展中国家和新型经济体在国际货币基金组织中的份额占比和投票权，以增强国际货币基金组织的代表性和公平性，使其在国际金融事务中更加注重平衡发达国家和发展中国家的利益，充分反映发展中国家的呼声和利益诉求。

（2）增加基本投票权。鉴于目前基本投票权比重过低的现状，可考虑大幅增加基本投票权，使其在总投票权中的占比得到大幅增加，从而提升广大发展中国家尤其是中小发展中国家在国际货币基金组织中的代表性和发言权。这样，既可以达到提升非洲国家作为一个整体在国际货币基金组织中的发言权，还可以反映特别贫困国家的呼声。

（3）设立独立的监督委员会。可考虑取消目前设置于执董会下并受执董会领导的独立评估办公室，新设直接对理事会负责，与执董会平行的独立监督委员会，从而独立公正地对执董会的权力进行监督和约束。在新设的独立监督委员会的成员中，不允许有执董会成员兼任的情况发生。

通过以上三方面措施，在提升国际货币基金组织内部治理的有效性和公平性的同时，还能充分反映发展中国家的利益诉求，提高国际货币基金组织的国际代表性，并可使其在贷款和监督职能上发挥更加有效的作用。

2. 改革国际货币基金组织的贷款职能

对陷入国际支付困难的成员国提供及时充足的短期资金融通是国际货币基金组织的重要职责，这就需要国际货币基金组织改革其贷款职能，并可从以下四点着手：

（1）增加短期性流动贷款援助。短期流动性资金对陷入国际支付困难和汇率急剧波动的成员国来说犹如一场及时雨，因此国际货币基金组织需要立即调整向其成员国提供长期贷款的错误方向，将长期贷款转移给世界银行，从而专注于向其成员国提供短期性、临时性贷款业务。

（2）缩短贷款周期。对于陷入国际支付困难，特别是汇率出现大幅波动而急需应急资金的成员国而言，贷款的及时性显得尤为重要，这就需要国际货币基金组织缩短贷款周期。具体而言，国际货币基金组织应提高贷款审批效率，简化贷款流程，设计新型短期性贷款机制和弹性贷款机制从而缩短贷款的时间，为基本面较健全的成员国提供较大规模的快捷贷款。例如，2008 年 12 月，国际货币基金组织设立了一个新的短期性贷款机制。显然，这是一个良好开端。

（3）放宽贷款条件。国际货币基金组织的苛刻的贷款条件往往使需要贷款的成员国望而却步，甚至选择提前还款，因而应该放宽贷款条件，但这并不意味着对贷款毫无审查而增大信贷风险，而是应当注重贷款的灵活性，以及避免借助对成员国的贷款来干预其国内经济政策。具体而言，一方面，国际货币基金组织的贷款应该注重差异化和灵活性。国际货币基金组织向其成员国提供的贷款条件应该更加符合成员国各自的国内的经济金融政策和基本面，贷款应该更多依赖于事前的资格审查而非传统的事后条件性约束（万国华等，2010）。例如，2009 年 3 月，国际货币基金组织推出了无附加条件的贷款工具——灵活信贷安排。另一方面，国际货币基金组织在为成员国提供短期贷款时，避免要求受援国实行紧缩性的财政政策和货币政策，干预其国内经济事务。

（4）提高可用资金规模。2008 年国际金融危机之前，受制于可贷资金限制（仅 2 500 亿美元可贷资金），国际货币基金组织对其成员国的贷款往往不足，因而要设法拓宽国际货币基金组织的可贷资金来源，扩大可贷资金的规模。国际货币基金组织有三个主要资金来源：一是成员国缴款份额，二是向成员国借款，三是出售黄金储备。因此，可从下面两个渠道筹集可贷资金：渠道一，提高成员国的缴款份额。例如，在 2009 年的 G20 伦敦峰会上，与会成员同意向国际货币基金组织增资 2 500 亿美元，并最终将其可贷资金提高到 7 500 亿美元。渠道二，向成员国借款或者出售以 SDRs 计价的债券来增加可贷资金。2009 年 2 月，日本政府给国际货币基金组织贷款 1 000 亿美元来补充其贷款资源，2009 年 9 月 2 日，中国人民银行向国际货币基金组织购买了 500 亿美元的以 SDRs 计价的国际货币基金组织债券来为国际货币基金组织融资。

3. 改革国际货币基金组织的监督职能

在当前的牙买加体系之下，国际货币基金组织对成员国的经济金融数据进行监测，具有为预防成员国的金融危机、经济危机提供预警和防范措施的职责。2008 年全球金融危机爆发，使得国际货币基金组织的监督职能饱受诟病，并将其监督职能的改革推向了风口浪尖上。目前，可从以下五个方面去改善国际货币基金组织的监督职能：

（1）扩大国际货币基金组织的监督范围。国际货币基金组织对成员国的监督范围不能仅局限于成员国的经济、金融数据及宏观经济走势，而应该扩大至成员国是否遵循国际金融准则（谷秀娟，2006）。

（2）国际货币基金组织应积极寻求同其他国际金融机构、成员国政府等的合作，注重监测各国宏观经济层面及其金融体系中的薄弱环节。

（3）国际货币基金组织应设法提高对成员国的预测和决策信息的准确性。国际货币基金组织对成员国提供的咨询服务的无效性主要源于信息不对称，这就需要国际货币基金组织改进工作作风和数据来源方式。具体看来，国际货币基金组织应该深入调查和搜集成员国的第一手资料信息，而不仅仅依靠成员国所披露的经济参数。

（4）重视多边监测。国际金融危机的全球联动性表明，国际货币基金组织应在加强对各成员国的宏观经济进行双边监测之外，还应当将世界经济和全球金融市场视为一个整体来进行监测，重视各个经济体之间、各个分散的金融市场之间的联动性，提升有效预警和化解全球系统性风险的能力。

（5）提高监测的客观性和约束力。国际货币基金组织为各国提供的监测数据和咨询报告，应力求做到客观公正，不应该受到来自发达国家的压力和干扰，而发达国家需要正视自身的经济和金融问题，不应对国际货币基金组织施压，使得国际货币基金组织能够为自身提供客观和公正的咨询报告。在此基础之上，国际货币基金组织应努力改变其监测报告和政策建议仅仅对受援国有实质约束力，对发达国家无约束力，强化国际货币基金组织的监测报告和政策建议对所有成员国的同等约束力。

## 5.3　确立改革国际货币体系中的中国策略

现行的牙买加国际货币体系是一个有着内在缺陷的极度不稳定、不对称的体系，必须对其进行改革。在改革该货币体系的过程中，中国应该抓住这个宝贵的契机，争取大幅提升人民币在新型国际货币体系中的地位，并努力推进人民币国际化的进程。

### 5.3.1　力争人民币在现行国际货币体系中的应有地位

国际货币体系的核心要素是国际本位货币的选择问题。目前，国际货币体系以美元作为全球最主要的计价、结算和储备货币，由于难以克服的特里芬难题的存在，这个体系必须改变。目前呼声最高的两个改革方案：一是大幅提升SDRs作为国际储备货币的吸引力，并积极拓展其在计价和结算方面的使用范围；二是构建起"美元—欧元—亚元（或某种主要亚洲国家货币）"三元稳定的国际储备货币结构。无论是哪一方案被最终采用，抑或是两个方案综合使用，人民币都要力争发挥应有的作用，努力提升在国际货币体系改革中的地位。就目前而言，人民币在国际货币体系改革中地位的提升可借助以下三个策略：

1. 充分利用G20峰会机制，避免单挑美国和欧盟

由于美国是现行国际货币体系的最大受益者，改革现行国际货币体系并提升人民币地位过程也就同时意味着美元和欧元地位的相对下降，这必然招致以美国为首的西方发达国家的阻挠。在强大的美国和欧盟面前，中国在国际货币体系的话语权比较微弱，因此，中国必须依托G20峰会机制，团结"金砖五国"等力量，避免与美国和欧盟单挑，逐步提升人民币的国际地位。

2. 力争将人民币纳入 SDRs 的计价货币篮子

SDRs 作为一种准世界货币，其币值的稳定性依赖于定值货币。由于当前的 SDRs 的定值货币仅有美元、欧元、英镑和日元四种货币，SDRs 的定值货币篮子缺乏广泛性和代表性，忽视了新兴经济体和发展中国家货币的存在，因此，必须扩大 SDRs 的定值货币基础，至少应包含世界上最大的发展中国家和最大的新兴经济体中国的人民币。张明（2010）认为，SDRs 的定值货币至少应包含中国的人民币、俄罗斯的卢布、印度的卢比和巴西的雷亚尔。在人民币进入 SDRs 的定值货币基础上，设法扩大 SDRs 的发行规模，并扩大其在计价、结算和储备方面的功能。

3. 力争将人民币打造成为第三大国际储备货币

构建"美元—欧元—亚元（或亚洲某国主权货币）"的三元稳定货币结构，可以在很大程度上消除美元的货币霸权，是目前新型国际货币体系构建方案中最为现实的方案。由于区域性货币一体化通常要求该地区不同国家在政治、经济和文化有极高的相似度（如欧元区国家），而亚洲国家无论在政治、经济还是文化上都存在巨大差异，因此，可以预见亚元很难在短期内诞生。那么，三元稳定货币的构建中，除了美元和欧元之外，最有可能选择日元和人民币。对于日元而言，目前的国际化程度比人民币高，已经是 SDRs 的定值货币。然而，由于经济的快速发展，中国目前已经跃升为世界第二大经济体和最大的外汇储备国，使得中国的人民币具有上升为世界主要第三大国际储备货币的基础条件和潜力。中国必须紧紧抓住这次国际货币体系改革的难得机遇，在同美元、欧元和日元的角逐中努力提升人民币在国际货币体系中的地位。

### 5.3.2　注重在改革国际货币体系中不断推进人民币国际化

现行国际货币体系的改革是推进人民币国际化的宝贵契机。在改革现行牙买加国际货币体系中，中国应坚持贯彻好"两个三步走"和充分利用"两个市场"来加快推进人民币国际化步伐。

1. 第一个三步走：坚持贯彻"区域化—离岸化—国际化"

（1）第一步，努力使人民币在亚洲区域内成为被普遍接受的计价、结算和储备货币。中国应该积极利用东盟自由贸易区，在"10＋3"的合作框架内积极参与区域货币合作，提升双边货币互换的广泛性和规模，努力让人民币在东南亚区域，甚至在亚洲区内成为最主要的计价、结算和储备货币。

（2）第二步，要充分利用好离岸金融市场，特别是充分利用香港这一国际金融中心来促进人民币国际化。例如，发行以人民币计价和结算的金融工具。

（3）第三步，在吸收人民币区域化和离岸化的基础上，人民币要努力成为在国际上重要的计价、结算和储备货币。一是要利用中非贸易和对非投资的平台，提高人民币在非洲国家作为计价、结算和储备的可接受性程度。二是中国要充分利用与大洋洲、美洲和欧洲的贸易和投资往来，积极推进人民币在贸易中的计价和结算比例以及在对外直接投资中直接使用人民币，并设法通过发行人民币债券的方式渗透到这些金融市场。在此基础上，让人民币逐步成为全世界普遍接受的储备货币之一。

2. 第二个三步走：坚持贯彻"计价、结算—投资—储备"

（1）第一步，要推动在跨境贸易中使用人民币进行计价和结算，并扩大人民币计价和结算的金融产品的数量和规模。

（2）第二步，在对外投资当中，提高对外投资中直接采用人民币计价和计算的比重。

（3）第三步，在扩大人民币在贸易、投资中使用人民币计价和结算的基础上，努力让人民币成为国际储备货币。

3. 两个相连的市场

（1）国内金融市场

在人民币国际化过程中，不能忽视国内金融市场的建设，应该加强国内金融市场的基础设施、法律法规建设，提高中国在国际金融市场中的产品定价权和规则制定权。同时，要稳步提高人民币资本项目可兑换的程度，为海外人民币的回流创造条件。

（2）国际金融市场

国际金融市场是人民币国际化过程中不可或缺的市场。人民币国际化应该积极利用国际金融市场：一是依托香港国际金融中心的优势，积极发展人民币离岸业务，推进人民币离岸化；二是利用伦敦、纽约等国际金融中心，推出以人民币计价和结算和以中国巨额外汇储备为担保基础的人民币债券，为人民币在海外流通和储藏创造有利条件。例如，黄权国（2012）就积极主张在欧洲市场发行所谓的"H 债券"来推进人民币国际化。

# 第6章

# 人民币国际化的历史机遇、
# 发展现状与战略构想

第3章对主要国家货币国际化的发展路径予以分析，得到的结论是：实现一国货币国际化的基本条件大体是一致的，但可以有不同的发展路径。本章在阐述人民币国际化的历史机遇和发展现状的基础上，借鉴主要货币国际化国家的经验，进而构想人民币国际化的战略蓝图，以求人民币国际化的正确路径和现实目标。

## 6.1 人民币国际化的历史机遇

### 6.1.1 中国经济实力不断加强，夯实了人民币国际化的基础

对国际货币研究已形成的共识是：强大的经济实力，既是一国货币实现国际化的首要前提和根基所在，也是该信用货币持有者坚强的信心保证。由此，才能保证该国货币具有可靠的可偿付性，以促进用其真正作为贸易计价、投资交易和各国官方储备资产的币种，因而被国际社会所普遍接受。改革开放三十多年来，中国经历了经济高速和持续增长，综合国力得到大幅度提高。

表 6-1　　　　中国国内生产总值、增长率和世界排名　　单位：十亿人民币、%

| 年份 | 2002 | 2003 | 2004 | 2005 | 2006 | 2007 | 2008 | 2009 | 2010 | 2011 | 2012 | 2013 |
|------|------|------|------|------|------|------|------|------|------|------|------|------|
| GDP 总额 | 11 910 | 13 498 | 15 945 | 18 362 | 21 590 | 26 642 | 31 603 | 34 032 | 39 976 | 47 212 | 51 932 | 56 885 |
| 占世界比重 | 4.36 | 4.38 | 4.58 | 4.95 | 5.49 | 6.27 | 7.38 | 8.63 | 9.39 | 10.44 | 11.57 | 12 |
| 增长率 | 9.1 | 10 | 10.1 | 10.4 | 11.6 | 11.9 | 9.0 | 8.7 | 10.3 | 9.2 | 7.8 | 7.7 |
| 世界排名 | 6 | 7 | 7 | 4 | 4 | 4 | 3 | 3 | 2 | 2 | 2 | 2 |

注：2012 年占世界经济总量比重来源于世界银行的估计值。

资料来源：中国国家统计局，世界银行。

　　表6-1反映了近十多年来中国国内生产总值、增长速度和世界位次变化。由该表可知，中国的经济规模排名居前且位次不断上升。2012年中国的GDP已达到51.932万亿人民币（合8.25万亿美元），占世界经济总量的比重已超过10%，位居世界第二位，仅次于美国。与此同时，对外贸易总量也跃居世界第一位，这大大增强了人民币的影响力以及企业对人民币贸易支付的选择权，有利于推动人民币国际化进程。可见，中国强大的经济实力为人民币国际化创造了最坚实的基础条件。

## 6.1.2　美元霸权的动摇，提升了人民币国际化的地位

　　2008年美国金融危机的爆发和蔓延，引发了美元的持续贬值，这既损害外国投资者对美元及美元资产的信心，也影响了美元国际储备货币的地位。受美国金融危机的影响，严重的欧债危机使欧元经济增长缓慢，欧元前途备受考验。尽管英镑与日元暂时成为市场避险货币，但由于其自身经济受到金融危机的冲击而难以独当一面。美国、欧洲、日本中央银行选择量化宽松货币政策以应对本国经济衰退，但同时又导致美元大量外流，使得全球流动性大幅增加。这实际上用美元贬值手段向全球输出通货膨胀，一方面进一步使本国货币信誉受损；另一方面给其他经济体特别是发展中国家带来极大的不确定性。主要国际货币的走势低迷和威信下降，客观上也带来转"危"为"机"的契机，例如，石油生产区的北非和中东政治风云突变，石油价格变动剧烈。但在这种状况下，如中国贸易继续用美元、欧元和日元计价结算，我国进出口业务必受其害，这对进出口企业以及与贸易企业相关的服务业等也会受到相应的不利影响。我国对此不能无动于衷，必须积极采取相应的对策，以制约和应对这种状况。

　　与此同时，美国金融危机促使现有的国际货币体系固有的内在缺陷进一步得以暴露，而随着新兴市场国家经济实力的增强，国际货币体系改革有着内在的必然性。经过不断努力，2010年10月在G20财长和中央银行行长会议上，对国际货币基金组织份额改革达成协议，向包括新兴国家在内的代表性不足的国家转移超过6%的份额，其中中国在基金中的份额比重从3.72%升至6.39%，投票权也将从目前的3.65%升至6.07%，超过德国、法国和英国，位列美国和日本之后。这也为人民币最终加入SDR货币篮子[①]、提升人民币的

---

[①]　SDR是特别提款权，目前以美元、欧元、日元和英镑四国货币综合成为一个"一篮子"计价单位。

国际地位和支持人民币国际化提供了有利条件。由此可见，人民币国际化不仅是中国经济社会发展的客观需求，也是现行国际货币体系改革的现实要求。

### 6.1.3　区域经济合作的不断扩大和深化，拓展了人民币国际化的空间

改革开放以来，依据近代全球化的世界经济格局，中国一直将扩大区域合作放到重要议事日程，以求更大的贸易规模作为衡量对外开放程度的重要指标。进入 21 世纪后，中国以更加主动和积极的态度参与区域经济合作，不断扩大在区域经济中的积极作用和影响力。继 20 世纪 90 年代中国加入亚太经济合作组织（APEC）并发起成立上海合作组织后，2002 年中国与东盟签署协议，并于 2010 年率先与东盟建成仅次于欧盟和北美自由贸易区的世界第三大经济合作区——"中国—东盟"自由贸易区。该自由贸易区涵盖 19 亿人口，GDP 之和达 6 万亿美元，年贸易总额高达 4.5 万亿美元。2009 年 6 月开始，中国加入金砖国家合作框架，随着金砖国家合作机制不断完善，形成多国家、多层次、宽领域的合作机制，已创建成为新兴市场国家在经济、金融和发展领域交流与对话的重要平台。在金融领域，包括金砖国家开发银行和金砖国家外汇储备库的创建，促使区域合作向前跨了一大步。金砖国家国内生产总值约占全球总量的 20%，贸易额占全球贸易额的 15%，对全球的经济贡献率约 50%。在国内，各种自由贸易区、开发区风起云涌，特别是上海自由贸易区和前海深港现代服务业合作区的成立，对国内经济产生了极大的影响。总之，区域间经济合作越紧密和稳固，双方通过贸易计价和结算的交易成本越低；区域经济合作越是深入，人民币使用范围越是有利。

从本质上说，在扩大和深化区域经济合作的前提下，货币国际化实际上就是与国际贸易相对应的本国货币对外供给的过程。当然，必须指出的是，除对外贸易规模外，贸易活动中的计价货币的选择也会在一定程度上影响一国货币国际化的水平。如目前发达国家之间的一些制成品贸易，通常以出口国货币计价，国际市场的初级产品一般均采取美元计价等。这会使一般发展中国家难以与此竞争，而且往往错失参与国际货币竞争与合作的良机。如今，中国对外贸易规模的大大拓展也有利于人民币成为计价货币。

### 6.1.4　人民币币值相对稳定，坚定了人们持有人民币的信心

国际货币发展历史证明，一国货币的币值稳定是决定该国国际储备货币多少的关键因素。同时，币值的稳定也是市场主体选择计价货币以规避汇率风险的内在原因。人民币币值的稳定性包括对内币值稳定和对外币值稳定两方面，

前者通常用消费者物价指数来衡量，后者用汇率波动幅度来表示。从表 6－2 可以看出，中国的消费者物价指数相对稳定，十三年间平均通胀率为 2.34%，与此同时，还保持了相比发达国家两倍以上的经济增长速度。由表 6－3 可见，人民币汇率波动幅度相对较小①，在发达国家纷纷实行宽松货币政策而引发货币竞相贬值的背景下，受到升值压力的人民币仍然保持汇率稳定，增强了非居民持有人民币的信心。

表 6－2　　　　　　中国与主要国际化货币所在经济体的通胀率　　　　单位：%

| 国家或地区 | 2000 年 | 2001 年 | 2002 年 | 2003 年 | 2004 年 | 2005 年 | 2006 年 | 2007 年 | 2008 年 | 2009 年 | 2010 年 | 2011 年 | 2012 年 | 平均值 |
|---|---|---|---|---|---|---|---|---|---|---|---|---|---|---|
| 中国 | 0.40 | 0.73 | -0.77 | 1.17 | 3.90 | 1.82 | 1.47 | 4.77 | 5.90 | -0.68 | 3.33 | 5.42 | 3.01 | 2.34 |
| 美国 | 3.37 | 2.82 | 1.60 | 2.30 | 2.67 | 3.37 | 3.22 | 2.87 | 3.82 | -0.32 | 1.64 | 3.14 | 1.97 | 2.50 |
| 欧盟 | 2.19 | 2.43 | 2.25 | 2.13 | 2.18 | 2.18 | 2.20 | 2.14 | 3.29 | 0.30 | 1.62 | 2.72 | 2.33 | 2.15 |
| 日本 | -0.65 | -0.80 | -0.90 | -0.25 | -0.01 | -0.27 | 0.24 | 0.06 | 1.38 | -1.34 | -0.72 | -0.29 | 0.04 | -0.27 |
| 英国 | 0.87 | 1.18 | 1.27 | 1.36 | 1.34 | 2.04 | 2.30 | 2.35 | 3.63 | 2.12 | 3.34 | 4.45 | 2.73 | 2.23 |

注：通胀率表示平均消费者价格水平的年度变化率。

资料来源：IMF，WEO 数据库。

表 6－3　　　　　　　人民币与主要货币对美元的汇率波动　　　　单位：%

| 年份 | 2002 | 2003 | 2004 | 2005 | 2006 | 2007 | 2008 | 2009 | 2010 | 2011 | 2012 |
|---|---|---|---|---|---|---|---|---|---|---|---|
| 人民币 | 0.1 | 0.09 | 0.07 | 2.5 | 3.2 | 6.5 | 6.8 | 0.29 | 8.8 | 5.04 | 2.22 |
| 日元 | 12.66 | 11.52 | 8.9 | 17.82 | 8.4 | 12.28 | 21.09 | 13.66 | 15.74 | 75.79 | 14.06 |
| 英镑 | 14.39 | 14.43 | 11.21 | 11.10 | 14.36 | 8.38 | 30.43 | 22.06 | 13.0 | 8.50 | 5.9 |
| 欧元 | 22.64 | 17.70 | 15.16 | 14.25 | 13.25 | 15.93 | 25.44 | 18.55 | 18.14 | 10.96 | 10.96 |

注：变动率＝（年最高汇率－年最低汇率）/当年初始值×100%，初始值为每年 1 月第一个工作日的当日汇率。

资料来源：Wind 数据库和招商银行外汇通行情。

不可忽视的是，对人民币币值稳定的信心还体现在银行间外汇市场直接兑换货币币种的增加上。2010 年中国境内外汇市场推出人民币兑换林吉特和卢布业务，这是最先引入的两种新兴市场货币。2011 年以来中国实现了人民币对韩圆、泰铢等非主要国际储备货币的银行柜台直接挂牌交易。同期，西南边陲的富滇银行与老挝大众银行合作，在中国国内商业银行中首次推出人民币与

---

　　① 　当然，人民币汇率波幅很窄的原因与人民币汇率中间价形成机制和对主要货币的波幅有关联，尽管如此，人民币汇率波动长期稳定是个事实。

老挝基普的挂牌汇率，并启动中国和老挝本币跨境结算业务。2012 年 6 月 1 日起，银行间外汇市场开展人民币兑日元直接交易，完善人民币兑日元的交易方式，日元成为继美元后，第二个与人民币开展直接交易的主要外国货币。还有澳元与人民币之间直接兑换作为优先考虑事项写进澳大利亚政府白皮书，澳元与人民币的直接兑换也已在 2013 年 4 月 10 日起实现。① 随着跨境人民币结算的不断推进，人民币与周边国家货币直接兑换的趋势已很明显。以上这些，不仅有利于实现双边本币跨境结算，节省与第三方货币兑换成本，还将大大促进双边经济往来，加快推动人民币区域化、离岸化及国际化的进程。

总之，作为世界第二大经济体的中国，经济层面的国际地位不断上升，政府财政状况良好、负债率低和拥有庞大的外汇储备，而且币值在均衡水平中保持长期稳定，已具有雄厚经济基础等因素使人民币具有巨大的升值空间，由此促使人民币的国际信誉大为改善。这些，都为实时适度地加快人民币国际化进程创造了必要条件。

### 6.1.5 中国金融市场的不断深化，给予人民币国际化有力支撑

人民币要成为主要国际货币之一，除实现计价结算功能之外，还需要交易媒介和价值储藏的职能与其相匹配，否则，一方面难以吸引非居民使用和持有人民币；另一方面，为人民币"走出去"造成很大障碍。所以，要使人民币国际化健康发展，就要求创建具有相当深度、广度以及流动性的金融市场，以满足市场主体对人民币的投资和储蓄需求。近十年来，中国金融市场改革在不断推进，政府当局十分重视金融市场竞争机制的引入和市场化机制的形成力度，主要表现在：（1）建立国有银行股份制治理框架和商业化经营理念，建设和完善资本市场制度，推出并运用宏观审慎监管以实现整个金融系统的稳定，促使中国金融体系进入稳健发展轨道。（2）汇率、利率市场化形成机制和债券市场的改革框架已经建立。2005 年，中国人民币汇率实行了盯住一篮子货币的有管理的浮动汇率制，随着汇率市场发展，银行间即期外汇市场人民币兑美元交易价浮动幅度由千分之五扩大至百分之一。另外，商业银行股份制改造的完成也为利率市场化建立了良好基础，以及存贷款利率浮动空间的扩大为最终完全利率市场化提供了市场基础。（3）强化了债券市场的应有功能。基于中国的融资结构过分倚重间接融资且直接融资市场中股票市场规模远远大于债券市场这一现实，债券市场的发展是完善中国多元化融资体系的重要部

---

① 澳元与人民币在 2013 年 4 月 10 日起实现直接兑换。

分。中国的货币当局已经十分注重不断扩大债券市场规模，以求不断完善。中国金融市场的资金结构，为人民币国际化创造了良好的金融市场环境，支撑着人民币国际化的进程。

## 6.2 人民币国际化的发展现状

目前，人民币国际化由周边化市场的自发接受，发展到政府推动下人民币的跨境使用阶段。人民币周边化的发展主要表现在东南亚地区和西南边境地区的流通范围扩张，越来越多的人民币被用于边贸支付结算或通过旅游携带出境，使人民币在境外形成一定规模的流量和存量。特别是在香港、澳门地区，人民币的可接受程度更高。在市场需求的推动下，中国政府采取了一系列相应的配合措施，以积极稳妥的方式不断推进人民币的国际化进程。政府推动人民币国际化主要表现在人民币的跨境使用方面。自 2009 年 7 月开始，人民币跨境贸易结算正式启动，上海、广州、深圳、珠海、东莞五个城市成为人民币跨境贸易结算首批结算试点城市，并在 2012 年 3 月将试点范围推广至全国所有的进出口企业，进一步促进了贸易的自由化和便利化，大大地推动了人民币国际化的进程。

### 6.2.1 人民币国际货币职能的执行和作用

1. 人民币的记账单位职能的执行和作用

自 2009 年 7 月 6 日首笔跨境贸易人民币结算业务正式启动以来，随着跨境人民币政策的不断完善，跨境人民币结算业务已经完全覆盖了经常账户下的所有业务内容，并且涉及资本项目下的多个类别，这标志着人民币跨境结算规模与结算比例均在不断提高和完善。2012 年人民币跨境贸易结算额为 2.94 万亿元，是 2009 年末的 36 亿元的 817 倍之多。中国对外贸易中以人民币结算的比例，已从 2009 年末的 0.04% 大幅增加到 2011 年第四季度达到 8.88%（见图 6-1）；在中国 2012 年全年进出口贸易中，人民币结算比重已达到 10.7%。2012 年的人民币直接投资达到 2 840 亿人民币，按年增长计算为 152.66%。人民币外商直接投资比率已达到 12%，人民币对外直接投资中也有 5% 以人民币计价。

需要说明的是，从图 6-1 看，2011 年第三季度出现了首次回落，但不能断定这是人民币跨境贸易结算规模萎缩和人民币国际化停滞的结果，而是人民

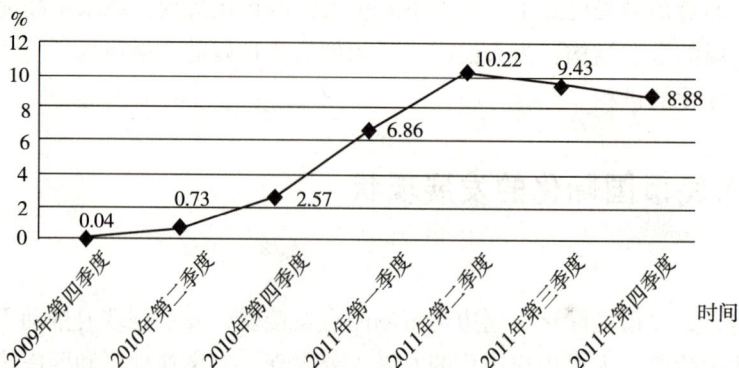

资料来源：根据中国人民银行、中国海关数据测算。

图 6-1　对外贸易总额中人民币结算占比

币升值预期的影响所致。具体来说，这种预期表现在：进口商采用人民币结算，海外供应商接受程度较高；相反，国外进口商对人民币结算的认同度则较低。但这种预期并非带有持续性，一旦升值预期消失，人民币跨境贸易结算总额就会上升。

2. 人民币的交易媒介职能的执行和作用

人民币跨境结算金额持续扩大，标志着人民币充分发挥作为国际货币的计价职能：一方面有利于缓解官方外汇储备激增带来的经济和政策压力；另一方面，从长远看有利于完善人民币汇率机制的形成，这对为取得在全球范围内人民币资产的定价权显然有好处。

（1）人民币在外汇市场的交易量。自 2005 年汇率制度改革以来，中国加快外汇市场建设，不断推出各类外汇交易品种，以满足金融机构风险对冲等交易需要。交易产品主要有即期、远期、掉期、外币和外汇期权五种。据 2010年《国际金融市场报告》显示，中国外汇市场日均交易量为 581 亿美元左右，占全球外汇总交易量的 0.9%[1]，低于特别提款权篮子货币的水平，超过南非兰特和巴西雷亚尔等新兴市场货币，与俄罗斯卢布、印度卢比并列，排在新加坡元之后。

（2）人民币在国际银行业负债币种的比重呈现上升趋势。香港的人民币存款从 2009 年底的 627.18 亿元增长到 2012 年底的 5 710 亿元，增长超过 9

---

[1]　资料来源于《2010 年国际金融市场报告》，其中 2004 年人民币占比全球为 0.1%，2007 年为 0.5%。

倍，并且有超过 180 个国家和地区使用人民币，包括中国香港、伦敦和新加坡在内的离岸金融市场均开始经营人民币资产负债业务。目前国际银行业的人民币存款规模占国际清算银行统计的国际银行业务存款总规模的比重为 1. 73%[①]，并且呈上升趋势。

（3）人民币在国际债务证券计价货币的比重。近年来，香港人民币债务业务发展迅速，2007 年至 2012 年底，香港累计发行人民币债券超过 3 000 亿元，债券的发行规模增长近 3 倍，发行主体从中国政府部门和中资金融机构扩展到中资企业以及国际金融机构和跨国公司等多元化主体。国际清算银行（BIS）统计的人民币国际债券规模占全球国际债券总规模的比重约为 0.1%，相当于日元的 1/30，排在瑞士法郎、澳大利亚元、加拿大元等其他货币之后。人民币计价的国际债券比重虽然较低，也同样处在不断发展阶段。

3. 人民币的价值储藏职能的执行和作用

目前，部分国家已经开始将人民币纳入该国外汇储备货币选择，已有韩国、白俄罗斯、马来西亚、泰国、柬埔寨、俄罗斯、尼日利亚、菲律宾、泰国、日本和澳大利亚等国宣布将人民币纳入其外汇储备货币。人民币在各国外汇储备中的占比从无到有，如泰国人民币外汇储备比重已达 1%，澳大利亚宣布将外汇储备的 5% 用于购买人民币债券。这是人民币发挥价值储备职能的一个开端，也说明人民币有潜力成为储备货币。近几年，中国在原有基础上，逐步建立常态化货币互换机制，货币互换规模稳定增长，这样做一方面可大大促进贸易的发展，另一方面在一定程度上有利于降低人民币汇率的波动性，显然这对人民币国际化的推进是大有好处的。

### 6. 2. 2　人民币国际化存在的问题与不足

1. 人民币国际化程度与中国经济发展不相配

人民币在跨境贸易和投资中的使用不断扩大，人民币国际化进程可以说是非常迅速。但人民币国际化程度与中国经济发展仍然不相匹配，人民币境外流通规模还有限，由此也只能说人民币国际化尚处在初级阶段。如近几年香港离岸市场人民币存款虽然增速很快，但仍只占境内人民币总存款规模 1%，显得微不足道；再如香港的跨境贸易结算量与中国贸易出口总额相比，依旧比例太小。

就人民币跨境结算来说，一是应在亚洲范围内为市场主体使用人民币提供

---

① 资料来源于国际清算银行 2013 年第一季度报告。

清算和交易平台，以深化和完善亚洲人民币金融市场，二是满足除亚洲以外的其他地区市场人民币需求。当然，对于中国进出口企业来说，要能获得本币作为计价货币带来的便利，还需要提高产品自身的竞争力以增强贸易中的议价能力。

中国的经常项目和资本项目结算比例不平衡。2012 年全年人民币跨境结算额达到 32 240.2 亿元人民币，其中货物贸易占比 63.97%，服务贸易及其他经常项目占比 27.21%，外商直接投资占比 7.87%，对外直接投资为 0.95%（见图 6－2）。经常项目和资本项目结算比例由 2011 年的 19:1 下降到 10:1。究其原因：一方面，由于经常账户与资本账户人民币使用存在前后时间差异，因为资本项目下的人民币结算是从个案试点逐步放开的，这导致市场接受程度的不同；另一方面，资本账户下的人民币结算总额在增加的同时，其比重的上升还存在巨大的空间，如开展对外直接投资、证券投资和货币市场投资等人民币投融资业务还显不足。

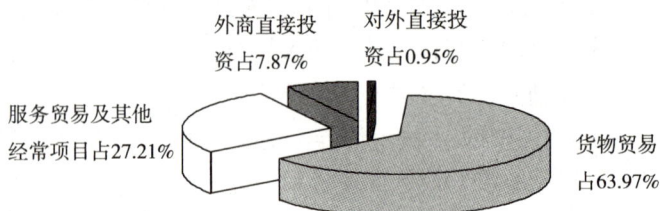

资料来源：《2012 年第四季度中国货币政策执行报告》。

图 6－2　2012 年人民币跨境结算的构成

## 2. 资本市场还没有被充分利用

从美元国际化的经验看，美元的大规模输出在世界上形成了石油美元、欧洲美元和亚洲美元，而这些美元又通过购买美国金融资产回流到美国，不仅为美国的发展提供了必要的资金支持，而且也为这些资金提供了投资保值的渠道。中国金融市场虽然已经开始市场化改革，但是金融市场的广度、深度和流动性有待进一步加强和完善，这使得中国的资本账户还需存在一定程度的管制，与主要国际货币所拥有成熟的金融市场相比还存在较大差距。另外，境外非居民要投资人民币计价的金融产品，同样还受到一定的限制。

## 3. 人民币国际化涉及面广泛，需要清晰的路径安排

从主要货币国际化的发展路径研究中可以发现，成功者均对本国货币采取一定的制度安排：如英镑利用了金本位制度，美元利用布雷顿森林体系、马歇尔计划以及石油美元战略等；德国马克则利用了欧洲货币一体化的制度安排；

而日元虽然不断深化国内金融市场发展，但由于使用单一功能推进策略，未达到与日本经济地位相匹配的国际化。这些历史经验证明：人民币国际化路径安排需要寻找市场需求与制度安排的有效结合点，才能使人民币在货币竞争中处于优势地位，并沿着国际化的路径不断推进。

### 6.2.3 人民币国际化的难点所在

1. 保持经济的持续高速增长与人民币币值长期稳定的矛盾

经济强大与币值稳定是人民币国际化的两个首要条件。对于任何一个国际货币发行国来说，二者必须兼得才能实现主权货币的国际化，而这也是人民币国际化的最大难关。

历史证明，国际货币的发行国一定要有强大的经济实力和经济规模才能够满足各国在国际经济交易中对该国货币的需求，并能在巨额资本流出流入的情况下保持其币值和经济的稳定。显然小国或弱国的货币是不可能充当国际货币的，也无法抵挡巨额资本流出流入带来的冲击。美元、日元和欧元的国际化都是以美国、日本和欧洲国家的强大经济实力做后盾的。中国改革开放后经历了30年的持续经济增长，经济规模迅速扩大，市场竞争力不断增强，现已经上升为经济总量排名世界第二的大国。不断壮大的中国经济和不断提升的国际政治地位为人民币国际化奠定了坚实的基础，有力地增强了世界各国在国际经济交易中扩大使用和储备人民币的信心。然而，人民币国际化要求中国不仅要成为经济大国，而且要成为经济强国，这就要求中国必须保持经济高速增长，赶超一些主要的发达国家。换句话说，中国经济必须跻身于世界发达国家之列，人民币才有可能成为世界主要国际货币。反过来，要实现人民币国际化战略目标，中国的经济实力一定要上一个相当的台阶。

加入世界贸易组织以来，中国经济的高速增长得益于国内投资的不断扩大和外部需求的膨胀。但金融危机爆发后，外部需求急剧收缩，使得中国出口锐减，产能过剩严重，经济增速大幅下降，充分暴露出中国经济结构失衡的软肋。如何遵循科学发展规律，实现经济增长方式的有效转型，大力提高居民收入和社会福利水平，调整好五个主要的经济比例关系，即内需与出口的比例、储蓄、投资与消费的比例，居民收入、企业收入与财政收入的比例，传统产业与新兴产业的比例，高碳行业与低碳行业的比例，从而在扩大中国经济内需的同时保持出口的合理增长，消化过剩的产能，成为当前中国经济可持续发展所必须解决的最大难题。

中国经济持续高速增长的难点还表现在经济增长与人民币币值稳定的关系

上，这方面也存在一定的矛盾。人民币的币值稳定既是以经济持续高增长为基础，又是经济持续高速增长的基本条件：经济增长意味着商品供应增加，可以稳定物价和币值；物价和币值稳定才能保证经济持续健康发展。但如果经济增长过热，会导致生产资源紧张，推动物价上涨和通货膨胀加速，反过来阻碍经济增长。如果货币信贷增长过快或不足，也会导致通货膨胀或紧缩，阻碍经济的健康发展。因此保持经济增速和货币信贷增速适度平衡是保持币值稳定的关键。

改革开放初期，人民币币值波动很大，基本上呈不断贬值的趋势。但从最近10年的历史来看，除个别年份稍有反常，从总体上来看，中国的物价指数表现得比较平稳（见图6－3）。除了个别月份外，基本上都在通胀预警线的3%左右波动。人民币汇率也表现得非常稳定和坚挺，从2000年以来仅汇率改革后上升了约22%，年均仅2.2%，今后仍将呈稳定并缓慢趋升的走势。这为人民币国际化创造了最佳的条件。但是，从全球视野看，金融危机后人民币币值稳定与经济增长的矛盾逐渐变得突出，成为当前宏观经济调控的难点之一。具体表现为：一方面，金融危机爆发时通过积极的扩张性财政政策和货币政策，向经济中注入的4万亿财政投资和10多万亿的信贷资金需要适时适量地退出，以减轻预期通胀的压力；另一方面，经济还没有完全复苏，如果刺激政策过早退出又面临经济二次探底的可能。这使当前保持人民币的币值稳定面临很大的挑战。

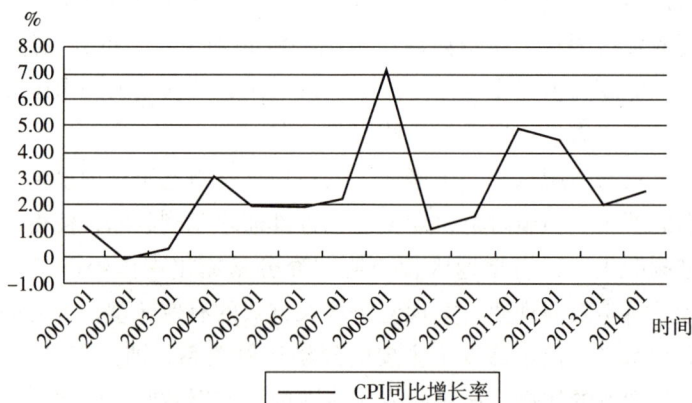

图6－3　中国CPI历史趋势

2. 调整经济结构、转变经济增长方式与劳动力充分就业的兼顾

全球金融危机的爆发使人们认识到，改革开放以来，中国经济采取压缩居

民收入和福利、不断扩大财政和企业收入的做法，由此，居民低收入、低消费、高储蓄，经济运作高投资、高产出、高能耗、高污染，还有严重依赖外需和出口等，形成了粗放型高速增长的发展模式，这种模式已经走到了尽头。从另一方面来讲，中国 30 多年的经济增长已经使人民的生活水平从温饱提高到小康水平，部分地区甚至达到了中等发达国家水平，需求结构也发生了较大的变化。因此，如果不转变经济增长方式，不调整经济结构，中国经济的高速发展将难以为继，人民币国际化也将会止步不前。

调整经济结构和转变经济增长方式是一场要啃"硬骨头"的攻坚战。到目前为止，中国仍是以劳动密集型产业和自然资源消耗型产业为主的传统经济结构，廉价的劳动力和自然资源是中国的相对优势。廉价劳动力意味着劳动者的低收入，廉价的自然资源意味着资源的高消耗和环境的高污染破坏。这种优势显然是难以长久为继的，随着经济持续的高增长，劳动力和自然资源的价格将一步步提高，污染破坏的环境必须治理，对传统的过剩产能的调整成为必然。尤其是当前要解决贫富差距拉大的问题，更是必须提高中低收入劳动者的报酬。这是因为：人口众多带来的潜在市场规模也是中国的相对优势，但要使其成为现实的巨大市场规模，要扩大中国的内需，也必须提高占人口大多数的劳动者的收入水平。民富才能国强，如果不能调整经济结构，不能提高劳动者收入水平，就意味着中国不能进入经济发达国家之列，不能成为真正的经济强国，人民币国际化也将无法实现。

廉价的劳动力和自然资源对企业来说，意味着人口红利和自然资源红利，而劳动者收入和资源价格的提高，意味着企业成本提高和竞争优势丧失，一大批企业将因此而倒闭，其后果是失业率将会上升。经济结构调整和经济增长方式转变意味着，要从过去的劳动密集型产业为主转向以资本和技术密集型的产业以及现代服务业为主，这也可能会伴随着对资金技术的巨大需求和结构型失业率的上升。对于中国这个人口大国来说，即使失业率提高百分之一也会造成几百万人的庞大失业队伍，导致严重的社会问题，而且失业率的上升还会在一定程度上制约扩大内需政策的实施。因此，如何在调整经济结构和转变经济增长方式、不断提高劳动者收入的同时，将失业率水平控制在人们可承受的水平之内，从而保持中国经济持续高速发展，是人民币国际化进程中面临的又一大难题。

3. 保持内外经济均衡、人民币汇率合理稳定与逐步开放资本项目的兼顾

人民币国际化不仅要求人民币对内币值稳定，而且要求人民币对外汇率稳定。在这方面也面临着严峻的挑战。

首先，应该明确人民币汇率稳定的标准是什么。历史证明，既不能认为与美元挂钩就是稳定，也不能认为与一篮子货币挂钩就是稳定。人民币汇率稳定的标准应该是汇率水平的合理，即汇率水平适应于中国经济的稳定增长，既有利于保持内外经济的均衡，又有利于保住经济成果，提高国民福利，不至于使国内资源大量外流。换句话说，汇率水平涉及国内商品和资源与国际市场商品和资源的相对价格，不仅影响到国际贸易差额，而且影响到贸易条件、国际资本的流动和财富的全球再分配。如果人民币汇率定价太低，则中国的商品和资源价格相对太便宜，会导致廉价的商品和资源的大量外流，国际收支表现为顺差失衡。如果人民币汇率定价偏高，又会使中国的商品和资源价格相对较贵而失去竞争力，国际收支表现为逆差失衡。因此，汇率水平的高低及其调整要视内外经济均衡与资本流动和资源、财富转移的状况而定。换句话说，人民币汇率稳定是指汇率水平在均衡合理基础上的相对稳定，即汇率水平要兼顾贸易收支和资本流动，既要保持内外经济均衡，又要保住经济发展的成果而没有太大的升值或贬值压力。

中国的国际收支近十多年来一直保持着较大的顺差，这种顺差的累积已经使中国经济出现了较大的内外不均衡状况。具体表现在：一方面，中国拥有了超过3万亿美元的巨额外汇储备并仍在持续地大幅度增长，外汇储备已经遭受并还在继续面临巨大的汇率风险损失，并对人民币汇率造成了预期升值的压力。另一方面，高额外汇储备意味着巨大的国内资源外流，而未能对真实的经济增长和人们的收入提高发挥作用，事实上阻碍了经济更快发展。造成这种不均衡状况的重要原因之一就是人民币汇率相对于经济增速的调整过于迟缓，从而导致中国的资源和经济成果在一定时段里因价格相对偏低而流失到国外。因此，要保持内外经济的均衡，就应该允许人民币汇率的适度弹性，让市场力量来决定汇率的合理水平，在此基础上来寻求汇率的相对稳定。

然而，在当前的形势下，贸然放开汇率浮动又难以避免人民币汇率和国内经济发生较大幅度的波动。其原因：一方面，由于放开汇率浮动后外汇投机活动会加强，尤其是在市场对人民币汇率升值预期加强的情况下，投机力量将会使汇率波动加大，而偏离合理的水平。另一方面，由于放开汇率浮动等于放开了中国商品和资源的对外定价管制，使其完全由国际市场供求决定。而国内价格与国际市场价格的偏差以及国际上垄断资本和投机力量对市场价格的操控，放开汇率浮动后必然使一些商品和资源的价格会发生较大的变化，从而造成国内经济波动和汇率波动的幅度加大。

人民币汇率合理不仅取决于国际收支中贸易项目的均衡，而且取决于资本项目的均衡。中国到目前为止对资本项目的许多管制都还没有取消，这当然会影响到中国的资产价格和利率水平与国际市场的一致性，从而影响在二者之间的套利和投机活动以及资本项目的均衡。人民币国际化要求逐步实现人民币完全自由兑换，即完全放开对资本项目管制。从人民币汇率机制的完善与中国汇率改革的实践来看，中国目前已步入逐步放开资本项目管制的阶段，并已取得相当大的进展。就长期而言，放开资本项目管制有利于国内外资产价格和利率水平的趋同，从而有利于人民币汇率水平走向合理；但从近期来看，由于国内外资产价格存有较大差异，放开资本项目管制可能使国内资本市场招致国际游资的冲击，使人民币汇率产生大幅波动，必然会影响人民币国际化的进程。

由此可见，在人民币汇率浮动下，如何保持汇率水平与经济增长的动态协调，并在放开资本项目管制条件下如何有效防范国际游资利用汇率波动和内外资产价格差异进行投机冲击，需要宏观调控政策和汇率政策之间高度的协调性，这也是人民币国际化进程中必须解决的一大难题。

4. 要注重美元对人民币国际化的排斥和"惯性"影响

人民币国际化就是要使人民币跻身于国际储备货币之列，分享美元、欧元和日元等国际货币所享受的"国际铸币税"。据统计，目前仅积累在各国官方手中的美元外汇储备就达2.8万亿美元之多①。如果算上各国私人部门持有的4万亿以上的欧洲美元、约十几万亿美元的美国银行存款、美国公司债券及美国政府债券等，估计非美国居民持有的美元可能在20万亿美元以上。这些美元储备的总量还必然会随着世界经济的发展不断增加。各国不可能将这些美元很快兑换成其他国际货币，因为这将导致美元汇率下跌而使各国蒙受巨大的储备损失。因此可以说，这些沉淀在各国手中的美元实际上是美国无需偿还的免费午餐。欧元和日元的国际化都部分地与美国分享了这种免费午餐，人民币的国际化当然也不会例外。

人民币国际化另一好处是便利对外结算。美元的国际化不仅使美国商人在国际贸易和国际投融资中可以直接使用美元对外进行支付，还使美国人在海外出游时可以直接用美元支付账单，清算国际债权债务关系，从而使他们可以避免货币兑换的汇率风险。而且由于这些美元的支付最终都要通过美国银行的账户进行结算，使美国的金融机构占据了国际结算中心的有利地位，美国的金融

---

① 国际货币基金组织统计：Currency Composition of Official Foreign Exchange Reserves（COFER），全球官方美元外汇储备截至2009年第三季度末为27 341亿美元，而1999年末为9 798亿美元，10年中增长了近3倍。

市场也因此而成为国际金融中心，为美国的金融机构和企业在国际上赢得了巨大的商机和经济利益，巩固了美国的国际金融霸主地位。人民币的国际化也将使人民币支付结算的范围扩大到全球，为中国的全球贸易和投资等活动带来极大的支付便利、商业机遇和经济利益，有力地促进中国对外经济贸易活动的发展。

然而，美元在国际货币体系中的统治地位是美国的核心利益。"卧榻之侧岂容他人酣睡"，人民币国际货币地位的上升，意味着美元国际货币地位的相对下降。在这个问题上，美国是绝不会轻易让步的。日元和欧元在国际化的进程中都遭到了美国的猛烈打压。日元的国际化被美国从日元汇率上加以攻击，导致其中途止步，在储备货币体系中的占比从20世纪90年代初期时的约8%下降到目前不到4%。欧元本来是最有希望挑战美国的国际货币地位的，但自创建以来，其国际化进程不仅遭到美国挑起的科索沃战争的重创，而且又受到近年来美国金融危机及其诱发的欧洲一些国家主权债务危机的沉重打击，使其在国际储备货币体系中所占比重至今仍不到美元的一半（见表6－4和表6－5）。人民币国际化的进程不仅必然会遭到美国的压制和破坏，而且可能也会受到欧盟和日本等国的阻碍，因为人民币国际化也会影响到这些货币的相对地位。其压制和破坏人民币国际化的手段不仅包括对中国展开反倾销调查和征收反倾销关税、逼迫人民币汇率升值等各种贸易制裁措施和汇率战手段，而且还包括各种外交和政治措施，甚至不惜对中国实施武力威胁、在中国周边挑起战争争端等。总之，人民币国际化是对美国和欧盟等国家和地区货币的国际地位的挑战，也必然遭到它们的猛烈反击和围追堵截。这也许是人民币国际化进程中最大的难题，对此我们必须做好充分的准备。

表6－4　　　　　　　　国际货币基金组织成员国官方持有
各种主要货币在外汇储备总额中所占比重　　　　　单位：%

| 年份 | 1973 | 1980 | 1985 | 1987 | 1990 | 1994 | 1997 |
|------|------|------|------|------|------|------|------|
| 美元 | 84.6 | 66.8 | 55.3 | 67.1 | 49.4 | 55.7 | 57.1 |
| 英镑 | 7.0 | 3.0 | 2.7 | 2.6 | 2.8 | 3.3 | 3.4 |
| 德国马克 | 5.8 | 15.0 | 13.9 | 14.7 | 17.0 | 14.4 | 12.8 |
| 法国法郎 | 1.0 | 1.7 | 0.8 | 1.2 | 2.3 | 2.4 | 1.2 |
| 日元 | — | 4.4 | 7.3 | 7.0 | 7.9 | 7.9 | 4.9 |

资料来源：1973—1990年数据来自《国际货币基金组织年报》和《国际清算银行第62期年报（1992年）》，1994—1997年数据来自《国际货币基金组织1998年年报》。

表 6 - 5　　　　1999—2009 年世界储备货币规模与结构情况　单位：万亿美元，%

| 年份 | 1999 | 2000 | 2001 | 2002 | 2003 | 2004 | 2005 | 2006 | 2007 | 2008 | 2009 |
|------|------|------|------|------|------|------|------|------|------|------|------|
| 总规模 | 1.782 | 1.937 | 2.050 | 2.408 | 3.026 | 3.749 | 4.175 | 5.037 | 6.396 | 6.909 | 7.516 |
| 美元比重 | 71.01 | 71.13 | 71.52 | 67.08 | 65.93 | 65.95 | 66.91 | 65.48 | 64.02 | 64.20 | 61.65 |
| 欧元比重 | 17.90 | 18.29 | 19.18 | 23.79 | 25.16 | 24.80 | 24.05 | 25.09 | 26.38 | 26.42 | 27.75 |
| 英镑比重 | 2.89 | 2.75 | 2.70 | 2.81 | 2.77 | 3.37 | 3.60 | 4.38 | 4.68 | 4.05 | 4.34 |
| 日元比重 | 6.37 | 6.06 | 5.05 | 4.35 | 3.94 | 3.83 | 3.58 | 3.08 | 2.88 | 3.13 | 3.23 |

注：各种货币的比重按照报告中储备币种结构国家的统计数据计算。

资料来源：IMF Statistics Department COFER database（2009 年为第三季度末，1999—2007 年为第四季度末）。

## 6.3　人民币国际化的战略构想

历史表明，发展中国家在参与经济、金融全球化的过程中，过度依赖中心货币国提供的货币、金融网络及服务，将给本国发展增添新的不确定性风险。针对中国目前所具有的发展中转型和大国经济体特征而言，特别在当前以浮动汇率为主且又缺乏必要国际约束力的国际货币体系中，人民币国际化有利于完善尚有欠缺的国际货币体系，完全符合世界经济中国经济增长的利益需要。

目前，中国推进货币国际化的思路大体有三种：（1）推进国际货币体系的彻底变革，创设世界统一货币。理论上说，单一世界货币对各国来说都是最优选择，既可以克服主权货币作为全球流动手段的内在缺陷，又可以建立全球信誉，从根本上解决货币危机和汇率问题，保障货币体系稳定，但其中最大的难题在于中央银行的制度问题。未来的货币和中央银行体系必须以一定的政治制度为基础，在目前以主权国家为基本组成要素的世界上，这一问题短期内尚无有效的解决办法。（2）推进亚洲货币合作，创设亚洲统一货币。尽管这一路径相对而言更加现实，而且欧元已经作出了示范，但是根据最优货币区理论判断，亚洲经济体在经济发展和金融发展两方面存在较大差异，一体化程度水平有待提高。并且亚洲始终没有实现如同欧洲一样的政治和解，可见，因缺乏政治融合基础，亚洲很难推进货币的融合。（3）人民币国际化。推进人民币国际化可能是中国货币国际化战略最为有效和现实的选择。美国杰弗里·弗兰克尔和陈庚辛（2009）用计量方法进行的模拟预测人民币在 20 年后将成为国际储备货币之一，30 年后将跃入主要储备货币的行列。Jong - Wha Lee

（2010）则预计到2035年，人民币作为储备货币的份额达到12%。人民币国际化通过推动国际货币体系多极化以实现货币格局的平衡，并采取由局部到全局的方式实现区域货币的合作，形成"人民币货币圈"，最终实现人民币作为国际化货币之一的目标。

　　事实证明，人民币国际化是一项巨大的系统工程，其最终实现取决于中国步入经济发达的强国之列、人民币币值和汇率的长期稳定以及人民币的完全可自由兑换。它不可能通过人为宣布货币自由兑换一蹴而就，也不可能是经济增长的一种自然而然的结果。人民币国际化需要我们采取正确的战略对策，通过长期持续地不断努力克服各种困难才能实现。具体来说，人民币国际化的战略对策应主要包括以下几方面内容。

### 6.3.1　实施经济"稳定增长"战略

　　这一阶段还应在拓展中国外汇市场的范围、完善国内金融市场体系、强化金融市场的监管、增强人民币利率机制和汇率机制的市场化程度的基础上，放宽对人民币流出流入的限制，如允许中国企业直接用人民币到境外投资，对境外资质较好的机构提供一定额度的人民币商业贷款或贸易信贷，用人民币支付对外援助等，逐步拓展和疏通人民币流出流入的渠道。

　　上述阶段目标基本达到时，人民币国际化就将进入由区域性国际货币向全球性国际货币发展的阶段。这一阶段将进一步全面放开资本项目的外汇管制，在更大程度上允许国际资本的自由流动，允许外国政府不受限制地持有人民币作为完全可自由兑换的储备货币。这一阶段要建设更加成熟开放的金融市场，为周边国家提供更多以人民币计价的金融产品，因此必须建立和完善以人民币计值的A股国际版市场、人民币国际债券市场、离岸人民币市场和其他衍生金融工具市场，给境外人民币持有者提供更加多样化的投资渠道，最终使人民币成为真正的国际结算货币、国际投资货币和国际储备货币。

　　"发展永远是硬道理"，中国政府当前正在制定和实施的国民收入倍增计划是人民币国际化的基础，但国民收入的倍增也应带来居民收入的倍增，只有居民收入倍增才能真正扩大内需。因此，必须适当调整国民收入中居民收入、企业收入和财政收入的比例关系，适当调整财政支出中国家投资支出、政府行政管理经费支出、文教卫各项社会事业支出和社会福利保障支出的比例关系，加大力度实施增加居民收入与社会福利的各项政策措施，包括提高全社会的养老和医疗保障水平、增加城镇居民的保障性住房建设、增加国家教育经费支出，减少国家的行政经费支出以及采取有效的防范和惩治行政腐败的恶习等。

要保证这些措施的贯彻落实，还应该增加一项对政府政绩的主要考核指标，即居民收入与社会福利的增长指数。"为官一任，造福一方"，考核官员政绩不仅应考核全体居民收入增长，还应分别考核社会各阶层的居民收入增长及其比例关系，如企业工人的收入、农民的收入、教师的收入、公务员的收入等，而不能只看 GDP。

保持经济高速增长和提高居民收入的同时还需要缓解当前预期通胀的压力。在现时不能简单提高利率的形势下，比较有效的办法就是在继续实行适度宽松的财政货币政策的同时，一方面适当收紧房地产信贷来调控楼市，另一方面加大股市增资扩容的力度，这也是一种调整结构的办法。这样做既可以抑制楼市和股市价格上涨的泡沫，为较高的通胀预期降温，又可以将过剩的流动性通过股市融资引导到实体经济中，促进经济结构调整，为新一轮的经济快速增长打下基础。

### 6.3.2 实现经济发展方式的转型

保持经济高速增长要求实施低碳经济和绿色经济的增长模式，这需要调整经济结构，关停或升级改造一些传统的高资源消耗和高环境污染的劳动密集型企业。然而怎样解决由此导致的失业率提高问题？根本的办法是要正确引导人们的消费需求和就业方向，使人们的消费需求转向更高的层次。温饱问题解决后，住和行是当前的消费热点。鼓励家电下乡和新能源汽车消费是当前比较有效的措施，但这些方面能够解决的就业有限。尤其是大量汽车增长使道路承载几近饱和，带来了严重的拥堵问题，其发展空间也有限。而城市中人们对于较高质量住房的需求将在今后很长一段时期内支持房地产业成为我国经济发展的支柱产业，这一产业还能够容纳较高的就业率并带动其他相关产业的发展。尽管短时期内商品房供求的缺口太大，带来了房价上涨过快的问题，但国家可在适度从严掌控住房信贷政策，抑制对商品房的投机性需求的同时，加大保障性住房建设，增加商品房用地和新楼盘的供应，促进房地产业的进一步发展。

解决经济结构调整中就业问题的根本出路还是在于鼓励和引导人们对于各种服务类消费的需求，提高服务行业就业水平，扩大现代服务业在经济中的比重。在当代世界经济中，服务业包括信息、物流、商贸、金融、会计、中介、旅游、酒店、餐饮、家政、法律、教育、文艺、体育、卫生、医疗等行业，它是增长最快的部门，也是发达国家经济发展的主要动力，其兴旺发达程度已成为衡量现代化水平的重要标志之一。在一些国际大都市，GDP 的 70%、就业人口的 70% 都集中在现代服务业。如纽约、伦敦的服务业占 GDP 的比重均超过85%，发达国家服务业就业人数占总就业人数达70%～80%，服务贸易占到贸易总额的1/4，服务消费占到所有消费的1/2左右。尤其是金融服务业的发达，更是人民币国际化的必备条件。因此，国家政策应从过去以制造业为投资重点转向更加重视和大力鼓励现代服务业的发展。只有实现这种转变，才能真正解决制造业产能过剩和调整带来的失业问题。

### 6.3.3　改革人民币汇率的形成机制

合理稳定的人民币汇率是保持中国经济内外均衡的必要条件，也是人民币国际化的关键。在这方面最重要的就是要改革和完善人民币汇率形成机制。我国人民币汇率既定政策是以市场为基础的管理浮动，也就是既有市场的无形之手，又有政府的有形之手。问题是如何把握好二者之间的度，即汇率在多大程度上由市场决定，多大程度上受政府干预；中央银行在什么情况下要干预汇率，在什么情况下不要干预汇率。在这方面，首先必须要建立和完善人民币汇率干预制度，对中央银行的汇率干预行为予以明确规定；其次要适度扩大汇率浮动区间，增强人民币汇率弹性，使汇率在一般情况下能够反映市场正常的供求关系变化，发挥对内外经济均衡的调节作用。

然而，要使人民币汇率能够正确反映市场正常的供求关系变化，最根本的还是要完善人民币汇率形成的市场条件，减少扭曲市场价格的因素，缩小国内外生产要素的价差。因为在经济全球化的市场条件下，汇率不仅是两国货币的相对价格，更是两国生产要素的相对价格。实际汇率的变动应该反映两国收入水平的相对变化与要素成本相对变化的对比。人民币汇率机制改革中面临人民币升值压力的困境，根源就在于中国劳动工资的提高和生产要素价格的调整赶不上经济的相对增速，相对偏低的劳动力价格和要素资源价格，导致资源配置过度集中于出口等依赖外需的部门，从而使内外经济出现了失衡。要从根本上解决这种失衡，不能单纯依赖人民币汇率升值，因为这样会使出口相关部门的产能相对过剩更加严重，企业倒闭和破产大量增加，不利于经济增长。当然，也不能继续压低人民币汇率，听任资源的过度消耗和生产要素价格的急剧上升，这样会加大通胀压力，破坏经济持续发展的后劲。可行的办法是根据经济的相对增速，逐步小幅地提高人民币汇率水平，同时也逐步提高劳动工资和调整要素资源价格，最终实现国内外价格体系的全面接轨和人民币汇率的完全市场化。具体建议是在坚持汇率改革主动性、渐进性和可控性原则的条件下，以购买力平价作为重要参考指标，以一篮子货币作为参照对象，适度扩大人民币汇率浮动幅度，并通过适当的外汇管理和干预，将人民币实际汇率的变动保持在与经济的相对增速和要素成本价格相对变动相一致的水平上。

### 6.3.4　推进人民币国际化积极有序地发展

从步骤上看，人民币国际化启动阶段主要为非正式的周边化，即通过开展边境贸易人民币结算，减少在周边国家在贸易中对美元结算的依赖性，并扩大人民币在双边贸易中的使用，充分发挥人民币的国际结算货币职能。这一阶段已经取得很大进展，目前中国已与几乎所有周边国家签订了人民币结算和双边货币互换的协议，增加了人民币的国际使用量以及覆盖面，也为今后扩大人民币跨境结算提供了足够的资金支持。

随后由非正式的周边化向正式的区域化发展，即中国与周边国家结成正式的区域性货币联盟，在区域内部实行相对稳定的双边汇率和一定限度内的货币自由兑换（包括贸易项目、规定的投资项目以及年度最高限额的双边货币互换等），使人民币逐步成为区域内的主要投资货币、结算货币和储备货币。目前已正式建成的中国—东盟自由贸易区可作为这一区域性货币联盟的基础，未来中国香港、澳门和台湾地区以及日本和韩国都可以加入进来，形成亚洲货币区。2009 年 5 月 3 日，东盟和中日韩"10 + 3"财长在巴厘岛宣布，将在 2009 年底建立总规模达到 1 200 亿美元的外汇储备库，为建立区域性货币联盟和汇率机制迈出了重要一步。亚洲货币区内应该保持稳定的汇率制度，对外可与美元和欧元形成三足鼎立之势。如果美国要加入进来建成亚太货币区也可以，但必须与其他成员国一样承担维持汇率稳定和保持国际收支平衡的责任。这样既可削弱美元的霸权地位，也可提高人民币的国际地位。

从时间上看，人民币国际化将是一个复杂的漫长过程，其实现要受到诸多方面条件的综合影响和制约，因此必须以渐进的方式推进人民币国际化进程。根据人民币国际化所需要条件和现阶段具体情况，将通过短期、中期和长期三个阶段实现人民币国际化。

1. 人民币国际化的短期措施

人民币国际化的短期措施主要包括在跨境贸易中积极推广人民币计价结算和推动香港人民币离岸市场发展。一国货币若要想成为国际货币，则在国际市场上必须有对该国货币的需求，并且该国货币必须保持足够数量在境外流通，所以，人民币如果要实现国际化，必须在国际市场上输出人民币，现阶段最主要的途径是推广跨境贸易人民币结算，使人民币成为贸易往来中交易货币选择之一。跨境贸易人民币结算自试点以来，发展速度迅猛。2009 年 4 月 8 日，国务院决定在上海市和广东省的广州、深圳、珠海、东莞四市开展跨境贸易人民币结算试点。这是中国应对全球金融危机、推进人民币国际化进程的重大战略决策。自跨境贸易人民币结算业务开展以来，其业务虽然增长快，但仍然存在诸多问题。作为进一步推动中国经济金融改革开放的重大决策，香港和澳门将一如既往在其中发挥重要的窗口作用。与此同时，这一举措对香港、澳门经济金融的发展，尤其是进一步加快港澳人民币业务的发展，进一步扩大人民币在港澳地区的流量和存量，为港澳金融业的人民币国际业务提供新的发展空间，建立人民币离岸金融中心，巩固香港的国际金融中心地位等方面都具有重大意义。为此，在引入人民币外汇账户的情况下，从三方面推进人民币贸易结算：一是在风险可控的情况下推动人民币出口信贷业务的发展，实现人民币计价结算的便利性。允许境外的人民币计价和结算的贸易融资，使人民币拥有与外币一样的交易资格。二是搭建和完善人民币计价结算的基础设施。建立统一、高效的亚洲国家人民币双边清算体系，完善和扩大人民币跨境支付结算系统，进一步提升人民币的竞争力。三是继续推动中国人民银行与各国（地区）中央银行的人民币互换业务。在 2008 年美国金融危机中各国互相援助的基础上，扩大互换计价的国别范围、延长计划期限、增加计划额度，进一步促进双边的经贸活动以满足海外的人民币资金需求。

与此同时，积极推动香港人民币离岸市场的发展。离岸金融市场有利于增加国外的进出口商及投资者对人民币的接受度和认可度。国际货币历史经验表明，发达的离岸市场是提高货币国际化程度的重要推动力。适度加快资本项目下人民币交易的开放，为离岸人民币提供必要且风险可控的境内投资运用渠道，同时深化人民币离岸市场的发展，形成可持续的境外循环机制。

2. 人民币国际化的中期措施

人民币国际化的中期措施包括加快利率市场化步伐、降低对外汇市场的干预力度、积极稳妥地推进人民币资本账户可自由兑换。

（1）加快利率市场化步伐。要推进人民币国际化进程，必然要逐步实现中国利率市场化。中国人民银行行长周小川 2012 年 3 月在《中国金融》杂志上发表文章指出利率市场化条件基本成熟。从微观层面上看，内地商业银行通过上市在治理结构上已经得到提升，开始在市场竞争中对产品和服务定价；从宏观层面上看，具备稳定的宏观经济状况，为推进利率市场化奠定了重要基础。利率市场化将加速香港人民币债券市场成长。由于中国国内利率长期以来处于管制水平，且民营企业融资渠道有限，造成境内利率水平偏低。利率市场化之后，利率水平的上升不但有利于挤出无效率的投资，存贷款利差的缩小也有利于推动商业银行体系的进一步改革。

（2）降低对外汇市场的干预力度，增强市场因素在人民币汇率形成机制中的作用。人民币要实现国际化，其本身要求是一种市场化的货币。第一，扩大人民币汇率浮动范围。虽然即期外汇市场人民币对美元交易价浮动幅度由0.3%扩大至0.5%，但幅度非常小，不能反映出国内以及国际金融市场的波动。第二，改强制结售汇制为意愿结售汇制。强制结售汇制度使得外汇市场形成无条件的外汇供给和有条件的外汇需求，夸大了人民币升值的压力，却隐瞒了人民币贬值的压力。意愿结售汇能有效形成外汇市场的供求关系，促进市场均衡汇率形成。第三，完善外汇市场。人民币汇率弹性的扩大，企业和金融机构将面临更多的汇率风险。我国应加快对远期外汇市场的建设、扩大外汇交易品种、创新金融工具，为企业和金融机构的汇率风险管理提供更多手段。合理的人民币汇率水平，将有利于纠正经济结构失衡，促进经济的可持续增长，也能迫使中国企业进行技术革新，通过提高品质来取代低价优势，从而使企业在国际市场的议价中具有主动性。同时也有利于离岸市场人民贷款业务的稳步发展，释放人民币作为融资货币的功能。

（3）积极稳妥地推进人民币资本账户可自由兑换。国际货币包含三要素——自由兑换性、普遍接受性和可偿付性。一国货币实现国际化需要资本账户可兑换作为必要条件。具体而言，第一，放松有真实交易背景的直接投资管制，鼓励企业"走出去"。直接投资本身较为稳定，受经济波动的影响较小。第二，放松有真实贸易背景的商业信贷管制，助推人民币国际化。有真实贸易背景的商业信贷与经常账户密切相关，稳定性较强，风险相对较小。目前，我国进出口贸易占全球贸易量约10%，贷款占全球的四分之一以上。放宽商业信贷管制，有助于进出口贸易发展，也能为人民币跨境结算和香港离岸市场建设拓宽人民币回流渠道。第三，加强金融市场建设，先开放流入后开放流出，依次审慎开放不动产、股票及债券交易，逐步以价格型管制替代数量型管制。不动产、股票及债券交易与真实经济需求有一定联系，但往往难以区分投资性需求和投机性需求。一般开放原则是，按照市场完善程度"先高后低"，降低开放风险。

3. 人民币国际化的长期措施

转变经济发展方式提升综合国力。中国必须有强大的经济实力才能为人民币国际化提供基础，才能保证世界对人民币的信心。我国经济在改革开放30年间保持年均9.9%的增长速度，经济总量已经跃居世界第二。但是我国的经济增长严重依赖高投入和出口外需市场，而这一增长模式并不可持续，需要经济结构的转型。今后应注重的是：

（1）出口导向型逐步向内需型经济转变。我国的制造业出口产品面临转型升级压力，需提高产品附加值以提高议价能力。一方面，中国已成为第一贸易大国。2013 年，中国贸易总值为 4.16 万亿美元，超过美国成为世界第一大对外贸易国，出口总额达 2.21 万亿美元，为第一大出口国。其中加工贸易占据制造业近一半，加工贸易典型特征是研发和营销两头在外。在西方主要发达国家经济复苏缓慢以及沉重的财政赤字外部环境下，外部需求疲软，难以成为我国经济增长的引擎。另一方面，居民消费从 1978 年占 GDP 的 50％下降到 2013 年的 34％，相比成熟经济体消费占 GDP 比重 60％的平均水平，我国居民消费亟待提升。

（2）制造业与服务业之间的平衡。在之前的增长模式下，出口和资本投资部门（比如房地产）可以天然地提供大量的抵押品，如出口订单、国外信用证、机械设备和土地等，这种增长模式对于金融风险管理的要求不高。政府和国有银行主导的简单金融服务就可以基本完成从储蓄向投资转换。服务业的发展和制造业的升级是未来中国经济增长的核心推动力。这些产业的发展难以提供可靠的抵押品，一些诸如新的市场影响理念、专利、技术等软要素的价值很难评估，企业也很难用这些软要素作抵押从银行贷款。这种模式对金融机构的信息甄别和风险管理能力提出了更高的要求，对更复杂的金融服务也提出了要求。政府和国家银行主导的简单金融服务远远满足不了这些要求。中国必须依靠进一步的金融市场化改革才能让金融服务与产业转型和升级相对接。

# 第 7 章
# 人民币国际化的三大动力源

人民币成长为国际货币，根本上取决于中国的经济实力。经济实力的强弱决定了该国货币竞争能力的强弱和生命周期的长短。事实证明："在经济交易中，存在使用劳动生产率较高国家货币和抛弃劳动生产率较低国家货币的倾向。"① 美元完全替代英镑实现国际化的进程，足以证明经济实力的强弱对一国货币取得国际货币主导地位所起的决定性作用。本章从增强贸易合作、扩大对外投资和完善金融市场代表经济实力的三个重要方面，阐述人民币国际化的原动力。总体上看，贸易合作和对外投资已经形成良好的人民币国际化推力。金融市场作为推进人民币国际化的强大引擎，它的完善对中国来讲，还是个长期艰难的过程，由此也体现人民币国际化还不能一蹴而就，必须是一个长期、复杂和艰难的过程。

## 7.1 动力源之一：增强贸易合作

### 7.1.1 增强贸易合作是人民币国际化的根基所在

在中国经济快速发展的过程，出口导向型增长政策使中国的生产能力以及产品竞争力得到迅速提高，带动了中国对外贸易的发展，提高了中国在世界经济贸易发展中的地位。2011 年经济总量达到 47.16 万亿元，贸易份额占全球比重达 9.9%（见表 7-1）。从综合储备货币份额影响因素中，我们能够推断出储备货币份额与一国经济规模以及贸易比重呈正相关，这有美元、欧元、日

---

① 曼德尔. 资本主义发展的长期波动——马克思主义的解释［M］. 英国剑桥出版社，1962.

元等储备货币作为例子。尽管中国现已成为头号贸易大国，但是人民币在全球储备货币中的份额仍然可以忽略不计。这显示出人民币地位与中国的经济和贸易地位不相匹配。当然，这同时也说明以中国的经济规模与贸易份额为基础，人民币国际化有上升的巨大空间。

表7-1    储备货币国和中国经济规模与贸易比重（2011年）    单位：%

| | 占世界 GDP 比重 | | 世界贸易份额 | 储备货币份额 |
|---|---|---|---|---|
| | 按现行价格 | 按购买力平价 | | |
| 美国 | 21.57 | 19.09 | 10.20 | 62.16 |
| 欧元区 | 18.76 | 14.225 | 19.6 | 25.02 |
| 英国 | 3.48 | 2.90 | 3.03 | 3.83 |
| 日本 | 8.39 | 5.63 | 4.60 | 3.53 |
| 中国 | 10.44 | 14.31 | 9.90 | — |

注：欧元区贸易数据用欧盟数据代替，且扣除欧盟区域内贸易额，同时世界贸易总和也扣除了区域内贸易。

资料来源：IMF（WEO），Worldbank WDI，2012 年国际贸易统计数据，COFER。

由国际货币的起源可以看出，跨国贸易之间计价货币的选择既是货币竞争的结果，也是一国贸易能力的体现。可见，增强贸易合作是人民币国际化的根基所在，这可从中国对外贸易结构、出口商品竞争力以及国际收支三个方面展开分析。

1. 对外贸易结构

（1）对外贸易商品结构

历史证明，贸易产品差异化程度直接影响出口商的议价能力进而影响计价货币的选择。中国的贸易商品结构已进入以传统优势产品和劳动密集型产品向资本技术密集型商品结构转型的阶段，近年来，高新技术产品在贸易中的比重逐步增大并成为对外贸易新的增长点（见表7-2）。

表7-2    按商品分类进出口比例    单位：%

| 出口年份 | 1980 | 1985 | 1990 | 1995 | 2000 | 2005 | 2010 | 2011 |
|---|---|---|---|---|---|---|---|---|
| 初级产品 | 0.50 | 0.51 | 0.26 | 0.14 | 0.10 | 0.06 | 0.05 | 0.05 |
| 工业制成品 | 0.50 | 0.49 | 0.74 | 0.86 | 0.90 | 0.94 | 0.95 | 0.95 |
| 高新技术产品 | — | — | 4.7 | 6.8 | 14.9 | 28.6 | 30.2 | 28.9 |
| 进口年份 | 1980 | 1985 | 1990 | 1995 | 2000 | 2005 | 2010 | 2011 |
| 初级产品 | 0.35 | 0.13 | 0.18 | 0.18 | 0.21 | 0.22 | 0.31 | 0.35 |
| 工业制成品 | 0.65 | 0.87 | 0.82 | 0.82 | 0.79 | 0.78 | 0.69 | 0.65 |
| 高新技术产品 | — | — | 13.3 | 16.5 | 23.3 | 30 | 29.6 | 26.6 |

资料来源：《中国统计年鉴》，商务部网站。

从出口商品结构来看，其总的态势是，初级产品占中国总出口的比重不断下降，工业制成品呈不断上升的态势，这表明出口商品结构在不断优化。再从初级产品和工业制成品相对比重看，20 世纪 80 年代，中国出口的初级产品和工业产品所占的比重大致相当，各占 50%，1985 年后初级产品的出口比重开始下降，工业制成品比重则开始上升，2000 年后一直保持在 90% 以上，工业制成品成为中国出口的主导产品。进一步来看，其中高新技术产品所占出口比重不断上升，出口比重从 1992 年占总出口比重的 4.7% 上升到 2011 年的 28.9%，上升了 24.2 个百分点。同时，根据世界银行数据，中国的高新技术产业出口占制造业出口比重也呈明显上升趋势（见图 7-1），从 1992 年的 6.4% 上升到 2010 年的 27.5%，已经超过世界 17.5% 的平均水平。这说明，中国高新技术产品已经成为改善出口结构的转换器，中国的资本技术密集型产品①出口比重的不断上升也已经成为中国贸易结构不断优化的主要标志。

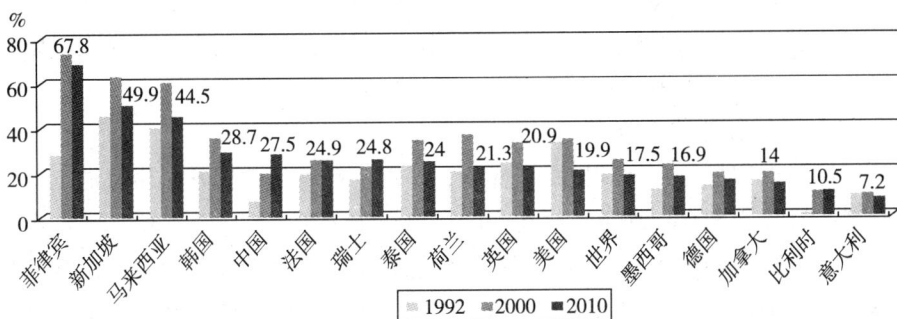

注：图中数据标签显示的是各国 2010 年数据值，其中韩国 2010 年使用的是 2009 年的数据，比利时 1992 年的数据缺失。

资料来源：World Bank，World Development Indicator。

**图 7-1 1992—2010 年部分国家高技术产业出口占制造业出口的比重**

下面以近年来中国对美国出口的年度变化为例来说明中国出口呈现向高科技产品转型的趋势。2011—2012 年，中国对美国的高科技电子产品、汽车配件和光学设备的出口额增长了 24%，达到 1 290 亿美元，而服装和鞋类的出口额仅增长了 5%，为 470 亿美元。高科技产品的价值更高，与服装和鞋类市场相比规模更大。与此同时，世界贸易组织和经济合作与发展组织的公开数据显示，中国的出口产品正越来越多地使用本国生产的材料。其中，2009 年中国

---

① 高新技术产品按照要素密集度划分属于资本技术密集型产品。

出口价值的28%来自外国生产商,到2005年的这一数字是36%。可见,中国高价值产品的出口正在抵消低价值和劳动力密集行业低迷所带来的损失,同时也说明了中国出口逐渐在向高科技产品转型。总之,高新技术产品出口的快速增加以及所占出口比重的上升,有助于提高国内出口商品差异化程度,提高了人民币在贸易中作为计价货币的地位。

从进口商品结构看,中国总体进口商品结构显示初级产品进口整体上呈现上升趋势,但工业制成品进口仍然处在65%以上的水平。发达国家一般以进口初级产品为主,出口工业制成品为主;而发展中国家则以出口初级产品为主,进口工业制成品为主。依据这一现状,可以认为中国仍然处在发展中国家转轨之列。中国的初级产品进口经历了自20世纪80年代下降到90年代开始上升的过程,主要原因在于中国经济持续高速增长对能源和大宗商品的进口需求不断增长;而工业制成品进口则一直处于主要地位;高新技术产品的比重自20世纪90年代的13.3%上升到2011年的26.6%。另外,考虑到石油等大宗商品使用美元计价的惯性,中国在进口该类商品时推广使用人民币存在一定的难度。

(2)对外贸易方式结构

中国对外贸易方式得到进一步优化,呈现一般贸易占比开始超过加工贸易的趋势。具体表现在:加工贸易在中国进出口中仍然占据重要地位,其经历了先上升后下降的趋势;与此同时,一般贸易则呈现下降到上升的趋势,开始逐渐占据主导地位(见表7-3)。表7-3中,1981—2000年出口中加工贸易占比达到最高值56%,一般贸易由92%比重下降到42%,说明该时期加工贸易在中国出口贸易中曾一度占据主导地位。但从近十年来的情况看,在中国出口贸易快速发展过程中,加工贸易所占比重呈不断下降的趋势,由55%(2001—2005年)下降到44%(2011年),而同期一般贸易所占的比重却由41%上升到48%。这与由于贸易方式的形成与中国对外开放的政策有密切关系,从20世纪80年代中期以来,中国实施鼓励外商直接投资政策,鼓励来料加工和进料加工的贸易方式。因此,加工贸易与外商投资企业开始成为出口的主导力量,其中外商投资企业所占中国出口总额比重自2001年以来一直保持在50%以上。而近年来开始有所下降①,主要是因为随着整个世界外贸需求的改变以及中国经济转向内需为动力的经济发展模式的变化,迫使中国的加工贸

---

① 2011年外商直接投资企业出口额占比总出口为51.1%,比上年下降2.8百分点,数据来源于商务部网站。

易企业开始产业升级，其比较优势从成本优势转向差异化优势。这样做的目的是，要求外贸企业应发挥已有生产规模优势，增强自主创新能力，促使价值创造向产业链两端的转移，不断提升企业竞争力，实现其占有人民币外贸定价的主动权。

表7-3　　　　　　　　按照贸易方式进出口比例　　　　　　　单位：%

| 时间 | 一般贸易 | | 加工贸易 | | 其他贸易 | |
|---|---|---|---|---|---|---|
| | 出口 | 进口 | 出口 | 进口 | 出口 | 进口 |
| 1981—1985 年 | 0.92 | 0.9 | 0.08 | 0.09 | 0.00 | 0.01 |
| 1986—1990 年 | 0.66 | 0.63 | 0.32 | 0.27 | 0.02 | 0.10 |
| 1991—1995 年 | 0.50 | 0.36 | 0.48 | 0.40 | 0.03 | 0.24 |
| 1996—2000 年 | 0.42 | 0.36 | 0.56 | 0.45 | 0.03 | 0.19 |
| 2001—2005 年 | 0.41 | 0.44 | 0.55 | 0.40 | 0.03 | 0.16 |
| 2006—2010 年 | 0.45 | 0.49 | 0.49 | 0.35 | 0.06 | 0.16 |
| 2011 年 | 0.48 | 0.58 | 0.44 | 0.27 | 0.08 | 0.15 |

资料来源：作者根据国家统计局网站整理而成。

（3）对外贸易区域结构

从马克和日元国际化发展历程中可得出：一国对外贸易区域分布对贸易计价货币的选择具有重要影响，即计价货币选择存在 Grassman 法则。根据 Grassman 法则，发达国家间的双边贸易主要以本国货币计价；而在发达国家和发展中国家的双边贸易中，主要以发达国家特别是国际主要储备货币发行国的货币为媒介货币。

中国经济发展三十多年来，进出口市场已形成了多样化格局。中国对外贸易不仅与欧盟、美国和日本等传统贸易伙伴的双边贸易实现稳步增长，而且与东盟为代表的亚洲国家、金砖国家等经济体的贸易进出口也保持良好的增长态势。事实证明，进出口产品市场多样化会增加人民币结算的谈判能力。

①欧盟、美国、日本等传统的发达经济体在中国进出口中仍占据较高的比重（见表7-4和表7-5）。欧盟是中国目前最大的出口和进口地区，2011年对欧盟的出口占比达到18.75%，进口达到12.11%；美国是中国第二大出口国，对美国的出口占比达到17.09%；日本是中国第二大进口国，2011年从日本进口占到11.16%。从总体上看，中国与欧盟之间的经贸往来日益密切，美国和日本贸易伙伴地位相对下降。2011年美国、欧盟和日本发达经济体在中国进出口的比重分别达到了24.1%、30.86%和18.97%。相比2002年，进出

口总额占比美国下降了 7.61 个百分点，日本下降了 14.02 个百分点，欧盟则上升了 2.99 个百分点。

表7-4                中国出口地区分布（2002—2011 年）                单位：%

| 年份 | 美国 | 欧盟* | 日本 | 东盟+中国香港+中国台湾 | | | | 金砖国家 | | | | | 韩国 |
| | | | | 东盟** | 中国香港+中国台湾 | | 总和 | 巴西 | 俄罗斯 | 印度 | 南非 | 总和 | |
| | | | | | 中国香港 | 中国台湾 | | | | | | | |
| 2002 | 21.48 | 14.81 | 14.88 | 7.24 | 17.96 | 2.02 | 27.22 | 0.46 | 1.08 | 0.82 | 0.40 | 2.76 | 4.77 |
| 2003 | 21.10 | 16.47 | 13.56 | 7.06 | 17.41 | 2.05 | 26.52 | 0.48 | 1.38 | 0.73 | 0.46 | 3.04 | 4.59 |
| 2004 | 21.06 | 18.06 | 12.39 | 7.23 | 17.00 | 2.28 | 26.52 | 0.62 | 1.53 | 1.00 | 0.51 | 3.66 | 4.69 |
| 2005 | 21.38 | 18.86 | 11.02 | 7.27 | 16.34 | 2.17 | 25.78 | 0.28 | 1.73 | 1.17 | 0.50 | 3.68 | 4.61 |
| 2006 | 21.00 | 19.20 | 9.46 | 7.36 | 16.04 | 2.14 | 25.54 | 0.76 | 1.63 | 1.50 | 0.60 | 4.50 | 4.60 |
| 2007 | 19.07 | 20.09 | 8.38 | 7.72 | 15.11 | 1.92 | 24.75 | 0.93 | 2.33 | 1.97 | 0.61 | 5.84 | 4.60 |
| 2008 | 17.63 | 20.47 | 8.12 | 7.98 | 13.33 | 1.81 | 23.12 | 1.31 | 2.31 | 2.20 | 0.60 | 6.42 | 5.17 |
| 2009 | 18.38 | 19.66 | 8.15 | 8.85 | 13.83 | 1.71 | 24.39 | 1.17 | 1.46 | 2.24 | 0.62 | 5.49 | 4.47 |
| 2010 | 17.95 | 19.72 | 7.67 | 8.76 | 13.84 | 1.88 | 24.48 | 1.55 | 1.88 | 2.56 | 0.68 | 6.68 | 4.36 |
| 2011 | 17.09 | 18.75 | 7.81 | 8.96 | 14.12 | 1.85 | 24.92 | 1.67 | 2.05 | 2.66 | 0.71 | 7.09 | 4.37 |

注：＊欧盟包括比利时、丹麦、英国、德国、法国、爱尔兰、意大利、卢森堡、荷兰、希腊、葡萄牙、西班牙（1994），奥地利、芬兰、瑞典（1995），塞浦路斯、匈牙利、马耳他、波兰、爱沙尼亚、拉脱维亚、立陶宛、斯洛文尼亚、捷克、斯洛伐克（2004），罗马尼亚和保加利亚（2007）。

＊＊东盟包括文莱、印度尼西亚、马来西亚、菲律宾、新加坡、泰国，越南（1996），老挝和缅甸（1998），柬埔寨（2000）。

资料来源：巴西和南非的数据来源于 WTO，International Trade Statistics 2012；其他数据均来自中国商务部。

扩大中国与欧盟之间的双边贸易用本币结算有着良好的基础。中国现有对外贸易中计价货币近90%选择美元计价，美元在中国的贸易往来中接受程度最高。那么，人民币作为国际货币的出现，对于中国和欧盟两大经济体而言是否能够实现双边贸易使用本币结算呢？依据中国和欧盟紧密的双边贸易往来的发展趋势，就微观主体而言，在本国货币充当国际货币的前提下，出口商为规避汇率风险以及节省汇兑成本往往倾向于选择本币结算。因为对政府当局来说本币结算能够实现双赢。欧元作为第二大国际货币有着鲜明的区域化特征，即欧元在欧盟内部使用占主导地位，但是欧盟以外的经贸往来欧元的重要性相对减弱。促使中欧贸易之间使用本币结算为欧元拓展亚洲市场发挥了重要作用。与此同时，也提升人民币在对外贸易中的使用权，有利于推进人民币国际化的进程。

表7-5　　　　　　　中国进口地区分布（2002—2011年）　　　　　单位：%

| 年份 | 美国 | 欧盟 | 日本 | 东盟+中国香港+中国台湾 | | | | 金砖国家 | | | | | 韩国 |
| | | | | 东盟 | 中国香港+中国台湾 | | 总和 | 巴西 | 俄罗斯 | 印度 | 南非 | 总和 | |
| | | | | | 中国香港 | 中国台湾 | | | | | | | |
| 2002 | 9.23 | 13.06 | 18.11 | 10.57 | 3.63 | 12.89 | 27.10 | 1.02 | 2.85 | 0.77 | 0.44 | 5.08 | 9.68 |
| 2003 | 8.20 | 12.86 | 17.96 | 11.47 | 2.69 | 11.96 | 26.12 | 1.41 | 2.36 | 0.96 | 0.44 | 5.15 | 10.45 |
| 2004 | 7.96 | 12.49 | 16.82 | 11.22 | 2.10 | 11.54 | 24.87 | 1.55 | 2.16 | 1.37 | 0.53 | 5.61 | 11.09 |
| 2005 | 7.38 | 11.15 | 15.22 | 11.36 | 1.85 | 11.32 | 24.53 | 1.52 | 2.41 | 1.48 | 0.52 | 5.92 | 11.64 |
| 2006 | 7.48 | 11.41 | 14.62 | 11.31 | 1.36 | 11.01 | 23.68 | 1.63 | 2.22 | 1.30 | 0.52 | 5.66 | 11.34 |
| 2007 | 7.26 | 11.61 | 14.01 | 11.33 | 1.34 | 10.57 | 23.24 | 1.91 | 2.06 | 1.53 | 0.69 | 6.19 | 10.85 |
| 2008 | 7.19 | 11.72 | 13.30 | 10.33 | 1.14 | 9.12 | 20.59 | 2.64 | 2.10 | 1.79 | 0.81 | 7.35 | 9.90 |
| 2009 | 7.70 | 12.70 | 13.02 | 10.61 | 0.87 | 8.52 | 20.00 | 2.81 | 2.12 | 1.36 | 0.86 | 7.16 | 10.19 |
| 2010 | 7.32 | 12.08 | 12.67 | 11.08 | 0.88 | 8.29 | 20.25 | 2.73 | 1.85 | 1.49 | 1.07 | 7.15 | 9.92 |
| 2011 | 7.01 | 12.11 | 11.16 | 11.06 | 0.89 | 7.17 | 19.11 | 3.01 | 2.31 | 1.34 | 1.84 | 8.50 | 9.33 |

注：表7-5中欧盟、东盟同表7-4中的注释。

资料来源：巴西和南非的数据源自WTO，International Trade Statistics 2012；其他数据均来自中国商务部。

②中国与周边国家和地区的贸易往来进一步密切，贸易规模逐渐增大（见表7-4和表7-5），进而推动人民币在该地区的区域化。从中国与亚洲国家之间贸易的相互依存关系看：首先，东盟与中国香港和台湾地区作为一个整体，在中国对外贸易中的地位已超过任一成熟经济体。2011年东盟与香港和台湾地区在中国进出口贸易中的比重分别达到19.11%和24.92%。其中，"中国东盟自由贸易区"致力于自由贸易以及统一市场的建立，东盟与中国贸易往来也呈现不断上升的趋势。2011年东盟已替代日本成为了中国的第三大贸易伙伴。因为香港和台湾地区进出口比重下降的因素，中国从东盟、香港以及台湾地区的进口比重比十年前下降了8个百分点。但这一地区的出口比重相对稳定，保持在25%左右。由于贸易一体化程度和地缘优势，有助于人民币在"东盟+3"① 区域内的使用，而且借助于政府间经贸合作以及国家间货币合作，人民币在双边贸易中的使用需求将稳步提升。其次，中国作为亚洲市场提供者地位的确立。我们以中国、美国、日本三国作为亚洲市场提供者地位变迁为例，进一步说明人民币区域

① "东盟+3"指东盟与中国大陆以及香港和台湾地区。

化的进展。在已经过去的十余年中，中国在区域内发挥着越来越重要的作用，亚洲的贸易格局发生了明显改变（见表 7 − 6）。2011 年亚洲其他国家有 22.92% 的贸易量是与中国交易的，与此同时，美国从亚洲国家的进口额由 25.6% 下降到14.08%，而日本从亚洲其他国家的进口额也由 13% 下降到 8.59%，显然经济优势已经从美国和日本转向中国。美国亚洲市场提供者的地位已经被中国所取代，中国已成为了亚洲各国最大的出口市场。中国在亚洲区域内的市场提供者地位的提升，有利于人民币在东亚这个"软美元区"逐步推进"去美元化"的同时，努力实现人民币"亚洲化"的成效。

表 7 − 6　　　　　　中国、美国、日本亚洲市场提供者[①]地位比较　　　　　单位：%

| 年份 | 2001 | 2002 | 2003 | 2004 | 2005 | 2006 | 2007 | 2008 | 2009 | 2010 | 2011 |
|------|------|------|------|------|------|------|------|------|------|------|------|
| 中国 | 10.23 | 12.64 | 15.56 | 17.36 | 18.46 | 19.21 | 20.28 | 19.81 | 21.61 | 22.78 | 22.92 |
| 美国 | 25.60 | 24.90 | 22.57 | 21.40 | 20.85 | 20.02 | 18.14 | 16.14 | 15.94 | 15.06 | 14.08 |
| 日本 | 13.00 | 11.72 | 11.29 | 10.91 | 10.45 | 9.67 | 8.85 | 9.16 | 8.59 | 8.42 | 8.59 |

资料来源：WTO, International Trade Statistics 2012，并经作者整理和计算。

③中国与新兴市场国家和地区的贸易往来日益紧密，促使人民币结算成了人民币"金砖化"的基础。金砖国家经济增长速度显著，与此同时，有利于双边贸易的迅速增长。"金砖四国"在中国进出口比重中呈上升趋势。2011 年进出口分别达到 8.5%（相比 2002 年上升 3.42 个百分点）和 7.09%（相比2002 年上升 4.33 个百分点）。2012 年中非贸易总额 1 984 亿美元，而根据2009 年中国深度参与非洲经济以来的增速预计，到 2015 年这一数字可以达到3 800 亿美元。俄罗斯、巴西和南非作为新兴的资源国，更是中国贸易战略上重点合作的对象，它们可称之为人民币国际化平台搭建中以"商品换资源"利益交换模式的典型代表。据相关部门预计，"金砖五国"在全球产出和贸易中的占比将由 2012 年的 27% 提升到 2018 年的 32%，金砖国家之间选择双边贸易本币结算，逐步减少对美元、欧元等的依赖，使各国外汇储备趋于多元化，随着未来新兴经济体的崛起，特别是金砖国家合作的深入，人民币具有巨大贸易结算空间是可以想象的。

2. 对外贸易出口商品的竞争力

我们使用显示性比较优势指数（Revealed Competive Advantage Index，RCA

① 表 7 − 6 计算的过程：$Market\ provider_i = I_i /$（亚洲国家出口总额 $- X_i$），其中 Market provider 代表亚洲市场提供者；i 代表中国、美国和日本；$X_i$ 代表第 i 国的出口额，当代表美国时，$X_i = 0$；$I_i$ 代表第 i 国的来自亚洲国家的进口额。

指数）来分析中国出口贸易商品的竞争力。显示性比较优势分析方法最先由巴拉萨（Balassa，1989）提出并使用，后经小岛清和 Ballace 等的理论推导和整理而得到完善和广泛推广。

RCA 指数指一国总出口中某类产品所占份额相对于该产品在世界贸易总额中所占比例的大小。用公式表示：$RCA = \dfrac{\dfrac{X_e}{X}}{\dfrac{W_e}{W}}$，其中，$X_e$ 为一国某类产品的出口额；$X$ 为一国所有产品的出口额；$W_e$ 为该类产品的世界出口总额；$W$ 为所有产品的世界出口总额。一般认为，若 $RCA \geqslant 2.5$，则具有强的竞争力；若 $1.25 \leqslant RCA < 2.5$ 则具有较强的竞争力；若 $0.8 \leqslant RCA < 1.25$，则具有一般的竞争力；若 $RCA < 0.8$，则具有弱的竞争力。

根据 SITC 分类指标，0~4 类为初级产品，其余为工业制成品，具体各类商品的内容如表 7-7 所示。

表 7-7　　　　　　　　　　SITC 分类说明

| 初级产品（0~4 类） | 工业制成品（5~9 类） |
|---|---|
| SITC-0：食品及活动物 | SITC-5：化学产品及有关产品 |
| SITC-1：饮料及烟类 | SITC-6：按原料分类的制成品 |
| SITC-2：非食用原料（燃料除外） | SITC-7：机械及运输设备 |
| SITC-3：矿物燃料、润滑油及有关原料 | SITC-8：杂项制品 |
| SITC-4：动植物油、脂及蜡 | SITC-9：未分类产品 |

资料来源：Department of Economic and Social Affairs of the United Nations Secretarist，Statistics Divisio，Standard International Trade Classification，Revisions 4，2006.

SITC 分类方法将出口商品分为两类：初级产品和工业制成品，按照资源要素禀赋来分类，可以将这十大类商品分为资源密集型、资本密集型和劳动密集型，其中 0~4 类商品为资源密集型产品，5 类、7 类为资本密集型产品，6 类、8 类为劳动密集型产品。文中根据 0~8 类商品，我们计算了中国 1980—2011 年的 RCA 指数（见表 7-8），结果显示中国对外贸易商品的竞争优势发生了很大变化。

表 7-8　　　　　中国出口商品 RCA 指数（1980—2011 年）

| 年份 | SITC-0 | SITC-1 | SITC-2 | SITC-3 | SITC-4 | SITC-5 | SITC-6 | SITC-7 | SITC-8 |
|---|---|---|---|---|---|---|---|---|---|
| 1980 | 1.739 | 0.432 | 1.517 | 1.195 | 0.540 | 0.776 | 1.290 | 0.171 | 1.890 |
| 1985 | 1.644 | 0.366 | 1.850 | 1.774 | 0.668 | 0.563 | 1.046 | 0.085 | 1.253 |

续表

| 年份 | SITC - 0 | SITC - 1 | SITC - 2 | SITC - 3 | SITC - 4 | SITC - 5 | SITC - 6 | SITC - 7 | SITC - 8 |
|---|---|---|---|---|---|---|---|---|---|
| 1990 | 1. 418 | 0. 460 | 1. 278 | 1. 079 | 0. 644 | 0. 648 | 1. 203 | 0. 243 | 1. 505 |
| 1991 | 1. 329 | 0. 589 | 1. 200 | 0. 813 | 0. 517 | 0. 584 | 1. 239 | 0. 265 | 1. 663 |
| 1992 | 1. 267 | 0. 667 | 0. 956 | 0. 794 | 0. 401 | 0. 558 | 1. 177 | 0. 411 | 2. 780 |
| 1993 | 1. 228 | 0. 812 | 0. 912 | 0. 662 | 0. 543 | 0. 559 | 1. 125 | 0. 435 | 2. 894 |
| 1994 | 1. 136 | 0. 677 | 0. 915 | 0. 559 | 0. 818 | 0. 548 | 1. 207 | 0. 463 | 2. 883 |
| 1995 | 0. 940 | 0. 811 | 0. 752 | 0. 637 | 0. 569 | 0. 629 | 1. 315 | 0. 539 | 2. 708 |
| 1996 | 0. 957 | 0. 763 | 0. 742 | 0. 529 | 0. 536 | 0. 624 | 1. 198 | 0. 597 | 2. 806 |
| 1997 | 0. 901 | 0. 513 | 0. 647 | 0. 571 | 0. 723 | 0. 588 | 1. 209 | 0. 596 | 2. 835 |
| 1998 | 0. 881 | 0. 493 | 0. 593 | 0. 496 | 0. 322 | 0. 570 | 1. 147 | 0. 655 | 2. 792 |
| 1999 | 0. 883 | 0. 379 | 0. 679 | 0. 343 | 0. 157 | 0. 544 | 1. 163 | 0. 717 | 2. 729 |
| 2000 | 0. 940 | 0. 338 | 0. 610 | 0. 314 | 0. 154 | 0. 537 | 1. 234 | 0. 809 | 2. 680 |
| 2001 | 0. 847 | 0. 351 | 0. 546 | 0. 336 | 0. 136 | 0. 515 | 1. 195 | 0. 888 | 2. 468 |
| 2002 | 0. 789 | 0. 317 | 0. 471 | 0. 298 | 0. 079 | 0. 452 | 1. 166 | 0. 971 | 2. 341 |
| 2003 | 0. 708 | 0. 249 | 0. 392 | 0. 276 | 0. 064 | 0. 416 | 1. 134 | 1. 087 | 2. 187 |
| 2004 | 0. 599 | 0. 238 | 0. 322 | 0. 246 | 0. 061 | 0. 410 | 1. 186 | 1. 159 | 2. 082 |
| 2005 | 0. 574 | 0. 193 | 0. 318 | 0. 188 | 0. 095 | 0. 437 | 1. 208 | 1. 223 | 2. 071 |
| 2006 | 0. 540 | 0. 161 | 0. 248 | 0. 140 | 0. 104 | 0. 436 | 1. 262 | 1. 254 | 2. 078 |
| 2007 | 0. 493 | 0. 146 | 0. 217 | 0. 130 | 0. 056 | 0. 459 | 1. 232 | 1. 276 | 2. 108 |
| 2008 | 0. 432 | 0. 143 | 0. 230 | 0. 139 | 0. 072 | 0. 522 | 1. 318 | 1. 363 | 2. 175 |
| 2009 | 0. 432 | 0. 153 | 0. 199 | 0. 134 | 0. 050 | 0. 437 | 1. 195 | 1. 410 | 2. 037 |
| 2010 | 0. 447 | 0. 153 | 0. 182 | 0. 131 | 0. 041 | 0. 480 | 1. 185 | 1. 392 | 2. 054 |
| 2011 | 0. 455 | 0. 154 | 0. 176 | 0. 131 | 0. 044 | 0. 527 | 1. 216 | 1. 355 | 2. 097 |

资料来源：2011 年中国统计年鉴和联合国统计司，并经作者整理而成。

第一阶段，20 世纪 80 年代至 90 年代初期。该时期中国初级产品中包括资源密集型产品中的 SITC - 0（食品及活动物）、SITC - 2（非食用原料，燃料除外）和 SITC - 3（矿物燃料、润滑油及有关原料）在内且 RCA 指数在 1. 25 以上具有较强的竞争力，工业制成品当中劳动密集型产品 SITC - 8（杂项制品）的 RCA 指数由 1. 89 上升到 90 年代的 2. 5 以上具有很强竞争力，SITC - 7（机械及运输设备）RCA 指数小于 0. 8，具有弱的竞争力。说明此时中国的出口贸易结果总体上是出口原材料、能源、食品等初级产品来换取国内经济发展急需的工业产品。

第二阶段，20世纪90年代中期至今。该时期中国初级商品（资源密集型商品）RCA指数不断下降，小于0.8，而工业品RCA指数除SITC-5（化学产品及有关产品）在0.5左右竞争力不高外，SITC-6（按原料分类的制成品）的RCA指数在1.25上下波动，具有一般的竞争力，SITC-7（机械及运输设备）RCA指数由不到0.171上升到1.355，由竞争劣势转向较强的竞争力；SITC-8（杂项制品）传统劳动密集型比较优势产品持续保持较强的竞争力。

以上分析表明，中国资本密集型产品（机械及运输设备）的国际竞争力得到很大增强，劳动密集型产品的竞争优势保持的同时在上升。机械及运输设备产品、劳动密集型产品上具有较强的竞争力，这表明，在出口中，人民币在这些领域中使用更易推行。

3. 对外贸易收支平衡

从整体上看中国仍然是贸易顺差大国，并且呈现地域差异。2011年贸易顺差1 551.42亿美元，但是，其顺差主要发生针对美欧贸易商（见图7-2）。而在亚洲（除中国香港外）和金砖国家（除印度外），2011年中国对东盟、日本、韩国、巴西、俄罗斯、印度、南非、中国台湾基本保持逆差。中国对上述国家和地区的贸易逆差总额达到了2 521.48亿美元，是2002年631.57亿美元的3.99倍，最近十年数据表明这种趋势在不断加强。罗兰·霍尔斯特（Roland Holst，2002）预测，未来这种趋势还将延续。到2020年，中国对美国、欧盟等国家和地区将继续保持较大贸易盈余，而对东亚以及东南亚国家仍保持大约相同规模的贸易赤字（见表7-9）。中国对大部分亚洲伙伴都维持着较大的贸易逆差，也就是说，人民币在亚洲各地都有需求。东盟的贸易环境非常有利于人民币的发展和推广。货币紧随的是贸易的脚步，中国与亚洲其他国家之间的贸易额已经超越了美国，实际上中国在东亚所扮演的市场提供者的角色和地位将有利于人民币通过经常项目流入东亚及金砖国家等新兴市场经济体，促进市场对人民币的接受和使用，从而推进跨境贸易人民币规模的扩大，其中，亚洲国家对中国的出口依存水平不断加深。通过网络外部性原理可以得出，一国贸易覆盖的广度和深度直接决定了其货币能在多大范围内得到推广和使用，东盟国家与中国贸易合作程度的不断加深是人民币成为东南亚地区主导货币的坚实后盾。可见，贸易伙伴的分布，随着人民币的地位上升，日后很有可能会有更多非中国企业选择以人民币作为贸易结算单位。在初期，这个现象可能会先出现于亚洲市场和金砖国家，但长远而言，必定扩展至全球更多发展中国家。

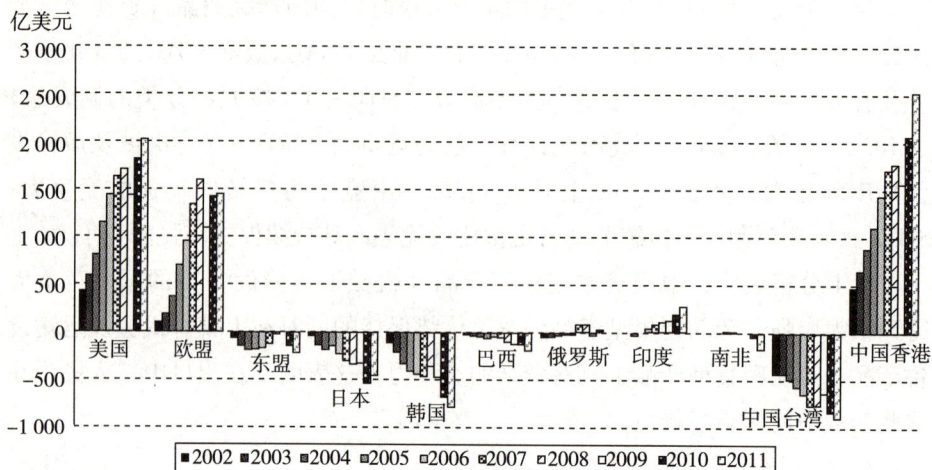

资料来源：巴西和南非的数据源自 WTO，international trade statistics 2012；其他数据均来自中国商务部。

图 7 - 2　中国对各国/地区贸易差额

表 7 - 9　预计 2020 年主要国家和地区和地区双边贸易平衡情况表

单位：十亿美元

| 出口 | 进口 | | | | | | | 出口相对于进口总计 |
|---|---|---|---|---|---|---|---|---|
| | 中国 | 日本 | 新兴工业化经济体系 | 东盟 | 美国 | 欧盟 | 世界其他国家 | |
| 中国 | 0 | -5 | -135 | -41 | 166 | 66 | 71 | 122 |
| 日本 | 5 | 0 | 39 | 20 | 23 | -15 | -50 | 22 |
| 新兴工业化经济体系 | 135 | -39 | 0 | 19 | -32 | -32 | -12 | 39 |
| 东盟 | 41 | -20 | -19 | 0 | 18 | 8 | 12 | 40 |
| 美国 | -166 | -23 | 32 | -18 | 0 | 48 | -40 | -167 |
| 欧盟 | -66 | 15 | 32 | -8 | -48 | 0 | 34 | -41 |
| 世界其他国家 | -71 | 50 | 12 | -12 | 40 | -34 | 0 | -15 |

资料来源：David Roland - Holst，An Overview of PRC's Emergence and East Asian Trade Pattern to 2020，ADB Institution Reasearch Paper 44，October 2002：19.

### 7.1.2　增强贸易合作对人民币国际化的推动

中国与亚洲国家、金砖国家为代表的新兴市场经济体以及欧盟、美国、日本发达经济体之间的贸易合作已成为人民币国际化的有力推动因素。

1. 中国与亚洲国家间贸易往来推动人民币"亚洲化"。人民币在亚洲国家有着良好的区域化基础，中国在亚洲区域内的最大市场提供者地位为人民币在区域内的使用提供了坚实基础，有利于人民币通过经常账户的流出以及人民币在亚洲周边国家的流通。Shames（2002）认为，如果一国处于国际贸易逆差地位，在一定程度上会促进这个国家的货币流出。而根据相关预测，中国与东盟为代表的亚洲国家之间的贸易逆差仍将持续至 2020 年。因而，中国与东盟之间的贸易关系有助于人民币的国际化。中国已与俄罗斯、蒙古、越南、缅甸、老挝等国签订了自主选择双边货币结算的协议，与港澳台地区和东盟国家实行跨境人民币结算，并在该地区不断启动人民币清算行。总之，随着中国—东盟自贸区的蓬勃发展，人民币在亚洲的市场需求将不断提升。

2. 中国与金砖国家等新兴市场间贸易往来推动人民币"金砖化"。人民币在金砖国家等新兴市场有着良好的国际化基础。与金砖国家间经贸往来成为中国对外贸易新的增长点。金砖国家间贸易十年来增长了大约 6 倍，中国已成为巴西、俄罗斯、南非的最大贸易伙伴和印度的第二大贸易伙伴①。中国与新兴市场国家双方的贸易合作能够体现各自的比较优势，中国的商品与基建与新兴市场国家能源相交换以共同发展。同时，金砖国家间的货币合作（如本币结算协议），在制度安排上对人民币在贸易中的计价起到了推动作用。总之，随着中国与金砖国家为代表的新兴经济体经贸往来的深化，人民币"金砖化"将不断向前推进。

3. 在中国与欧盟、美国和日本成熟经济体的贸易往来中，人民币贸易计价未来呈现"去美元化"趋势。中国与欧盟、美国和日本的贸易往来通常选择美元计价和结算。根据相关数据，欧元在区域外贸易计价结算比例并不高，中国和欧盟贸易大多采用第三方货币美元作为结算货币；同样中国和日本贸易间也是美元结算占绝大多数。虽然美元、欧元和日元同属于在位的国际货币，但是，欧元和日元为了提升自身货币的国际化地位，如果与中国贸易往来中采用本币结算这一合作博弈的形式，将取得双赢，最终形成"去美元化"的趋势。当然，在现有市场需求基础上，需要政府间的合作并进行制度上的推动。

4. 基于外贸微观基础稍显薄弱的现实情况，进出口商品贸易结构显示出中国的出口商品资本密集型与劳动密集型产品的一定竞争力，但是竞争能力并不是很强。中国出口贸易中加工贸易仍然占比接近一半，并且外商投资企业是加工贸易的主体，加工贸易转型升级正在进行中而尚未完成，这就导致了现阶

---

① 数据来源于中国商务部，2012 年 9 月 12 日。

段中国出口商品的议价能力有限，在进出口合同中主张人民币作为计价结算货币的能力并不占优势。这需要进一步提升中国出口企业的竞争力。进口中占比近30%的初级产品，包括原油、铁矿石在内，美元定价占主导地位，人民币作为国际货币竞争的新媒介，挑战主导货币地位还需要很长的时间。

来自于现实中的市场调查也同样印证了人民币国际化的上述观点。即人民币作为贸易计价结算货币市场接受意愿呈现"亚洲（还包括非洲和拉美）→欧洲→北美"依次下降的趋势。该结果来源于西联汇款（Western Union）向超过1 000家中国内地公司进行的调查，美国和欧洲的公司最不愿意接受人民币，分别占42%和23%。而不愿意接受人民币的东南亚和日本公司则分别占13%和8%。澳洲的公司是支持中国基建发展的主要天然资源供应商，当中仅有2%不愿意接受人民币结算。据渣打银行的一份报告称，非洲将成为人民币区域化的潜在市场。

目前，中国内地贸易占全球贸易量约10%，相信5～8年内会进一步上升，到2020年时占比可望增至20%，同时人民币贸易结算的基础配套已完成，并无实际障碍，所以可见认为人民币未来在贸易结算上仍有很大发展潜力。

## 7.2　动力源之二：扩大对外投资

一国货币国际化不仅要求商品输出，同时要求资本对外输出。对外投资是扩大本币国际流通的重要途径之一，世界上主要货币国际化均伴随着大量的国际流通。根据前文对主要货币国际化的经验研究，一国货币的国际化过程中都伴随着对外投资的过程。在金本位制时期，伦敦为各国提供英镑的资金融通以及英国企业向全球进行对外直接投资输出巨额英镑；美元国际化先后通过资本账户下输出美元，以及通过经常账户逆差向世界提供了美元流动性；日本通过经济的崛起以及金融市场化改革，通过大规模对外直接投资向亚洲以及发达国家输出日元，使日元迅速成为国际化货币。对外投资的扩大必然能加大人民币的国际流通量，解决货币的可获得性问题。

### 7.2.1　扩大对外投资是实现人民币国际化的助推利器

1. 中国对外直接投资规模

中国与大多数发展中国家一样，针对资本的跨境流动，秉承的原则是鼓励长期资本的流入，限制长期资本的流出。改革开放初期，受国内居民储蓄短缺和外汇短缺"双缺口"影响，实施管制对外直接投资有效防止资金缺口扩大的政策。随着中国经济发展和外汇储备的增加，国内储蓄过剩和外汇储备过剩呈现"双过剩"格局，这要求政府逐步放松对外直接投资的管制。与此同时，中国对外直接投资也开始进入了不断发展阶段。1997年党的十五大提出鼓励对外投资，目的在于更好地利用两个市场和两个资源，在扩大对外贸易的同时，组织有实力和优秀的企业走出去。2000年10月，在中国国内经济和社会发展第十个五年计划中指出，鼓励有竞争力的企业对外投资，扩大经济技术合作的领域、途径和方式，并在信贷、保险等金融服务方面给予帮助。党的十六大、十七大以及十八大均指出，要把"引进来"和"走出去"相结合，使中国企业积极参与国际竞争和合作，增强企业国际化经营能力，提高中国的对外开放水平。

近十年来，中国对外直接投资由小到大，取得了历史性的突破。自2001年开始，随着中国政策对境外投资鼓励和支持力度加大，中国对外直接投资增长迅速。在此期间，中国的对外直接投资从69亿美元增长到2011年的746.5亿美元，年均复合增长达到24.17%（见图7-3）。

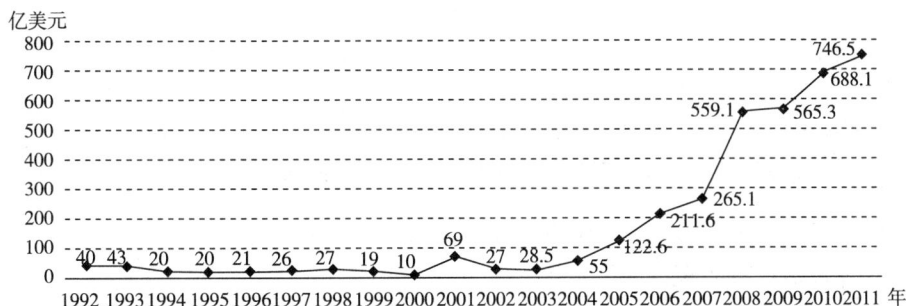

资料来源：1992—2001年中国对外直接投资数据来自联合国贸发会议世界投资报告；2002—2011年数据来自中国商务部统计数据。

**图7-3 1992—2011年中国对外直接投资流量情况**

目前，中国已经紧追美国、日本、英国、法国和中国香港地区成为全球第六大投资者（见图7-4）。联合国贸发会议（UNCTAD）《2012年世界投资报告》显示，2011年全球外国直接投资流出流量1.69万亿美元，年末存量21.17万亿美元，以此为基期进行计算，2011年中国对外直接投资分别占全球当年流量和存量的4.4%和2%①。

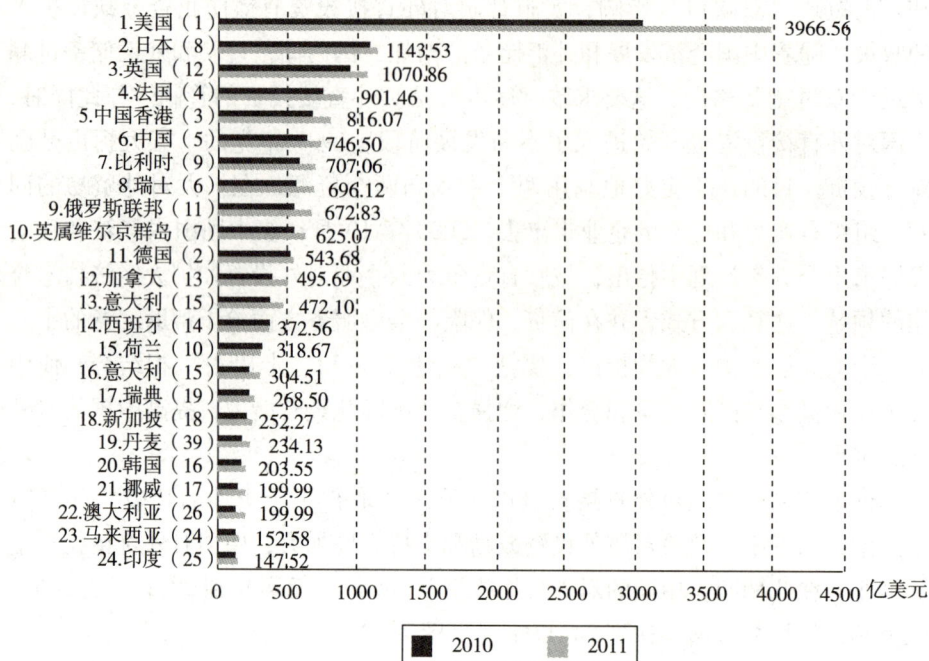

| 排名 | 国家（地区） | 数值 |
|---|---|---|
| 1.美国（1） | | 3966.56 |
| 2.日本（8） | | 1143.53 |
| 3.英国（12） | | 1070.86 |
| 4.法国（4） | | 901.46 |
| 5.中国香港（3） | | 816.07 |
| 6.中国（6） | | 746.50 |
| 7.比利时（9） | | 707.06 |
| 8.瑞士（6） | | 696.12 |
| 9.俄罗斯联邦（11） | | 672.83 |
| 10.英属维尔京群岛（7） | | 625.07 |
| 11.德国（2） | | 543.68 |
| 12.加拿大（13） | | 495.69 |
| 13.意大利（15） | | 472.10 |
| 14.西班牙（14） | | 372.56 |
| 15.荷兰（10） | | 318.67 |
| 16.意大利（15） | | 304.51 |
| 17.瑞典（19） | | 268.50 |
| 18.新加坡（18） | | 252.27 |
| 19.丹麦（39） | | 234.13 |
| 20.韩国（16） | | 203.55 |
| 21.挪威（17） | | 199.99 |
| 22.澳大利亚（26） | | 199.99 |
| 23.马来西亚（24） | | 152.58 |
| 24.印度（25） | | 147.52 |

注：图7-4中各国（地区）从上到下按照2011年全球OFDI前24名排列；各国（地区）名称后括号内的数字代表该国（地区）2010年全球排名。

资料来源：联合国贸发会议，http：//unctadstat. unctad. org/TableViewer/tableView. aspx。

**图7-4　2010—2011年全球经济体对外直接投资排名统计情况**

2. 中国对外直接投资的地区分布

（1）地区分布概况

目前，中国对外直接投资已遍及世界各地，覆盖了80%的国家和地区，亚洲和拉美地区是中国对外直接投资最为集中的地区（见图7-5），近年对非洲的投资增长很快，对欧洲、大洋洲、北美洲的直接投资波动中有上升趋势。尽管如此，无论是投资存量还是投资流量总额，亚洲依然占据绝对主导地位。从企业投资覆盖率中得知，非洲和亚洲地区最高，分别达到90%和85%（见图7-6）。2011年1月13日，中国人民银行发布《境外直接投资人民币结算试点管理办法》（以下简称《办法》），跨境贸易人民币结算试点地区的银行企

---

① 中国商务部，中国统计局，国家外管局. 2011年度中国对外直接投资统计公报［M］. 北京：中国统计出版社，2012：4.

业可开展境外直接投资人民币结算试点,该《办法》有助于降低汇率风险,提高资金的周转和使用效率。对外直接投资中使用人民币结算,将有助于满足该地区不断增长的人民币需求,推动人民币国际化。

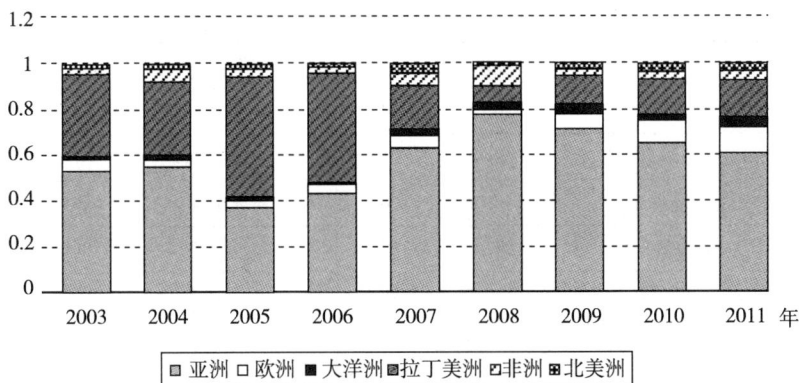

资料来源:《2011 年度中国对外直接投资统计公报》。

图 7-5　2003—2012 年中国对外直接投资流量地区构成情况

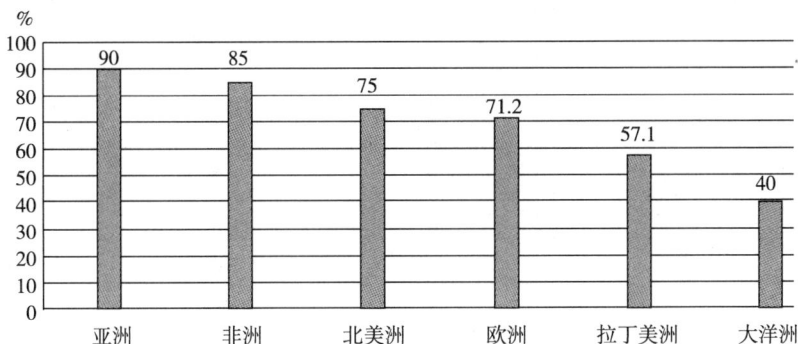

资料来源:《2011 年度中国对外直接投资统计公报》。

图 7-6　2011 年末中国境外企业在世界各地区投资覆盖率

(2)对外直接投资区域化特征

表 7-11 表明,如果将 2011 年中国对外直接投资(OFDI)流量在 1 亿美元以上的 46 个国家(地区)相比照,可知用流量与存量所表明的 OFDI 基本一致。文章中选择 OFDI 流量分析,原因在于中国的对外直接投资在 2001 年开始迅速增长,流量占主要国家的份额能较真实反映中国 OFDI 在东道国吸收直接投资(FDI)的比重,而存量数据则可能缩小这一重要性。基于此,按照表

7-10 中流量在 1 亿美元以上的国家和地区按照区域进行排列，形成表 7-11①。

表 7-10　　2011 年中国 OFDI 流量在 1 亿美元以上的国家（地区）

单位：亿美元

| 序号 | 国家（地区） | 金额 | 序号 | 国家（地区） | 金额 |
|---|---|---|---|---|---|
| 1 | 中国香港 | 356.55 | 24 | 阿拉伯联合酋长国 | 3.15 |
| 2 | 英属维尔京群岛 | 62.08 | 25 | 阿富汗 | 2.96 |
| 3 | 开曼群岛 | 49.36 | 26 | 赞比亚 | 2.92 |
| 4 | 法国 | 34.82 | 27 | 泰国 | 2.3 |
| 5 | 新加坡 | 32.69 | 28 | 菲律宾 | 2.67 |
| 6 | 澳大利亚 | 31.65 | 29 | 意大利 | 2.25 |
| 7 | 美国 | 18.11 | 30 | 缅甸 | 2.18 |
| 8 | 英国 | 14.2 | 31 | 秘鲁 | 2.14 |
| 9 | 卢森堡 | 12.65 | 32 | 中国澳门 | 2.03 |
| 10 | 苏丹 | 9.12 | 33 | 尼日利亚 | 1.97 |
| 11 | 俄罗斯联邦 | 7.16 | 34 | 越南 | 1.89 |
| 12 | 伊朗 | 6.16 | 35 | 阿根廷 | 1.85 |
| 13 | 印度尼西亚 | 5.92 | 36 | 印度 | 1.8 |
| 14 | 哈萨克斯坦 | 5.82 | 37 | 荷兰 | 1.68 |
| 15 | 柬埔寨 | 5.66 | 38 | 日本 | 1.49 |
| 16 | 加拿大 | 5.54 | 39 | 吉尔吉斯斯坦 | 1.45 |
| 17 | 德国 | 5.12 | 40 | 西班牙 | 1.4 |
| 18 | 老挝 | 4.59 | 41 | 巴西 | 1.26 |
| 19 | 蒙古 | 4.51 | 42 | 沙特阿拉伯 | 1.23 |
| 20 | 津巴布韦 | 4.4 | 43 | 伊拉克 | 1.22 |
| 21 | 毛里求斯 | 4.19 | 44 | 萨摩亚 | 1.18 |
| 22 | 韩国 | 3.42 | 45 | 百慕大群岛 | 1.16 |
| 23 | 巴基斯坦 | 3.33 | 46 | 阿尔及利亚 | 1.14 |

资料来源：《2011 年中国对外直接投资统计公报》。

---

① 表 7-11 中除包含表 7-10 中的 46 个国家和地区外，为了书中分析的需要另外增加了南非和马来西亚两个国家。

表 7 - 11　　　　2011 年中国对外直接投资主要区域分布（流量）

单位：亿美元、%

| 国家和地区 | FDI 流量 | 中国 OFDI 流量 | 中国 OFDI 流量/本国 FDI | 中国 OFDI 流量/中国 OFDI |
|---|---|---|---|---|
| 亚洲 | | | | 60.66 |
| 中国香港 | 831.56 | 356.55 | 42.88 | 47.76 |
| 中国澳门 | 43.65 | 2.03 | 4.65 | 0.27 |
| 日本 | -17.58 | 1.49 | -8.48 | 0.20 |
| 韩国 | 46.61 | 3.42 | 7.34 | 0.46 |
| 新加坡 | 640.03 | 32.69 | 5.11 | 4.38 |
| 印度尼西亚 | 189.06 | 5.92 | 3.13 | 0.79 |
| 菲律宾 | 12.62 | 2.67 | 21.16 | 0.36 |
| 泰国 | 95.72 | 2.3 | 2.40 | 0.31 |
| 柬埔寨 | 8.92 | 5.66 | 63.45 | 0.76 |
| 老挝（2010） | 3.33 | 3.14 | 94.29 | 0.46 |
| 越南 | 74.3 | 1.89 | 2.54 | 0.25 |
| 缅甸 | 8.5 | 2.18 | 25.65 | 0.29 |
| 马来西亚 | 119.66 | 0.9513 | 0.80 | 0.13 |
| 印度 | 315.54 | 1.8 | 0.57 | 0.24 |
| 蒙古 | 47.15 | 4.51 | 9.57 | 0.60 |
| 伊朗 | 36.48 | 6.16 | 16.89 | 0.83 |
| 哈萨克斯坦 | 129.1 | 5.82 | 4.51 | 0.78 |
| 巴基斯坦 | 20.22 | 3.33 | 16.47 | 0.45 |
| 阿拉伯联合酋长国 | 76.79 | 3.15 | 4.10 | 0.42 |
| 阿富汗 | 4.11 | 2.96 | 72.02 | 0.40 |
| 吉尔吉斯斯坦 | 6.94 | 1.45 | 20.89 | 0.19 |
| 沙特阿拉伯 | 164 | 1.23 | 0.75 | 0.16 |
| 伊拉克 | 16.17 | 1.22 | 7.54 | 0.16 |
| 非洲 | | | | 3.78 |
| 苏丹 | 19.36 | 9.12 | 47.11 | 1.22 |
| 津巴布韦 | 4.87 | 4.4 | 90.35 | 0.59 |
| 毛里求斯 | 4.73 | 4.19 | 88.58 | 0.56 |
| 赞比亚 | 19.82 | 2.92 | 14.73 | 0.39 |
| 尼日利亚 | 89.15 | 1.97 | 2.21 | 0.26 |
| 阿尔及利亚 | 25.71 | 1.14 | 4.43 | 0.15 |

续表

| 国家和地区 | FDI 流量 | 中国 OFDI 流量 | 中国 OFDI 流量/本国 FDI | 中国 OFDI 流量/中国 OFDI |
|---|---|---|---|---|
| 南非（2010） | 12. 28 | 4. 11 | 33. 47 | 0. 60 |
| **拉丁美洲** | | | | 15. 63 |
| 秘鲁 | 82. 33 | 2. 14 | 2. 60 | 0. 29 |
| 阿根廷 | 72. 43 | 1. 85 | 2. 55 | 0. 25 |
| 巴西 | 666. 6 | 1. 26 | 0. 19 | 0. 17 |
| 英属维尔京群岛 | 537. 17 | 62. 08 | 11. 56 | 8. 32 |
| 开曼群岛 | 74. 08 | 49. 36 | 66. 63 | 6. 61 |
| **欧洲** | | | | 10. 62 |
| 法国 | 409. 45 | 34. 82 | 8. 50 | 4. 66 |
| 英国 | 539. 49 | 14. 2 | 2. 63 | 1. 90 |
| 卢森堡 | 171. 29 | 12. 65 | 7. 39 | 1. 69 |
| 德国 | 404. 02 | 5. 12 | 1. 27 | 0. 69 |
| 意大利 | 290. 59 | 2. 25 | 0. 77 | 0. 30 |
| 荷兰 | 171. 29 | 1. 68 | 0. 98 | 0. 23 |
| 西班牙 | 294. 76 | 1. 4 | 0. 47 | 0. 19 |
| 俄罗斯联邦 | 528. 78 | 7. 16 | 1. 35 | 0. 96 |
| **北美** | | | | 3. 32 |
| 美国 | 2269. 37 | 18. 11 | 0. 80 | 2. 43 |
| 加拿大 | 409. 32 | 5. 54 | 1. 35 | 0. 74 |
| 百慕大群岛 | 4. 24 | 1. 16 | 27. 36 | 0. 16 |
| **大洋洲** | | | | 4. 40 |
| 澳大利亚 | 413. 17 | 31. 65 | 7. 66 | 4. 24 |
| 萨摩亚 | 1. 2 | 1. 18 | 98. 33 | 0. 16 |

注：东盟国家指文莱、缅甸、柬埔寨、印度尼西亚、老挝、马来西亚、菲律宾、新加坡、泰国和越南，其中老挝使用的是 2010 年数据；马来西亚属于东盟国家，2011 年接近 1 亿美元；由于 2011 年中国对南非的 OFDI 为负数，这里使用的是 2010 年的南非数据。

资料来源：《2011 年中国直接投资统计公报》以及联合国贸易与发展会议。

对表 7 - 11 中的具体分析如下①：

---

① 中国通过避税型离岸金融市场包括百慕大群岛和开曼群岛投资所占比重达到该地区吸引外资的27. 36% 和 66. 63% ，而位于大洋洲的萨摩亚，该比率达到 98. 33% ，属国际避税地。

①按照中国对外直接投资流量从高到低排序，依次是对亚洲投资占总额 60.66%、拉丁美洲占 15.63%、欧洲占 10.62%、大洋洲占 4.4%、非洲占 3.78% 和北美占 3.32%。从整体来看，中国对外直接投资的全球分布主要倾向于亚洲。

②就亚洲而言，非常倾向于香港地区，香港是吸引中国对外直接投资最大的经济体，占香港吸引 FDI 总额比达到 42.88%，同时在中国总体 OFDI 比重达到 47.76%；东盟四国（菲律宾、柬埔寨、老挝和缅甸①）对中国对外直接投资依赖性比较大，占该国吸收 FDI 比重达 20% 以上；对中亚国家的投资占阿富汗、伊朗、巴基斯坦和吉尔吉斯斯坦 FDI 总额达到 15% 以上；中国的对外直接投资流向邻国和亚洲发展中经济体在很大程度上是由于中国和亚洲经济体在经济、商业和文化之间的高度相似性（UNCTAD，2003；Wall，1997；Wu 和 Chen，2001）。该地区吸收的中资境外企业数量最多、中国的 FDI 存量最高。中国对非洲国家的投资虽然总额不大②，但是已经成为了苏丹、津巴布韦和毛里求斯最大的 FDI 来源国，对南非的投资比重占到该国的 30% 以上。考虑到对中国 OFDI 的依赖性，可以初步确定，亚洲和非洲应是人民币区域化的主要区域目标。下面以国家（地区）比较来进一步论证中国在亚洲和非洲地区的直接投资地位和发展趋势。

表 7 – 12　　　　　南亚、东亚和东南亚的 FDI 主要来源地（存量）

单位：百万美元、%

| 地区/国家 | 1981 年 | | 1991 年 | | 2001 年 | | 2008 年 | |
|---|---|---|---|---|---|---|---|---|
| | 金额 | 占比 | 金额 | 占比 | 金额 | 占比 | 金额 | 占比 |
| 世界 | 27 659 | 100 | 141 547 | 100 | 1 123 527 | 100 | 2 305 637 | 100 |
| 欧盟 | 5 060 | 18.3 | 23 131 | 16.3 | 143 110 | 12.7 | 329 537 | 14.3 |
| 美国 | 6 422 | 23.3 | 22 046 | 15.6 | 112 912 | 10 | 181 287 | 7.9 |
| 日本 | 5 405 | 19.5 | 32 099 | 22.7 | 100 021 | 8.9 | 185 445 | 8 |
| 南亚、东亚和东南亚 | 6 204 | 22.4 | 43 448 | 30.7 | 461 543 | 41.1 | 875 083 | 38 |
| 中国 | 29 | 0.1 | 575 | 0.4 | 125 259 | 11.1 | 307 469 | 13.3 |
| 新型工业化经济体 | 4 935 | 17.8 | 37 585 | 26.6 | 306 979 | 27.3 | 511 811 | 22.2 |
| 中国香港 | 3 298 | 11.9 | 23 870 | 16.9 | 199 974 | 17.8 | 328 379 | 14.2 |

---

①　中国还将加大对东南亚国家的电力、基础设施和各类服务产业的投资。目前，中国已经成为柬埔寨、老挝等国的最大外国投资者。

②　该地区在中国总的对外直接投资中所占比重不大。

续表

| 地区/国家 | 1981 年 | | 1991 年 | | 2001 年 | | 2008 年 | |
|---|---|---|---|---|---|---|---|---|
| | 金额 | 占比 | 金额 | 占比 | 金额 | 占比 | 金额 | 占比 |
| 韩国 | 208 | 0.8 | 2 539 | 1.8 | 18 840 | 1.7 | 48 419 | 2.1 |
| 新加坡 | 1 146 | 4.1 | 4 448 | 3.1 | 44 971 | 4 | 74 045 | 3.2 |
| 中国台湾 | 284 | 1 | 6 729 | 4.8 | 43 195 | 3.8 | 60 967 | 2.6 |
| 其他 | 4 567 | 16.5 | 20 823 | 14.7 | 305 941 | 27.2 | 734 285 | 31.8 |
| 其中四个离岸金融中心* | 64 | 0.2 | 711 | 0.5 | 2 042 411 | 18.2 | 348 946 | 15.1 |

注：＊四个离岸金融中心分别是巴哈马群岛、百慕大群岛、英属维尔京群岛、开曼群岛。

资料来源：《2010 年世界投资报告》。

中国对外直接投资在亚洲的相对位置不断上升。表 7 - 12 给出了南亚、东亚和东南亚的 FDI 主要来源地。图 7 - 7 中数据显示该地区 FDI 来源国相对权重发生了转移。在 20 世纪 60 年代和 70 年代，来自美国 FDI 发挥主导作用，紧随其后的是 20 世纪 80 年代的日本，他们的份额在 20 世纪 90 年代早期开始下降。中国对东南亚的 FDI 从低水平开始，这些年蓬勃发展，2008 年达到该地区的 13.3%，排在欧盟和香港之后。从表 7 - 12 中还可以显示来自区域内的 FDI 总共占 FDI 存量比重约达 40%，说明区域经济一体化提高了亚洲区域内投资，也给吸收 FDI 的东道主国家提供了增加资本、技术、生产能力和外国市场机遇。与此同时，中国—东盟自由贸易区（CAFTA）将进一步加强区域内贸易和促进地区内的 FDI 流动。由于其经济的规模和增长潜力，中国在该地区的工业结构调整和优化升级中扮演多重角色，中国正在成为一个关键力量，在未来可以影响该地区的发展前景[①]。与此同时，中国已成为非洲吸收对外直接投资来源的主要国家。图 7 - 7 显示了主要发展中国家在非洲的投资情况，其中：中国 2008 年对非洲的投资流量达到 25.26 亿美元，在发展中国家中排第二，排在南非之后；据商务部的统计数据显示，2011 年中国对非直接投资达到 162 亿美元，比 2009 年增长了 60%，已有超过 2000 家中国企业在非洲进行投资，除国有企业外，私有企业也发挥越来越积极的作用（GU，2009）；投资所涉及的领域，包括基础设施、能源矿产、机械制造、信息通信、建材、轻纺、农业和经贸合作区等；考虑到中国与非洲国家间政治上的合作友好关系，并且中国对非洲投资规模大于世界上很多其他地区并且呈上升趋势，人民币在非洲有非常好的需求潜力。

---

① 资料来源：《2010 年世界投资报告》。

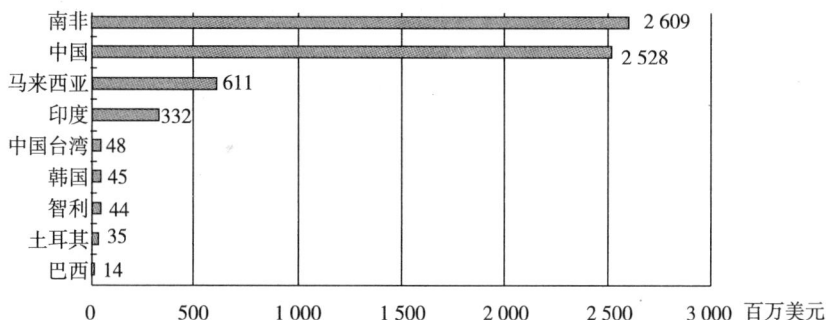

资料来源：《2010 年世界投资报告》。

**图 7 - 7　2006—2008 年主要发展中国家和地区在非洲的投资流量**

3. 中国对外直接投资方式特点

（1）中国对外直接投资以绿地投资为主，并购方式占对外直接投资比例呈上升趋势。2003 年绿地投资占当年对外投资额的 82%，而跨国并购占比为 18%；2011 年全年 746.5 亿美元中，以并购方式实现的直接投资为 272 亿美元，占流量总额的 36.4%[①]。其中，中国非金融类对外直接投资中以跨境并购方式进行的投资约占总额的一半，这一比例虽然低于全球平均 80% 左右的水平，但就中国自身发展而言，这一比例增长已接近发展中国家的平均水平。提升核心竞争力是中国企业并购增加的主要原因，跨国并购使中国企业获得国外的先进技术、品牌以及营销渠道并在全球范围内实现资源优化配置。中国对外直接投资并购比重将不断提升，这既是中国经济实力的不断增加以及企业产业升级的内在要求，也是中国经济发展壮大的必然产物。

（2）境外经贸合作区。中国企业在境外投资建设经贸合作区，是以企业为主体，以商业运作为基础，以促进互利共赢为目的，主要由企业根据市场情况、东道国投资环境和引资政策等多方面因素进行决策。境外经济贸易合作区是中国政府鼓励和支持有条件的企业扩大对外投资的重要举措，也是企业"走出去"的新举措。中国的境外经贸合作区建设始于 2006 年，目前已经在 15 个国家建设了 19 个国家级境外贸易合作区，大多分布在亚洲、非洲及东欧等地。境外经贸合作区的具体做法是由商务部牵头，与中国关系较好且政治稳定的国家政府达成一致，然后以国内审批通过的企业为建设经营主体，由该企业与国外政府协议和签约。在国外建设经济贸易合作区，再由该企业开展对外

---

[①]　资料来源：《2011 年中国对外直接投资统计公报》。

招商，吸引国内外相关企业入驻，形成产业集群。这些合作区将带动大量的中国对外直接投资，比如，海尔（中国）和 Ruba（巴基斯坦）在巴基斯坦联合建立的合作区总投资就高达 2.5 亿美元。另外，商务部总体规划是在近几年内分步骤建设 50 个境外经贸合作区，这必然会带动更多的中国对外直接投资流向其他发展中国家和转轨国家。

### 7.2.2　扩大对外投资对人民币国际化的推动作用

扩大对外投资并成为债权国，是增强一国货币的对外影响和推动货币国际化的重要途径。这样，人民币才会增加吸引力，甚至从消极持有逐步转变为积极追逐人民币。本书从规模、区域（国别）分布以及投资方式三方面分析人民币资本输出能力，并且认为人民币区域化、离岸化、国际化的对外直接投资基础已经具备，并且呈现明显的区域化特征。

1. 中国对外直接投资规模上升

中国对外直接投资规模上升说明中国经济进入了稳定资本输出的阶段。对外直接投资的增加，为亚洲地区和包括非洲在内的新兴市场发展提供新的发展动力。中国是亚洲区域内生产加工和贸易中心，一定程度上发挥区域经济稳定器的功能。中国企业增加对亚洲其他经济体的投资，有利于保证供应链稳定，促进亚洲经济一体化和减少区域内经济因外来冲击所造成的影响。并且，中国已经成为非洲地区的主要投资国，中国和非洲国家政治层面的友好合作，使得中国在非洲经济的一体化进程中发挥更为重要的作用，包括对该地区基础设施、能源矿产、机械制造等诸多产业的投资。中国对外直接投资亚洲地区的进一步深化以及在非洲地区的进一步增加，均有利于人民币在该地区的市场接受程度的提升，有助于人民币在亚洲和非洲区域内的使用。

2. 香港是中国对外直接投资的重地，也是中国企业"走出去"的唯一陆地通道

香港作为全球排名第三的金融中心，是中国企业"走出去"的第一站。香港为企业提供信息、财务、咨询三位一体内外融合的金融平台。这是香港之所以吸引中国境内直接投资的重要原因。香港也因此成为人民币区域化、离岸化、国际化的战略领地①。

3. 中国对外直接投资有利于企业竞争力的提高

马歇尔·迈尔（Marshall Meyer）对中国企业对外投资的目的进行了研究，

---

① 第 11 章具体对香港人民币离岸金融市场展开分析。

主要包括三个方面：（1）确保获得自然资源，特别是能源，以驱动中国国内的产业发展；（2）新型、战略性技术，特别是"绿色"技术；（3）考虑外汇储备应如何投资，美国财政部关于中国巨额外汇储备的报告显示，中国的投资已经开始多样化。中国企业在全球市场资源配置能力的增强，中国对外投资的行业分布比较广，并不是主要集中在能源、基础设施建设项目上[①]，多个领域、各个行业投资都有所增长。通过对外直接投资不断提升自身效率和企业竞争力的同时，提高了企业的市场话语权，有利于市场接受人民币对外直接投资。

4. 对外直接投资前景

邓宁的投资发展周期理论（Dunning，1981）将一国对外投资能力与经济发展水平相结合，并认为一国的国际投资地位与人均国民生产总值（GNP）呈正相关[②]。按照人均 GNP 把经济发展水平分为四个阶段，其中第四个阶段是人均 GNP 超过 5 000 美元。这说明对外直接投资从全球战略的高度来利用东道国的区位优势，促使对外投资规模快速发展并达到相当大的规模。根据最新的人均 GDP 数据[③]，目前中国对外直接投资处于第四个阶段，这也与中国近年来的实际直接投资情况相符合。事实证明：企业"走出去"发展，不仅有利于提高国际市场的核心竞争力和在全球范围内优化配置资源和生产要素，而且在推动产业升级的同时，还有利于减少因中国资本账户顺差、缓解人民币汇率升值压力和减少与欧美国家的贸易摩擦。由此，未来中国必将从商品输出为主走向商品输出和资本输出并举的时代。

另外，从国际收支平衡的角度，中国仍然处在净资本输入的阶段，但是随着对外直接投资的不断增加，净资本流入差额在逐渐缩小。随着中国经济的不断增长，资本账户渐进开放，人民币资本输出能力的提高，将实现由净资本输入国向净资本输出国的转变。可以设想，人民币作为国家实力的象征，其市场接受程度也必将不断提高。

---

① 2011 年采矿业占比 19.4%，批发和零售业占比 13.8%，制造业占比 9.4%，金融业占比 8.1%，交通运输占比 3.4%，数据来源于《2011 年中国对外直接投资统计公报》。

② GNP = GDP + 对外要素收入净额，由于国家统计局数据显示 GNP 与 GDP 之间差额很小，所以本书假设中国人均 GNP 近似等于人均 GDP。

③ 按照当年汇率，2012 年中国人均 GDP 达到 6 170.70 美元。

## 7.3　动力源之三：完善金融市场

金融市场分国内和国外两个领域，他们之间不断完善和协调配合，是推进一国货币国际化的强大引擎。可以设想，一国开放式的金融制度，必然要求与他国的金融制度进行无缝对接，这样才能使货币产生互动，从而引起各种交易活动间的有效协调和匹配。而且，国际货币会越出国界或地域，它的使用范围不仅限于国际贸易市场，还包含国际金融市场，两者虽然紧密相连，但它们毕竟处于两个不同的经济范畴。特别是国际金融市场，从其作用看，货币在国际金融交易中作为支付手段被广泛使用，应该是货币国际化程度的重要体现；从其包含的活动范围看，其包含有：（1）外汇市场、外汇交易的规模和结构可全面体现一种货币的供求状况，反映该货币的国际关注与认可程度。虽然，在全球外汇交易中，用人民币交易的比率 2010 年仅占 0.9%，远低于美元、欧元、日元、英镑和瑞士法郎等世界主要货币，但与 2001 年相比，人民币交易规模已增长近 10 倍。（2）2008 年全球金融危机以后，随着全球股票市场由大幅萎缩转入逐渐回升，人民币股票市场随着 2011 年 4 月 29 日香港首只人民币计价房地产投资信托基金——汇贤产业信托正式在香港证券交易所挂牌交易起，人民币计价股票市场发展进入到一个创新阶段。目前，人民币计价股票在全球股票交易规模中占比仍然保持在 10% 左右，较 2005 年增长了 10 倍。（3）人民币衍生产品市场的发展由小到大，也是一个与人民币国际化互动推进的过程。2011 年人民币衍生品市场占全球市场不足 1%，但从 2011 年始，发展迅猛，交易激增，其中固定利率与浮动利率互换成为中国利率衍生品市场的主要产品，且品种呈现多元化发展趋势。2011 年 3 月中国外汇交易中心以电子化方式推出利率互换交易确认业务，这种高效、标准化的权威交易确认系统推动了人民币利率互换市场的迅速发展，截至 2011 年底，42 家金融机构通过交易系统进行电子化确认，占比超过 80%。（4）人民币境外信贷市场，它是人民币成为金融交易货币的基础，该市场的发展有助于扩大人民币的国际使用范围，提升非居民持有人民币的信心，增加境外企业之间及境外企业与境内企业之间进行贸易时使用人民币结算的频率，为实现人民币国际化创造了良好的条件。

根据 2011 年初中国人民银行发布的有关规定：银行可以按照有关规定向境内机构在境外投资的企业或项目发放人民币贷款。这一政策大大促进了这一业务的开放。2011 年 1 月，对境外发放的人民币贷款由 2010 年 12 月的 219 亿元猛增至 1 423 亿元，其规模增长了 5 倍以上，此后的 12 个月，中国对境外人民币贷款规模每月均保持在 1 500 亿元左右。

当然，从总量上看，香港离岸市场人民币存款从 2010 年初的 639.5 亿元增长近 4 倍，达到 2010 年末的 3 149.38 亿元，至 2011 年 12 月，香港人民币存款达 5 885 亿元。当然，尽管这一数字已有巨大增长，但截至 2011 年底，这两者的规模还未及境内人民币存贷款规模的 1%。可见，现有的数字还是微不足道，今后的发展和增长还存在巨大空间。

### 7.3.1  完善金融市场是推进人民币国际化的强大引擎

1. 资本账户开放进程

资本账户开放指跨境金融交易活动所涉及的汇兑、交易的自由化。在资本账户开放环境下，境外非居民参与本国金融市场，或本国居民参与外国金融市场，可以使用本币，也可以使用外币（夏斌，2011）。完全自由且无交易成本的跨境资本流动是理想状态，现实中通常是有管理的资本兑换与流动。我国自 1996 年 12 月 1 日接受国际货币基金组织协定第八条条款实现经常账户下完全可自由兑换以来，对资本账户的管理采取审慎、渐进、非对称的资本账户开放策略，且每一项政策法规的出台与国内经济环境高度协调一致。事实证明，资本账户开放能够促进货币的国际化，美国在马歇尔计划时期倡导欧美市场一体化，美元在布雷顿森林体系时期与黄金可自由兑换。与此同时，欧洲大陆的主要国家均对资本账户实施管制的同时，美元已经实现可自由兑换成为全球主导货币。

改革开放三十多年来，我国从外汇短缺国家转变为外汇比较充裕的国家，外汇管理已由"宽进严出"向均衡管理转变，对跨境资金流动实行双向均衡管理，逐步减少政府当局对外汇交易主体以及交易内容的管制。根据国际货币基金组织 2011 年《汇兑安排与汇兑限制年报》，目前我国资本账户不可兑换项目[①]有 4 项，占比 10%，主要是非居民参与国内货币市场、基金信托市场以及买卖衍生产品工具（见表 7 - 13）。部分可兑换项目有 22 项，占比 55%，主要集中在债券市场交易、股票市场交易、房地产交易和个人资本交易四大类，

---

①  国际货币基金组织将"可兑换现状"分成不可兑换、部分可兑换、基本可兑换和可兑换四类。其中，部分可兑换指存在严格准入限制或额度控制；基本可兑换指有所限制，但限制较为宽松，经登记或核准即可完成兑换。

比如，境外居民购买境内股票、债券或者房产交易需要通过合格境外投资者的额度审批的形式。基本可兑换项目 14 项，主要集中在信贷工具交易、直接投资、直接投资清盘等方面①，这包括外商直接投资在内以及与其相关联的投融资活动是受到监管当局鼓励的。总体上看，与短期外债相比，长期外债受到的管制明显；与个人跨境资本交易相比，法人管制更严格。应该说，目前我国资本管制程度仍较高，放松资本管制还存在较大空间。

表 7-13　　　　　　　　　　　我国资本账户可兑换限制明细表

| | 不可兑换 | 部分可兑换 | 基本可兑换 | 完全可兑换 | 合计 |
|---|---|---|---|---|---|
| 资本和货币市场工具交易 | 2 | 10 | 44 | | 56 |
| 衍生品及其他工具交易 | 2 | 2 | | | 4 |
| 信贷工具交易 | | 1 | 5 | | 6 |
| 直接投资 | | 1 | 1 | | 2 |
| 直接投资清盘 | | | 1 | | 1 |
| 房地产交易 | | 2 | 1 | | 3 |
| 个人资本交易 | | 6 | 2 | | 8 |
| 小计 | 4 | 22 | 14 | | 40 |

资料来源：中国人民银行调查统计司课题组：《我国加快资本账户开放的条件基本成熟》，www. pbc. gov. cn。

资本账户开放的渐进性以及相机选择性。按照经济学规律，一国资本账户开放通常要求具备完善的金融市场作为境内外资金流动的缓冲阀以减小对实体经济的冲击。那么，中国是否具备完善的金融市场这一前提条件呢？要说完善的金融市场，它应意味着资金价格体现市场在资源配置中发挥决定性功能，市场主体行为体现经济效率原则，监管主体依靠市场化手段调控市场行为而非行政性手段干预市场。依据我国实际金融市场应为实体经济服务，政府干预是金融市场的典型特征，结合金融市场与经济增长两者间相互促进的关系，资本账户开放需要渐进性开放以及保持相机选择性。这里不妨结合人民币跨境使用阐述资本账户开放渐进性和相机选择性。

应该说，人民币在资本账户下的可兑换成为中国资本账户开放的重要内容，即发挥人民币在国际收支中充当债权债务的支付手段功能，实现人民币的可偿付性、广泛可接受性以及可兑换性。自 2009 年 6 月以来，货币当局允许

_____

① 资料来源：中国人民银行调查统计司课题组：《我国加快资本账户开放的条件基本成熟》，www. pbc. gov. cn。

人民币在跨境贸易和跨境投资中使用，人民币开始部分替代美元实行对外经济往来中的国际货币功能，这主要通过经常账户以及资本账户实现人民币资金在在岸市场和离岸市场的双向流动，其中涉及跨境投资的人民币资金流动实际上就属于资本账户开放的内容。根据公开数据显示，我国进出口贸易中以人民币计价的比率自 2009 年的微不足道发展到 2012 年的 10.7%，人民币外商直接投资比率达 12%，人民币对外直接投资比率达 5%，人民币在贸易和投资中的使用比率增长迅速。与此同时，香港离岸市场人民币资金规模不断增加，经常账户以及资本账户下人民币在离岸市场的沉淀，最终成为香港离岸市场人民币存款资金的重要来源。近年来，香港人民币存款资金已经达到 7 000 亿元人民币。离岸人民币资金的运用包括离岸市场人民币资金的循环和离岸人民币资金的回流。离岸人民币资金的循环在成熟的离岸金融市场交易，而离岸人民币资金的回流则受到境内资本账户开放程度的管制。市场主体客观上存在人民币的计价结算、交易媒介和价值储藏全方位需求，这对人民币资本账户的开放，即允许离岸资金流入境内金融市场，投资长、短期人民币资产施加了潜在的压力。针对资本账户开放的压力，显然完全一步到位开放是非理性的考虑，而应秉承先长期后短期、先机构（或先法人）后个人的渐进开放原则，以及可能多点同时开放的战略时点，这种相机性策略选择，在把握基本原则的同时又不失灵活性。而且，资本账户渐进放松管制，为金融市场的完善创造时间。同时，相机选择性开放也为金融市场吸收境外资金之后，实现市场的稳健运行提供更多经验。这样，采用有管理的资本账户开放，既能满足市场主体对人民币资产的需求，又能在提高非居民持有人民币的积极性的同时，有效地监管离岸人民币资金的流向，控制人民币资本账户开放的潜在风险。

2. 利率市场化的进程

从经济学角度看，利率可以理解为货币资金的价格，即向投资人让渡资本使用权而索要的补偿，其包括对机会成本的补偿和对风险的补偿。在成熟的经济体中，微观主体（企业和个人等）之所以对利率变动非常敏感，原因就在于利润最大化是理性微观主体行为的基本准则，利率的高低直接关系自身的成本，从而影响到自身的收益。利率市场化是指金融机构在货币市场经营融资的利率水平，它是由市场供求来决定，包括利率决定、利率传导、利率结构和利率管理的市场化。实际上，它就是将利率的决策权交给金融机构，由金融机构自己根据资金状况和对金融市场动向的判断来自主调节利率水平，最终形成以中央银行基准利率为基础，以货币市场利率为中介，由市场供求决定金融机构存贷款利率的市场利率体系和利率形成机制。

　　我国利率市场化改革开启于 1996 年 6 月 1 日人民银行放开银行间同业拆借利率，逐步实现了货币市场利率、债券市场利率①以及外币存贷款利率、人民币协议存款利率、贷款利率、同业存单利率的市场化。中国人民银行为推动利率市场化，以中国货币市场基准利率体系的培育为突破口，为存贷款利率的完全市场化创造有利环境。我国已初步形成了以上海银行间同业拆借利率（Shibor）为定价基准的市场利率体系，主要体现在 Shibor 逐渐成为包括票据和回购业务、金融债券和企业债以及利率衍生产品等金融产品在内的定价基准。截至 2013 年 6 月，除存款利率上限未放开外，其他市场利率基本实现市场化。从实质上分析，利率市场化改革最终是放开存款利率上限，实现商业银行资金来源的自主定价。

　　人民币利率市场化受到金融脱媒（Financial Disintermediation）的明显影响而迫在眉睫。金融脱媒指随着直接融资的发展，货币资金的供给通过一些新的机构或新的手段绕开商业银行这个媒介体系，输送到需求单位，也称为资金的体外循环，实际上就是资金融通的去中介化。包括资产与负债两方面的非中介化（存款的去中介化和贷款的去中介化）。（1）资产的脱媒趋势。企业更多通过直接发行债券、股票或者短期商业票据作为直接融资工具而成为银行贷款的融资替代品。数据显示，"十一五"期间，非金融企业直接融资占社会融资总规模比重平均为 11.08%，而且有逐年上升的趋势，2012 年已经达到 15.9%。而同时，人民币贷款占社会融资总量的比重已经由 2002 年的 92% 降至 2012 年的 52.1%②。十二五规划期间将健全多层次资本市场体系，推进股票发行注册制改革，多渠道推动股权融资，发展并规范债券市场，进一步提高直接融资比重。（2）负债的脱媒趋势。存款性资金绕开低收益的商业银行流向高收益的类存款工具。高收益理财产品的快速发展导致大量资金从银行表内流出。据有关统计，2012 年中国理财产品发行规模高达 24.71 万亿元人民币，已相当于同期存款余额的 26.93%。同时，由于互联网金融产品低交易成本、信息透明以及货币基金的高流动性，使得互联网金融与货币基金合作，与银行存款展开激烈竞争。"存款搬家"从中国人民银行发布的 2013 年 10 月金融统计数据报告中可见一斑，2013 年 10 月我国住户存款减少 8 967 亿元，住户存款在一个月之内失血近 9 000 亿元。在银行资产与负债均出现金融脱媒趋势的压力下，

----

　　①　债券市场利率由于债券市场参与主体、发行规模与期限结构导致短期利率以及长期利率基准曲线尚未形成。

　　②　资料来源：2012 年社会融资规模统计数据报告，人民银行网站。

人民币利率市场化势在必行。

　　依据上述分析，显示出的重要问题是如何调整才能稳步推进利率市场化？
（1）实现定价主体行为的市场化。现有商业银行利差是利润的最主要来源，
利率市场化的推进要求商业银行根据自身资金供求甄别贷款需求方的风险水
平。同时，利率的差异也成为存款人甄别商业银行实力的指示灯，进而实现资
源有效配置和整体效率。市场优胜劣汰规则将会导致一部分经营不善的金融机
构面临破产或倒闭进而退出市场。由于金融机构破产涉及储户存款安全，由此
引发相关外部性问题，这一社会成本则需要构建存款保险制度来覆盖，促进形
成市场化的金融风险防范和处置机制。坚持从"成本—收益"的经营原则出
发去理顺相关市场行为进而减小利率市场化的阻力。另外，在我国，商业银行
定价行为市场化还离不开银行主体的多元化。商业银行市场结构呈现国有银行
垄断的局面，2012 年中国银行、中国建设银行、中国工商银行、中国农业银
行占整个商业银行资产份额总共达到 43.71%。扩大银行业市场准入是增加商
业银行竞争主体并降低垄断，这样才能够对银行的行为进行有效的约束。利率
市场化的基本要义是指市场供求来决定利率水平，增加银行业总供给才能将利
率市场化落到实处。（2）改革后的利率传导机制的形成。在利率管制条件下，
中国人民银行以货币供应量为中介目标通过数量型货币政策控制贷款总量。因
基础货币投放受外汇占款的影响，以及货币乘数不稳定使得货币供应量这个中
介目标的可控性、可测性以及与最终目标的相关性也随之弱化。在利率管制完
全放开之后，由于市场利率将成为资金供求的决定变量，货币政策调控目标将
随之进行调整。具体表现在：市场化利率成为新的中间目标，货币当局的政策
调控将重点跟踪市场利率的变化趋势，维护市场资金平衡；中央银行货币政策
的最终目标将逐渐转向控制通胀目标；货币政策工具将有重大调整；利率、汇
率等价格型工具将取代货币供应量、存款准备金率等数量型工具成为主要政策
工具；随着我国国际收支趋向平衡，资本管制逐渐放松，由于外汇占款被动增
加基础货币的大幅度减压，货币政策工具将更倾向于提高资金运用效率而转向
价格型工具；存款准备金的调整有望退出市场舞台等。

　　利率市场化的稳步推进，必然有利于利率的传导机制的有效形成。其表现
在：一方面，在中央银行宏观调控偏紧的情况下，面对差异化的企业主体，不
至于出现国有银行贷款挤压小企业贷款的情况；另一方面，货币政策调控的有
效性必然伴随着中央银行调控的独立性和可信度增强，调控规则的透明度增
加，货币政策的效率会有所增加。这会给市场投资者以明确的市场预期，由此
会提高人民币的信誉。

### 3. 汇率市场化进程

汇率市场化是指市场机制在人民币汇率的形成过程中发挥基础性作用。更多的参照国际货币市场的供求情况，依据市场供求灵活确定人民币与各种外汇的比价。汇率市场化意味着我国主动参与全球资源配置，使进出口更多地体现我国的资源禀赋和比较优势，也表示出口导向支撑经济增长的发展模式向依靠内生经济动力持续发展模式转型。我国汇率市场化改革自2005年7月实行以市场供求为基础、有管理浮动汇率制以来，人民币外汇交易市场规模不断攀升、外汇交易结构不断优化以及人民币汇率弹性不断增强。

第一，我国外汇市场规模不断攀升，外汇交易结构不断优化。我们以中国外汇市场为主，结合全球外汇市场交易数据为辅来说明这一问题。中央银行与外汇管理局通过增加外汇市场主体、外汇市场交易品种、丰富交易方式、引入做市商制度以及放宽汇价和头寸管理积极发展外汇市场。一方面，外汇市场交易规模不断攀升。截至2013年上半年，人民币外汇市场累计成交5.26万亿美元，同比增长17.3%，其中即期外汇市场累计成交3.38万亿美元，同比增长9.6%。另一方面，外汇交易结构不断优化。具体说，即期外汇交易在平稳增长的同时，占外汇交易总额比重呈逐年下降趋势（见图7-8）。图7-8中，即期外汇交易自2006年占外汇交易总量的95%，持续下降到2013年上半年的64.30%，这表明，外汇交易市场除了满足国际间的商业贸易外汇交换以及外汇买卖需要之外，随着人民币汇率弹性的增强，企业避险需求增加，外汇交易市场套期保值的功能在提高，显示国内外汇市场的产品结构趋向多样化。与此同时，外汇衍生产品的市场需求持续上升，衍生产品开始被市场主体越来越多地运用。

国内外汇市场相比成熟的国际外汇市场而言，外汇交易种类还有待进一步多样化。以全球外汇市场交易种类为例（见图7-9），即期外汇交易量呈现逐年上升的趋势，并且在外汇市场交易总量中的比重一直保持在40%以内。外汇远期与掉期交易非常活跃，两者之和占比持续超过即期外汇交易，2013年该比率达54%。成熟的即期、远期以及衍生产品外汇市场，包含市场多元化交易主体，并体现贸易和投资、套期保值、融资以及投机功能，这对于合理的即期汇率、远期汇率价格市场化的形成有着重要作用。从我国外汇市场的实际运行来看，远期外汇市场和掉期外汇市场的交易都非常清淡，远远赶不上即期外汇市场。另外，人民币国际化除人民币不可自由兑换之外，还与外汇市场"实需交易"原则对外汇交易的投机性功能进行禁止交易有一定关系。

当然不仅包含境内的人民币外汇交易市场，还包括境外人民币交易在内，

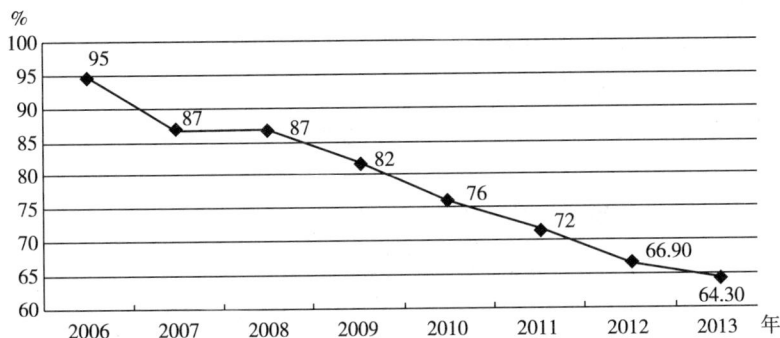

注：其中 2013 年为上半年数据，其余为年度数据。

资料来源：国际收支报告。

**图 7 - 8　2006—2013 年即期交易在外汇市场交易总量中的比重**

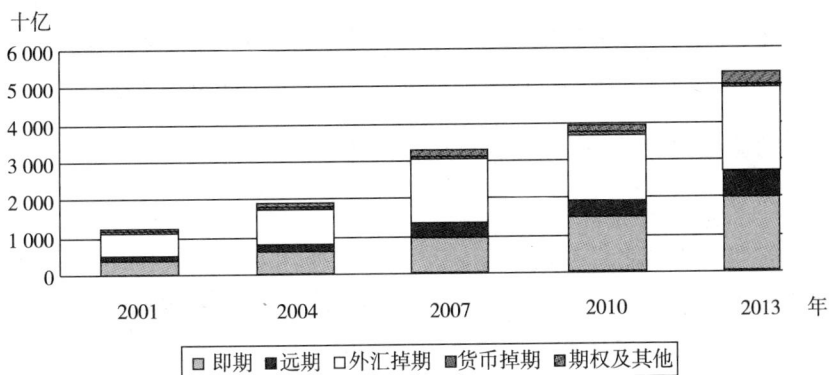

资料来源：Triennial Central Bank Survey（2013）。

**图 7 - 9　全球外汇市场交易种类**

在全球外汇市场交易量中，按照人民币作为交易货币的地位从 2001 年的第 35 位上升到 2013 年 4 月的第 9 位，全球外汇市场交易量的份额由最初的微不足道上升到 2.2%。这也应是中国外汇市场规模不断攀升的证明。

第二，人民币汇率弹性提高。汇率水平是经济体间竞争力的体现，合理的汇率浮动可以增强经济发展的弹性，增强经济体规避风险的能力，有利于宏观经济的平稳运行。具体体现在：一是人民币对美元交易价波幅扩大。受国际收支持续双顺差影响，自 2005 年 7 月汇改以来，人民币汇率处在升值通道对美元累计升值达 26.6%。期间经过两次调整，银行间即期外汇市场人民币对美元交易价浮动幅度由千分之一扩大到千分之五。这是货币当局针对"小步快跑"汇率调整思路的体现，即汇率升值需要考虑我国出口企业的承受能力，给予企业面临汇率升值压力以调整的空间。另外，随着我国国际收支逐步接近均衡状态，即经常性账户盈余占国内生产总值（GDP）比重在4%以内，人民币持续升值预期减弱。以上说明，人民币兑美元交易价波幅的变化也代表市场对人民币汇率走势出现分化。二是外汇市场交易主体交易不断活跃，增加市场供求对汇率的影响。相关统计数据显示，外汇交易银行逐渐增加外汇头寸的交易比重。由于各商业银行对人民币汇率预期不完全一致，加大了人民币汇率的波动幅度。人民币汇率的灵活性提高，市场供求的力量对汇率的影响越来越明显。三是中国人民银行逐步减少外汇交易干预，放手让市场自行反映汇率弹性。从人民银行外汇占款变化能够反映其对外汇市场干预力度的变化趋势看，2003年初至2011年9月，中国人民银行在外汇市场上平均每个月净购入2 075亿元人民币等价的美元；2011年10月至2012年8月，中国人民银行在外汇市场上平均每个月的净干预量只有100亿元人民币等价的美元，这表明中国人民银行对外汇市场的干预出现了趋势性下降，外汇市场上做市商对人民币汇率价格的影响显著提高，人民币汇率日波动幅度在某些时间段内变得更大。

### 7.3.2　完善金融市场对人民币国际化的推动

1. 资本账户开放推动人民币国际化

事实证明，资本账户开放推动跨境人民币使用和香港人民币离岸中心建设，也有利于推进人民币国际化。试看，2009年7月跨境贸易人民币使用试点，跨境贸易人民币结算迅猛发展。2012年跨境贸易人民币结算量保持较快增长，银行累计办理跨境贸易人民币结算业务2.94万亿元，同比增长41%。与此同时，2010年7月人民银行与中银香港签署新版清算协议，标志着跨境贸易人民币使用便捷交易平台正式搭建，自此，香港的跨境人民币结算额迅速增长。2012年经香港银行处理的人民币贸易结算交易超过2.6万亿元人民币，同比上升37%，占内地以人民币结算的跨境贸易总额近九成。香港也已成为离岸人民币市场的定价和交易中心，主导离岸人民币汇率和人民币债券的定价。同时，香港与其他离岸人民币金融市场展开合作和分工，共同致力于离岸市场人民币产品的创新以推进人民币国际化。可见，开放资本账户，拓宽人民币流入、流出渠道，将进一步提高人民币在国际贸易结算及国际投资中的地位，也将进一步促进香港离岸市场建设，加快离岸人民币金融工具创新的创建。

资本的跨境流动有助于提升人民币与其他货币之间不断增强的兑换流通速

度和广度。现有的资本跨境流动除长期性直接投资受到的限制较少之外，对于受到严格管制的短期性资本流动，其管制也在逐渐放松。第一，短期资本的流动主要体现在通过投资主体分类、人民币资金的额度管理以及设立离岸资金账户来实现资金流向的监督。关于境外人民币清算行等三类机构[①]投资于银行间债券市场，满足境外人民币清算行持有人民币资产的保值需求。向人民币合格境外机构投资者开放境内证券市场及银行间市场，实施额度审批和管理，满足境外投资者对境内证券市场的投资需求。在前海以及上海自贸区设立离岸人民币账户管理，使离岸和在岸资金可以转移，实行结合额度进行形式管理。第二，货币互换在一定程度上可理解成政府层面搭建的双边资金流动渠道。货币互换最初的主要功能在于为市场提供流动性供给，是处理流动性危机的手段之一。中国与23个国家签订的本币互换累计规模已经达到2.5682万亿元人民币，这可以为本国商业银行在对分支机构提供融资便利，鼓励企业直接使用本国货币来计价和结算，从而避免不必要的汇兑损失，在一定时期内和累计到一定额度时，由两国中央银行之间进行清算。这种双边货币互换提高人民币在这些国家的使用，也有利于双边贸易的发展。

2. 利率市场化推动人民币国际化

利率市场化是金融市场体系建设的关键和基础，对人民币国际化的推动作用主要体现在创新金融产品、减少双边套利以及推动境外人民币贷款三个方面。首先，金融产品创新，即金融市场的深度和广度的问题。利率市场化之前，间接融资占社会融资主导地位，使得商业银行金融产品创新动力不足，中间业务所占银行利润普遍不高。与此同时，直接融资规模以及产品种类均受到管制而发育不完善。利率市场化将提高商业银行自主定价、开发结构性金融工具的创新，拓展其在资本市场、外汇市场和衍生产品的投资空间，为商业银行在市场充分竞争的环境下提升货币风险经营能力。而资本市场多元化以及多层次平台的搭建，股票市场基础性制度的建设和债券市场参与主体、发行规模和期限结构完善等也为利率的市场化创造了条件。各类金融产品是短期和长期资金交易的重要载体，无论是简单的投融资产品，还是复杂的衍生品或结构化产品，除了满足资金配置和风险管理之外，最为重要的就是体现价格发现功能，真正找到金融市场的均衡交易价格，这将为金融市场改革的广度和深度打下良好基础。其次，利率市场化有利于跨境人民币业务的可持续性。先前由于境内

---

① 境外人民币清算行等三类机构是指境外中央银行或货币当局，香港、澳门地区人民币业务清算行，跨境贸易人民币结算境外参加银行。

贷款利率实行下限管理，使得境内外融资利率水平存在差异而产生套利空间，甚至存在无风险套利现象。由于投机套利而引发的跨境人民币结算需求，在某种程度上是一种人民币结算泡沫。利率市场化有利于降低套利机会及其预期。在资本自由流动以及市场完善的条件下，套利使不同资本市场的利率趋于一致，减少套利机会，压缩套利空间，从而降低投机性跨境资金流动，促进交易性、避险性跨境流动需求的增长，有利于货币国际化的稳健推动。最后，利率市场化推动人民币境外贷款。没有利率市场化，商业银行就缺乏对资金风险定价的能力，以及约束其跨境人民币贷款的发放和作为推进人民币国际化重要推动主体的积极性和创造性。可见，利率市场化有利于商业银行，为跨境贸易以及对外直接投资提供人民币境外贷款，推进人民币在境外的接受程度，有利于加快人民币国际化进程。

3. 汇率市场化推动人民币国际化

从货币国际化的历史经验中可以知道，汇率良好可信度是货币国际化的重要影响因素之一。外汇市场在交易规模、交易种类，以及汇率弹性方面都有很大程度的发展，汇率价格市场化机制的形成还需从多元化外汇市场交易主体、放松外汇交易管制、完善中间价的形成机制和提高货币政策的有效性四个方面着手推动人民币国际化。

（1）多元化外汇市场交易主体，完善做市商市场机制。我国外汇市场格局需要不断完善才能支撑汇率市场化。外汇市场是一个相对封闭的市场，主要体现在现有的外汇市场参与主体主要是银行类金融机构，非金融企业参与外汇市场主要是信用级别高的大企业，并非有外汇交易需求的非金融企业就能参与。就境外金融机构而言，还不能参与外汇市场交易。多元化的外汇市场交易主体能够真实反映人民币供求，主体不完整的市场不能表达人民币市场信息从而扭曲人民币未来走势。更进一步，做市商作为外汇市场报价和成交方，其功能的发挥还需要相匹配的市场机制。推行做市商制度的前提是做市商有较强的风险管理能力，这需要发展与人民币有关的外汇风险对冲工具。这样才能使做市商发挥价格发现功能，为市场提供有竞争力的报价，提高外汇市场的活跃程度。

（2）放松外汇交易管制。我国外汇市场交易的自由度相对偏低，受到各种有形和无形的政策管制，难以实现外汇的有效流动，也难以对人民币汇率水平的均衡提供支持。由于我国外汇市场交易中的诸多管制，使拥有海外渠道的企业通过境外人民币交易市场实现避险或者套利需求。同时，目前全球外汇市场呈现出典型的场外市场特点，市场进入门槛较低，市场交易机制具有极高的灵活性。与全球外汇市场的蓬勃发展相比较，我国银行间外汇市场的交易规模还相对偏小，与整体经济规模还不匹配，市场参与者较少的同时，市场交易的产品、货币种类都还严重不足。以套期保值的人民币远期交易为例，2012 年我国境内人民币远期成交额为 4 507 亿美元，占我国贸易总额的 12%，国际上相应的比例则高达 150%。在人民币汇率双边波动幅度增加的条件下，企业避险需求的增加将推动外汇衍生产品市场不断完善，外汇交易管制的放松必然会产生内生性的需求。这些均有利于推进人民币国际化进程。

（3）完善中间价的形成机制。除了扩大人民币对美元中间价的波动幅度外，还需要将中间价定价权留给市场。现有的人民币兑美元的中间价由中国人民银行授权中国外汇交易中心通过向银行间外汇市场做市商询价，按照做市商交易量相匹配的权重以及报价情况综合确定。中间价的定价还需进一步使汇率形成规则更加透明，应逐步提高报价信息透明度，包括参与的一级做市商所报价格及其所占权重。同时，中间价主要参考的是在我国外汇市场闭市的时间段里国际外汇市场行情，而这正是欧美交易时段，汇率波动大，因此，中间价要有足够的弹性。

（4）提高货币政策的有效性。汇率市场化提高货币政策的有效性，稳定币值有助于人民币国际化。汇率市场化将实现藏汇于民，从而化解因外汇占款使中央银行被动发行货币的困境。在资本可自由兑换条件下以及有管理的浮动汇率制度的实践中，有利于实现相对独立的货币政策，有利于使汇率的决定受到利率平价原理以及市场供求的影响。而利率市场化为利率平价理论提供了可信的市场利率参照系，减少高估与低估的可能，使之更加接近于均衡汇率，并使远期汇率成为市场参与者预测的可靠依据。还有，针对短期资本的跨境流动可能推高国内资产价格，货币监管当局可以通过价格调控手段实施"托宾税"抑制投机，稳定汇率。再者，外汇市场化提高了货币政策的有效性，维护人民币币值稳定，必然为人民币国际化提供良好的信誉保障。

# 第 8 章

# 树立新的理念：人民币国际化的重要前提

三十多年来，中国深圳经济特区的发展经验证明：理念是实践的先导，理念也是生产力。只有全新的理念，才有全新的实践和全新的发展。

在当前人民币国际化问题争论中，比较一致的观点是人民币国际化是世界货币国际化中的一种，它的实现也必须要遵循货币国际化的一般规律。即雄厚的经济实力、发达的金融市场、良好的货币信誉等。人民币国际化毕竟是一个长期发展的过程，对具体运作过程中的诸多问题，还存在模糊甚至错误的认识，必须加以澄清和纠正。实践证明，首先要树立新的理念，既要有热情，又必须保持冷静；既要多进行前瞻性研究，又不能操之过急，它的实现是一个水到渠成的过程。总之，遵循科学发展的理念是实现人民币国际化的重要前提。

## 8.1 必须明确人民币国际化的利益所在

### 8.1.1 正反方意见的比较

对这一问题，存在各种不同的看法，主要观点如下：

正方意见：（1）人民币区域化、国际化是中国长远利益和核心利益所在，也是中国拥有强大软实力的标志之一。这是因为，中国是一个出口大国，投资大、出口多、高外汇储备额，存入美联储的负债也可观。如果人民币不能在相应的区域范围内乃至国际上发挥其计价、交易和储备功能，中国就难以成为一个名副其实的经济大国，不可能真正拥有国际经济的话语权和决策权。虽拥有巨大的国内外市场需求却没有市场定价权，时而受美元等相关货币政策的干扰，这对中国这样一个人口多、资源少、出口依赖性大的大国来说显然是不匹配的。（2）人民币国际化是维护国家金融安全的重要战略。历史严峻地告诫我们：现代战争的主要形式实质上是通过汇率大战而表现为一场没有硝烟的货币战争。据权威研究机构估计，由美国次贷危机引发和蔓延的全球金融海啸，全球财富损失超过 45 万亿美元，相当于 2007 年美国 GDP 的 3 倍，中国 GDP 的 10 倍。[①] 其祸根之一，正是美国拥有世界主权货币——美元的发行特权、超强的国际储备货币地位，以及通过华尔街强大的金融魔法，吸引境外美元支撑其巨额的贸易赤字和超前消费，最终让全球特别是发展中国家为其埋单，实现"胜利大逃亡"。当然，不可否认，美元问题应该是美国对外政策及其全球诚信度的一个重要方面，但现行美元独大的国际货币体系至少为其敢冒风险和对缓解风险的不负责任甚至损人利己行为提供了有恃无恐的良机。由此，改革现行以美元为主导的国际货币体系已成了一个不可逆转的趋势。对此，中国也不能"袖手旁观"。在一定程度上说，人民币的国际化也承担着有利于抑制美元霸权和推动国际货币体系改革的重大责任。

反方意见：（1）认为中国在现阶段推行人民币国际化的时机尚未成熟。因为从历史看，国际货币不仅是"大国"的货币，而且是"富国"的货币。有人测算，中国达到中等收入国家的人均收入水平还需要 17 年，达到高收入国家水平则需要 33.8 年。按照国际货币的历史经验分析，中国需要在 17 年后开始推行人民币国际化，33 年后人民币将获得更大的市场份额。[②]（2）认为中国探讨人民币国际化的问题没有多大的实际价值。因为一国货币国际化包括三个方面的好处，即通过多发货币而向境外居民征收铸币税，增强流动性进而减少其筹资成本和通过货币贬值强征境外居民的通货膨胀税。以美元为例，若从铸币税和流动性角度分析，其收益均可能在美国 GDP 的 0.25% ~ 0.5% 之间。至于征收通货膨胀税，实际上存在一定操作和计算困难的问题。由此，将人民币十年内在国际储备货币中的构成比重为 10% 估算，中国从中可以获得的好处是 2200 亿元的 1/6，大概是 360 亿元，认为这算不了什么大钱，还要承受货币国际化的约束和风险。由此可知，对人民币国际化的好处需要有现实和清楚的评估。[③]

---

① 资料来源：涂永红，承列．人民币国际化战略构想［J］．货币金融评论，2009（1）．

② 资料来源：李永宁，郑润祥，黄明皓．金融危机中的中国核心利益［J］．财经科学，2010（7）．

③ 资料来源：高善文．人民币国际化——问题与思考［J］．宏观经济分析，2010（6）．

### 8.1.2 必须从国家战略高度加以考量

以上正反两方从不同角度阐述对人民币区域化、国际化利益的一些看法，似乎都有些道理，但笔者认同正方。

货币竞争已是当今世界各国竞争的一个重要特征，以美元为主权货币潜伏着巨大的风险应引起高度重视。而且，之所以将人民币区域化、国际化问题提到我国发展战略层面，最根本的原因是考虑到从中国国情出发的金融安全问题。金融是现代经济的核心和命脉，金融风险甚至可能危及国家的生死存亡。所以，对人民币国际化问题不能"消极坐视"或"单算收支账"，而必须立意高远，把它看作是一国的经济、政治和社会民生安全的迫不及待的大事。这次全球金融危机所暴露的方方面面的恶果及其长远影响，就是一个深刻的教训。

## 8.2 弄清楚货币国际化与货币自由兑换的关系

### 8.2.1 不能简单将货币国际化与货币自由兑换看作是一回事

弄清楚货币国际化与货币自由兑换之间的关系。传统的观点，人们往往将两者等同起来：一是认为没有货币完全的自由兑换，货币国际化就无从谈起；二是认为货币自由兑换程度决定货币国际化的推进层次，国际货币必须与自由兑换货币"同节拍"等。这些观点乍听起来似乎有些道理，但仔细想来似乎太绝对化。实际上，将已实现货币国际化的国家汇总，也并非都能实现货币完全可兑换，但在亚洲地区和周边国家，已较大规模流通和使用是一个最好的说明，并且可望不久在"金砖国家"之间也会出现类似情况。由此，货币可兑换和货币国际化关系既密切又互相推进，一方面不能摒弃货币的可兑换来空谈货币国际化的实现；另一方面要认识到货币的可兑换只是货币国际化的必要条件而非充分条件。如果把问题绝对化，只会人为地延缓它的进程。

人们往往错误地将这两者等同起来，认为货币区域化国际化的过程也是"货币经常项目有条件可兑换→货币经常项目可兑换→资本项目有条件可兑换→资本项目完全自由兑换→国际货币"的过程。由此得出的结论是：货币自由兑换程度决定货币国际化的推进层次，国际货币必须与自由兑换货币"同节拍"。

从理论上讲，货币的自由兑换是指政府不对各种货币资产的国际国内转移和兑换设置任何限制。但根据国际货币基金组织规定，还有一个具体实施的标准，即除了对经常项目自由兑换专指取消对经常项目外汇支付和转移汇兑限制的明确规定外，对资本项目可兑换并没有作出类似的明确定义，且在国际货币基金组织的基金协议书中规定：与经常项目交易的国际支付必须是"自由的"不同，对资本项目下资本转移的方式，在必要时成员国可以有条件地实施对资本流动的管制。这说明，货币的国际化并不要求资本项目下的可兑换完全重合。①

### 8.2.2　货币自由兑换是货币国际化的必要条件但非充分条件

历史发展证明，一国货币的区域化、国际化的具体内容，归根结底与一国经济的跨越发展、放松金融管制特别是放松外汇管制有直接关系。纵观世界，在 20 世纪获得国际货币宝座的英镑，最终在美国的强势下被美元所替代；当今世界，完全的或基本的自由兑换货币约有二十多种，但能作为国际货币的只有七八种，这就是最好的例证。目前，人民币虽没有实现完全的可兑换，但在亚洲地区已较大规模和以多元形式实现流通和使用。所以说，区域货币的产生（如欧元等）或一国货币的国际化（如美元、日元等），主要依靠的应是一个区域或国家的综合竞争力、金融市场的开放度和币值稳定的公信力以及能否适应当时当地的实际需要等因素。

当然，我们决不能摒弃货币的可兑换程度来空谈货币区域化、国际化的实现。但需要弄清的是，两者不一定强求"同步"，人民币国际化不必以资本账户完全开放为条件，两者不可分离，相互推进、并行不悖，货币的可兑换只是为货币区域化、国际化提供必要条件，而并非是充分条件。

## 8.3　充分认识人民币国际化已是全球众多国家的客观需求

### 8.3.1　经济的互动与发展是货币运作的依托所在

历史证明，经济的互动和发展是货币合作的重要依托，反过来，通过货币的合作又促进了经济的持续发展，这已被现代经济史上不同时期主导性世界强国（如荷兰、英国、美国等）发展过程中形成的世界主权货币所证明。

---

① 资料来源：夏斌，等 . 推进人民币国际化策略与战略［J］. 中国人民银行研究资料，2009.

进入 21 世纪以来，亚洲各国特别是中国、日本、韩国、印度等国的经济发展速度远远超过了全球绝大多数国家的水平。以中国为例，近十多年来 GDP 年均增长达 9% 左右，GDP 总量目前已占世界第二位，仅次于美国；改革开放以来，对外贸易有长足的发展已成为世界第二大出口国，与此同时，已拥有 3 万多亿美元的外汇储备额，为全球之最；中国在海外的企业遍及五大洲 120 多个国家和地区，海外总资产达 2 万多亿元人民币。而且，中国经济的持续成长性和抗风险能力的提高，以及中国强调经济发展方式向技术、资本密集和劳动密集共存的多层次、多元化的现代产业结构转变，这对亚洲以至于全球经济持续发展和金融稳定起到举足轻重的作用。以上业绩，与世界各国之间互助互利下的货币合作也是分不开的。

必须看到，亚洲货币区域合作的重要意义：一是降低和制约作为世界主权货币美元的霸权地位和不利影响；二是建立亚洲各国货币汇率联系机制，以降低区域内货币运行成本和实现汇率的稳定性；三是有利于稳定币值和物价，维护经济稳定；四是增强超国家货币政策对各国的执行力度和有效性。可见，亚洲地区客观存在对该区域共同货币（如亚元）的现实需求。这种需求既是市场经济条件下经济金融市场化运作的载体，也是亚洲区域金融创新的动力所在。

正如中国一位著名金融学家所说，货币区域化"确是人类智慧的创造，但重要的是经济的发展"（曾康霖，2008）。

从长远看，仅仅是区域化还是不够的。亚洲货币区域化的目标最终是获得世界范围普遍认可后成为国际货币。而从亚洲政治、经济、国际贸易和金融市场发展等多方面的影响因素来看，国际化的人民币势必成为亚洲区域的最主要货币。由此，现行以美元为主导的单一的国际货币体系将逐步改造成以美元、欧元、人民币等为主体，并具有风险控制能力的公平、公正的多元国际货币体系。当然，由于亚洲各国经济发展的不平衡以及在政治经济体制上客观存在的差距和差异，人民币国际化并成为亚洲货币的实现并非易事，它是一个涉及面广的长期、复杂、繁难的系统工程。

### 8.3.2  不断增强的国际金融合作是人民币国际化的市场基础

金融是现代经济的核心，各国和地区之间的经贸、物流、资信、交通、人才以及文化教育等，均要通过货币资金融通和金融市场运作得以实现。历史证明，如果没有高度专业化、国际化的金融机构，没有高度发达和门类齐全的金融市场以及功能完善的金融体系，那么金融企业的市场化改革、金融产品价格的市场化导向、资本市场体系的完善、国际金融中心作用的充分发挥等也就无从谈起。

亚洲国家之间相互的金融支持和合作已取得了长足进展。例如，1997 年末，日本曾提出建立亚洲货币基金的设想，并曾承诺为此提供巨额的基金；韩国也曾建议建立中日韩三国共同基金；2000 年 5 月《清迈协议》的达成以及随后"10＋3"框架下的货币互换协议的签订；2006 年 6 月，亚洲开发银行发布亚洲货币单位（ACU）。近几年，由于人民币坚挺，越南、蒙古、缅甸、巴基斯坦等国已将人民币视作重要的储备货币，同时中国与周边国家的货币互换和人民币跨境贸易结算不断扩展。

与各国之间金融合作密切相关的是产业合作和信息共享。产业是整个社会发展的基础，产业结构是一国经济结构的核心，产业结构也反映了一国和一个地区的发展水平，反映了一个区域内的经济结构合理性和发展的均衡性。事实证明，两国产业结构差异下的错位发展，往往是形成产业贸易逆差的主要根源。这就需要亚洲各国依据自身的需求和周边的环境特点，一方面，要坚持在经济方式转型中推进产业结构的优化升级，着重建设高技术化、高服务化的现代产业体系，形成优势和特色；另一方面，要通过产业合作、信息共享以推动区域内的资源优化组合，达到互助互利和共赢共荣的目的。在这其中，作为现代服务业体系中"领头羊"的金融业，通过货币合作给予的支撑显然是不可缺少的。

亚洲各国不断增强的国际金融合作、产业合作和信息共享，逐渐成为一个实力雄厚、有相当竞争力、在国际上享有盛誉的强大经济共同体，这是货币区域化的重要基础，也是在此基础上逐步推动人民币国际化的市场基础。

## 8.4 人民币国际化是一个长期复杂的系统工程

### 8.4.1 人民币国际化要顾及已有国际货币体系的存在

当今，在亚洲具有影响力的货币是美元、日元和人民币。美元已是世界公认的国际货币，且有其独立发行的特权，无论在对外贸易和国际储备方面都处于主导地位，尽管全球金融危机后美国经济遭受重创而进入复苏期，美元"霸权"地位依然强势。日本经历了近 20 多年的经济衰退和几次金融危机的冲击，促使日元国际化进程步履维艰，但日本在亚洲乃至全球的经济影响力仍然很大。

关于人民币与美元竞争的问题，中国改革开放以来经济的崛起和加入世界贸易组织后，中美双方贸易发展迅猛，美国已成为中国商品出口的最大市场，这种格局对中国来说，一方面强化了对美元的约束，另一方面又难以摆脱伴随而来的对美元的依附。可见，在人民币国际化过程中如何处理好与美元的关系既重要又有难度，需要慎重对待。

关于人民币与日元合作，应是中日两国经济合作发展的共同需要。由于国内资源、国际贸易、地缘地域等原因，日本经济的重要引擎是加强与亚洲区域尤其是与中国的经济合作。而中国与日本相比，是一个发展中的大国，发展速度令世界瞩目，但市场化水平不高，经济金融体制还不完善，人民币国际化程度较低。因此，中国和日本的经济合作是双方经济发展的内在需要，也是推进人民币国际化的内在需要。两国在经济合作中需不断提高两国货币合作的内容，本着对亚洲全局负责的态度，创造条件发挥本国货币在汇率安排和流动性支持等方面的强势。其实，这种合作在自1997年开始每年的东盟"10＋3"非正式首脑会议以及东盟"10＋3"的各种层次和方式会议上，已预示中国、日本等国之间的货币合作进入了一个崭新的阶段。推进亚洲货币区域化，关系到亚洲各国的长远利益。它对亚洲各国来说，既是综合国力提升的反映，也是赢得国际社会良好信誉的标志，又是防范和化解金融风险的重要举措。

简言之，现阶段推动人民币区域化乃至国际化，不可避免地要与美元竞争，要触及与日元的关系问题，要对已有的国际货币体系产生冲击。

## 8.4.2　人民币国际化是一个长期复杂的系统工程

事实证明，人民币国际化必须是一个"以内为本、不断拓展、稳步推进"的过程。货币国际化既要拥有基本条件（或称共有条件），但同时又必须是市场和政府推动的产物。而且，在整个推进过程中，新的国际货币要想成为国际货币体系中的新成员往往会遭受国际社会现存的主导货币具有的"历史惯性"所表象的"竞争"和"干扰"等因素的影响。如何应对既有现实条件下国际货币间的相互竞争和挑战，人民币国际化也应遵循货币国际化的基本规律，以此为基础，选择符合我国国情的人民币国际化具体可行路径已成为面临的重大而紧迫课题。

依据这一方针，对中国来说：一是在增强国力上，应坚持改革开放不动摇，以市场化为导向，实现经济发展方式的转变，强化金融宏观调控能力，提高金融监管水平，完善金融产品的价格形成机制，不断开拓人民币业务（包括跨境贸易结算、建立人民币离岸中心、拓宽人民币债券业务等），不断提高社会财富水平和人的综合素质，以夯实人民币区域化国际化的市场化基础。二是在区域发展次序上，首先要优先整合两岸四地，创造条件使人民币在四地范围内流通，成为港澳台地区的"货币锚"。三是要借助于区域性合作组织，如中国、日本、韩国和东盟的"10＋3"机制，稳步推进人民币成为区域金融稳定的本位货币，成为亚洲地区的主导货币。四是由区域货币向国际货币延伸和扩张，特别要注意与"金砖"五国和已建立关系的发展中国家以及已有友好关系的发达国家之间的货币合作关系，努力使人民币逐步成为可以与美元并列的国际主导货币之一。

总之，人民币国际化过程，始终是一个"以内为本，兼顾周边，区域合作，不断拓展，稳步推进"的长期复杂过程，既要积极主动又不能急于求成。

### 8.4.3　人民币国际化的路径选择要考虑"天时、地利、人和"

货币国际化的历史告诉我们，各国实现货币国际化的基本条件应该一致，如由本国经济实力、金融市场完善程度、币值稳定、有国际公信力和宏观经济政策稳定等决定，它是货币国际化的先决条件，但不能反过来论证具备这些先决条件的国家都能实现货币国际化。所以，成功的关键还要看是否抓住历史发展时机和切实采取适应客观需求的路径。英镑依靠国际和海洋霸权成为国际化货币；美元国际化是依靠自身强大的经济实力及一系列制度安排独自发展而成；德国马克国际化是在其贸易规模不断壮大，良好的货币信誉以及区域内货币合作才成为欧洲区的主导货币；日元国际化是日本作为贸易大国不断深化国内金融市场和开放资本账户而形成。由此得出，上述四个国家货币国际化进程中一般条件和规律固然有相似之处，但具体模式和发展路径往往随客观环境和现实需求状况而各有差异。可见，货币国际化的路径选择要顺应"天时、地利、人和"，这往往也是成功的原因所在。

近几年，人民币国际化碰上了从来没有过的历史机遇。2008 年美国次贷危机引发全球金融风暴造成的国际货币体系巨大的系统性风险，加上美元霸权地位的动摇促使目前国际货币的多元化已形成国际社会共识。2010 年中国经济发展总量已超过日本成为世界第二大经济体，同时，2013 年成为世界第一大出口国（中国外贸总额达到 4.16 万亿美元），作为世界各国最重要的贸易伙伴和投资伙伴之一，大大提升和夯实人民币国际化的基础地位。改革开放以来，中国以市场为导向的发展路径，开放政策的不断深化，加之其作为一个大国所表现出来的负责、宽容的姿态，既拓展了人民币国际化的空间，也坚定了世人持有人民币的信心。显然这些为人民币国际化创造了成熟的条件。

### 8.4.4　人民币国际化过程中需处理好市场和政府的关系

从本质上看，市场经济是促使社会资源得到最佳配置的一种最有效的经济模式，其核心是金融和贸易的自由化以及最少的政府干预。这在历史的实践中已形成了共识。

但必须看到，市场经济本身不可避免地会出现周期性波动，并存在经济发展脆弱、一定程度的盲目性和人们心理预期的偏差等问题。这就需要政府的有形之手在遵循市场规律的前提下进行科学的宏观调控和监督管理。政府为挽救市场失灵，为烫平由危机带来的巨大震动所采取的救市行动，只是在特殊情况下所采取的及时强制性补救政策。市场失灵和政府失灵存在一个共同特征和互动关系，但他们之间也客观存在排他性，所以均存在适度的问题。

总之，市场规律是客观存在的，违背它必然会受到惩罚。我国实行社会主义市场经济体制，并不是否认市场经济的本质以及它的基础作用，而是强调要建设成一个更加注重公平、正义、和谐和具有中国特色的，即充分体现社会主义优越性的市场经济社会。在实现人民币国际化进程中，一方面，要遵循市场规律，因为它是科学发展总规律的具体体现；另一方面，政府要切实转变职能，既要做好顶层设计，又要在实施过程中顺势而为。我们坚信随着中国在改革开放政策日趋深化、经济转型取得实质性进展、人民币将被越来越多的国家认可的现实条件下，人民币国际化终究将水到渠成。

# 第9章

# 选择有全球视野并适合
# 中国国情的人民币国际化路径

中国致力于实现人民币国际化，关键要在"化"字上做文章、下工夫，实质问题是要解决人民币国际化的路径依赖问题。本章从探求人民币国际化的基本原则着手，在剖析"有"、"无"资本管制下人民币国际化现实状况的基础上，对人民币国际化的实现路径即"区域化—离岸化—国际化"过程进行引证和剖析，以寻求既符合全球发展形势又符合中国国情的人民币国际化新路径。

## 9.1 人民币国际化的基本原则

一国货币的国际化过程从来都不是一蹴而就的，这既与本国经济实力、金融市场完善程度、宏观政策和币值稳定、本国政策扶持力度有关，同时又要受到现存的国际主导货币的竞争和干扰、国际货币体系格局的"惯性"影响和国外金融风险的袭击等。因此，新的国际货币要想成为国际货币体系中的成员，必需在遵循货币国际化的基本原则下经过长期和艰苦的努力。

### 9.1.1 市场演进，政府推动

货币国际化是一国实力与政策推动的产物。对人民币国际化采取市场化的取向，即充分发挥市场机制的作用，使对人民币的使用和持有具有吸引力，扩大人民币在跨境结算中的使用比例，增加人民币金融资产的交易规模，促使人民币成为区域性国际化货币。但尽管我们强调人民币国际化进程要依靠市场力量来推进，事实证明也需要采取支持性政策以确保这一进程能顺利推进。因此，要实现人民币国际化的最终目标还需要有清晰的人民币国际化路线图。本杰明·J. 科恩认为："储备货币的前景是政治经济学方面的问题，而并不仅仅是经济学问题。当各国政府在选择采用哪种货币作为储备货币的时候，不会选择一种在私人部门尚未广泛使用的货币。如果必须从少数几种在市场中受到追捧的可选货币中进行选择时，则政治因素肯定也会介入。"总之，在人民币国际化过程中市场和政府的作用均是不可忽视的。

### 9.1.2　循序渐进，务实求稳

人民币国际化在坚持渐进原则的同时，需要协调人民币国际化进程中的各项金融改革，确保人民币国际化过程中宏观经济的稳定。人民币国际化可以先在双边和区域推进，亚洲各国应该以目前的货币互换为基础，逐步建立常态化的货币互持机制。深化金融市场的改革应该成熟一项推进一项，使汇率、利率和资本账户三者协同推进。进而，随着中国经济对外开放不断的增强，进一步由货币的区域化走向国际化。人民币国际化需要与中国经济实力和金融市场发展保持一致，不能是被动的"国际化"。要充分吸取 20 世纪 80 年代日本在推进日元国际化过程中出现日元大幅度升值、资本账户开放而本国的产业结构并未调整到位的经验教训，要注重货币国际化要与金融市场深化和产业结构竞争力提升相配套。这样，人民币国际化才能实现渐进而稳妥地推进，并且在这一过程中确保金融环境和宏观经济的持续稳定。

### 9.1.3　立足和服务于实体经济

人民币国际化的基本取向应是坚持市场化方向和服务于实体经济，并以进一步坚持服务实体经济促进贸易投资的便利化为出发点。人民币国际化不能简单地理解为在各个层面上都使用人民币的问题，而是要由此而实现货币功能的问题，如人民币在国际贸易中充当结算货币，可以将人民币用于国际投资，同时也包括结算支付以及支持资本账户自由兑换，最终目的是要将中国经济与世界经济更好地融为一体，以增强中国在世界经济当中的应有地位。事实证明，一国货币只有立足和服务于实体经济，才能真正保持经济的长远、持续和稳定发展。

### 9.1.4　注重防范人民币国际化中的风险

事实证明，人民币国际化必然要求中国的资本账户进一步对外开放。所以说，人民币国际化的过程也是实现人民币可自由兑换的过程。如果说人民币国际化可能会产生潜在风险，其风险的主要来源并不全在于货币职能作用的地域扩大，而主要在于资本账户开放与汇率自由浮动两者之间的政策搭配。信用货币体制下马克和日元的国际化经验均证明了这一点，马克在资本账户开放下伴随着汇率的缓慢升值，为境内企业竞争力的形成提供了时间与环境；而日元的资本账户的开放，虽然伴随着金融市场化改革，但是由于汇率大幅快速升值，造成出口部门利润的下滑，并且出现了企业生产转移，由此造成企业的竞争力受到外来冲击。换句话说，当前推进人民币国际化，风险并不在国际化本身，而在于在推动资本账户开放和增强汇率弹性的过程中，金融市场价格的市场化与产业竞争力是否形成以及其他政策不配套可能导致的风险。中国作为新兴经济体，金融市场处在不断深化的阶段，由于吸收能力有限，金融市场易受短期跨境资本流动的影响。随着人民币国际化的深入，除国际收支以外，境外人民币需求也开始影响中国境内市场人民币供求关系，进而影响境内人民币定价，使人民币汇率的走向更加动态化。由此，中国应对货币监管层提出更高的要求，必须合理安排人民币国际化的推进顺序，使人民币国际化与境内金融市场的市场化程度、企业开放经济条件下抗风险的能力以及货币当局宏观调控能力等相适应。可见，降低风险的根本之路，在于在推动人民币国际化的同时，中国境内金融市场的市场化需要与资本账户开放、产业结构转型升级保持相互协调，并携手共进。

## 9.2 "区域化—离岸化—国际化"：人民币国际化的现实路径

### 9.2.1 因势而变，确立符合中国国情的人民币国际化新路径

分析人民币国际化的运行路径，是一个相当复杂又非常重要的问题，从不同角度或层面分析可以得出不同的回答。但不管怎样，明晰一国货币国际化的科学路径，显然对推进其国际化的进程是一个非常现实和重大的问题。

英镑、美元、马克和日元的国际化发展路径代表两种典型的货币国际化发展模式。一种是以英镑和美元为代表的市场竞争导向模式；另一种是以马克和日元为代表的市场竞争和政府推动相结合的模式。但历史表明，不管何种模式，货币成长为国际货币，根本取决于经济实力，这是无疑的。因为经济实力决定了该国货币的竞争能力强弱和生命周期的长短，其显著表现为：在国与国之间商品交易中，客观存在"使用劳动生产率较高国家货币会抛弃使用劳动

力生产率较低国家货币"的倾向，这从美元替代英镑的现实中足以说明。

人民币国际化应采取怎样的发展路径呢？在中国 GDP 总量已跃居全球第二位，但同时人民币资本项目还处于不完全可兑换，这种有待进一步开放的状况下，一方面应致力于与世界各国要求改革现行国际货币体系的声音相呼应，在充分暴露美元为世界主权货币的国际货币体系存在的严重弊端的前提下，努力为构建一个公平、公正、多元的国际货币体系，为调整和增加各国特别是发展中的新兴国家的应有份额和话语权作出贡献；另一方面，中国应在坚持改革开放、坚持走中国特色社会主义市场经济道路的前提下，积极创造支撑人民币国际化的有利条件，立足亚洲、面向世界，走出一条适应全球形势和适合本国国情的人民币国际化新路径，即牢牢抓住"区域化—离岸化—国际化"这一人民币国际化的运行路线，为早日实现人民币国际化这一重大战略目标而奋斗。

### 9.2.2 对"有""无"资本管制下的人民币国际化剖析

1. "无"资本管制下的人民币国际化

（1）对几个概念的界定。从货币国际化的角度看，经济循环是指与实体经济活动有关的跨境贸易和跨境投资等活动；而金融循环则是指除了依附于这些实体经济活动而产生的一国货币跨境流入和流出外，还包括那些以该国货币为交易和投资手段（或目的）的跨境资金流入或流出的活动，或简单地说，包括那些与该国货币跨境流入或流出有关的金融投资和金融交易等活动①（高洪民，2010）。② 关于人民币经济循环与金融循环见图 9 - 1。按照一国货币国际化影响的地域范围划分，可将人民币国际化分为人民币区域化和人民币国际化两个层次。人民币经济循环是中国实体经济的体现，而人民币金融循环是人民币经济循环的晴雨表。其中，金融市场作为人民币结算、投融资和资产管理中心，在与实体经济循环的联系中处于金融循环枢纽的核心地位。

（2）经济与金融的内在关系。一般来说，对于两个规模不同、各自封闭的经济体来说，若两者内部的金融市场发展程度和水平差不多，则规模大的经济体，其境内居民和企业因消费、储蓄和投资等行为而产生的对本币的需求就

---

① 考虑到人民币作为第三方货币使用，人民币金融循环内涵可以进一步拓展为以人民币作为金融投资和金融交易活动。

② 资料来源：高洪民．人民币国际化与上海国际金融中心互促发展的机理和渠道研究［J］．世界经济研究，2010（10）：22 - 28.

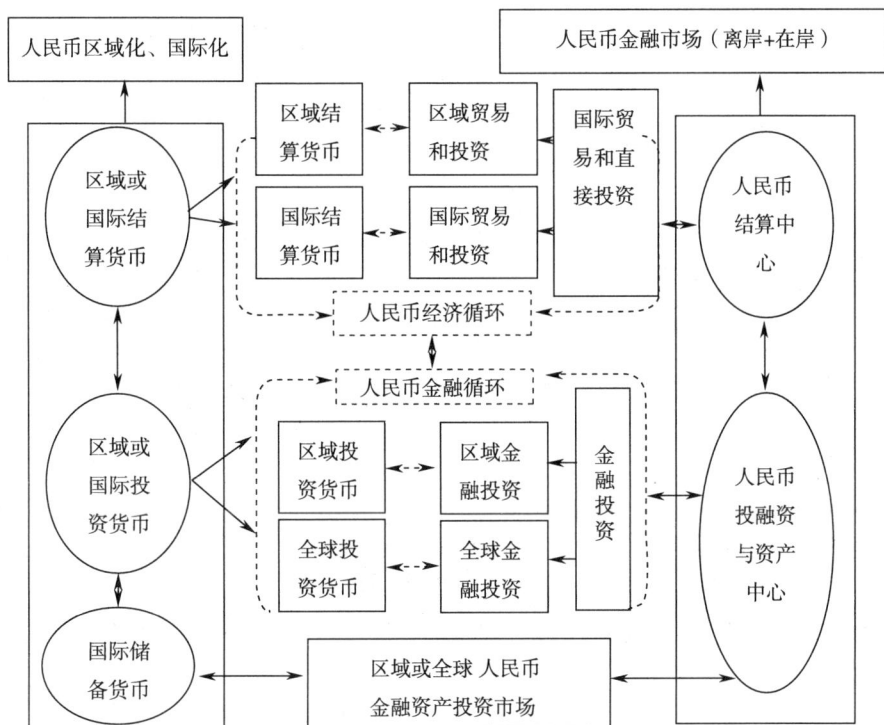

资料来源：作者在高洪民（2010）一文的基础上进行了修改。

**图 9 - 1　人民币国际化与人民币金融市场建设内在联系的渠道和途径**

会较大；在开放经济条件下，规模越大的经济体，若其开放程度越大，金融深化程度越高。其在与外部经济的联系中，金融流通和金融循环的规模也就会越大。如果将封闭经济条件扩展到开放经济条件，那么经济循环将通过跨境贸易和跨境投资等渠道扩展到开放条件下的更广范围的实体经济循环。另一方面，以此为基础，对以本币作为交易媒介的跨境金融流通也会产生现实的需求，由此还将进一步推动该货币在境外发挥投资工具和价值储藏手段的功能。事实证明，随着一国经济体的不断扩大，在开放经济条件下，居民和非居民对本币的需求不断提高，并且体现在金融流通和金融循环的规模上也就会越大。

以上结论的产生有一个非常重要的假设前提，即经常账户和资本账户均是开放的。在这种情况下，人民币成为满足交易媒介所拥有的可获得性、可兑换性、可偿付性这三性原则。而由于中国金融市场处在不断深化过程中，中国资本账户还不可兑换，境内资本市场只能处于难以满足非居民持有人民币的投融资货币和价值储藏功能的境地。下面将分析在这一现实约束条件下，如何既弥

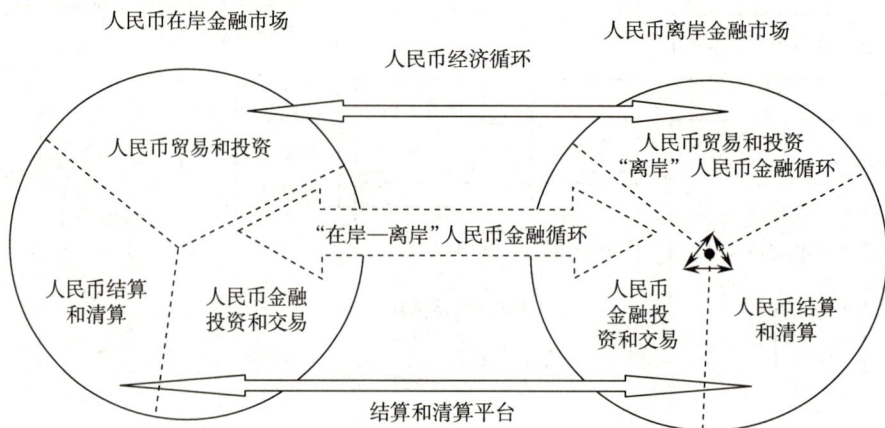

注：▲代表人民币货币职能的交叉提升。

资料来源：笔者在高洪民（2010）一文的基础上进行了修改。

**图 9 - 2    "一种货币、两个系统"**

补这一境内金融市场功能的不足，而又能够推进人民币国际化的进程。

2. "有"资本管制下的人民币国际化

在资本管制下，人民币作为投融资货币的功能会受到限制，人民币经济循环和人民币金融循环呈现不对称的局面，这在金融市场上主要表现为本币的资本账户有待开放和本币的金融市场广度和深度相对滞后。具体而言，人民币资本账户下的本币对外投资和直接投资已经放开，然而证券投资和其他投资还存在较多管制，人民币金融市场发展滞后，提供的人民币资产种类和对冲风险能力有限，这必将影响非居民持有人民币的积极性。为了推进人民币国际化，现阶段以离岸市场做补充或者部分替代境内金融市场发挥人民币可完全可兑换性功能，即采用"一种货币、两个系统"策略（见图 9 - 2）。第一个系统是增加区域内人民币作为交易媒介的跨境使用，这实际上是以人民币经济循环为基础；第二个系统是通过在香港发展人民币离岸市场实现离岸市场人民币的可兑换性，发展对冲货币风险的工具，增加非居民增持人民币的吸引力。可见，发展人民币离岸市场替代受限制的自由兑换将增加市场对人民币的认可和接受，也可帮助中国企业在海外市场到境外投资和筹集资金，同时又为货币当局控制资本账户自由化保留了空间。

我们尝试在两个人民币市场中来分析经济循环和金融循环的运行情况。香港离岸市场依靠其完善的金融基础设施为中国与其对外经贸伙伴提供跨境贸易和投资的人民币计价结算服务，其中结算和清算由中国中央银行与香港货币当局协同合作，人民币结算和清算基于人民币经济循环基础上完成和实现。人民币金融循环包含两个方面：一是"在岸—离岸"人民币金融循环。离岸市场非居民持有人民币可以通过资本账户下已有的渠道投资中国政府指定的人民币资产，当然境内人民币也搭建了投资香港市场人民币资产的渠道，而"在岸—离岸"人民币金融循环通道取则决于资本账户开放的步伐。二是离岸人民币金融循环。人民币金融循环还体现在人民币离岸市场的自我循环，即非居民投资香港市场的人民币资产工具，来实现货币的保值和增值。随着人民币国际化发展到高一级阶段，人民币从居民与非居民之间的计价扩展到非居民之间，即人民币作为第三方货币的使用，离岸人民币金融循环将进一步扩张和深化。可见，这一过程同时提升了人民币"三位一体"式国际货币职能。

上述通过从"无"、"有"资本管制这两种情况对人民币国际化的经济循环和金融循环的内在机制进行全面分析，从中可以得出结论：在"有"资本账户存在管制条件下，需要以人民币经济循环为基础，依赖"一种货币、两个系统"构建人民币金融循环，实现经济循环与金融循环平衡发展，即实现人民币区域化和国际化。由此可以得到一个重要的推论，即实现人民币国际化的最优路径与人民币的区域化、离岸化、国际化是一个紧密相连、相含和互动的过程，通过离岸金融业务，将人民币区域化和国际化自然地连接得更紧密更有效。

进一步分析，人民币区域化是指人民币跨越国界在一定地理区域内发挥货币职能的发展过程，它往往是市场竞争与政府推动相结合的结果。区域化表示人民币所处的现实阶段，也表示人民币经济循环存在着一定区域化基础。人民币区域化的道路必须首先培育人民币作为区域内国际货币的基础，即在区域内人民币成为计价结算、交易媒介和价值储藏货币；在区域内取得突破基础上，扩大人民币在其他新兴市场国家以及发达经济体中的使用，正因为如此，目前人民币在亚洲地区和包括金砖国家在内的新兴市场中有着良好的市场接受程度。

政府当局需要做的是满足市场对人民币的需求，扫清市场主体使用人民币的障碍，建立非居民所需要的交易平台。其中，市场主体交易人民币最大的限制在于人民币的不可兑换性，即资本尚未开放的条件下，中国人民银行在推进人民币跨境使用的同时，建立香港离岸人民币金融市场实现离岸人民币可自由兑换，实现人民币的金融循环，搭建人民币流入和流出的资金循环渠道。与此同时，在"一种货币、两个系统"的运行中也为境内人民币金融市场深化发展提供了市场经验。

可以设想，随着人民币区域化的推进，人民币将在与中国存在密切贸易往来的经济体中首先得到使用。离岸金融市场是境外人民币交易的中心，随着人民币在贸易和投资中的计价结算额的增加，将在离岸市场沉淀大规模的人民币存款余额。而且，离岸金融市场的地理分布也是不同区域人民币市场接受程度的体现。在离岸市场建立的初期，人民币资金需要回流投资到在岸人民币金融市场与服务于实体经济，以增加人民币交易的吸引力。可见，资本账户的有管理开放，允许离岸人民币回流境内人民币金融市场，离岸金融市场为中国货币当局控制资本账户自由化提供了主动权，这种隔离风险的"防火墙"是不能缺少的。

综上所述，在资本账户存在管制的背景下，人民币区域化的推进和深化，需要人民币离岸市场的建立，这种离岸化既有助于人民币区域化货币的国际货币职能的实现，又能够助推资本账户渐进开放。至此，研究的结论应该是："区域化—离岸化—国际化"是人民币国际化的有效路径。

### 9.2.3　人民币区域化与离岸化、国际化的关系

人民币区域化是指在市场竞争和政府推动结合之下，人民币跨越国界在一国、多国甚至在一定地理区域内实现国际货币职能的发展过程。可以说，至今人民币的经济实力已为人民币提供了一定的区域化基础，具体表现为人民币在亚洲、欧洲地区和包括金砖国家在内的新兴市场中有着良好的市场接受程度。实践证明，人民币区域化的实现必须首先培育人民币区域内国际货币的基础，即人民币在一定区域内成为计价结算、交易媒介和价值储藏货币。人民币只有在一些区域内的使用形成相当规模，它才能在区域内有所突破，进而扩大和巩固人民币在其他新兴市场国家以至于全球发达经济体中的地位。可见，货币区域化是指在特定区域内成为区域性国际货币的过程，它又是货币周边化和货币国际化的一种中间环节，起到承上启下的重要作用。一般而言，人民币区域化应首先在亚洲地区推进，然后延伸到与中国贸易往来密切的相关国家和地区。进一步分析得出：（1）人民币区域化既是一国货币国际化的现实要求，也是相关国家的国家利益所在，更是构建多元化国际货币体系的现实需要。（2）人民币区域化的成效还取决于国家和地区间的真诚合作和不懈努力，它不仅要有市场需求的依托，还离不开政府审时度势和制度安排。（3）人民币区域化发展到相当程度，必然形成巨额货币资金的进出以及境内外货币资金的清算和回流，这就客观上要求离岸金融市场的创建，随之进入一个货币离岸化的阶段。

可见,货币离岸化实际上是货币区域化发展到相当规模的客观要求,是各种离岸市场分布和功能的统称。典型的离岸市场指专门从事非居民的资金筹措与资金运用,并几乎不受所在国金融政策影响,表现为金融产品的自由交易市场,俗称"两头在外"。人民币离岸市场发展的关键在于短期内能否迅速扩大人民币境外存款的规模,这就需要通过境外投资者将通过人民币与其他货币互换、拓展离岸人民币低风险金融产品市场、探索离岸人民币衍生品市场等举措,创建人民币离岸市场的运作平台,以促进人民币的境外使用范围和交易规模的迅速扩大。事实上,离岸金融市场既可以隔离货币发行国与市场所在国(或区域)的金融管制风险,又有利于满足人民币国际化进程中人民币利率、汇率及资本管制逐步开放的要求,可见,离岸金融市场在推进人民币国际化和推动中国金融市场深化改革中的作用不可小觑。

有学者认为,按照离岸金融市场产生和发展的历程来看,离岸金融市场是国际货币的结果而不是原因,认为建设人民币离岸金融市场来推动人民币区域化、国际化有点舍本逐末。如果先建立人民币离岸市场,当人民币国际化出现逆转时,给中国经济带来不必要的风险,由此主张中国应该先对内开放金融市场,修炼好内功,然后等条件成熟后实现人民币国际化是水到渠成的事情。上述观点乍听起来似乎有理,但是存在片面性,这是因为货币国际化进程与货币国际化条件相互作用,可以产生动态的自我强化效果。[①] 所以,不必被动地等所有条件都充分达到标准,而是应积极推动人民币离岸市场建设,在控制离岸市场向中国传递风险的同时,审时度势地推动资本账户的渐进开放,扩大人民币在区域内的使用范围以实现区域化的部分利益。[②]

人民币离岸金融市场对人民币区域化、国际化的影响主要体现在以下方面。

(1)人民币离岸金融市场是人民币国际化的必要条件,主要货币的国际化发展都伴随着离岸市场的发展。美元国际化是在伦敦离岸美元市场(欧洲美元)、亚洲美元离岸市场以及境内 IBFs 市场的发展过程中不断向前推进的。日元国际化中伴随着境外离岸市场(伦敦和新加坡等)的发展和境内 JOM 市场的发展。欧元国际化过程中离岸市场(伦敦、中国香港、新加坡等)的发展也起了重要的作用。以外汇交易为例来说明离岸市场在国际货币交易中的重

---

① 资料来源:戴金平,靳晓婷. 渐进性人民币国际化中的香港地位——兼论人民币国际化的动态路径选择 [J]. 开放导报,2011(3):12-17.

② 资料来源:夏斌,陈道富. 中国金融战略 2020 [M]. 北京:人民出版社,2011:287.

要地位。表 9 - 1 的数据表明，2010 年美元和欧元外汇交易量（包括即期和远期、掉期、期权等衍生工具）分别有 79% 和 77%[①]在本国境外的离岸市场发生。日元外汇交易量 72% 在日本境外的离岸市场发生，相比之下，人民币的即期和远期外汇交易量约 80% 发生在境内，而境外部分（CNH 交易）的增长只是最近一年才发展起来的。[②] 这说明人民币离岸市场发展处于起步阶段，非常具有发展潜力。

**表 9 - 1　　2010 年三大货币在境内和境外离岸市场外汇交易的比重　　单位：%**

|  | 美元交易量 | 欧元交易量 | 日元交易量 |
|---|---|---|---|
| 美国 | 21 | 22 | 17 |
| 英国 | 47 | 52 | 42 |
| 日本 | 6 | 3 | 28 |
| 其他 | 26 | 23 | 13 |

资料来源：BIS Quarterly Review，2011 年 9 月。

（2）离岸金融市场能搭建人民币境外自由交易的平台，增加人民币境外流动性。要使本国货币从有限范围的交易发展成为非居民企业和个人价值储存投资组合中的资产，离岸金融市场的存在是必要条件[③]（Seade 等，2010）。①离岸金融市场为非居民提供了一个充分利用闲置资本和筹集经济发展所需资金的有效场所。离岸金融市场促使国际融资渠道更为畅通，其发展能够促进非居民对人民币的使用，特别是能让海外的人民币找到进行贸易和投资的理想场所。以成熟的国际货币美元为例，美元依靠离岸金融市场（伦敦、新加坡、中国香港、东京）以及美国本土的纽约金融市场在内，实现美元在欧洲、亚洲和美洲地区全天候不间断的持续交易。离岸金融市场缩小了美元交易在地理时空上的距离，形成了美元借贷资金高速流动的全球美元交易金融体系，并有效合理地配置全球的资金资源。②本币离岸金融市场的发展，为银行业对外扩张并实现国际化创造条件。银行业在为居民提供货币国际化服务的同时，参与在全球金融业和金融市场的竞争，有助于提高金融业和金融市场的效率。③考

---

① 境外离岸欧元外汇交易比重在 77% 以内，BIS 数据来源中没有直接给出这一数据，仅仅通过扣除美国、英国和日本三国后间接得到的一个差值。

② 资料来源：马骏，徐剑刚，等．人民币走出国门之路 [M]．北京：中国经济出版社，2012：8.

③ Seade，Jesús，Lin，Ping，Ma，Yue，Wei，Xiang dong and Zhang，Yi fan，Hong Kong as an International Financial Centre for China and theWorld，Lingnan University，Department of Economics，draft，7 July，2010。

虑到中国资本账户尚未完全放开的实际情况，使境外的人民币像其他国际货币一样，可自由兑换，用于结算支付、投融资、资产管理、实现汇率避险，并且使离岸人民币金融市场形成一定的市场交易、循环规模，具有良好的市场流动性。境外非居民主体积极参与、扩大离岸人民币市场的金融资产持有量及金融交易活动，让非居民包括各机构与自然人在内，通过中国政府允许的人民币可兑换通道，能够享受或部分享受中国高增长的收益，提高非居民持有人民币的积极性。

（3）资本账户的开放主要体现在离岸人民币资金需要投资于岸金融市场的金融资产。根据凯恩斯的三大货币需求动机理论，投机性动机要求持有货币增值。离岸人民币资金要求进入中国境内资本市场，分享中国经济增长带来的红利。它们进入在岸债券、股票或者贷款市场，从而资本账户下的资本流入规模会增加，客观上要求现有资本账户管制的放松。当本币为弱币时，跨境交易偏好使用外币，资本项目可兑换可能以汇兑环节为主，主要是逐步开放本币与外币间的转换。当本币走强，资本项目下的交易则会更多地使用本币，资本项目可兑换会更加集中于交易和市场的开放。[①] 本币资本项目跨境业务本身是资本项目可兑换的重要内容。在亚洲金融危机中关于外币资本账户的开放有着深刻的教训，正是因为外资从新兴市场国家大进大出，从而引发汇率风险导致货币危机的扩散。本币资本账户下的开放，货币发行国的中央银行作为最后贷款人能够主动有效调节市场流动性，对货币市场风险的控制相比前者更为有效。

从资本账户开放的对称性出发，包含离岸资金回流与在岸资金的流出，货币当局遵循谨慎的原则，即"先流入后流出、先长期后短期、先直接后间接、先机构后个人"。该原则同样适应本币资金境内外的流动[②]。由此，本币资本账户的开放同样是循序渐进的过程，只有实现对称的双向资金流通，形成完整的资金循环流通路线，才能够保持离岸市场人民币流动性的均衡发展。

（4）离岸金融市场能推动在岸金融市场的深化。张宜浩、裴平和沈晓华（2009）[③] 综合香港和内地相关样本数据的实证研究证明，短期内香港离岸金融中心发展会推动中国的资本开放；长期内香港离岸金融中心发展则对中国金融深化存在正面效应。

---

① 资料来源：胡晓炼. 资本项目可兑换与人民币跨境使用［N］. 第一财经日报，2012 - 11 - 29.

② 本币离岸资金的回流通道包含对外直接投资、证券投资和贷款；本币在岸资金的流出包含人民币对外直接投资、贸易信贷。

③ 资料来源：张宜浩，裴平，沈晓华. 香港离岸金融发展对大陆金融深化的效应——基于离岸金融中心的实证研究［J］. 国际金融研究，2009（6）：31.

（5）金融深化作用主要体现在利用离岸市场形成汇率机制和市场化利率，并且以此形成对在岸金融市场的反馈效应。戎如香认为汇率制度改革以来，随着人民币汇率幅度的扩大以及资本项目和外汇管制的部分解除，人民币在岸远期市场和离岸 NDF 市场①之间的联系不断加强，境内外相同期限人民币未来汇价相互影响，并不存在处于绝对优势地位的人民币远期汇率定价市场；但人民币 NDF 市场汇率的变动趋势引导在岸远期市场汇率变化趋势。② 香港人民币离岸即期市场与 NDF 远期市场反映市场参与者对人民币价格的预期，为中央银行了解和掌握市场预期提供真实信息来源，为调控人民币汇率波幅的创造了市场环境。

离岸利率市场化机制对在岸金融市场的反馈效应在境外债券市场的发展可能会形成一股倒逼境内债券市场发展的力量。日本在 20 世纪 80 年代的经验显示离岸债券市场快速发展有利于境内债券市场的发展。20 世纪 80 年代日本外汇市场开始自由化，离岸日元市场的发展促使企业大量使用离岸市场资金（Hoshi 和 Kashyap，2001），反过来促使国内债券市场融资自由化。一方面，企业融资渠道多元化，减少对银行特别是中资银行的依赖，人民币离岸市场的发展也可能迫使中国的银行业将注意力放在中小企业上。这有利于金融机构之间形成必要的良性竞争、规范的金融运作模式，推动国内金融市场健康发展。另一方面，境内债券市场的发展，优化境内间接融资与直接融资的市场结构同时，有利于形成长期资金收益率曲线，为利率市场化提供条件。

（6）离岸金融市场能够提高中国货币当局的监管能力。现阶段中国资本账户完全开放存在风险，人民币国际化最大的挑战在于资本账户可兑换的风险管理。香港作为离岸人民币市场，有着独立的行政和监管框架，且是全球最为发达的金融中心之一。现阶段离岸市场与在岸市场相对隔离，短期内由于价格差异客观上导致市场主体存在套利的动机，长期而言，境内外人民币市场的趋同是必然的趋势。保持离岸市场和在岸市场分离，能使监管当局监管离岸账户和在岸账户的外部资金流，避免资金对在岸金融市场带来的巨大冲击。在人民

---

① 离岸无本金交割远期市场（离岸 NDF 市场），主要在新加坡和中国香港等地开展，参与者主要是花旗银行、汇丰银行和渣打银行等国际性金融机构，同时也包括一些跨国公司和对冲基金等。离岸 NDF 市场完全是市场化的，其报价主要取决于参与者的心理预期，因而灵活且波幅较大；而在岸远期结售汇则需基于真实贸易背景，以真实贸易合同作为结售汇的依据，且受人民币稳定升值政策的影响，报价较为波动，因而汇率波幅较 NDF 市场小。

② 资料来源；戎如香. 人民币在岸远期市场和离岸 NDF 市场关系的实证研究 [J]. 当代财经，2009（1）：53.

币区域化和国际化进程上，香港人民币离岸金融市场肩负推动金融创新和维持金融稳定的双重重任。在人民币离岸金融市场发展过程中，通过了解、掌握境内外市场信息并对市场信息形成政策应对，使中国人民银行逐步提高人民币自由兑换通道的监管能力，为资本账户逐步开放积累经验。

可以预料，随着人民币区域化的拓展和推进，人民币必将在与中国有着密切贸易往来的国家（区域）首先得到承认并使用。与此同时，作为境外人民币交易中心的离岸金融市场，其贸易和投资中的人民币计价结算额也会日趋增加，这必将在离岸金融市场沉淀相当大规模的人民币存款余额。在中国资本项目有管理开放条件下，允许离岸人民币回流到境内的人民币金融市场，这又会使离岸金融市场为中国货币管理当局控制资本账户自由化提供了主动权，形成了隔离风险的防火墙。可见，在资本账户存在有管理的开放背景下，需要建立人民币离岸市场，以有助于人民币区域化下的国际货币的实现和推进资本账户渐进性地开放。

总之，人民币区域化、离岸化既是实现人民币国际化的前提条件又是必经之路。由上分析得出的结论应该是，人民币"区域化—离岸化—国际化"应是目前人民币国际化的最优路径选择。

# 第 10 章
# 跨境人民币业务：
# 人民币国际化的重要突破口

从货币国际化的职能来讲，国际间的贸易结算是金融交易计价和国际储备货币的基础和先决条件。开展跨境人民币业务是我国人民币国际化战略的重要突破口。2009 年 4 月 8 日，国务院决定在上海市和广东省广州、深圳、珠海、东莞开展跨境贸易人民币结算试点，此后试点逐步全面放开，并由经常项目扩展到部分资本项目。

自跨境人民币业务开展以来，其业务虽然增长快，但仍然存在诸多问题。作为进一步推动中国经济金融改革开放的重大决策，香港和澳门将一如既往在其中发挥重要的窗口作用。与此同时，这一举措对香港、澳门经济金融的发展，尤其是进一步加快港澳地区人民币业务的发展，进一步扩大人民币在港澳地区的流量和存量，为港澳地区金融业的人民币国际业务提供新的发展空间、建立人民币离岸金融中心、巩固香港的国际金融中心地位等方面都具有重大意义。

## 10.1 跨境人民币业务的背景与意义

### 10.1.1 开展跨境人民币业务的背景

跨境人民币业务的推出，具有深刻的时代背景和现实基础，其长期目标是为实现与中国国际地位相适应的人民币国际化，加快推动人民币成为重要的国际贸易结算货币和国际储备货币。

1. 全球金融危机暴露了现行国际货币体系的弊端

2007 年以来由美国次贷危机引发的全球金融海啸，据有关研究机构估计，全球财富损失超过 45 万亿美元，相当于 2007 年美国 GDP 的 3 倍，中国 GDP 的 10 倍。其祸根之一，正是美国拥有美元发行特权和超强的国际储备货币地位，通过华尔街强大的金融功能，吸引境外美元支撑美国创纪录的贸易逆差、超常财政赤字和超前消费，最终让全球他国和人民为其埋单。

为此，国际货币体系改革已是一个不可逆转的趋势，这一改革的实质是扭转美元独大的局面，通过多元化来分散国际货币波动的风险。早在 21 世纪初，国际社会舆论就认为：21 世纪国际货币体系将形成美元、欧元和人民币三足鼎立的格局。而至今，随着"金砖五国"即中国、印度、巴西、俄罗斯、南非的迅速崛起，客观上要求中国等国的货币国际化，以降低美元在国际储备体系中的比重。

2. 实现人民币国际化这一长期战略的现实需要

一种货币的国际化一般须经历三个阶段：贸易结算、金融交易计价、成为国际储备货币。2008 年底开始我国与韩国等国家或地区签署货币互换协议，并决定从 2009 年 4 月 8 日将在上海、广州、深圳、珠海、东莞五个城市开展跨境贸易人民币结算试点，这两项政策目标就是为了提升人民币在结算、计价和国际储备中的地位，实质上表示我国已经启动了人民币国际化征程，是推进人民币国际化的重要举措。由此可见，人民币国际化已成为国家坚定不移的战略目标。

推进人民币的国际化，从长远来看，是中国重大而长远的利益所在，也是中国拥有强大软实力的标志之一。中国是一个出口大国，外汇储备多（2013 年末超 3.8 万亿美元），特别是美元储备占比大约为 80%，结果因美元贬值导致我国遭受了巨大的损失。中国人口多资源少，外需依赖性大，人民币国际化以及人民币成为国际储备货币，对中国购买国外资源产品，缓解经济、人口和环境的压力意义重大。总之，如果人民币没有国际货币储备地位，中国就很难成为一个名副其实的经济大国，不可能真正拥有国际经济的决策权。从这一意义上可以说，人民币国际化也是中国拥有强大软实力的标志之一。

3. 稳中有升的人民币汇率是实施人民币贸易结算的现实基础

一直以来，中国在进出口贸易结算中通常都使用美元，2005 年 7 月 21 日人民币汇率形成机制改革以来，人民币对美元汇率（中国外汇交易中心公布的中间价）由改革初始的 1 美元对人民币 8.11 元升至 2013 年末的 1 美元对 6.1 元，人民币升值幅度约为 24.78%。由于港元和澳门元的联系汇率制度，人民币对港元和澳门元也有类似的升幅。对于未来的人民币汇率走势，目前各界尽管存在争论，但鉴于中国经济仍将持续较长时期的高速增长，人民币汇率稳中有升成为大家比较一致的观点。

显然，对国内企业而言，使用人民币结算与采用美元结算相比，可以避免汇率波动所承担的汇率风险，特别是可以避免在人民币单边升值过程中的损失，有助于企业的营运成果清晰化。当国内企业以人民币进行国际结算时，通常其经营成果较为透明，表现为进口企业的成本和出口企业的收益能够较为清晰地固定下来，这有利于企业进行财务核算。

### 10.1.2　实施跨境人民币业务的意义

1. 有利于夯实人民币国际化这一长期战略的基础

关于人民币国际化的理论和政策探讨由来已久，特别是 2008 年以来的全球金融海啸凸显了现行国际货币体系的不合理性，再次激发了人民币国际化的理论研究，并促使人民币国际化进入实质阶段。关于人民币国际化的前景，国外学者也很看好。著名经济学家多恩布什早在 1999 年就指出 20 年之后，这个世界上将肯定只剩下为数不多的几种货币：即美洲以美元为主，亚洲以人民币为主，其他地区则以欧元为主。

2001 年，德国前总理施密特预言，未来世界将可能有三种主要货币：美元、欧元和人民币。同年，《远东经济评论》发表的题为《人民币的时代》的文章指出，在 21 世纪头几十年的某个时刻，随着人民币实现完全兑换，人民币将成为继美元、欧元和日元之后的世界上兑换频率第四高的一种货币，世界将获得一种新的全球性货币，人民币将会打破目前国际金融市场的平衡。欧元之父蒙代尔教授 2002 年指出，人民币具备成为亚洲各国的国际储备货币的潜力，2009 年 9 月他更是进一步指出，人民币可望取代日元，人民币区域将成为世界上第三大货币区域。

一种货币的国际化一般须经历三个阶段：贸易结算、金融交易计价和成为国际储备货币。扩大跨境贸易人民币结算是人民币国际化战略基础和先决条件。

2. 中国国际经济地位不断上升的内在要求

国家统计局的资料显示，2012 年 GDP 现价总量为 51.9 亿元，约合 8.5 万亿美元，占全球 GDP 总量超过 10%，是仅次于美国的全球第二大经济体，是美国 GDP 总量的 52% 左右。由于中国与美国经济增速的差异，中国经济总量在不断缩小与美国的差距，未来十年，这个差距甚至可能会逆转，中国经济总量有望超越美国。而伴随着中国经济持续高速发展，无论从货物贸易进出口还是服务贸易进出口来讲，中国都已是全球贸易大国。

根据世界贸易组织统计，2012年中国全年货物进出口达3.87万亿美元，占全球贸易总量的11.1%，居世界第二位，仅比美国少150亿美元；其中，货物出口额达2.05万亿美元，占全球货物出口的11.2%，居世界第一位；货物进口额1.82万亿美元，占全球货物进口的9.8%，居世界第二位，仅次于美国。在服务贸易方面，2012年中国服务进出口总额4 710亿美元，是全球服务贸易第三大国，仅次于美国和德国；其中，服务出口1 900亿美元，居世界第五位；服务进口2 810亿美元，居世界第三位。

与我国经济大国和贸易大国地位相比，人民币在国际货币中的地位显然不适应。在中国的进出口贸易中，主要的结算货币是美元和欧元。我国经济实力的不断增强以及贸易量占全球贸易比重的不断增加，为扩大跨境贸易人民币结算乃至人民币成为结算货币奠定了坚实的经济基础。同时，扩大跨境贸易人民币结算，并以此为突破口最终实现人民币国际化，也是中国国际经济地位不断上升的内在要求。

3. 有助于巩固香港国际金融中心的地位

历史表明，香港是中国改革开放的窗口和重要平台。实施跨境人民币业务，推动人民币区域化、国际化战略是新时期中国改革开放的一项重大决策，香港依然是重要平台，并将一如既往发挥其独特作用。反过来，扩大跨境人民币业务和人民币国际化战略也为香港经济的发展提供了新的历史机遇。在扩大跨境人民币业务背景下，受影响的不仅仅是与内地有贸易往来的企业，更重要的影响是，香港作为国际金融中心将成为海外人民币的融资和投资中心，它有助于对进一步加快香港人民币业务发展、增加香港人民币的流量和存量、建立人民币离岸金融中心，为香港金融业的人民币国际业务提供新的发展空间，从而对巩固香港的国际金融中心地位具有重要意义。香港金融管理局统计数据显示，香港开办人民币业务始于2004年，但直到2009年7月实施跨境贸易人民币结算试点前，香港各类人民币存款仅为558.92亿元，几年来增长缓慢，所占比重不到香港所有存款6.28万亿港元的1%，而实施跨境贸易人民币结算以后，香港人民币存款总额快速增长，在不到1年的时间内，增量超过之前5年的增量，截至2013年11月，香港人民币存款总量达8 270亿元，已占香港所有存款的10%左右。可见，扩大跨境人民币业务，将加速香港人民币离岸金融市场的发展，为香港金融业提供新的发展空间，有利于巩固香港国际金融中心地位。

4. 有利于提升外贸企业的国际竞争力

扩大跨境人民币业务有利于外贸企业规避汇率风险，减少汇兑损失，降低成本，从而提高其国际竞争力。在以美元、欧元等国际化货币结算情况下，由于国际市场货币汇率波动频繁，我国企业不得不承担较大的汇率风险，尤其是技术含量较高、建设周期较长的大型成套设备产品，汇率波动较大，企业面临的汇率风险也越大。2005 年汇率制度改革以来，人民币一直保持稳中有升的坚挺态势，直接减少了出口企业的利润，特别是对于我国以低端产品出口、以加工贸易为主、以赚取劳动力价值的出口企业影响尤为明显。而采用人民币结算，出口企业可以锁定收入，进口企业可以锁定支出，这种预期明确的情况有助于市场的开发和产品竞争力的提升。

此外，对于中国与韩国、东盟等之间的贸易来讲，用美元结算，存在着各自本币兑换为美元结算的二次兑换成本，企业在购汇、结汇上存在相应的汇兑损失。

## 10.2　跨境人民币业务的发展

### 10.2.1　跨境人民币业务的政策概述

1. 跨境贸易人民币结算由试点到全面放开

2009 年 4 月 8 日，国务院决定在上海市和广东省广州、深圳、珠海、东莞开展跨境贸易人民币结算试点。

2010 年 6 月，经国务院批准，中国人民银行、财政部、商务部、海关总署、国家税务总局和中国银行业监督委员会联合发布《关于扩大跨境贸易人民币结算试点工作有关问题的通知》（银发〔2010〕186 号），将境内试点地区由上海和广东省的 4 个城市扩大到 20 个省（自治区、直辖市），将境外地域范围由港澳地区和东盟扩大到所有国家和地区，明确试点业务范围包括跨境货物贸易、服务贸易和其他经常项目人民币结算。2010 年 12 月，出口试点企业从试点初期的 365 家扩大到 67 724 家。

2011 年 8 月，跨境贸易人民币结算地区扩大至全国。中国人民银行、财政部、商务部、海关总署、国家税务总局和银监会联合发布《关于扩大跨境贸易人民币结算地区的通知》，明确河北、山西、安徽、江西、河南、湖南、贵州、陕西、甘肃、青海和宁夏省（自治区）的企业可以开展跨境贸易人民币结算；吉林省、黑龙江省、西藏自治区、新疆维吾尔自治区的企业开展出口货物贸易人民币结算的境外地域范围，从毗邻国家扩展到境外所有国家和地区。至此，跨境贸易人民币结算境内地域范围扩大至全国。

2012年6月，中国人民银行会同财政部、商务部、海关总署、国家税务总局、中国银行业监督委员会对出口货物贸易人民币结算企业实行重点监管名单管理，跨境贸易人民币结算业务全面推开，进出口企业可以选择以人民币进行计价、结算和收付。

2. 跨境人民币业务从经常项目扩展到部分资本项目

2011年1月，中国人民银行发布《境外直接投资人民币结算试点管理办法》，允许境内企业以人民币进行对外直接投资，银行可以按照有关规定向境内机构在境外投资的企业或项目发放人民币贷款。

自此，跨境人民币业务不再仅限于货物贸易等经常项目，扩展到对外直接投资、境外人民币贷款等资本项目。由此，原来所谓的"跨境贸易人民币结算业务"政策，被"跨境人民币业务"的新提法所取代。

2011年8月，《关于扩大跨境贸易人民币结算地区的通知》，明确了全面开展对外直接投资和外商直接投资人民币结算，跨境人民币业务从经常项目扩展至部分资本项目。

2011年10月，中国人民银行发布《外商直接投资人民币结算业务管理办法》和《关于境内银行业金融机构境外项目人民币贷款的指导意见》，允许境外投资者以人民币到境内开展直接投资，明确了商业银行开展境外项目人民币贷款的有关要求。

2011年2月，中国证券监督委员会、中国人民银行、国家外汇管理局联合发布《基金管理公司、证券公司人民币合格境外机构投资者①境内证券投资试点办法》，允许符合一定资格条件的境内基金管理公司、证券公司的香港子公司作为试点机构，运用其在香港募集的人民币资金在经批准的人民币投资额度内开展境内证券投资业务。

## 10.2.2　跨境人民币业务的运行

1. 跨境人民币业务结算量增速由快放缓

自2009年7月开始试点以来，在各级政府和部门的推动下，企业采用人

---

①　人民币合格境外机构投资者，与合格境外机构投资者（缩写为QFII）相对，英文缩写为RQFII。

民币结算的积极性不断提高，跨境人民币结算业务量在最初两年实现跨越式飞速增长，每月人民币结算金额已由试点伊始的几千万元，大幅增长到2 000亿元以上。经历如此跨越式飞速增长之后，从2011年6月开始，跨境人民币结算金额增速有所放缓。

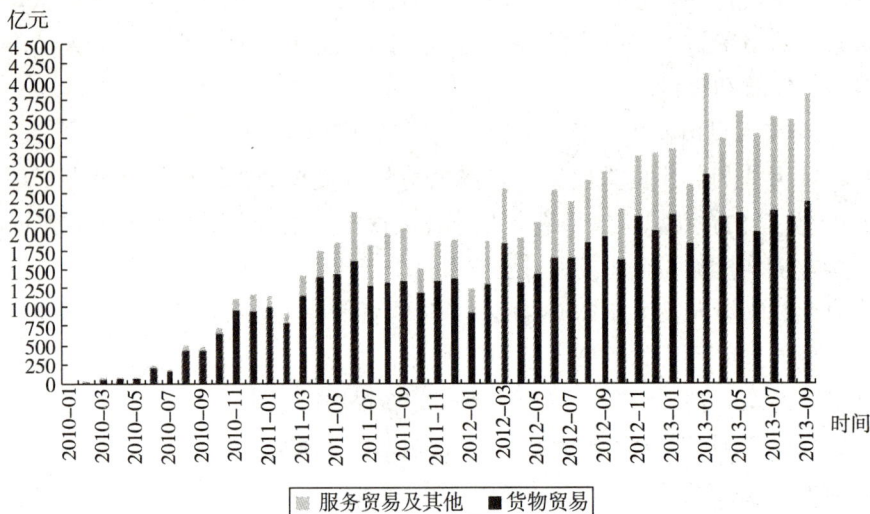

资料来源：中国人民银行《2013年第二季度中国货币政策执行报告》。

**图10-1　跨境贸易人民币结算按月情况**

2009年，银行累计为企业办理跨境贸易人民币结算业务409笔，金额为35.8亿元。

2010年银行累计办理跨境贸易人民币结算业务5 063.4亿元，是上年的141倍。为配合跨境贸易人民币结算试点工作，支持企业"走出去"领域的大型项目，中国人民银行以个案方式开展了人民币跨境投融资试点，当年共办理人民币跨境投融资交易386笔，金额701.7亿元。

2011年，跨境贸易和投资人民币结算业务量明显增加。银行累计办理跨境贸易人民币结算业务2.08万亿元，同比增长3.1倍。2011年，银行累计办理对外直接投资人民币结算业务201.5亿元，外商直接投资人民币结算业务907.2亿元。

2012年，银行累计办理跨境贸易人民币结算业务2.94万亿元，同比增长41%，仍然保持较快增长，但增速明显放缓。其中货物贸易结算金额2.06万亿元，服务贸易及其他经常项目结算金额8 764.5亿元。2012年银行累计办理人民币跨境直接投资结算业务2 840.2亿元，其中对外直接投资结算金额

304.4 亿元，外商直接投资结算金额 2 535.8 亿元。

2013 年前三季度，跨境贸易人民币结算业务保持稳定增长，业务总额为 3.15 万亿元，同比增长 54%。其中，货物贸易结算金额 2.07 万亿元，服务贸易及其他经常项目结算金额 1.08 万亿元。直接投资方面，2013 年前三季度银行累计办理人民币跨境直接投资结算金额 3 211.5 亿元，其中，人民币对外直接投资结算金额 517.7 亿元，外商直接投资结算金额 2 693.6 亿元。

2. 总体规模仍然偏小，境外银行和企业参与度不足

虽然跨境贸易人民币结算自 2010 年以来快速增长，但总体规模仍然很小，所占我国对外贸易总额比重更低。2012 年，银行累计办理跨境贸易人民币结算业务 2.94 万亿元，这与当年进出口贸易总额近 4 万亿美元（按美元与人民币的汇率 6.1 计算，大约 24.4 万亿元人民币）相比，所占比重只有 12% 左右，虽然相比 2009 年，该比重已大幅增长近 4 倍，但仍然与我国贸易大国地位不相适应。

截至 2012 年末，境内代理银行为境外参加银行共开立人民币同业往来账户 1 592 个，账户余额 2 852.0 亿元；境外企业在境内共开立人民币结算账户 6 197个，账户余额 500.2 亿元。相对于每年约 4 万亿美元的中国进出口贸易总量来说，以上两项境外机构人民币账户余额合计约 3 352 亿元，说明境外机构（包括企业和银行）对跨境贸易人民币结算的参与度有待提高。

可见，从国际化货币的国际贸易结算计价乃至储备货币的职能来说，人民币结算业务量与实现人民币国际化的最终目标仍然较远。跨境人民币业务在经历快速增长之后，仍然任重道远。

3. 跨境人民币业务存在结构失衡问题

目前，跨境贸易人民币业务的结构失衡问题主要体现在以下三个方面：

（1）人民币结算的进出口结构失衡，人民币结算中进口付款业务量大于出口收款业务量，人民币真正成为国际结算货币不能仅限于进口贸易结算，还应包括出口贸易结算，而且需实现进出口结算相对平衡。2010—2013 年（前三季度）的四年里，跨境贸易人民币结算业务中，进口付款人民币总额分别是出口收款人民币总额的 5.5 倍、1.7 倍、1.2 倍和 1.5 倍。

（2）发生人民币结算的境外地区结构失衡。在跨境贸易人民币结算初期，与中国在国际贸易结算中使用人民币的地区，主要集中在中国香港和新加坡，据中国人民银行的统计资料，2010 年上半年，在已发生人民币实际结算收付的业务中，香港和新加坡两地业务合计占比 87%，而其他地区比重较小。近几年，经过中国人民银行、商业银行（特别是国有银行的境外分支行）、国有

企业、地方政府等多方面努力，与中国贸易往来使用人民币结算的地区有所扩大，但总体来说亚太地区比重大大高于欧美地区。

（3）发生人民币结算的企业结构失衡，据调查，目前发生的跨境贸易人民币结算的交易对象有相当比例集中在境内企业与其境外分公司或关联企业之间，其原因在于一方面是集团内部交易谈判，另一方面是套利的驱动，而中国进出口企业与外资客户进行人民币结算业务的比重并不高。

### 10.2.3　制约跨境人民币业务发展的原因分析

导致目前跨境人民币业务增速放缓、总体规模偏小、结构失衡等问题的原因，我们认为，既有美元国际货币地位短期难以撼动等客观因素，也有境外企业人民币计价结算意愿弱等主观原因，既有境外人民币离岸市场发展滞后等市场原因，也有中资银行业国际化程度不高导致境外推动力不足等制约因素。

1. 货币替代是个长期过程

第二次世界大战后国际货币体系虽经历了一系列变革，但布雷顿森林体系所确立的美元作为世界货币功能一直没有发生根本性改变。欧元、英镑、日元都不能撼动美元的国际交易货币地位，这与美国作为超级大国的综合国力所决定有关。实施跨境人民币业务的最终目的是人民币成为国际结算货币乃至国际化货币，其必然会受到美元的制约。

跨境人民币业务进出口结构失衡的实质是单向货币替代，人民币在计价结算功能方面从进口方单向地替代美元。货币替代是开放经济条件下所特有的一种货币扰动，在货币自由兑换的前提下，外币在价值尺度、交易媒介和价值贮藏等方面全部或者部分地取代本币。这是从本币被替代的角度定义，实际上，在本币与外币的竞争中，既可能是外币替代本币，也可能是本币替代外币，即货币反替代。成功实现货币替代，需要经历一个从量变到质变的长期积累过程。克鲁格曼（1980）运用局部均衡分析方法，建立了一个三国三货币模型，讨论国际媒介货币的形成过程①。分析发现：在国际媒介货币转换（替代）过程中，存在一种倾覆现象。一国货币失去国际媒介货币地位，先要经历一段积累过程，期间贸易量下降导致交易成本增加，高交易成本又导致贸易量进一步下降。这种渐变过程达到一个关键点之后，造成国际汇兑结构的突变（国际媒

---

① Paul Krugman, Vehicle Currencies and the Structure of International Exchange, Journal of Money. Credit and Banking, 1980, Vol. 12: 513 – 526.

介货币转换)①。

在货币竞争中，人民币作为后进入市场者，任重而道远。跨境人民币业务是人民币国际化的初级阶段，也是实现人民币国际化重要和关键的一步。人民币从国内逐步走向区域化、国际化，实现"结算货币—交易货币—储备货币"的走向需要不断提高货币竞争力，要增加本国货币对周边国家和地区乃至国际范围内的吸引力，使得更多国家和地区在贸易结算、国际债券发行、国际储备等各个方面使用本币，从而成功实现货币反替代。

2. 境外企业人民币计价结算意愿不强，外贸结算币种主导权缺失

制约跨境人民币业务发展的直接原因是境外企业人民币计价结算意愿不强，外贸结算币种主导权缺失。

人民币结算业务能否顺利推进很大程度上取决于境外企业对人民币的接受程度。由于美元结算是历史形成的国际主流结算方式，在美国强大的经济实力和综合国力支持下，即便是欧元、日元这些国际化程度很高的货币都没能撼动美元作为国际结算货币的主导地位。因此，无论是中国第一大、第二大贸易伙伴的欧盟和美国的境外进出口企业，还是东盟等其他贸易伙伴的客户，他们多数对人民币计价、人民币结算持谨慎和观望态度。而且，人民币结算要在短期内彻底改变国际贸易的结算习惯也不现实。

另一方面，我国外贸企业议价能力不足，难以掌握选择结算币种的主导权。当前国际分工体系是沿着生产链条在全球的重新配置和延伸，而中国作为"世界工厂"基本位于生产链条的中下游，对外贸易商品结构以低附加值为主，市场竞争力不强，产品缺乏垄断性，企业对外议价定价能力明显不足，在贸易谈判中往往处于劣势，难以把握谈判主动权，尤其在国际经济危机导致的外需普遍不旺的经济背景下，试点企业更难拥有结算币种的选择权。

3. 境外人民币市场流动性不足，投融资渠道不畅通

国际货币在贸易结算中的使用程度与该货币的可获得性和是否具有有效的交易市场密切相关。以美元为例，成熟发达的美国金融市场，交易活跃的离岸美元，是美元作为国际结算货币惯例的主要基础。

跨境人民币业务直接相关的是向中国进口或出口境外企业。很显然，向中国进口的企业采用人民币结算付款的必要条件是人民币来源广泛、易得且低廉；而向中国出口的企业采用人民币结算收款的必要条件是保值增值、低风

① 资料来源：宋晓玲. 国际货币替代的"倾覆效应"：理论与历史考察［J］. 湖北社会科学，2011，(3)：68.

险、高流动性。

境外企业向中国进口支付人民币资金，其人民币来源一方面来自于中国银行对境外企业的人民币贷款融资，目前该业务受中国银行的境外分支数量及业务限制；另一方面，境外企业的人民币来源应该更多地依赖境外人民币市场，具有足够规模和流动性的境外人民币市场，是扩大跨境人民币结算并最终实现人民币成为国际结算货币的重要基础。目前最大也是最主要的境外人民币市场在香港，截至 2013 年 11 月，香港人民币各类存款为 8 270 亿元，但其中有八成以上是流动性较弱的定期存款，而且香港人民币融资业务或贷款业务也非常有限，目前香港银行可向与内地企业进行人民币贸易结算的境外企业提供贸易融资，但融资款项应以有关贸易交易的实质金额为限，并需直接支付予内地企业。

而对于境外出口商收取的人民币资金，由于缺乏目前具有规模大和流动性强的境外人民币市场，无法保值增值，大部分都只能选择通过各种渠道回流至内地。

可见，对于境外进口商，通俗讲是"苦无人民币来源"；对于境外出口商则是"苦无人民币去处"。导致这一矛盾的原因在于境外人民币流动性较弱，投融资渠道不畅通，这是制约跨境贸易人民币结算发展的市场原因。

4. 中资银行业国际化起步较晚，跨境人民币业务的境外推动力不足

过去三十年，中国金融业改革开放的重点在于"引进来"，引进了各类国际金融机构，逐步建立了与市场经济相适应、符合国际惯例的金融业经营与管理体制。但是，中国金融业"走出去"和金融机构国际化起步较晚。据中国银行业监督管理委员会 2009 年年报资料，截至 2009 年底，五大国有控股商业银行仅有 86 家一级营业性机构，资产总额大约为 3 万亿元，占当年银行体系资产总额的 3.8%。

近几年，因跨境人民币业务和人民币国际化战略影响，中资银行"走出去"步伐明显加快，截至 2012 年底，在海外设立分支机构的商业银行由 2009 年的 5 家国有控股银行扩大到 16 家商业银行，商业银行一级机构超过 120 多家，覆盖了亚洲、欧洲、南北美洲、非洲和大洋洲的 49 个国家和地区，中资银行的海外资产已经达到 1 万亿美元的规模。尽管近几年增速很快，但 1 万亿美元的规模仅仅占中资银行资产规模比重的 4.2%。这个数字也说明，中国银行业的国际化进程还处于刚开始的阶段。

"金融是经济发展的第一推动力"，中国银行业受制于海外分支机构实力不足和业务起步较晚，导致我国银行业对跨境人民币业务的境外推动力不足。

### 10.2.4 跨境人民币业务失衡的后果

1. 导致外汇储备的额外增加

跨境人民币结算业务的失衡加速了我国以美元计价的外汇储备增长。如前所述，跨境贸易人民币结算中，因进口而支付的人民币总额远远大于因出口而收到的人民币总额，换言之，意味着因跨境贸易人民币结算而替代的美元进口付汇额要远大于美元出口收汇额，结果是美元进口付汇额减少量远大于美元出口收汇额。因此，跨境贸易人民币结算的开展，非但没有减少反而额外增加了中国的外汇储备。

根据近几年跨境贸易人民币结算人民币收付情况，2010—2013 年（前三季度）的四年里，跨境贸易人民币结算人民币支付额大于收入额的金额分别是 3 505 亿元、5 400 亿元、2 691 亿元和 2 120 亿元，合计 1.37 万亿元人民币，折算为美元超过 200 万亿美元。在进出口贸易中多支付的人民币量，也就是少支付的美元量，其中很大部分进入了中国的外汇储备，这也是中国近几年外汇储备增加的一个原因。

2. 导致货币当局和境内进出口企业的总体福利损失

一方面，前面提到新增外汇储备中大约有数千亿美元来自人民币贸易结算。企业用人民币替代美元支付进口，相应地减少了外汇市场上的外汇需求，在当前外汇市场持续供大于求的格局下，外汇需求下降进一步放大了供大于求的局面。货币当局出于稳定汇率的需要，不得不更多地购买外汇。整个过程当中，人民银行增加了 1 000 亿美元外汇资产，按照 1 美元等于 6 元人民币计算，同时增加了 6 000 亿元人民币负债。

美元债券收益率与中国人民币债券收益率相比明显偏低，比如 1 年期美国国债的收益率一直保持在 0.3% 以下，30 年期美国国债也只有 4% 左右，而 1 年期中国国债的收益率大约是 4%，人民币对美元的汇率每年升值 2~3 个百分点。货币当局蒙受了利差和美元贬值的双重损失，用这两者的大致计算，美元资产的外汇储备每年损失在 5% 以上。

另一方面，如前所述，跨境贸易人民币结算中，因进口而支付的人民币总额远大于因出口而收到的人民币总额。在人民币升值的背景下，虽然部分中国出口企业因使用人民币结算而减少了人民币升值、美元贬值的汇率风险，但是更多企业在进口支付人民币是因人民币升值、美元贬值增加了成本，而且成本的增加量要大于汇率风险的减少量。可见，从总体上讲，人民币结算的推进与其说减少了中国企业的汇率风险，不如说减少了外国（或境外）企业的汇率风险。

因此，由于跨境贸易人民币结算在进出口收付中的失衡，结果导致了中国货币当局和进出口企业的总体福利损失。

## 10.3　跨境人民币业务对港澳地区人民币业务发展的影响

### 10.3.1　跨境人民币业务对港澳地区人民币业务的意义

跨境人民币业务是中国经济金融改革开放的战略决策，香港、澳门将一如既往地发挥重要的窗口作用，可以预料，这一举措在加快推进人民币国际化进程的同时，也将对香港、澳门经济金融的发展产生重大影响，尤其是进一步加快港澳地区人民币的发展，进一步扩大人民币在港澳地区的流量和存量，为港澳地区金融业的人民币国际业务提供新的发展空间，建立人民币离岸金融中心，巩固香港的国际金融中心地位都具有重大意义。

1. 提高港澳地区人民币的流动性，扩大港澳地区人民币的业务规模

货币的根本职能是交易媒介，即流通手段。前面我们已经分析了，港澳地区企业和居民无论是外贸还是内贸，都无需大量持有从内地流入的人民币，这是 2009 年以前港澳地区人民币规模不能发展壮大的根本原因。跨境人民币业务政策的实施，可以说是对症下药，有利于提升港澳地区人民币的交易功能，促进人民币在内地与港澳地区的双向交易中的地位。

香港 2008 年从内地进口 1 907.4 亿美元，出口 135.6 亿美元，贸易逆差高达 1 700 多亿美元。虽然这部分有相当大的比重属于转口贸易，但对于仍然可观的非转口贸易额来说，完全有望逐渐从美元结算过渡到人民币结算。

澳门 2008 年从内地进口 169.26 亿澳门元，出口 19.68 亿澳门元，贸易逆差约 150 亿澳门元。这一部分的交易量，几乎完全不属于转口贸易，随着跨境人民币业务的不断推进，澳门与内地的货物贸易结算货币将由港元或美元，逐渐过渡到以人民币为主。

随着跨境人民币业务的推进，以及在港澳地区和内地的双向流动越来越频繁，人民币作为流通手段的职能将获得更好的发挥，并形成良性循环，其结果是人民币在港澳地区的外贸活动地位将大大提升，从而将大大促进人民币在港澳地区流通规模和存量规模的扩大。

2. 为港澳地区金融业的人民币国际业务提供新的发展空间

跨境人民币业务面向的国家或地区不仅是港澳地区，而是世界上所有与中国有贸易往来的国家。跨境人民币业务发展乃至最终实现人民币国际化的过程并不会一蹴而就，是一个长期的过程，该过程也可能不会一帆风顺。过去的历史表明，港澳地区是中国改革开放的窗口和重要平台，在人民币走向国际化过程中的跨境人民币业务政策上，港澳地区依然是重要平台。

显然，在该政策实施初步阶段，甚至比较长的时间内，非港澳地区的外商可能并不会如港澳地区商家一样，愿意并欢迎使用人民币结算。而且，在人民币走向国际化和人民币作为国际结算货币之前，必须解决两个问题：一是如何让外商获得人民币，以便在从中国进口时支付人民币；二是如何解决外商手中的人民币投资出路问题，以便他们在向中国出口时愿意接受人民币。

如何让外商获得人民币以及解决外商的人民币投资出路问题，作为国际金融中心的香港在这方面具有得天独厚的优势，一方面可以为海外进口商提供人民币融资，另一方面可以为海外人民币提供完全有别于内地管制的多种人民币投资品种。

可见，在跨境人民币业务逐步扩展到世界范围内，在内地人民币资本项目仍然管制不可兑换的情况下，为了防范和降低人民币国际化的风险，香港金融业的参与是不可或缺的。反过来，它也为港澳地区金融业的人民币国际业务提供了新的发展空间，并有利于进一步促进香港金融业的发展。

3. 有利于壮大香港的人民币债券市场

一直以来，香港的债券市场规模不大，与其国际金融中心地区并不相称。在人民币国际化战略推行下跨境人民币业务，将有利于促进香港人民币债券市场的发展。随着跨境人民币业务的不断推进，其他各种促进人民币国际化、区域化的配套政策将逐步有序出台，特别是建立直接面向海外投资者的人民币债券市场，比如前面提到的人民币国债首次在香港发行就是一例。

没有国际化的人民币债券市场，人民币就很难成为国际结算货币，更难以成为国际储备货币。而出于防范国际金融风险以及维护人民币汇率稳定的需要，人民币资本项目下自由兑换短期还难以实施，因而在香港建立、发展、壮大国际化的人民币债券市场就成为现实选择。随着各类人民币债券在香港发行，从中长期来看，香港成为人民币债券市场的一个国际交易平台，成为人民币离岸金融中心将是水到渠成的事情，并将会进一步巩固香港的国际金融中心地位。

### 10.3.2　港澳地区人民币业务的发展

为了保持香港经济社会繁荣和稳定，进一步加强内地与香港经贸及金融合作，中央政府在促进港澳地区人民币业务发展方面，采取了一系列政策不断拓展港澳地区人民币业务。

2004 年 2 月 25 日，香港银行开始为香港居民办理个人人民币业务，2004 年 11 月 4 日澳门的个人人民币业务也开始实施。2007 年 6 月，内地金融机构首次在香港发行人民币债券。2009 年 6 月，内地的港资银行首次发行人民币债券。2009 年 9 月，人民币国债首次在香港发行 60 亿元。截至 2013 年 12 月，香港金融管理局债务工具中央结算系统托管及结算的人民币债券工具余额 3 819.83 亿元人民币。

截至 2013 年 11 月，香港人民币存款已由 2004 年 2 月的 8.95 亿元增长到 8 269.95 亿元，占香港所有存款比重由 0.02% 也大幅上升到 9.12%（见表 10 - 1）。澳门的人民币存款余额也增长迅速，从 2004 年 11 月底为 4963 万元，2005 年底跃升至 4.34 亿元，截至 2012 年底，澳门人民币存款总余额已达 416.3 亿元，约占澳门所有存款比重的 11.34%。

表 10 - 1　　　　　　　　香港存款数据（按货币分类）一览　　　单位：亿港元*、%

| 时间\类别 | 2004 - 02 | 2004 - 12 | 2005 - 12 | 2006 - 12 | 2007 - 12 | 2008 - 12 |
|---|---|---|---|---|---|---|
| 所有存款 | 36 884.59 | 38 660.56 | 40 679.01 | 47 572.75 | 58 688.98 | 60 579.84 |
| 其中：人民币 | 8.95 | 121.27 | 225.86 | 234.03 | 334.00 | 560.60 |
| 比重 | 0.02 | 0.31 | 0.56 | 0.49 | 0.57 | 0.93 |
| 美元 | 11 183.10 | 13 092.32 | 13 366.79 | 16 049.68 | 20 221.95 | 21 632.16 |
| 比重 | 30.32 | 33.86 | 32.86 | 33.74 | 34.46 | 35.71 |

| 时间\类别 | 2009 - 12 | 2010 - 12 | 2011 - 12 | 2012 - 12 | 2013 - 11 | |
|---|---|---|---|---|---|---|
| 所有存款 | 6 381 040 | 6 862 265 | 7 591 260 | 8 296 434 | 9 065 126 | |
| 其中：人民币 | 627.18 | 3 149.38 | 5 885.29 | 6 029.96 | 8 269.95 | |
| 比重 | 0.98 | 4.59 | 7.75 | 7.27 | 9.12 | |
| 美元 | 20 678.92 | 20 979.73 | 22 681.60 | 25 686.95 | 27 898.25 | |
| 比重 | 32.41 | 30.57 | 29.88 | 30.96 | 30.78 | |

*人民币以亿元计，计算人民币存款占总存款比重时，人民币与港元的汇率按 1:1 计算。

资料来源：香港金融管理局。

自2007年6月国家开发银行首次在香港发行人民币债券以来，内地金融机构在香港发行人民币累积已达300亿元（见表10-2），而人民币国债在香港首次发行，一方面推进了人民币国际化和区域化进程，更重要的是，此举体现了中央政府为了人民币国际化要充分发挥香港国际金融中心的作用，因而将进一步巩固香港国际金融中心的地位，促进香港人民币业务的发展。

总体来看，港澳地区2004年2月开展人民币业务以来，可以分为三个阶段。第一阶段是港澳地区人民币业务政策起步的2004年初到全球金融危机开始爆发的2007年中期，第二阶段是2007年中期到开始实施跨境人民币业务的2009年中期，第三阶段是2009年中期以后。第一阶段港澳地区人民币业务起步，并飞速增长，但增速放缓进入第二阶段，第三阶段由于跨境人民币业务的影响，港澳地区人民币业务再次迅速发展。

表10-2　　　　　2007—2009年在香港发行人民币债券情况一览

单位：亿元人民币、%

| 发债机构 | 发行日期 | 金额 | 年期 | 票面利率 |
|---|---|---|---|---|
| 国家开发银行 | 2007-06 | 50 | 2 | 3.00 |
| 中国进出口银行 | 2007-08 | 20 | 2 | 3.05 |
| | | | 3 | 3.20 |
| 中国银行 | 2007-09 | 30 | 2 | 3.15 |
| | | | 3 | 3.35 |
| 交通银行 | 2008-07 | 30 | 2 | 3.25 |
| 中国进出口银行 | 2008-09 | 30 | 3 | 3.40 |
| 中国建设银行 | 2008-09 | 30 | 2 | 3.24 |
| 中国银行 | 2008-09 | 30 | 2 | 3.25 |
| | | | 3 | 3.40 |
| 国家开发银行 | 2009-07 | 20 | 2 | 2.45 |
| | 2009-08 | 10 | 2 | 浮动利息 |
| 东亚银行 | 2009-06 | 40 | 2 | 2.80 |
| 汇丰银行 | 2009-08 | 10 | 2 | 浮动利息 |
| 财政部 | 2009-09月 | 60 | 2 | 2.25 |
| | | | 3 | 2.70 |
| | | | 5 | 3.30 |

资料来源：香港金融管理局。

### 10.3.3　人民币在港澳地区货币供应量的变化分析

在流通方面，除了内地在港澳地区旅游消费外，港澳地区居民没有出现人民币替代港币或澳门元的趋向，但人民币在港澳地区的存量规模因跨境人民币业务而大幅增长。在储备方面，人民币已部分替代美元，对美元在港澳地区的储备地位产生挑战。

从港澳地区货币供应量流动性最强的 $M_1$[①]（可视为交易货币或流通货币）来看，2001 年以来，香港外币占 $M_1$ 的比重逐年上升（见表 10 - 3 和表 10 - 4），特别是 2005 年以来增长更快，2007 年 12 月曾高达 26.33%，但其后一度不升反降，但在 2009 年下半年中国实施跨境贸易人民币结算业务以后，该比重重拾升势。虽然，香港 $M_1$ 中没有把人民币从外币中区别开来单独统计，但我们判断，香港外币占 $M_1$ 比重的变化在很大程度上是由人民币引起的。

表 10 - 3　　　　　　　香港货币供应量的构成情况表（一）　　　　单位：亿港元、%

| 时间 | 2001 - 12 | 2002 - 12 | 2003 - 12 | 2004 - 12 | 2005 - 12 | 2006 - 12 | 2007 - 12 | 2008 - 12 |
|---|---|---|---|---|---|---|---|---|
| $M_1$ | 2 582.06 | 2 956.50 | 4 134.04 | 4 845.02 | 4 346.84 | 4 916.57 | 6 167.27 | 6 458.02 |
| 其中：港元 | 2 299.91 | 2 594.11 | 3 547.38 | 4 126.37 | 3 482.47 | 3 879.18 | 4 543.61 | 4 911.03 |
| 比重 | 89.07 | 87.74 | 85.81 | 85.17 | 80.11 | 78.90 | 73.67 | 76.05 |
| 外币 | 282.15 | 362.39 | 586.66 | 718.65 | 864.38 | 1 037.39 | 1 623.66 | 1 546.99 |
| 比重 | 10.93 | 12.26 | 14.19 | 14.83 | 19.89 | 21.10 | 26.33 | 23.95 |
| $M_2$ | 35 008.8 | 35 185.8 | 38 128.5 | 43 790.9 | 43 790.9 | 50 633.0 | 61 066.7 | 62 698.0 |
| 其中：港元 | 19 950.1 | 19 840.5 | 21 072.6 | 23 297.0 | 23 297.0 | 27 778.2 | 32 813.3 | 32 399.2 |
| 比重 | 56.99 | 56.39 | 55.27 | 53.20 | 53.20 | 54.86 | 53.73 | 51.68 |
| 外币 | 15 058.7 | 15 345.4 | 17 055.9 | 20 493.9 | 20 493.9 | 22 854.8 | 28 253.3 | 30 298.8 |
| 比重 | 43.01 | 43.61 | 44.73 | 46.80 | 46.80 | 45.14 | 46.27 | 48.32 |

表 10 - 4　　　　　　　香港货币供应量的构成情况表（二）　　　　单位：亿港元、%

| 时间 | 2009 - 12 | 2010 - 12 | 2011 - 12 | 2012 - 12 | 2013 - 11 |
|---|---|---|---|---|---|
| $M_1$ | 9 018.19 | 10 172.27 | 11 273.2 | 13 773.59 | 15 129.503 |
| 其中：港元 | 6 712.41 | 7 300.93 | 7 947.26 | 9 209.20 | 10 049.38 |

---

①　香港货币供应量 $M_1$ 包括公众持有的纸币及硬币加上持牌银行持有的活期存款，$M_2$ 包括 $M_1$ 加上持牌银行持有的储蓄存款、定期存款以及持牌银行发行而由公众持有的可转让存款证，$M_3$ 包括 $M_2$ 加上有限制牌照银行及接受存款公司持有的存款、有限制牌照银行及接受存款公司发行而由公众持有的可转让存款证。

续表

| 时间 | 2009 – 12 | 2010 – 12 | 2011 – 12 | 2012 – 12 | 2013 – 11 |
|---|---|---|---|---|---|
| 比重 | 74. 43 | 71. 77 | 70. 50 | 66. 86 | 66. 42 |
| 外币 | 2 305. 78 | 2 871. 34 | 3 325. 94 | 4 564. 39 | 5 080. 12 |
| 比重 | 25. 57 | 28. 23 | 29. 50 | 33. 14 | 33. 58 |
| $M_2$ | 66 023. 1 | 71 362. 71 | 80 575. 3 | 89 500. 05 | 99 291. 77 |
| 其中：港元 | 30 145. 93 | 32 694. 83 | 40 113. 14 | 44 126. 21 | 51 444. 48 |
| 比重 | 54. 34 | 54. 18 | 50. 22 | 50. 70 | 48. 19 |
| 外币 | 30 145. 93 | 32 694. 83 | 40 113. 14 | 44 126. 21 | 51 444. 48 |
| 比重 | 45. 66 | 45. 82 | 49. 78 | 49. 30 | 51. 81 |

资料来源：香港金融管理局。

澳门货币供应量 $M_1$[①]中，2004—2007 年澳门"其他货币"的比重与香港非常类似，"其他货币"的份额从 1999 年的 0.75%，迅速上升到 2006 年 9 月的 12.2%，但随后也没有因为这几年人民币升值而继续上升，反而不断下降（见表 10 – 5 和表 10 – 6）。即使是 2009 年 6 月中国开展跨境贸易人民币结算，该比例仍然不断下滑，目前只有不到 2%。这里需要说明的是，澳门在货币供应量统计中，也没有单列统计人民币，不过，根据对澳门金融管理局 1999 年以来的统计数据的比较分析，我们认为，"其他货币"在澳门货币供应量 $M_1$ 的比例变化，主要是由人民币引起的。

由此说明，从流通性最强的货币 $M_1$ 来看，在港澳地区流通中的人民币并没有保持持续上升的地位。人民币在港澳地区居民中远远没有取得通货的地位。

表 10 – 5　　　　　　　澳门货币供应量的构成情况表（一）　　单位：亿澳门元、%

| 时间 | 1999 – 12 | 2003 – 12 | 2004 – 12 | 2005 – 12 | 2006 – 12 | 2007 – 12 | 2008 – 12 | 2009 – 06 |
|---|---|---|---|---|---|---|---|---|
| 货币量 $M_1$ | 53. 63 | 87. 90 | 134. 41 | 127. 89 | 182. 55 | 226. 07 | 247. 30 | 269. 67 |
| 澳门元 | 36. 71 | 48. 72 | 62. 85 | 68. 48 | 83. 76 | 95. 99 | 130. 11 | 141. 11 |
| 比重 | 68. 44 | 55. 43 | 46. 76 | 53. 55 | 45. 88 | 42. 46 | 52. 61 | 52. 33 |
| 港元 | 16. 52 | 35. 33 | 67. 46 | 53. 99 | 80. 39 | 111. 84 | 103. 54 | 118. 84 |
| 比重 | 30. 81 | 40. 20 | 50. 19 | 42. 21 | 44. 04 | 49. 47 | 41. 87 | 44. 07 |

---

① 澳门货币供应量 $M_1$ 包括流通货币及活期存款，$M_2$ 包括 $M_1$ 及准货币负债，准货币负债包括储蓄存款、通知存款、定期存款及存款证明书。

续表

| 时间 | 1999 - 12 | 2003 - 12 | 2004 - 12 | 2005 - 12 | 2006 - 12 | 2007 - 12 | 2008 - 12 | 2009 - 06 |
|---|---|---|---|---|---|---|---|---|
| 其他货币 | 0.40 | 3.84 | 4.09 | 5.42 | 18.40 | 18.23 | 13.65 | 9.71 |
| 比重 | 0.75 | 4.37 | 3.05 | 4.24 | 10.08 | 8.06 | 5.52 | 3.60 |
| 货币量 $M_2$ | 860.96 | 1 110.90 | 1 209.47 | 1 356.60 | 1 689.12 | 1 855.41 | 1 897.90 | 2 033.08 |
| 澳门元 | 279.50 | 296.68 | 313.70 | 366.88 | 453.24 | 509.84 | 540.98 | 578.22 |
| 比重 | 32.46 | 26.71 | 25.94 | 27.04 | 26.83 | 27.48 | 28.50 | 28.44 |
| 港元 | 441.23 | 594.40 | 662.14 | 701.45 | 910.12 | 1 014.92 | 992.41 | 1 092.32 |
| 比重 | 51.25 | 53.51 | 54.75 | 51.71 | 53.88 | 54.70 | 52.29 | 53.73 |
| 其他货币 | 140.24 | 219.81 | 233.63 | 288.26 | 325.76 | 330.66 | 364.51 | 362.54 |
| 比重 | 16.29 | 19.79 | 19.32 | 21.25 | 19.29 | 17.82 | 19.21 | 17.83 |

注：澳门在货币供应量统计中，没有单列统计人民币，而是将人民币与美元、英镑、日元等货币归到"其他货币"一栏统计。

资料来源：澳门金融管理局。

**表 10 - 6**　　　　　　　　**澳门货币供应量的构成情况表（二）**　　单位：亿澳门元、%

| 时间 | 2009 - 12 | 2010 - 12 | 2011 - 12 | 2012 - 12 | 2013 - 11 |
|---|---|---|---|---|---|
| 货币量 $M_1$ | 306.07 | 347.30 | 362.43 | 476.22 | 565.11 |
| 澳门元 | 100.66 | 104.70 | 117.90 | 132.65 | 165.35 |
| 比重 | 32.89 | 30.15 | 32.53 | 27.85 | 29.26 |
| 港元 | 145.45 | 173.36 | 175.38 | 260.90 | 300.79 |
| 比重 | 47.52 | 49.92 | 48.39 | 54.79 | 53.23 |
| 其他货币 | 10.91 | 15.10 | 8.34 | 8.02 | 10.57 |
| 比重 | 3.56 | 4.35 | 2.30 | 1.68 | 1.87 |
| 货币量 $M_2$ | 2 122.33 | 2 430.54 | 2 979.64 | 3 749.31 | 4 457.15 |
| 澳门元 | 597.45 | 680.40 | 772.92 | 909.21 | 1061.11 |
| 比重 | 28.15 | 27.99 | 25.94 | 24.25 | 23.81 |
| 港元 | 1 137.84 | 1 328.06 | 1 623.31 | 2 094.21 | 2 353.49 |
| 比重 | 53.61 | 54.64 | 54.48 | 55.86 | 52.80 |
| 其他货币 | 387.04 | 422.08 | 583.41 | 745.88 | 1 042.55 |
| 比重 | 18.24 | 17.37 | 19.58 | 19.89 | 23.39 |

资料来源：澳门金融管理局。

在流动性相对较小的 $M_2$ 中，香港 $M_2$ 中关于外币的比重变化（见表 10-3 和表 10-4），2005 年以来外币占 $M_2$ 的比重变化也不明显，不过对比表 10-1 所显示香港人民币存款变化情况，可以注意到在跨境贸易人民币结算开展的 2009 年以前，人民币存款只有五六百亿元，但 2010 年却飞速增长到 3 000 亿元以上，2013 年 11 月高达 8 269 亿元。既然外币 $M_2$ 所占比重变化，外币统计中包括美元、人民币等，由于香港的人民币存款无论其规模还是占香港所有存款（见表 10-1）在 2010 年以来飞速增长，因此，可以推断在香港的外币存款中，人民币已对美元在香港的储备地位形成挑战。

与香港类似，澳门"其他货币"所占 $M_2$ 中比重基本稳定，波幅不大。具体来说，自 1999 年回归以来澳门"其他货币"所占 $M_2$ 比重持续增长到 2005 年 10 月的 21.82% 之后，出现拐点，呈现出下降趋势，2009 年 6 月仅占 17.83%，略高于回归时 1999 年的水平（见表 10-5 和表 10-6），此后因跨境贸易人民币业务结算，该比重有所上升，基本保持在 20% 左右。与香港金融管理局在其网站上公布每月人民币存款数据不同，澳门金融管理局在其公布每月人民币存款，只是简单归入外币存款中。但是，我们根据媒体报道得到关于澳门金融管理局人民币业务数据。新华网 2010 年 7 月 16 日报道，澳门金融管理局主席丁连星指出，2009 年 12 月底澳门人民币存款只有不到 20 亿元人民币，但由于跨境贸易人民币结算业务的发展，2010 年上半年就上升到 30 亿元人民币。新华网 2013 年 3 月 20 日报道，截至 2012 年底，澳门人民币存款总余额已高达 416.3 亿元（考虑汇率因素，占澳门所有存款的 15% 左右），年内完成的跨境贸易人民币结算业务量达 972.5 亿元，较前一年上升 62%。因此，与香港类似，由于跨境贸易人民币业务的发展，在澳门的"其他外币"（非港币）存款中，人民币已对美元在澳门的储备地位形成挑战。

可见，通过对港澳地区货币供应量 $M_2$ 的分析表明，跨境人民币业务对港澳人民币业务具有重要作用，而且人民币已对美元形成货币替代，人民币已对美元在港澳的储备地位形成挑战。

### 10.3.4 人民币在港澳地区流动性弱的原因

尽管港澳地区的人民币业务发展较快，对人民币的欢迎程度也有所提高。但如前所述，人民币在港澳地区的流通不尽如人意，反映了港澳地区人民币业务运行中的一些难度。我们认为，其原因主要有以下三个方面。

1. 从银行的角度看，港澳地区人民币资金缺乏投资渠道

从理论和实务上分析，除了表外业务外，银行的资产业务应与负债业务相

匹配。然而，港澳地区银行开展个人人民币业务后可以吸收人民币存款，却不能以此来发放人民币贷款，2007 年 6 月后才可以购买内地金融机构在香港发行的人民币债券，而且规模不大，大部分人民币存款只能转存入清算行挣取微薄的息差，由此导致银行吸收人民币存款的动力减弱，人民币存款利率自然就相对较低，结果是人民币存款难以持续上升。

2. 人民币在港澳地区存在单向性交易和缺乏流动性的特征

从企业和居民的角度讲，由于内地游客在港澳地区具有单向消费的性质，决定了人民币在港澳地区与内地之间的交易只是单向的，而且人民币在港澳地区内部的交易缺乏流动性，港澳地区的企业和居民几乎不会为了流动性而且持有人民币。港澳地区企业和居民为内地游客提供各类服务，单方面接受其消费的人民币，很少或无需支付对方人民币。对于港澳地区所需要进口的各类产品，在跨境贸易人民币结算试点这个政策出台之前，不能以人民币进行结算。再有，香港和澳门的企业和居民在本地的交易活动中，早已习惯了使用其法定货币即港元或澳门元，而不会选择人民币进行交易。可见，人民币在港澳地区尽管很受欢迎，但对港澳地区企业和居民来说，既无需为了外贸而持有人民币，也无需为了内贸而持有人民币。从这个意义上说，人民币在港澳地区明显缺乏流动性，也不能发挥货币的流通手段职能。因此，人民币在港澳地区这种单向性交易以及缺乏流动性的特点，这是导致人民币在香港和澳门的地位并没有随着两岸三地日益紧密的经贸关系以及内地游客大幅增多而增加的根本原因，绝大部分人民币必然回流到内地。

3. 人民币在港澳地区存在一定程度的银行系统外的体外循环现象

从澳门的情况来看，博彩业未纳入澳门个人人民币业务范围。众所周知，博彩业是澳门的龙头产业，博彩业的客户来源中有相当大比例来自内地，因此，博彩业的人民币业务量相当可观，但由于受政策限制，博彩业系统接受的人民币很可能没有转入澳门的银行系统，而是转出了澳门，或者在澳门迅速地兑换成其他货币。香港虽然不像澳门具有博彩业这种独特产业，但香港的外币兑换店和地下钱庄的运作中，同样会使香港的人民币流通在一定程度上存在银行系统外的体外循环现象。

## 10.4　完善和扩大跨境人民币业务的对策建议

跨境人民币业务是人民币国际化战略的重要步骤，也有利于促进香港和澳门金融业的发展，根据前面的分析，我国出口商品贸易结构、人民币升值预期以及离岸市场发展局限导致跨境人民币业务失衡，从而引起外汇储备风险头寸增加、货币当局与境内进口企业福利损失，给人民币贸易结算持续性造成困难。我们认为，要真正使人民币结算发挥贸易和投资便利性的功能，在对外贸易和投资中扩大并实现人民币计价和结算，还需要采取以下一些措施，以配合和加快跨境人民币业务的推进和实施。

## 10.4.1 增强汇率制度弹性，改变人民币单边升值预期

通过提高人民币汇率双向浮动弹性，改变人民币可测算的单边升值预期，使跨境人民币贸易结算以及离岸人民币市场发展回归真实水平。第一，扩大人民币汇率浮动范围。2005年汇率改革以后，我国汇率制度由单一盯住美元改为参考一篮子货币的有管理浮动汇率制。虽然即期外汇市场人民币对美元交易价浮动幅度由0.3%扩大至0.5%，但幅度非常小，不能反映出国内以及国际市场的金融性的波动。应围绕中心汇率，确定更大的汇率带状浮动区。第二，改强制结售汇制为意愿结售汇制。强制结售汇制度使企业必须将手中外汇按要求的比例到银行进行结汇，导致外汇市场形成无条件的外汇供给和有条件的外汇需求，夸大了人民币升值的压力，却隐瞒了人民币贬值的压力，造成了市场上供大于求的虚假局面。意愿结售汇能有效形成外汇市场的供求关系，促进市场均衡汇率形成。第三，完善外汇市场。人民币汇率弹性的扩大，企业和金融机构将面临更多的汇率风险。因此，我国应加快对远期外汇市场的建设，扩大外汇交易品种，创新金融工具，为企业和金融机构的汇率风险管理提供更多的手段。

## 10.4.2 优化出口商品贸易结构，提高出口企业的定价权

优化出口商品贸易结构需要贸易结构的转换。一是产业内部结构的升级，产品品种的多样化及产品质量的提高。通过技术创新，对传统的劳动密集型产品进行深加工、细加工，提高其附加值，形成易被市场接受的产品差异特性。二是产业结构的升级，从以劳动密集型产品出口为主转向以资本密集型产品出口为主。加大研发投资与人力资本投资力度。技术进步关键还是要靠自己的投资与人力资本的积累。仅仅依靠单纯投资意义上的"干中学"和"技术外溢"以及国际间的技术转移，我国的技术进步将会是缓慢的，也难以有效地缩小与国际水平的差距而实现比较优势的转移和贸易结构的升级。改变我国经济增长的偏向，使我国出口偏向资本技术密集型商品，以改善我国的价格贸易条件，

促进我国出口商品结构的升级。

### 10.4.3　加快发展香港人民币离岸市场

没有发达的人民币离岸市场，境外人民币就很难沉淀下来；没有人民币离岸市场，境外人民币就成了无源之水。香港是最适合发展人民币离岸市场的地区，也是境外人民币存量最大，提供最完善离岸人民币业务的地区。香港作为国际金融中心也具备了发展人民币离岸市场的各种优势，而且香港一直是内地与世界的经济纽带，在防范和化解跨境人民币业务乃至人民币国际化过程中的金融风险方面，可以发挥过滤器和缓冲区的作用。

一是鼓励人民币在港澳地区内的流通。人民币在港澳地区作为流通手段的职能获得更好的发挥，有助于人民币作为国际结算与流通手段的良性循环，其结果是人民币在港澳地区的外贸活动地位将大大提升，并将大大促进人民币在港澳地区流通规模和存量规模的扩大，进而为扩大港澳地区与内地贸易的人民币结算奠定更坚实的基础，并进一步影响跨境人民币业务在全球范围内不断推广。

二是加快香港的人民币债券市场建设。加快人民币债券市场，有利于有效解决境外人民币的保值增值等投资问题。目前海外机构在政策上允许进入我国内地的债券市场，但是我们认为，只有在香港建设人民币债券市场才更有利于促进跨境人民币业务。没有国际化的人民币债券市场，人民币就很难成为国际结算货币，更难以成为国际储备货币。而出于防范国际金融风险以及维护人民币汇率稳定的需要，人民币资本项目下自由兑换短期还难以实施，因而在香港建立、发展、壮大国际化的人民币债券市场就成为必然选择。第一，加快内地金融机构在香港发行人民币债券，特别是逐步实现各期国债均可在香港购买，促进香港人民币债券一级市场的壮大；第二，逐步发展壮大香港人民币债券二级市场，逐步允许各类人民币债券市场上市流通，提高香港人民币债券的流动性；第三，逐步培育香港人民币债券的国际投资者，允许各类机构投资者、企业和居民购买和交易在香港发行的各类人民币债券。

### 10.4.4　推进中资银行业"走出去"步伐及境外银行业开展人民币资产业务

加快跨境人民币业务的目标不仅仅是使人民币成为我国与其他国家和地区的双边贸易结算货币，而且是成为国际贸易结算中的重要货币，其最终目标是实现人民币的区域化国际化。为此，必须借助香港国际金融中心平台，加快发展香港人民币离岸市场，积极推进境外银行业开展人民币资产业务，壮大境外银行业人民币资产规模，同时须加快推进中资银行业"走出去"步伐。

中国经济的国际化和中资企业"走出去"步伐的加快，为扩大跨境人民币业务以及中资银行推进国际化发展创造了良好的外部环境。反过来，中资银行业"走出去"也有利于加快跨境贸易人民币业务的发展。两者可谓相辅相成，互相促进。

如前所述，近几年在跨境人民币业务的推动下，中资银行"走出去"发展状况良好，但中国银行业的国际化进程仍然处于初步阶段。当前仍然需要进一步使国际化程度相对落后的商业银行"走出去"，积极在境外布点设立分支机构，推进我国银行与其他国家和地区银行业的业务合作，提升全球化服务能力，降低贸易项下境外人民币的融资成本和汇兑成本，促进境外人民币融资便利，从而推动跨境人民币业务。

推进境外银行业开展人民币资产业务，壮大境外银行业人民币资产规模，能够有效解决跨境人民币业务的融资瓶颈问题。推动境外银行业人民币资产业务，可以首先从港澳地区展开。目前，港澳银行可经营人民币结算、汇兑等表外业务，也可经营人民币存款等负债业务，但人民币资产业务严重落后。结果通过旅游消费、贸易、投资等方式进入港澳地区并受到普遍欢迎的人民币，往往又回流到内地，从而制约了港澳地区银行业人民币的资产规模。为此，应积极有序推进港澳地区银行将持有的人民币在本地投资，逐步扩大银行业的人民币资产业务，不仅包括与跨境人民币业务有关的人民币贷款，而且包括允许向港澳地区甚至海外的企业发放各类人民币贷款。

### 10.4.5 加强金融监管，防范金融风险

跨境人民币业务的不断发展对金融监管提出了新的要求。

一是跨境人民币业务的真实性监管问题。人民币汇率的升值预期以及国内外利率水平之间的差异，为套利资金提供了运作的空间。以虚假贸易等方式进行的人民币套利行为有可能成为异常资金跨境流动的新渠道。因此，在推动跨境人民币业务发展的同时，需要加强真实性监管，防范跨境资金流动风险。

二是建立健全与跨境人民币业务的相关部门之间的协同监管机制。跨境人民币业务主要以人民银行和外汇管理局为主要管理部门，相关部门涉及商务部、工商行政管理局、税务局、中国银行监督管理委员会等，需加强各部门之

间的沟通协调、信息共享和监管合作，逐渐形成一套较为完善的协同监管机制，促进跨境人民币业务快速健康发展。

三是同时加强我国与其他国家与地区的监管合作，特别是强化与香港、澳门之间的协同监管，密切关注香港、澳门等境外地区的人民币流通和交易状况。

# 第 11 章

# 离岸金融市场：人民币
# "区域化—离岸化—国际化"的连接纽带

人民币国际化是一个全局性、系统性的金融战略问题，如何顺应市场需求，有序、审慎地推动人民币在境外的流通和使用？如何及时、充分地将中国的国际影响力用本国货币固定下来并不断加以强化？这些均与创建人民币离岸市场息息相关。国家"十二五"规划明确支持香港建立离岸人民币业务中心。这是因为，离岸金融市场是当代国际金融的核心，人民币国际化要在一个较高的水平上运作并发挥作用，作为人民币区域化和国际化连接纽带的离岸金融市场作用是不可忽视的。本章从离岸金融市场及深港合作的视角就香港人民币离岸市场的创建问题进行阐述。

## 11.1 离岸金融市场概述

### 11.1.1 什么是离岸金融市场

1. 离岸市场的含义

从"离岸"（Offshore）的字面含义来看，任何一片被水面分开的地方都是"离岸"，而经济学家们用这个词表示遵循与主体经济不同的规则并与主体经济分离的金融结构。一般来说，在金融管制、税收与金融服务基础设施相同时，经营某种货币的银行应该在该货币发行国运作最具竞争优势，因为货币发行国有现成的货币清算系统，最广泛的货币资金供给和需求基础，由此，银行业务易实现规模经济和地域经济。但国家权力可以通过各种方式限制资金的运作，如对敌对国家和个人资金的没收和充公、对本国居民投资外国证券的限制，使得某些国家和地区的金融业务具备相应竞争优势，导致一些货币银行业务转移到这些国家和地区，而当其业务达到一定规模时，就形成所谓的货币离岸市场。

离岸金融市场（Offshore Financial Market），又称境外金融市场（External Financial Market）或欧洲货币市场（Euro Currency Market），初期也曾称欧洲美元市场（Euro Dollar Market）。这是因为，它最早形成于 20 世纪 50 年代末的伦敦。由于其自身的特点使国际金融活动在时空上获得了广阔的自由度，极大地促进了全球范围内低成本、高速度资金流动体系的形成，由此，一经产生便在全球范围内迅速发展起来。

20 世纪 80 年代以前的文献中，一般把离岸金融市场理解为有关货币游离于货币发行国境外所形成的、通常在非居民之间以离岸货币进行各种金融交易或融通资金的场所。传统概念强调离岸金融市场的离岸性，即离岸金融必须是有关货币游离在货币发行国之外而进行的各种金融交易，如欧洲美元市场、亚洲美元市场都是在美元的发行国——美国之外形成的以美元进行交易的场所。

然而，1981 年美国在纽约设立国际银行设施（International Banking Facilities，IBFs），对非美国居民开办美元存款业务，美元成为美国离岸金融市场的主要交易币种；1986 年，东京离岸金融市场（Japan Offshore Market，JOM）建立，日元成为日本离岸市场的主要交易币种；20 世纪 80 年代以后，在西欧各离岸金融中心，本币也已开始变相地在其发行国离岸市场上进行交易。至此，再认为离岸货币是货币发行国境外经营的货币以及离岸金融市场是在货币发行国境外的金融市场就不确切了。现代意义上的离岸金融市场既经营市场所在国以外的货币，也经营市场所在国发行的货币，随着离岸市场的发展，"在货币发行国境外经营的货币"已经淡化，它不再成为区别离岸与在岸的标准。

界定离岸金融市场的另一个要强调的重要方面是交易主体非居民性。其实，当欧洲美元在伦敦和其他欧洲金融市场出现伊始，人们并没有刻意强调其非居民性，因为伦敦的欧洲货币市场采取一体型模式，即居民和非居民的交易在同一账户内进行，在管理上不分居民与非居民，而且当时市场上能够持有较多外国货币的主要是非居民。但 20 世纪 70 年代以来，新崛起的亚洲、加勒比海和北美等地的离岸金融市场日益强化离岸金融市场的非居民性质：1968 年新加坡设立亚洲货币单位（Asian Currency Unit，ACU）时采取的模式是分离型，银行为离岸交易提供专门的离岸账户，离岸账户严格限于非居民之间的交易，以此将居民与非居民之间的账户分开。加勒比海地区的离岸金融中心参与交易的主体主要是非居民。1981 年美国纽约开设的 IBFs 和 1986 年日本东京设立的 JOM 都是典型的分离型离岸金融市场。目前全球近 70 个离岸金融中心，绝大多数属于分离型和簿记型。只有伦敦、中国香港等极少数几个属于一体型，即使在这种一体型离岸金融市场，非居民间的离岸交易也占主体地位，这种非居民间的交易属离岸金融业务无疑，而居民与非居民间的交易严格说来属于在岸金融的涉外金融业务，是传统国际金融市场领域的业务，其管理机制也有别于离岸业务。

据此，2000 年国际货币基金组织给离岸金融市场下了个定义：离岸金融市场是指那些离岸金融活动（由银行或其他金融机构主要向非居民提供的一种金融服务）发生的金融市场。2003 年给出的最新定义为：一种特定金融交易的集中执行地，这种特定的金融交易是由某一司法管辖区域内的金融机构代表居住在其他司法管辖区域的客户来执行的。[①]

我国的金融类辞典对"离岸金融市场"这个词的定义比较一致：如《现代金融辞典》（1999）指非居民之间从事国际金融业务的场所；《经济学大辞典》（1994）指经营欧洲货币借贷、存放业务的市场；《新帕尔格雷夫经济学大辞典》（1992）指通过金融中介进行的国际金融活动，使用的货币是金融中介所在国货币以外的货币；《中国金融百科全书》（1990）指经营欧洲货币借贷业务的市场等。

国内学术界也给出了各种定义。陈彪如认为欧洲货币市场是利用货币发行国境外的该货币进行存贷活动的银行业市场；刘振芳认为离岸金融市场特指那些经营非居民之间的融资业务，即经营外国贷款者、投资者与外国筹资者之间业务的国际金融市场；左连村认为离岸金融市场是指经营可自由兑换的货币、交易在货币发行国境内或境外、在非居民之间进行、基本不受市场所在国法规和税制限制、同时享受一定优惠待遇的自由交易市场；连平认为离岸金融市场是在高度自由化和国际化的金融管理体制和优惠的税收制度下，由非居民参与的、以自由兑换货币进行资金融通的场所；黄达认为离岸金融市场是指发生在某国，却独立于该国的货币与金融制度，不受该国金融法规管制的金融活动场所；等等。

上述辞典中及专家在不同阶段从不同侧面给出的离岸金融市场的定义较一

---

① 资料来源：Salim. M. Darbar, R. Barry Johnston, and Mary G. Zephirin. Assessing Offshore – Filling a gap in global surveillance. Finance & Development, September, 2003.

致，普遍认为离岸金融市场是相对在岸金融市场而言的，系指经营可自由兑换货币、交易在货币发行国境内或境外、在非居民之间进行、基本不受市场所在国法规和税制限制、同时享受一定优惠待遇的独立的自由交易市场。

显然，离岸金融自初期在欧洲诞生后，经过后期的不断发展，其内涵已发生了较大的变化。"在货币发行国境外"已被压缩到"货币发行国国内金融体系之外"；而"高度自由化和优惠的税收制度"的优势也在在岸金融的日趋自由化、松管制和低税率面前有所弱化。

至此，结合当前离岸金融市场的现状，本书给出离岸金融市场的定义是：离岸金融市场是指非居民之间以离岸货币进行各种金融交易的国际金融市场，离岸货币是货币发行国国内金融体系之外的该货币。

2. 离岸金融市场的主要内容

（1）离岸金融市场的构成

从业务角度考察，离岸金融市场可以依据不同方式来划分。

如果按照期限，可以把离岸金融市场划分为离岸货币市场和离岸资本市场：离岸货币市场是指期限在一年以内的涉及非居民交易的外汇资金存贷市场，即离岸短期资本市场，其构成主要是银行间同业拆放市场。离岸资本市场是指期限在一年以上涉及非居民交易的外汇资金借贷市场，其中又包含离岸银行借贷市场、离岸银团贷款市场和离岸债券市场。

如果按照币种结构划分，可以把离岸金融市场划分为离岸美元市场、离岸英镑市场、离岸马克市场、离岸日元市场等。

如果按业务领域分，离岸金融市场可划分为离岸银行业务市场、离岸证券业务市场及离岸保险业务市场等几大块。传统的存款、贷款和贸易融资等银行业务是离岸金融市场上交易量最大的业务，具体包括短期资金拆借、中长期资金借贷和辛迪加贷款（Syndicated Loan）等；离岸证券业务以发行中长期债券为主，在伦敦比较流行的离岸市场债券有全球存托凭证（Global Deposit Receipt，GDR）和欧洲美元可转换债券（Convertible Bond，CB）。近年来，资产证券化的趋势在离岸金融市场上得到高度体现；离岸保险业务是针对跨国企业在海外投资的需要开展的一项专属保险业务，包括人寿保险、再保险和附属保险。跨国企业在海外投资，如果仍在母国参保，则需负担高额的保险费，况且保险公司在国内的总公司和国外的分公司均要受到所在国对保险业务的一些限制。因此，许多保险公司在离岸金融市场设立专门从事跨国集团海外投资保险业务的专业保险公司，目的是扩大保险分保、再保险分保的业务范围以及降低保险费用。

（2）离岸金融市场的参与主体

离岸金融市场的参与主体是指那些在该市场上开展活动的经济主体。通常情况下，可以分为机构和个人两类，而机构又可以包括商业银行、非银行金融机构、公司以及政府部门和国际性组织等。由于离岸金融市场主要是一个银行家市场，银行间同业往来约占市场总业务的 80% 以上，商业银行是离岸金融市场上最重要的参与主体；非银行金融机构主要包括：证券公司、信托公司、不动产公司、投资公司及财务公司等；跨国公司之所以热衷于参与到离岸金融市场的交易中来，不仅是为了获得低成本的资金融通，更是受到了离岸市场严格的保密制度和优惠的税收政策的吸引；个人投资的品种主要是欧洲商业票据和伦敦美元可转让定期存单等。

（3）离岸金融市场的主要交易工具

金融工具是指反映债权债务关系的一种合约凭证。在离岸金融市场上，自由宽松的交易环境和激烈的竞争为金融工具的使用提供了广阔的发展空间，又给予金融工具的创新以巨大的动力。离岸金融工具主要包括存款工具（通知存款、定期存款和存款单）、放款工具（银行同业短期拆放、中长期放款和通过发行欧洲债券来筹措长期资金）和创新金融工具（期货、期权、互换、远期利率协议和票据发行便利）。相对于金融工具和国际金融工具，离岸金融工具自身具有一定的独特性：一是离岸金融工具以短期性为主；二是离岸金融工具在币种、利率、期限等方面具有更多的灵活性，呈现多样化态势；三是离岸金融创新导致不同业务品种的交叉和组合，淡化了原有界限，又融合了不同业务品种的优点，因此具有很好的兼容性。

## 11.1.2 离岸金融市场的类型

依据离岸金融市场的业务经营和管理，我们可以将国际离岸金融市场划分为四大类型：

### 1. 内外一体型离岸金融市场

内外一体型离岸金融市场也被称为内外混合型离岸金融市场或伦敦型离岸金融市场，是最早出现的离岸金融市场管理模式。内外一体型离岸金融市场是国际金融市场和国内金融市场合为一体的市场，其特征是：离岸金融业务和国内金融业务相互交融；资金可以从国外流入国内，亦可从国内流出到国外；出入境不受限制，资金可以自由出入离岸市场和国内金融市场；入境资金所产生的利息不征收利息税，也不实行存款准备金制度；离岸业务不设单独的账户，与在岸账户并账操作，非居民的存贷款业务与居民存贷款业务同账运作；不过非居民经营离岸金融业务之外的在岸业务和所在国的国内业务必须缴纳存款准备金和相关税收，金融管理机构严控"全面业务"执照的发放。实践证明，离岸金融市场业务和国内金融市场业务不分离有助于发挥两个市场资金和业务的相互补充和相互促进的作用。

因为内外一体型离岸金融市场的金融机构经营高度自由，境内市场几乎完全开放，非居民间资本流动往往会冲击市场所在国的金融市场、货币政策乃至整个宏观经济，所以该类型市场对所在国经济管理提出了挑战：（1）须有发达的金融市场、完善的运行机制以便当局作出及时、灵敏和理性的反应；（2）须有足够的外汇干预能力以迅速有力地干预投机引起的市场波动；（3）要求当局取消外汇管制以利居民与非居民间交易活动的顺利进行。由此，只有很少的金融体制完善的发达国家和地区采用这种模式，其典型代表有伦敦和中国香港金融市场，它们都是自然形成的。

2. 内外分离型离岸金融市场

内外分离型离岸金融市场又可称为严格的内外分离型离岸金融市场或纽约IBF型离岸金融市场。内外分离型离岸金融市场是离岸账户和在岸账户隔离、离岸交易与在岸交易分开、居民存贷款业务与非居民存贷款业务分开、严禁资金在离岸账户与在岸账户之间流动的市场。这种专为非居民交易而人为创设的市场对非居民交易予以各种优惠，离岸业务在税收、利率和存款准备金方面均没有任何限制，让非居民交易与国内账户严格分离，并禁止非居民经营在岸业务和国内业务。离岸金融市场是和国内金融业务相分离的一个独立市场，进入离岸市场的金融机构必须开设离岸业务专门账户，所有的离岸金融交易必须在此账户内进行，而且必须是境外与境外的交易。这种典型的市场有纽约IBFs、东京JOM和巴林等离岸金融市场。

内外分离型离岸金融市场通常是在所在国家或地区政府的政策鼓励和推动下，专门为非居民交易而创立的。账户分离便于当局监控国内业务、在岸业务和离岸业务，从而有效预防和阻挡国际金融市场投机或动荡对国内金融市场和货币政策的冲击。但账户多了易致混淆，尤其过分严格的内外分离不利所在国通过离岸金融市场对外资的有效利用。

3. 分离渗透型离岸金融市场

分离渗透型离岸金融市场也可以称为以分离为基础的渗漏型离岸金融市场或雅加达型离岸金融市场。分离渗透型离岸金融市场是离岸账户与在岸账户分立、居民交易和非居民交易基本分开运作，但允许两个账户之间有一定程度渗透的市场。该类型市场同内外分离型离岸金融市场有相似的特征，如对非居民交易税收上的优惠，对境外流入资金不实行国内税制、利率限制及存款准备金制度。但居民和非居民的账户以及离岸账户与在岸账户分离不是很严格，或允许资金在一定限额内双向渗透，或允许开辟一个单向的资金进出通道。"渗透"主要有三种情况，即允许把离岸账户上的资金贷放给国内企业，允许居民投资于离岸账户或者允许离岸账户与在岸账户之间双向渗漏。典型的分离渗透型离岸金融市场有雅加达、曼谷、纳闽岛等，新加坡的 ACU 也允许居民在有限额度内参加交易。

相对于内外分离型离岸金融市场，该市场的灵活性更适合发展中国家建立离岸金融市场。发展中国家金融实力较弱，资金缺乏且干预能力有限，市场不够成熟和完善，为保持较高的独立性，势必实施外汇管制，这就不适合建立内外一体型离岸金融市场；而分离渗透型离岸金融市场为市场所在国开辟了一条简捷而又安全稳妥地利用外资的渠道，缓解其国内建设资金的不足。为在维护国内经济金融稳定的前提下充分利用外资，大多数新兴市场经济国家都采用对宏观调控机制和政府干预能力没有太高要求的分离渗透型离岸金融市场，既便于金融管理当局对国内业务、在岸业务和离岸业务分别加以监控以有效阻挡国际金融市场动荡对国内金融市场的冲击，又充分地利用了世界市场的资金为国内经济建设所用。

4. 簿记型离岸金融市场

簿记型离岸金融市场又可称为避税港型离岸金融市场或开曼型离岸金融市场。簿记型离岸金融市场是通过在不征税的地区设置名义中介机构、在账簿上处理境外与境外交易的市场。其实质是为欧洲货币存贷业务建立一个记账结算中心，相当部分业务一般只是记账而不进行实际交易，只需在该市场有一个邮箱，实际业务是在业务相关方母国总行进行的。故该类市场的金融机构相当多的是所谓的空壳银行（Shell Bank）或纸上银行（Paper Bank），簿记功能非常明显，故而得名。

这种类型的离岸金融市场所在地不征直接税或直接税税赋较低，抑或虽有正常税制但提供特殊优惠。税赋低加上政局稳、管制少使记账业务获得了很大发展，到避税地注册的法人机构很多，产生了大量间接税、其他费用收入以及由此引致的对其他配套第三产业的需求，对所在地经济发展十分有利。典型地区有加勒比海地区的巴哈马、开曼以及百慕大、巴拿马和西欧的海峡群岛等。

以上四种类型的离岸市场基本上反映了不同的金融业发展水平和金融监管水平。

表 11 -1　　　　　　　　　　　四类离岸金融市场比较

|  | 交易货币种类 | 交易主体 | 准入许可 | 业务范围 | 形成方式及代表地区 |
|---|---|---|---|---|---|
| 内外一体型离岸金融市场 | 自由兑换货币（原则上不包括本币） | 离岸金融机构、非居民、居民 | 宽松，无严格申请程序 | 中长期资金借贷、外汇交易 | 自然形成伦敦、香港 |
| 内外分离型离岸金融市场 | 自由兑换货币（包括本币） | 离岸金融机构、非居民 | 离岸机构设立须经当局批准 | 中长期资金借贷、外汇交易 | 人为创设纽约、东京 |
| 分离渗透型离岸金融市场 | 自由兑换货币（不包括本币） | 离岸金融机构、非居民、居民（有限度地参与） | 离岸机构设立须经当局批准 | 中长期资金借贷、外汇交易 | 人为创设纳敏、曼谷 |
| 簿记型离岸金融市场 | 自由兑换货币（不包括本币） | 离岸金融机构、非居民 | 无金融管制 | 只处理账务，无实际交易 | 自然形成人为创设巴哈马等 |

资料来源：连平. 离岸金融研究［M］. 北京：中国金融出版社，2002.

现在各类型离岸市场的分布状况是，资金缺乏且干预能力有限的发展中国家多选用分离渗透型；而美国、日本这样的发达国家其本币在本土上充当离岸货币，为防止离岸市场干扰国内货币政策，对国内在岸业务与离岸业务严加隔离，采取内外分离型；只有英国、中国香港等少数国家和地区有足够的监管措施实行内外一体型，大多数国家显然现在还未达到这样的条件；至于加勒比海等地区的空壳银行只是在纽约或其他地方的银行总部设立一套独立的账簿，其地理位置和时区的天然优势造就了这种类型的离岸市场。

### 11.1.3　离岸金融市场的作用

1. 促进全球经济金融的发展

随着离岸金融市场的发展，它在国际经济和国家金融市场的重要性和影响力越来越大，它为全球经济发展提供了重要的资金来源，它在推动世界经济发展方面发挥了不可或缺的作用，具体有以下几个方面。

（1）促进资金资源在世界范围内的最优配置。离岸金融市场打破了过去国际金融市场之间相互隔绝的封闭状态，消除了地方和部门对金融资本的垄断，使各国金融中心相互联系起来，促使国际融资渠道十分畅通，鼓励资金在区域内甚至全球内的流动和配置，为各国之间充分利用闲置资金和筹集经济发展所需资金提供了调配的有效场所和条件，自产生以来，离岸金融市场一直在为全球的经济发展提供重要的资金来源。

（2）提高了资金的使用效率。离岸金融市场的存在使国际银行业可以 24 小时连续营业，缩小了各国时空上的距离，形成国际借贷资金高速运转的全球流动体系；离岸金融市场的低税或免税等优惠措施以及批量交易，降低了全球资金交易成本；跨国银行的不断对外扩张有助于加强全球金融业之间和金融市场之间的竞争，提高金融业和金融市场的效率。可见，国际资本在竞争状态下低成本高速度流动，必然提高资金资源在全球间配置的效率。

（3）推动国际贸易的发展。国际贸易进出口商通常更愿意从低成本、高速度的离岸金融市场获得以短期融资为主的资金融通，离岸金融市场为国际贸易提供的强有力的资金融通便利促进了后者的迅速发展。

（4）缓和国际收支失衡。离岸金融市场在数次世界石油价格暴涨过程中都很好地扮演了产油国及其他顺差国盈余资金向非产油国融通的角色，成为石油进口国经常项目逆差赤字弥补的重要资金来源，缓和了国际收支的严重失调，有利于恢复国际收支的均衡。据国际货币基金组织估计，1974—1981 年世界各国高达 8 100 亿美元的经常项目逆差中的 7 530 亿美元是通过离岸金融市场筹集解决的。

（5）推动跨国公司国际投资的发展。离岸金融市场的运作和发展，为跨国公司进行国际投资提供了很大便利。离岸金融市场资金成本低、快捷方便、提供的资金量大，自然成为发达国家跨国公司的重要融资场所；而跨国公司规模大、实力雄厚、信誉较高、贷款风险相对小等优势使得离岸金融市场愿意对它们放款。正是离岸金融市场提供的大量资金融通使得跨国公司在世界范围内的大规模投资、收购和兼并得以顺利进行，而且一些跨国公司也有意利用避税港型离岸市场避税以攫取更高的利润。

（6）促进了金融市场的全球一体化。离岸金融市场的发展将世界各地区的金融市场和外汇市场连成一体，促进了国际资金流动和国际金融市场的一体化。例如，国际间大量游资的套利和套汇使得不同国际金融中心的汇率和利率差异在短时间内趋于均衡，形成全球范围内较为统一的利率和汇率，促进全球一体化的发展。这种一体化促进全球信息的对称性和一致性以提高金融市场的效率和公平，有利于资金从低效益地区向高效益地区流动以优化资源配置，有助于国际资本加速流动以提高资金的效率。

（7）培育金融创新。离岸金融本身就是最大的金融创新，它进而又促进金融创新。离岸金融市场管制松、竞争激烈、风险大，为金融业的持续创新提供了较好的环境，刺激了大量国际清算和风险防范创新工具的产生，如货币互换、远期利率协定、浮动利率债券等。

2. 对国际经济的负面影响

离岸金融市场也存在一些消极影响，主要表现为可能诱发金融市场动荡和危机以及破坏各国国内货币政策的有效推行。

（1）增加了国际金融市场的脆弱性。离岸金融市场由于管制松弛，自由度高，资金调拨容易，对国际政治经济动态反应异常敏感。在当今普遍的浮动汇率制度下，各国汇价波动频繁，汇率起伏额较大，引起巨额的离岸货币到处流窜，在汇市、股市、房市间来回倒腾，加剧金融市场的危机，影响国际金融市场的稳定和世界经济的发展。历次国际货币危机，都有人指责上万亿国际游资在其中推波助澜的作用。

离岸金融市场借贷业务的一个显著特征是存短放长，存款一般是短期而贷款趋向长期，存贷资金期限结构不合理。这个市场不设存款准备金、缺乏最后贷款人作为最后融资支持者，加上其内在的信用扩张能力，一旦出现较为集中的客户提款，就可能造成银行资金不足而出现银行倒闭的危险，严重的可能引起多米诺骨牌连锁反应，触发一场国际性金融风波。

对离岸金融监管的不力，也可能导致部分离岸金融市场成为非法资金逃税、犯罪分子洗钱、恐怖分子筹集活动资金的场所。

（2）影响各国推行货币政策的效果。当一国为反通胀或抑制经济过热而采取诸如提高利率、发行大量国债或票据、限制资金投放等紧缩银根的措施时，国内机构却很容易地从离岸金融市场借入低成本资金，在一定程度上抵消了本国紧缩政策的效力；如为刺激经济实行放松政策如降低利率、扩大国内货币信贷规模等时，国内工商企业或银行又可能将资金调往离岸金融市场去追逐较高的利息，使政府的扩张目的难以实现，国内货币政策实施存在一定的困难，效果偏离预定目标。

# 11.2　深港离岸金融合作之必然

## 11.2.1　从世界发展趋势看，国际离岸业务日趋集中化

当今世界国际离岸交易的绝大部分集中在伦敦、纽约和东京三个国际金融中心，其他大大小小70多个离岸金融市场只能分享较小的离岸业务交易量。从亚太地区来看，东京、中国香港、新加坡三大离岸金融中心也集中了亚太地

区大部分的离岸交易，而亚太其他地区离岸金融中心更分散了流向亚太的离岸资金。尽管中国经济对离岸资金的吸引力很强，但在这种外部形势下，我们应该清醒地认识到，发展离岸金融市场的外部竞争环境十分严峻，短期内中国难以在世界乃至亚太离岸市场上争取到较大的市场份额。

21 世纪的中国将是一个全方位对外开放的中国，金融业的全面对外开放是其内容之一，发展中国的离岸金融业务和离岸金融市场是中国金融国际化的客观要求。纵观世界各国的普遍做法，一个国家一般只建一个离岸金融市场，而我国国内提出建立离岸金融市场的城市有几个，其中主要是深圳、上海和天津，深圳 1989 年就曾试办离岸金融业务，经历过起伏，于 2002 年 6 月重新启动；同时总行设在上海的交通银行和上海浦发银行也被允许开办离岸业务，离岸金融市场走出深圳市，开始在上海落地发展，称二者为离岸金融中心为时尚早；天津到 2006 年 9 月才获批在滨海新区开展离岸金融业务。

因为经济体系规模大，中国需要而且也可以容纳多个金融集群的存在，以其各自的特色和优势参与金融全球化竞争。目前国内仅有数家中资银行可经营离岸金融业务，获批准经营离岸业务的银行主要集中于上海和深圳两地，两地政府对于离岸金融业务都持积极支持态度，并且两地都具备发展离岸金融市场的各项基本条件，因此我们应该从政策上积极创造条件，促进两地离岸金融市场早日形成。从目前看来，上海依托全国经济金融中心的地位，提出建立"国际金融中心"的目标；深圳作为华南地区的排头兵，可将"国际化区域性的金融中心"作为自己的目标。深圳和上海可根据各自优势发展各自特长的离岸金融产品，这样将形成一种互相补充、互相竞争的局面。正如美国有纽约这样一个国际性的金融中心，但波士顿也是一个不可替代的区域金融中心，深圳就如波士顿一样。虽然深圳不能和上海、香港在金融上的核心地位相比，但它有自己独特的优势：和香港便捷的沟通交流、利用宽松的政策进行金融创新、发展创业板市场等一样，这都是深圳战略发展的重要基础。

## 11.2.2　从世界范围看，呈现三大区域集团鼎立的局面

全球现实状况是最高级的国际化城市分别由其最强的核心城市纽约、伦敦、东京扮演。深港离岸金融合作的重大意义在于，有能力代表崛起的中国作为区域单位参与经济的全球化竞争。当前，香港加上深圳的土地面积总和 3 200 平方公里，人口总和超过 2 000 万人，经济总量相当于上海的两倍，已经成为中国中心城市的第一经济增长极，预计深港经济总量到 2020 年将达 1.11 万亿美元。

### 11.2.3　从金融区域定位看，香港是连接中国与世界的最佳渠道

与香港一江之隔的深圳，不可能独自发展成为一个国际性金融中心或全国性金融中心。深圳金融建设的目标宜定位于区域性金融中心，与香港的定位互补，实行紧密合作，形成共存共进的关系，顺理成章地成为大陆与香港对接的窗口。从这个意义上来说，深圳与香港的金融合作既是区域金融中心与国际金融中心之间的合作，同时又承载了更多、更深、更长期的重要意义。

具体来说，香港作为真正全球性的国际金融中心具有最成熟的市场经济环境优势，其人才、法制、市场监管、资金流通、技术、产品以及服务等各方面，在整个亚太区内都是首屈一指的。但香港明显的不足是规模狭小的本土经济深度不够、辐射腹地较小，受制于房地产业及高昂的营运成本，面对国际和内地金融业纷纷进驻香港的现实，很难在更大的空间内增强其拓展功能和辐射能力，且中央银行的缺失造成金融业在一定程度上的脆弱性和敏感性，易受国际政局及经济环境变化尤其是"中国因素"的影响而波动。而总体上还处于发展初级阶段的深圳金融业国际化程度尚浅，在国家整体金融布局中地位趋降，不但面临原有政策及体制优势的淡化甚至丧失的问题，而且受到国家外汇管制及人民币不能自由兑换等的掣肘。由此，双方的紧密合作必会在互补互赢中迈上新的台阶和发挥新的优势。

目前，香港拥有高度的自治权，在经济、金融制度及货币政策方面，长时期内将保持很大的独立性。香港与内地是"两种货币、两种金融体制、两个金融管理当局"的关系。香港已是成熟的国际金融中心，深圳可以通过发展离岸金融市场，成为深港金融衔接的突破口，使香港国际离岸金融中心向内地延伸，给香港国际金融中心提供更广更深的腹地，深圳还可依托香港离岸金融市场，与香港共生互补，努力获取可能出现派生效应。同时，CEPA的签署，在客观上增加了深港金融合作的机会。深圳经过30多年的发展，建立起了较为发达的金融体系和相对完善的金融制度，深圳金融企业可以专注于专业化，更有效地为高新技术产业服务，同时推动深圳、香港、珠江三角洲的经济和金融合作。深圳作为中国内地和香港之间的过渡区和桥头堡，作为香港拓展内地业务的首站和辐射平台，通过自身经济、金融实力的壮大和"内引外联"作用的发挥，与香港相互补充、互增优势，建立有效的金融协调机制，高起点谋划金融合作，充分利用香港国际金融中心的地缘优势，主动接受香港金融辐射，积极承接内迁的香港金融业务，开展银行同业业务和资本市场业务合作，提高两地资金的清算效率，以不同的服务对象和服务半径共同巩固两地在亚太

离岸金融中心的地位。

深圳和香港两地承担大量的资源配置的责任，随着中国金融业国际化的进程不断加深相互合作，形成一个密不可分的金融圈。深港经济各处于世界经济发展前端，为提高各自的竞争力，两地金融业的合作客观上存在着有前所未有的发展需求。为共同寻求繁荣之路和抵御可能发生的经济、金融风险，两地金融合作已是大势所趋。通过金融合作，香港希望依靠内地巨大潜力的市场及雄厚资金来克服其经济根基薄弱、上市公司结构单一、总量有限、金融辐射腹地较小等弱点以促进香港金融业的发展、保持其国际金融中心地位。香港银行希望尽快进入内地，抢占市场份额。作为毗邻香港的深圳，必是首当其冲的选择，在内地获得深圳这一强有力的战略支撑点，并在国际金融中心的激烈角逐中站稳脚跟，甚至再上一个能量级。反过来看，深圳可以借鉴香港金融多年的操作经验，以及利用香港现有优势来完善自身的金融中介服务，以香港为桥梁使深圳的金融业并带动内地的金融业走向国际市场。

从宏观的角度来说，向香港银行业放开人民币业务的主要目的，一是对香港国际金融中心的支持；二是希望通过完善和强化人民币回流机制，拓宽在香港人民币资金通过银行体系回流内地的管道，将在香港流通的人民币更多地纳入银行体系，以加强对在香港流通人民币的监管；三是把香港作为加快人民币资本项目开放及人民币国际化进程的试验场，作为内地金融改革，特别是在市场化和与国际接轨方面的试验场。

## 11.2.4 从国际环境看，人民币离岸金融市场形成已成定局

当今世界，离岸金融规模不断扩大，在现代信息科技支持下其波动也更加频繁，使得人民币离岸化的国际金融环境更为复杂。香港作为"一国两制"的特别行政区域，拥有自己的货币，与内地相对隔离。这一条件是国际离岸金融发展当中所独有的条件。充分利用这一条件，既可以通过内联于"一国"的紧密关系来管理人民币离岸金融市场的发展，又可以通过外形上"两制"的单独经济运行环境减少人民币离岸金融的不利影响，这种试验条件是天然的。在此过程中，深圳的特区地位也尤为重要，必须加以善用。

深港离岸金融合作是为决胜未来而应作出的金融安排，香港和深圳有责任一起共同拓展和确保人民币离岸业务的安全和顺利开展。在国际自由兑换货币离岸金融方面，深港合作更多的是深圳向香港学习、从香港分流，比如参与香港组织的国际银团贷款等，竞争的成分多过合作。深港离岸金融合作目前主要是围绕人民币国际化这个大主题的金融合作，人民币国际化这个大主题既包括

人民币传统国际业务，也包括人民币离岸金融业务。在当前世界离岸金融主要货币基本上都是自由兑换货币的情况下，受管制的人民币离岸化在刚开始表现出与其他货币不同的状态，以跨境流动、港澳地区人民币经营业务等方式表现出来，该状态或许使用准离岸化的词语较恰当。人民币传统国际业务相对人民币的发行国而言是人民币准离岸业务，人民币国际化的高级形式是人民币真正的离岸化。深圳目前发展离岸金融采用的是内外分离型管理模式，离岸业务与在岸业务有别，但香港采取内外一体型模式，没有离岸业务和在岸业务的限制，离岸金融业务和在岸金融业务相互交融。人民币离岸化要求深港首先在人民币准离岸业务合作上的充分发展，这一模式在当前主要应是满足两岸居民对货币互通互兑的需要以及结算需要。深港离岸金融合作的开展之初可在香港建立人民币离岸金融中心，也可考虑在深圳开拓港元离岸金融中心，两个离岸金融中心相互对接、互补共进。

在此过程中，深圳应充分发挥作为特区的重要作用，原因是：（1）人民币国际化是一个渐进的过程，必须以保障我国金融体系安全为先决条件，因此深港贸易的人民币结算是推进人民币国际化的最理想试验场；（2）利用深港之间的地域条件以及深港现有人民币业务的合作基础，深圳可对香港人民币业务进行合理的监管，对跨境资金流动总量和用途进行适当的管理；（3）通过支持香港人民币离岸业务中心的建设，深圳将成为我国金融发展的聚焦点和跨境人民币资金流动的国际通道，深圳的银行业和相关金融领域将迎来更好的发展机遇。

## 11.3　香港人民币离岸金融市场的创建

人民币离岸金融市场推动人民币区域化和国际化，其主要途径是通过贸易与资本两种方式，逐渐做大人民币在离岸市场上的存量与交易规模，最终形成体外自我循环。国际货币发展的历史经验表明：其发展过程事实上都伴随着境内外的推动，尤其是境外市场的推动。据国际结算银行 2010 年统计：美元和欧元的80%，日元的70%的外汇交易（包括即期和远期、掉期、期权等衍生工具）发生在境外的离岸市场。在人民币区域化、国际化过程中，一个重要的政策选择是，利用中国香港作为主要的人民币离岸市场发挥人民币可自由兑换的功能，以此为突破口，推进人民币国际化。以下就香港人民币离岸金融市场发展为例给予剖析。

　　近年来，香港离岸人民币（CNH）市场的长足发展。（1）依靠市场和政府的双向推进。2009年开始，中央政府出台了跨境贸易人民币结算政策，2010年6月规定这一政策的试点地域范围进一步扩大。与此同时，修订了人民币业务清算协议，允许人民币业务清算行等境外机构进入内地银行间债券市场投资试点。2011年初规定内地企业可以使用人民币进行境外直接投资，香港银行可以为这些投资活动提供人民币资金。2011年8月17日，中央明确支持香港成立"人民币离岸金融中心"，提出了深化内地和香港在经贸金融等方面的政策措施，具体有：（1）扩展跨境人民币结算范围到全国；支持香港使用人民币在境内直接投资；允许人民币合格境外机构投资者在投资境内证券市场；扩大境内机构在香港发行人民币债券规模等。这些政策措施，充分体现了香港市场化机构为载体，有步骤有限度地联结香港金融服务于内地实体经济之间的通道。为创造香港离岸中心创造先决条件。（2）依靠金融服务于市场的不断创新。从体制上看，近年来连续出台加速香港人民币存款余额不断增加和获准增加经营人民币业务机构的政策规定。突破了原有各项人民币业务发展的限制，使香港经过数十年的成长和沉淀，已发展成为全球最大的人民币离岸金融中心。从产品种类看，在不断拓宽潜在人民币持有者来源的前提下，产品种类创新显著，如推出多种人民币计价的投资产品，包括挂钩货币、利率、股票的投资产品以及外汇衍生合约等；在债券市场的发行主体有财政部、香港和海外企业和银行、境内企业等；在外汇市场有外汇即期、远期和期货等。这些为香港人民币离岸中心的创建奠定了坚实的基础。（3）香港提供人民币存款、兑换以及汇款等银行业务。2004年推出由专门的清算银行为香港银行人民币业务提供清算。香港人民币业务范围包括人民币跨境结算，贸易融资银行业务，财政部和内地金融机构发行债券，人民币合格境外机构投资者制度（RQFII）等。香港银行体系的离岸人民币业务可以追溯到2004年至2009年跨境贸易人民币结算政策出台之后。近年来，香港离岸人民币业务无论在跨境贸易支付、存款、债券发行量和金融产品开发等方面迅速增长，成为最主要的离岸人民币结算、融资和资产管理中心。由此，香港作为人民币离岸金融市场备受关注。

## 11.3.1　离岸人民币结算中心

　　香港离岸市场不仅有一定规模，且参与者非常复杂，运作机制也很灵活。例如，香港拥有内地以外最大的人民币资金池。香港的人民币平台可以支持在交易所上市和买卖人民币产品，有近200家银行直接参与香港人民币清算平台，其中，外汇银行在香港的分支机构以及内地银行的海外分行占三分之一。覆盖全球的人民币支付结算网络已经形成并不断扩大。今后，将进一步推进使用人民币进行跨境贸易及投资，推动人民币"走出去"，努力将人民币结算范围扩大到全部出口企业，逐步推进离岸人民币市场的"体外循环"，以充分发挥其离岸人民币结算中心的作用。

值得一提的是，在其资金运行过程中，往往出现香港与内地市场人民币汇率背离的情况，由此产生的套利会冲击中国的货币市场，并干扰货币政策的执行效果，也引起了一些争议。对此，必须明确，要特别关注在两地以相"融"为主前提下应以"管"为重。实践证明，处理得好，会有利于产生提升中国利率、汇率机制改革之功效。

实践证明，香港作为人民币离岸金融市场是中国政府推进人民币跨境结算的重要桥头堡，是人民币跨境结算的主要来源。自 2010 年 7 月中国人民银行与中银（香港）签署新版清算协议以来，香港的跨境人民币贸易结算额迅速增长（见图 11 -1）。香港跨境人民币贸易结算额由 2009 年的 19 亿元人民币上升至 2010 年的 3 692 亿元[①]，占中国跨境人民币贸易结算总额比率由 53% 上升至 73%。2011 年，香港跨境人民币贸易结算额合计 19 145 亿元，占中国跨境人民币贸易结算总额的比率上升至 92%，2012 年前三季度香港跨境人民币贸易结算额合计 19 300.3 亿元，占比达到 94%。境外投资人民币结算工作于 2011 年 1 月 13 日启动，2012 全年对外投资累计为 292 亿元人民币，年增长率为 44.9%[②]。尽管目前没有直接公开的数据显示对香港地区的人民币直接投资，但鉴于 2011 年超过 700 亿美元的对外直接投资中约 50% 都投入到香港地区[③]，可见，对外直接投资中的人民币结算将会大幅增加香港离岸人民币资金池规模。

香港离岸人民币结算包含人民币结算行（指定）和人民币代理行两种模式，具体操作过程为：（1）通过指定的人民币结算行（或结算机构）进行（见图 11 -2），中银（香港）担当离岸人民币的中央结算中心[④]，香港金融管理局和香港银行间结算有限公司提供的人民币即时总额结算系统则提供了支持该中心的基础设施。2010 年 7 月，中国人民银行在咨询了香港金融管理局后，

---

① 资料来源：香港金融管理局网站。
② 资料来源：中国人民银行网站。
③ 资料来源：《2011 年度中国对外直接投资统计公报》。
④ 香港首家结算行成立于 2003 年，其时中银（香港）被中国人民银行委任为离岸人民币结算行。

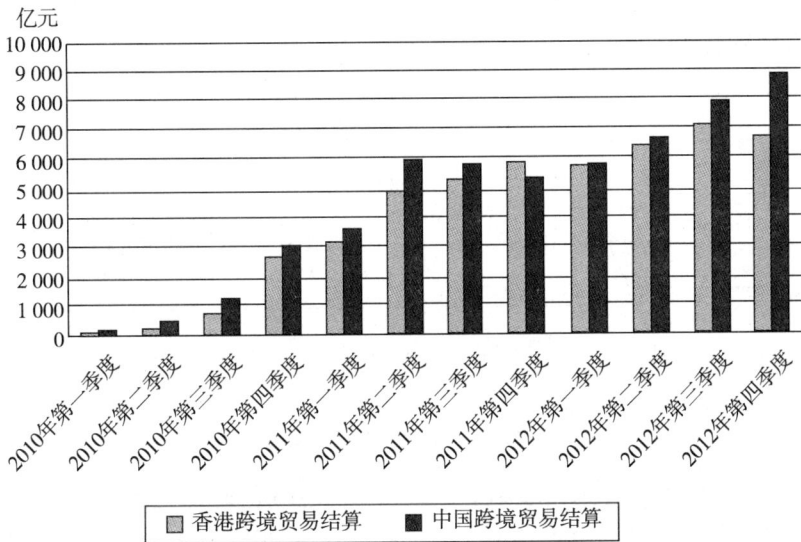

资料来源：中国人民银行、香港金融管理局和《华尔街日报》。

**图 11 –1　中国与香港跨境贸易结算规模季度数据（2011—2012 年）**

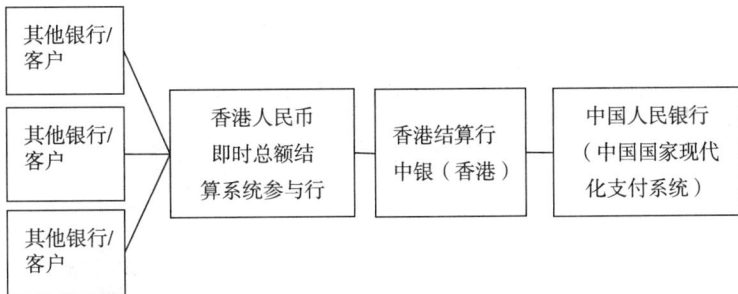

**图 11 –2　人民币结算行模式**

与中银（香港）签署了人民币结算修订协议，列明了香港的金融机构应遵循当地的监管要求和考虑市场因素来发展人民币业务。截至 2012 年 8 月 27 日，在香港参与人民币结算的机构共有 168 家，其中，128 家在香港有业务，另外 40 家为海外参与机构。目前人民币结算行现处理的离岸人民币结算量估计约为 70% 至 80%。（2）直接支付给在中国内地的人民币代理行（见图 11 –3）。使用人民币代理行涉及客户通过银行直接与中国内地的往来银行结算，这一模式估计占人民币结算量的 20% ~30%。其潜在优势是可调节在岸流动性，即能利用在岸定期存款获得在岸利率，这可能意味着获得更高的投资或存款回报。这两种模式的选择通常是基于两种账户的使用范围、投资或储蓄回报及开户流程的复杂性。

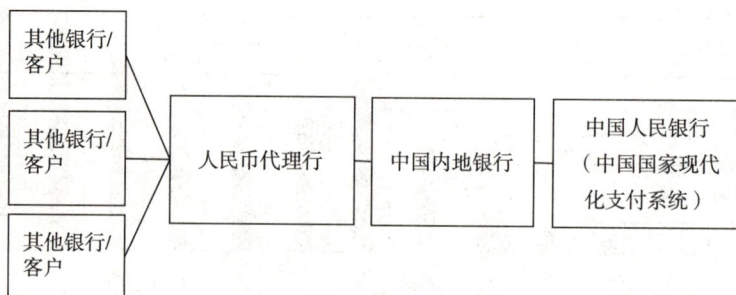

**图 11 - 3　人民币代理行模式**

SWIFT 提供的统计数据显示了排名前十位的离岸人民币中心国家和地区与相关支付量所占的市场份额（见图 11 - 4）。截至 2012 年 8 月，排名前十位的国家发出与接收的人民币支付量占全球人民币交易量的 92.8%，其中香港所占份额排在首位，达到 72.8%。香港拥有大部分人民币流动性、发达的人民币即时总额结算系统基础设施和人民币产品持续创新能力，现已发展成为能协

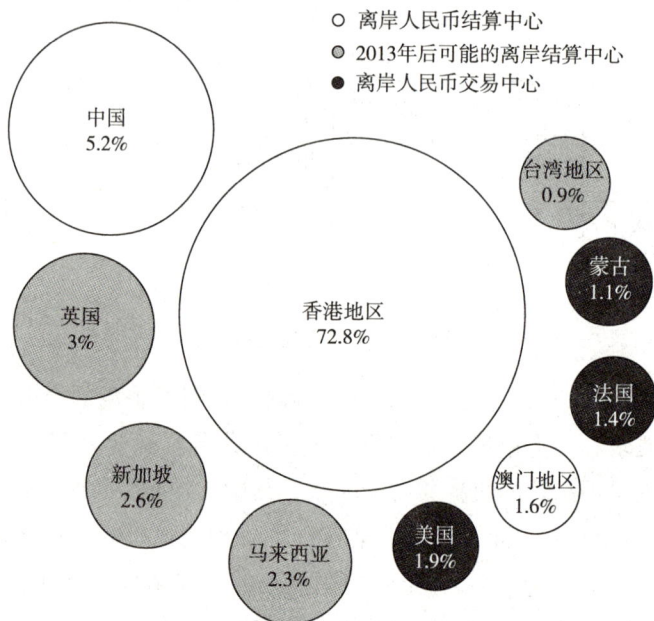

资料来源：SWIFT 白皮书：《人民币国际化：人民币结算的未来展望》，2013 年。

**图 11 - 4　排名前十的离岸人民币中心国家和地区与相关支付量市场份额比较图**

助处理来自英国、新加坡等地的离岸人民币全球结算的市场。对该图进行进一步分析，按照离岸人民币中心支付量大小所在地域进行分类，显然人民币离岸市场支付量亚洲地区占绝大部分（包括中国在内）达到 86.5%，欧洲为4.4%，美国为 1.9%。这主要依赖于人民币在区域内较高的市场接受程度以及区域内的逐渐完善的清算网络，尤其体现了香港作为离岸人民币枢纽的地位，并且亚洲的新加坡、马来西亚、中国台湾作为人民币离岸中心也具有发展潜力。另外，欧洲的伦敦金融中心所占份额仅次于香港，排在新加坡之前。

### 11.3.2　离岸人民币融资中心

香港离岸金融市场的发展，其主要依托是香港离岸市场人民币存款的增速。由此，香港还应建立相应的人民币资金池、人民币债券融资市场和离岸人民币贷款市场。

1. 香港人民币资金池

人民币跨境贸易结算推进了香港银行体系人民币存款规模的快速上升。如图 11-5 所示，截至 2009 年底和 2010 年底，香港人民币存款规模分别为 627亿元人民币和 3 149 亿元人民币；而截至 2011 年底，香港人民币存款规模进一步上升至 5 885 亿元，同比增长 1.86 倍。截至 2012 年 11 月底，香港人民币存款规模达到 5 710 亿元人民币，比上月环比增长 2.9%。人民币定期存款占香港人民币存款总额的比重，由 2009 年 9 月的 30% 上升至 2012 年 11 月的78%，同时期境内人民币可自由兑换的通道在形成，比如人民币合格境外机构投资者（RQFII）可投资于国内证券市场以及允许境外 FDI 使用人民币进行投资等等。但是，离岸人民币存款余额中定期存款的比率只增不减，这凸显出香

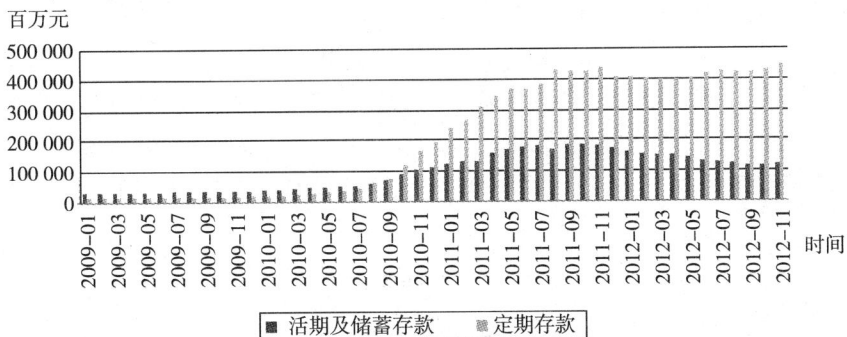

资料来源：香港金融管理局。

**图 11-5　香港人民币存款规模**

港离岸市场人民币资金的使用缺乏充足的投资渠道，也反映了离岸市场本身以人民币计价的投资产品尚待创新和发展。可以设想，当人民币不能成为国际贸易中较为重要的货币时，香港人民币离岸业务是难以深化的。

2. 人民币债券融资市场

香港近年不断发行人民币计价债券①，开放的债券市场推动了人民币发挥贮藏手段功能，扩大人民币资产业务经营范围和产品种类，拓展人民币离岸市场的发展。通过贸易结算在香港离岸市场沉淀下来的人民币资金需要增值和保值，这必然会促进离岸人民币债券市场的发展（见图 11－6）。从 2007 年至 2012 年底，离岸人民币债券发行量总额达到 3 261 亿元，这种点心债券市场的发展有两方面的特点：（1）发行主体多样化。从最初中国大陆财政部、国有金融机构以及企业为发行主体发展到跨国公司以及国际金融机构共同参与，2012 年内地发行人占比逐年下滑，从 2011 年底的占比 80% 下降到 2012 年底的 60%②。（2）购买主体多样化。点心债属于固定收益类资产，这为私人投资者以及政府部门提供了良好的流动性资产。人民币债券开始成为东南亚国家以及新兴市场国家中央银行多元化外汇储备资产选择之一（最近欧洲已有数家中央银行持有少量人民币作为其外汇储备③）。自马来西亚中央银行在离岸市场购入人民币债券以后，尼日利亚中央银行将外汇储备中的 10% 转换成人民币债券资产；同时作为七国集团成员国之一的日本 2012 年也购入 100 亿美元人民币债券资产作为外汇储备多元化资产，这在一定程度上体现了人民币可信度水平呈上升趋势。把人民币纳入外汇储备，将进一步促进人民币在贸易结算中的使用，逐渐实现新兴市场人民币网络的不断扩张。

3. 离岸人民币贷款市场

相对于离岸人民币债券市场的迅速发展，离岸人民币贷款市场规模处于起步阶段。截至 2012 年底，离岸人民币贷款仅 700 亿元，占比不到离岸人民币存款规模的 1/10，存贷款结构失衡。主要原因在于人民币跨境贷款回流受到管制。离岸人民币贷款对在岸内地企业更有竞争力，根据离岸市场利率决定理论，离岸市场贷款交易成本较低，使得离岸市场比在岸市场有更低的贷款利

---

① 香港发行的人民币计价的债券还可称为点心债券（Dim Sum Bonds），因其相对于整个人民币债券市场规模很小而得名。

② 郭兴艳：《市场回暖 点心债年发行量或增至 3 500 亿元》，载《第一财经日报》，2013－01－22。Robert N. McCauley（2001）认为主要货币离岸市场本国企业债券发行量占发行总量比例在 30% ~ 60% 之间。

③ 张涵：《欧洲数家央行秘密储备人民币》，载《21 世纪经济报道》，2013－01－12。

百万元人民币

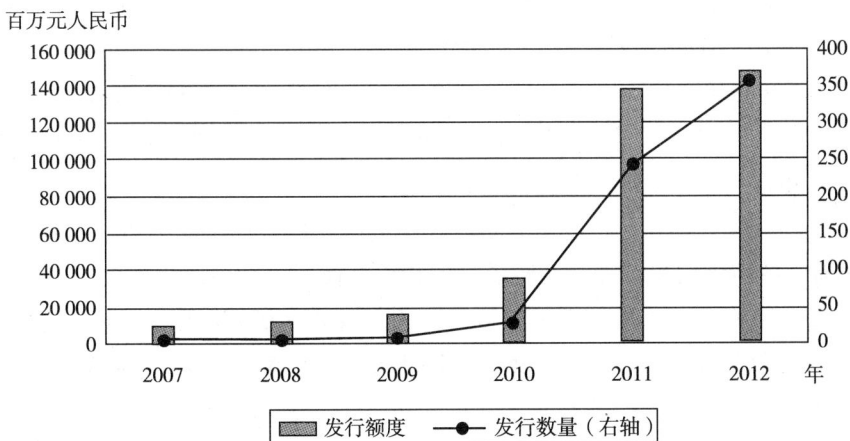

**图 11 - 6　香港人民币债券年度发行情况一览**

率。比较香港和内地的利率，相对于境内 6% ~ 7% 的融资成本，同期限香港离岸市场企业融资成本一般为 3% ~ 5%，这也是香港对中资企业极具吸引力的地方。

### 11.3.3　其他类型资产交易市场

香港离岸市场除人民币存款、债券和贷款外，还出现了人民币计价的存款证、股票和基金等金融资产以及人民币金融衍生产品，这为离岸人民币投资者提供更多资产选择以及推动人民币国际化的进程。人民币离岸市场自身金融产品创新的同时也包括人民币跨境金融资产投资方式的创新。（1）人民币离岸市场金融产品。人民币存款证是指银行等金融机构发行的类似于短期票据和定期存单的融资工具。人民币存款证从 2010 年末余额 57 亿元增长至 2012 年的 1 300 亿元，增长了近 22 倍。同时汇贤房地产信托作为香港首只人民币计价股票，进而发展"人证港币交易通"实行人民币和港元计价的双币双股，如合和基建，为香港人民币股票市场发展建立交易平台。（2）人民币跨境金融投资产品。人民币计价的交易所交易基金为境内外人民币提供资产选择通道。以境内股票市场或者债券市场作为投资标的的离岸人民币交易所交易基金（ETF），包括香港市场目前四只人民币股票或债券 ETF 以及人民币实物 ETF 推出，让投资者能透过人民币境外合格机构投资者（RQFII）计划直接参与中国内地固定收益及股票市场，使离岸市场人民币有更多投资选择。

这里需要指出的是，中国自 2000 年 5 月始，东盟与中日韩（10 + 3）财长共同签署了《清迈协议》，由此从建立区域性货币互换网络开始，中国与多国签署书双边货币互换关系规模以稳步增长。从 2008 年至 2011 年底，中国人民银行已先后与 14 个国家和地区签署了双边互换协议，其范围也由东盟与中日韩，扩大到拉美、中亚、南亚和东亚等地区。

当然，这一举措主要是为了促进双边贸易和投资以及出于外交战略考虑。但也有一些特别因素。如与香港签订的货币互换协议其规模相当大，以人民币与港元货币互换余额看，2009 年和 2010 年均 2 000 亿元。除上述两个原因外，为了满足香港市场人民币资金供给和巩固香港人民币离岸金融中心的地位也是原因之一。

除基础类金融产品外，香港还有人民币衍生金融资产。该类资产交易目前主要有：无本金交割人民币远期（NDF）、无本金交割人民币期权（NDO）、无本金交割人民币掉期（NDS）、即期及可交割远期（NF）。其中，NF 日交易量超过 NDF 交易量，并且这一趋势将延续。另外，香港交易及结算所有限公司拟于 2012 年第三季度推出人民币汇率期货，香港商品交易所拟推出人民币计价的黄金期货①。同时，商品市场上使用人民币在逐渐增加，伦敦金属交易所②考虑增加人民币结算，香港交易所拟推出人民币计价的商品期货，香港商品交易所拟推出人民币黄金和铜的合同交易。

关于境外直接投资，2010 年中国金融机构对境外发放人民币贷款在 100 亿 ~ 200 亿元之间波动。发放主体包括国家开发银行、中国进出口银行等政策性银行。2011 年 1 月 13 日，中国人民银行出台了《境外直接投资人民币结算试点管理办法》。其中第十五条指出：银行可以按照有关规定向境内外投资的企业或项目发放人民币贷款。激励贷款由 2010 年 12 月的 219 亿元猛增至 1 423 亿元，规模增长了 5 倍以上；而其后的 12 个月，贷款规模每月约保持在 1 500 亿元左右。

综上所述，香港离岸市场已初步形成了人民币计价结算、融资和资产管理中心的雏形。在这一过程中，人民币的区域化国际化也在不断推进。人民币从私人部门贸易和投资中的计价结算、金融产品的交易媒介以及金融资产在价值储藏中的运用，到作为政府之间清算支付手段以及开始逐渐纳入官方外汇储

---

① 资料来源：张纯威. 香港人民币离岸市场的特点与经济效应［J］. 新金融，2012（8）：19 - 24.

② 2012 年香港交易及结算所有限公司已收购伦敦金属交易所。

备，这些都标志着人民币逐步发挥部分国际货币的职能（见表 11-2）。

表 11-2 人民币区域化/国际化总结

| 人民币职能 | 私人部门 | 政府部门 |
|---|---|---|
| 交易媒介 | 结算货币（贸易人民币结算；香港人民币贷款；政府、商业银行和企业在香港发行人民币债券；人民币股票、信托发行） | 媒介货币［清迈协议框架里双边互换的支付货币，双边货币互换（中国香港、韩国等18个国家和地区）］ |
| 记账单位 | 计价货币（商品、服务贸易和金融交易的计价） | 作为锚货币（东亚地区主要参考货币①） |
| 价值储藏 | 货币替代和投资（见香港人民币储蓄、RQFII股权投资、点心债投资） | 储备货币（新兴市场国家和发达国家开始购买人民币债券纳入外汇储备中） |

资料来源：作者根据资料整理。

## 11.4 香港人民币离岸金融市场流动性影响因素剖析

市场流动性状况是离岸市场宽度、深度和产品创新程度的整体体现。作为人民币离岸市场流动性风向标的香港银行业人民币同业拆借利率（Hibor），自2012年初以来，3个月期人民币离岸 Hibor 价格在3%~4%之间波动②，显示香港人民币离岸市场流动性持续性偏紧。下面以流动性供给理论为依据，解析香港人民币流动性影响因素构成，试图为更好地创建人民币离岸市场提供新的思路。

### 11.4.1 流动性内涵和流动性供给理论及其启示

1. 流动性内涵

在经济学中，流动性（Liquidity）指资产转换成支付清偿手段或者说是变现的能力。在宏观和微观经济学领域中流动性有着不同的内涵：宏观经济层面

---

① 全球金融危机以来，在东亚，人民币已经超过美元和欧元成为占主导地位的参考货币。韩国、印度尼西亚、马来西亚、菲律宾、新加坡和泰国的货币汇率跟随人民币变动的紧密程度超过美元。参见2012年10月，美国智库彼得森国际经济研究所发布的报告。

② 3个月期香港人民币离岸 Hibor 价格远高于美元3个月期 Libor 利率水平（0.4%~0.5%），与在岸人民币 Shibor 价格接近。

的"货币流动性"，主要是指中央银行投放基础货币和银行系统创造货币的过程①；微观经济层面的"市场流动性"不仅是一个变现问题，而且涉及是否能通过市场准确地反映金融资产的预期价值。下面对流动性的讨论侧重从"货币流动性"这一界定作为切入点。

2. 流动性供给理论

流动性供给理论基于传统经济学中关于货币供给理论而展开。货币供给理论认为决定货币供给的因素包括中央银行控制基础货币、中央银行通过存款准备金调节商业银行的可运用资金量、商业银行派生存款能力以及经济发展状况、企业和居民的货币需求状况等因素②。离岸市场是人民币在支付手段、记账单位和价值储藏三方面对美元（部分）替代而形成，人民币离岸市场主要是国内人民币市场存款方面的延伸，提供的贷款也是国内银行资产业务的延伸。因此，离岸人民币信用创造并不是一个特殊的概念，它与信用创造理论是有密切联系的。

那么，人民币离岸金融市场流动性影响因素到底有哪些呢？（1）结合人民币离岸市场特点，人民币离岸市场的存款供给主要源自因人民币跨境结算沉淀在离岸市场的人民币存款基数（Deposit Base），在不考虑资本管制限制资本流动的条件下，进口商提供的人民币离岸资金和出口商决定的人民币在岸资金，将主要决定离岸市场人民币新增存款的供给，而过去积累的资金差额则决定了离岸人民币存款的货币存量③。（2）根据货币供给理论，银行系统利用超额准备金进行贷款或投资（购买有价证券）进行派生存款创造，当存在货币替代时，借款意愿（贷款）对存款创造就显得相当重要。（3）除"真实"贸易和投资背景外，价格因素即汇率稳定水平代表着货币竞争中市场对该货币的偏好和信心，是货币国际化的影响因素，同样影响离岸市场流动性水平。（4）货币管理当局主要起着调节离岸市场流动性的作用。

总之，根据上面对流动性供给理论分析并结合离岸市场特征，可以得出：影响香港人民币离岸市场流动性的因素主要集中于人民币跨境结算、离岸人民币借款意愿、汇率稳定程度和货币管理当局调控力度四个方面。下面依次作具体分析。

---

① 资料来源：李卓琳. 金融危机与银行流动性创造关系研究［D］. 上海：复旦大学博士论文，2010：50.

② 资料来源：曹龙骐. 金融学（第三版）［M］. 北京：高等教育出版社，2010：274.

③ 资料来源：Peter M. Garber. 什么决定了人民币离岸市场均衡［J］. 金融发展评论，2012（3）：25.

## 11.4.2　香港人民币离岸金融市场流动性的影响因素

### 1. 人民币跨境结算

跨境人民币结算规模扩张为离岸人民币存款基数提供来源。如果秉承先周边化区域化后国际化的逻辑，中国与东盟国家间的贸易扩张为双边贸易中使用人民币提供一个重要的增长潜力。这也是中国人民银行与东盟积极签订货币互换协议，以推进双边本币结算的结果。2010 年，东盟国家与中国的贸易盈余达到 163.62 亿美元。乐观估计，如果 50% 左右的出口企业选择使用人民币计价和结算，那么东盟国家将产生大约 80 亿美元的存款，以此类推，世界其他地区大约为 870 亿美元[①]。这将为离岸人民币存款增长提供资金来源和创造一系列人民币资产的需求。另外，人民币对外直接投资是人民币"走出去"的另外一条重要渠道。2011 年 1 月 6 日，中国人民银行发布了《境外直接投资人民币结算试点管理办法》，促进企业投资便利。根据商务部对外投资目标，在十二五期间全国海外直接投资年均增长 17%，五年间累积投资数额将达到 5 600 亿美元。如果其中 50% 以人民币计价并且 60% 以上途经香港离岸金融中心，意味着将给香港人民币离岸存款基数带来明显的增量变化，并且创造规模更大的人民币贷款和债券市场。由此可见，从发展趋势看，离岸市场人民币流动性将显著提高。

与此同时，跨境人民币收付比更加趋向平衡。2011 年全年收付比从 2010 年的 1:5.5 上升至 1:1.7[②]。分阶段看，2011 年前 8 个月，该比例为 1:2.2，后四个月转为跨境人民币收入大于支出，比例为 1.4:1[③]（见图 11 - 7）；同时，2011 年继续保持了跨境人民币收入小于支出的发展态势。在 2011 年跨境人民币交易规模较上年增长四倍的情况下，全年跨境人民币净流出额与上年基本持平。人民币结算收付比走向平衡，主要原因在于人民币汇率由单向升值转向双向波动，境外企业选择人民币作为结算货币需求在增加。跨境结算量持续增加以及收付比趋向平衡说明贸易中采用人民币计价由于升值套利[④]转向了真实贸易结算需求，真正出于自身业务发展需要选择人民币结算正在不断增加，也证

---

① 资料来源：Vallée. Shahin, The Internationalization Path of the Renminbi, Bruegel Working Paper, 2012.

② 数据来源于《2011 年第四季度中国货币政策执行报告》。

③ 第三季度末开始出现首付比大于 1，同时人民币升值预期逆转。根据中国人民银行《2012 年第二季度中国货币政策执行报告》，2012 年上半年收付比为 1:1.4，人民币流出大于流入。

④ 有学者认为套利是离岸市场超速发展的重要驱动因素。

实了套利的逆转并未改变人民币国际化的发展趋势。

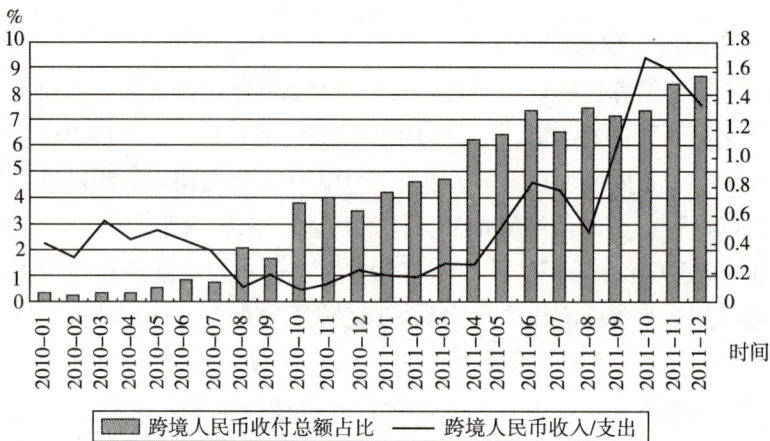

资料来源：国家外汇管理局《2011年中国跨境资金流动监测报告》，第9页。

**图11 - 7　2010—2011年月度跨境人民币收付占比**

2. 离岸人民币借款意愿

依据信用创造原理，多倍存款创造的前提条件是市场对人民币作为融资货币的需求，进而通过人民币跨境结算沉淀在香港银行系统的存款引起存款多倍的创造。

先看看离岸人民币（CNH）融资货币功能的发挥。香港离岸市场人民币运用渠道主要包括债券和贷款。首先，CNH债券市场为受困于融资困难的国内企业以及在中国内地开展业务的外资企业提供低成本的债务融资。自2007年在香港发行首笔离岸人民币债券至今，债券余额已经累计超过2 000亿元，占CNH存款余额的1/3左右。其次，离岸人民币贷款市场规模虽然处于起步阶段，但是潜在贷款需求强劲。主要体现在三个方面：由于规避外汇风险的需求，企业倾向于借到与其收入相匹配的货币，因为借入人民币可以降低货币错配风险；人民币FDI以及有条件的允许人民币回流令香港的人民币贷款需求增加；人民币汇率双向浮动弹性增强，持有人民币负债的风险较为有限，境外居民与企业愿意持有人民币负债。

最后，考虑到在岸市场与离岸市场经济开放程度的不同，货币乘数的作用存在较大差异。在岸银行体系是一个相对封闭的体系，虽然当一家银行将存款贷出时，只有小部分回流到原来的银行，但从整个银行体系看，这笔存款不会消失；但离岸市场是一个开放的市场，同各主要国家的金融市场有着密切的联系，资金经常会从该市场流入或流出，所以离岸市场贷出去的资金不一定会自动地以再存款的形式返回，这就意味着离岸市场存在资金漏损①。人民币离岸市场存款的流出主要表现在两方面：一是人民币离岸市场回流渠道的建立，允许人民币 FDI、点心债券回流以及合格境外机构投资者（QFII）投资于在岸证券市场等；二是香港市场银行以贸易融资和贷款形式拆出人民币（包括第三方），导致存款的流出。作为资本管制下的离岸市场，香港银行吸收来的人民币存款，监管当局存在对离岸人民币存款有效实施准备金的空间。在香港金融管理局规定的人民币存款流动性比率为 25% 条件下，假设两种情况：一是存在完全资金漏损，CNH 存款减少与 CNH 存款回流或者流出呈一一对应关系，估计得到货币乘数为 1 倍；二是不存在漏损的封闭经济体，人民币存款创造的货币乘数最高为 4 倍，那么能够据此得出人民币离岸市场货币乘数在 1 ~ 4 倍②之间。离岸人民币通过"存款—贷款"在香港存款货币银行体内有效循环流通，造成货币乘数效应放大从而提高了香港人民币存量规模。

　　3. 汇率稳定程度

　　受经济发展结构影响，中国国际收支持续处于双顺差的地位。自 2005 年汇率改革以来，人民币对美元汇率累计升值超过 30%，这增加了市场对人民币的需求。然而，主权货币要想成为国际货币并非在于持续升值，关键依赖于稳定的币值和合理的波动幅度。随着香港人民币离岸市场的不断发展，人民币汇率形成更多受到市场供求关系的影响，下面通过分析离岸即期汇率和在岸即期汇率波动特征，可以发现人民币汇率开始逐渐向均衡汇率方向运行。

　　人民币在岸即期汇率和离岸即期汇率的变化趋势逐渐趋于一致，且呈现出协同变动的趋势。从总体趋势上看，在岸即期汇率与离岸即期汇率相比较，二者走势基本一致（见图 11 - 8）。当然，也必须看到，从 2011 年 8 月下旬开始，欧债危机动荡导致市场对美元需求增加，全球避险资金回流，离岸人民币即期汇率和离岸人民币不可交割远期汇率（NDF）下跌。与此同时，在岸人民币汇率的波动性也明显提高，由于中国人民银行将境内人民币兑美元的中间价定在强侧，在岸人民币即期汇率出现十二次跌停。自此，人民币汇率单边升值预期被打破，双向波动弹性增大，导致在岸与离岸汇率价差因境内外市场信息

---

①　资料来源：巴曙松，郭云钊. 离岸金融市场发展研究——国际趋势与中国路径 [M]. 北京：北京大学出版社，2008：65.

②　货币乘数根据公式 $M = \dfrac{1}{1 - (1 - r)(1 - L)}$ 计算可得，其中，$r$ 表示存款准备金比率，$L$ 表示漏损率。

流传递以及双向资本流动进一步缩小，呈收敛趋势。

资料来源：Wind 数据库。

**图 11 - 8　人民币兑美元离岸及在岸即期汇率**

从价格发现的角度分析，事实证明，具有真实货币价值的人民币才能满足非居民的交易和投资需求。人民币币值应随市场供求围绕均衡水平保持长期稳定，这有利于贸易便利和投资便利的实现，也有利于人民币信誉和需求水平的实质性提高。那么，企业贸易往来中选择哪种货币作为交易货币？在生产函数一定的前提条件下，为实现利润最大化，企业考虑的是汇率波动风险的问题。据相关银行估计，用人民币向中国供应商支付货款的外国企业相比用美元支付可以获得 4% ~ 5% 的价格优惠。基于以上原因，以宜家为代表的跨国公司开始使用人民币进行贸易结算，以更好地管理外汇风险、降低交易成本。可以设想，如果反其道而行之，一国货币仅因为持续不断的升值而成为国际货币，其作为贸易结算支付手段最基本职能将被弱化，而货币投机需求被强化，典型代表如日元。为了防范日元频繁波动风险，亚洲地区日资企业建立由母公司统一管理以美元为中心的汇率风险管理体制，但因此而严重阻碍日元的使用①。

4. 货币管理当局调控力度

通常情况下，一国货币当局充当最后贷款人角色，为市场提供流动性支持。香港人民币离岸市场流动性的管理应是中国人民银行与香港金融管理局的协同和合作。从目前看，货币互换安排、存款准备金率、再贴现和回购交易等已成为调控流动性的主要工具。

---

① 资料来源；中条诚一，郑甘澍. 亚洲的日元国际化（下）[J]. 经济资料译丛，2002（4）：22 - 26.

中国人民银行与香港的货币互换主要是为人民币离岸市场的"试验田"①
提供支撑。2011年11月22日，中国人民银行与香港金融管理局续签货币互换
协议，互换规模由原来的2 000亿元人民币（合2 270亿港元）扩大至4 000
亿元人民币（合4 900亿港元）。中国人民银行与香港金融管理局的货币互换
协议为香港金融机构提供人民币流动性，推动人民币跨境结算业务发展，提供
足够流动资金保持离岸人民币市场的稳定。同时中国人民银行与周边国家和地
区经济体达成的本币互换额度为1.6万亿元人民币，这些经济体对中国的双边
贸易额度约占30%，有助于打开人民币外部需求，推动香港人民币流动性
增长。

中国人民银行通过变动清算行的超额存款准备金水平，影响香港人民币持
有者保留存款的意愿，调节香港人民币利率与美元利率的利差，以防外币资金
加剧兑换成人民币，使香港人民币存款市场稳定持续的发展。

香港金融管理局通过抵押贷款、回购交易等为本地金融机构提供稳定的人
民币来源。其中，合格抵押品包括外汇基金票据、债券、香港特区政府债券以
及中国政府在香港发行的人民币债券，例如大额点心债券在离岸市场发行往往
会推高人民币离岸Hibor价格，金融管理局的流动性支持政策为稳定市场预期
起到告示作用，从而降低流动性紧缩的风险，有助于香港离岸市场的稳定
发展。

### 11.4.3 人民币离岸金融市场流动性前景分析

1. 离岸人民币存款基数增长动力

在人民币升值预期的推动力下降的情况下，离岸人民币市场存款基数的增
长来自于推动跨境人民币结算规模和境外市场对人民币的贸易以及投资需求接
受度。

中国贸易总量占全球比重达到10%，欧盟、美国和日本是中国前三大贸
易伙伴。跨境贸易结算从亚太地区扩展到欧洲以及其他地区，人民币在国际结
算中的吸引力不断增强。根据环球同业银行金融电讯协会数据显示，2012年
第一季度，东亚太区与中国和香港的所有交易中，使用人民币进行支付结算的
占比为7.2%，欧洲为6.7%。不计中国和香港两地，欧洲占人民币付款的份
额由2011年第一季度的36%增加至2012年第一季度的47%，而亚太地区的

---

① 周伍阳. 深港人民币离岸市场：人民币区域化国际化的"试验田"［J］. 深圳大学（人文社
会科学版），2011（1）：64–68.

份额则由 59% 下降至 41%。从国家的层面来看,数个欧洲国家虽然对人民币付款的采用率较低,但其绝对值比重大于许多亚太地区国家。

## 2. 离岸人民币信用创造问题

前面提到离岸人民币存贷款比率失衡,显示香港银行体系人民币的信用创造不足。造成这种结果的原因主要是香港离岸人民币跨境流动受到严格管制。为推动人民币国际化进程,满足离岸人民币贷款的潜在需求,监管层考虑建立配额机制,满足中资企业从境外举借人民币资金的需求,以便扩大跨境资本流动。配额机制在初期有助于保持离岸市场的稳定,同时会使资本流入对国内货币政策的冲击可控。现有离岸人民币贷款包括银团贷款、双边贷款和出口押汇等。2012 年 1 月,国家发改委允许广东核电集团从中银香港借入 30 亿元贷款,是内地企业首次从离岸银行借入资金。随着前海人民币跨境金融服务创新试验的开展,将允许香港银行离岸贷款给合格的境内企业。根据德意志银行报告,人民币贷款增长 2012 年将超过 1 000 亿元,2013 年则将达到 2 500 亿元。

## 3. 发挥离岸人民币第三方使用的作用

通过货币掉期将发行的点心债人民币资金转换成第三种货币或者在第三国使用,这种情况在离岸人民币债券市场为数不多。在人民币还没有以第三方货币身份参与他国国际贸易结算支付的情况下,允许非居民开立离岸人民币账户为人民币第三方结算铺平了道路,增加了离岸人民币市场流动性。一国货币成为国际货币的标准之一是该货币在非居民间经常使用,即第三方结算。美元是满足该标准的国际货币,美元不仅仅在北美自由贸易协定和拉美地区作为第三方货币使用,而且在亚太地区也大量使用。人民币国际化第三方使用,具体形式主要包括:在离岸市场借入人民币,掉期为第三种货币在第三国使用;在离岸市场上用于中国境外的货物和服务的交易和结算货币以及用于投资和交易人民币金融产品;允许非居民在香港开立人民币账户可促进非中国企业和个人之间离岸人民币计价的借贷活动以及降低贸易商品和金融资产的交易成本等。可以设想,人民币作为第三方货币使用的增加,将通过货币乘数效应,扩大离岸人民币流动性资金池的规模,使离岸人民币市场更具有流动性。

# 第 12 章

# 深港金融合作：
# 人民币国际化的"试验场"

就地域来说，深圳毗邻香港是大陆通向香港以至于世界天然的也是唯一的通道。出于立志高远的战略构想，中国第一个经济特区就建在与香港相连的深圳。三十多年的发展证明，深港两地合作既是市场竞争中的合作，也是互助互利的合作。在人民币国际化已上升到国家的战略层面的今天，香港作为一个市场经济相当成熟的大都市，深圳作为改革开放的前沿阵地，在一国两制框架下，内地与香港的进一步合作将会迈出更大更快的步伐。本章围绕人民币国际化问题对深港两地进一步加强合作的深层原因、运行路径进行探析，并重点对作为人民币国际化"试验田"的深圳前海的创立和发展蓝图作一构想。

## 12.1 深港金融合作对人民币国际化的意义

深港两地金融合作从 1982 年香港南洋商业银行在深圳投资开始，经过 30 多年的发展，尤其是香港回归后，深港两地金融业的合作从起步到不断深化，金融合作生态环境不断优化，各个领域的合作全面开花。从最初的两地支付结算系统连通，到深港两地互设金融机构、两地证券交易所的合作、深港离岸金融合作等，两地金融业的资金、信息、人才流动日益频密。在人民币国际化战略的新形势下，继续深化深港金融合作对巩固原有基础和展示未来的辉煌具有重要意义。

### 12.1.1 有利于循序渐进推进中国金融改革开放

党的十八大报告明确提出："深化金融体制改革，……稳步推进利率和汇率市场化改革，逐步实现人民币资本项目可兑换，……维护金融稳定。"我国金融业的改革开放应当遵循"主动性、可控性和渐进性"原则，是一个循序渐进的过程，防范金融风险、保障金融安全与金融发展同等重要。

当前国际金融规模不断扩大，在现代信息科技支持下经济波动更加频繁，风险巨大，这使得人民币资本项目可兑换和人民币国际化面临着比以往更复杂和风险更大的国际环境。香港作为"一国两制"的特别行政区域，深圳作为我国的经济特区，两地在中国的改革开放过程中，都发挥着巨大的作用，在人民币国际化的新形势下，将继续发挥重要作用。

（1）深圳是香港和大陆唯一的陆运通道，深港联结好似架起了中国与世界的"桥梁"。它对于中国渐进的金融改革开放和人民币国际化的重要战略意义体现在：①可以进一步发挥深圳经济特区先行先试的试验场作用，深化特区功能，为我国金融业的整体开放探索有益的经验；②可以利用深港金融的局部金融合作，在深圳建立起我国防范国际金融风险向整体蔓延的"防火墙"；③能够有序引导我国日益增长的财富资本走向国际，在全球配置资产资源，分享世界经济发展带来的利益，并缓和我国货币流动性过剩的困境；④扩大香港人民币业务，加强香港人民币离岸业务中心建设、直接与深港两地建立全球金融中心、统筹珠三角地区发展规划、推进两地资本市场的一体化等均密不可分，有利于积极探索人民币国际化以及资本项目的开放路径。

（2）深圳是内地改革开放的窗口，香港拥有成熟的发展市场经济经验和优势。深港两地在经济总量上有趋同趋势，深圳拥有发达的制造业和现代服务业与香港的国际金融中心形成优势互补效应。加大两地合作的力度，依托珠江三角洲，辐射华南地区，已获得这一地区投融资的主动权，充分发挥筹集资金、融通资金、传导金融信息的功能。可以预见，金融中心地位以及地理位置上的相互毗邻为深港两地提供了无可替代的共建人民币离岸市场优势。总之，深港两地从整体上来看，金融业的发达为提升制造业和现代服务业的竞争力提供了良好环境，这同样为加快推进人民币国际化提供了有利条件。

（3）深圳是中国大陆最早允许经营离岸金融业务的城市，当时离岸业务经营的货币主要是美元，这为离岸业务经营模式以及金融监管累积了丰富的经验，为深港人民币离岸市场的创建造就了人才条件。香港建立和发展人民币离岸金融市场也具备天然条件：一方面，在"一国两制"框架下香港作为一个特别行政区拥有自己的法定货币，与内地相对隔离，这是国际离岸金融发展当中所独有的条件，充分利用这一条件既可以通过内联于"一国"的紧密关系管理人民币离岸金融市场的发展，又可以通过外形上的"两制"的单独经济运行环境最小化，避免对人民币国际化的不利影响。另一方面，香港人民币离岸市场枢纽已经形成，人民币资金池规模已经达到 6 000 亿元左右，人民币有着迫切回流境内金融市场和服务境内实体经济的需求。

（4）现阶段境内人民币输出主要依靠经常账户以及资本账户下的对外直接投资，不管是人民币资金回流还是输出，两者均要求资本账户开放。为了避免资金的进出对中国经济形成冲击会给经济发展带来负面影响，则必须遵循循序渐进的原则，选择合适的区域满足人民币资金循环流动的市场需求。在深港两地范围内，既能实现人民币循环流动，同时又能将可能面临的风险控制在有限的范围内，这是得天独厚的优越之地。

（5）香港完全有条件建成具有国际影响力的内外一体型人民币离岸中心，成为人民币区域化国际化的“桥头堡”；而深圳可以与香港合理分工合作，利用自身优势拓展对外人民币业务，打造有特色的内外分离型境内人民币离岸清算市场，发挥人民币“走出去”过程中的风险“防火墙”作用。深港离岸金融市场的试验必将开辟人民币境外流动与使用的新渠道，丰富人民币产品，促进对外金融开放以及实现人民币“区域化—离岸化—国际化”目标创造有利条件。

### 12.1.2 有利于深港两地优势互补获取双赢

香港是全球排名第三的国际金融中心，而深圳是中国内地重要的四大“一线城市”之一和重要的资本市场运作地。深港两地唇齿相依且都有着很好的金融业发展基础，在“一国两制”的体制下，深港两地之间具备良好的经济金融合作基础。

2012 年底香港银行业总资产超过 16.89 万亿港元，持牌银行有 155 家，在全球最大的 100 家银行中，约有 70 多家在香港设有分支机构，香港银行业存款中，约有 1/3 为外币存款。截至 2012 年底的数据显示，香港主板和创业板的总市值突破 22 万亿港元。香港市场的金融产品除了股票外，还有股指期货期权、股票期货期权、衍生权证等，其上市公司来源和资金来源多元化，国际化程度方面有明显优势。根据 2012 年伦敦城市大学卡斯商学院所设立的环球金融中心指数显示香港是仅次于伦敦和纽约的全球第三大国际金融中心，是国际性银行最集中的城市之一，也是全球第四大股票 IPO 市场以及第六大外汇交易中心。[①]

深圳金融业的综合实力和竞争力位居全国前列，在全国大城市中，经济总量居第四，城市综合竞争力居第三。截至 2012 年底，深圳金融总资产 5.11 万亿元，在全国大中城市中位居第三，2012 年深圳金融业占 GDP 达到 14%；深圳是全国的多层次资本市场中心，2012 深圳证券市场市值为 7.17 万亿元，深圳证券交易所是我国确立唯一发展多层次资本市场的证券交易所，目前深圳证券交易所已经开设主板市场、中小板市场和创业板市场，同时全国的股权代办转让系统试点也放在深圳证券交易所；深圳有着良好的金融创新条件和氛围，"创新是深圳的根、深圳的魂"，深圳特区成立以来，深圳创下了全国金融界100 多项"第一"；深圳目前是全国最大的财富管理中心，深圳的证券基金规模在 2006 年就已经占据全国基金总规模的半壁江山。

在金融范畴的定位上，香港既是国际金融中心，也是中国与世界连接的最佳渠道，而与香港一江之隔的深圳不可能独自发展成为一个国际性金融中心甚至是全国性金融中心，深圳金融建设的目标宜定位于区域性金融中心，与香港的定位互补、形成共存共进的关系，形成全球级别的国际金融中心，也顺理成章成为内地与香港对接的窗口。

尽管深圳作为特区的政策及体制优势正在淡化甚至逐渐丧失，但有一点是深圳相对内地城市所得天独厚的：它离资本主义体制最近，离国际市场最近，离香港最近。当然，近期呼声很高的"深港同城化"难度较大、为期尚远，但两种不同的社会制度不可能完全捏合在一起，两地分开发展也不符合形势发展所需，深圳虽与香港有差距，但也有其作为改革开放试验场的特征和锐意创新、勇于开拓的精神，深港虽"一国两制"，但共生的制度基础是"市场经济"，深圳不可能也不必另起炉灶，单独成立一个国际金融中心，在不改变根本制度下的互相合作利用才是正道，深圳依附香港，深圳学习香港，深圳帮助香港。

香港作为真正全球性的国际金融中心，它具有最成熟的市场经济环境优势，但香港明显的不足是规模狭小，辐射腹地较小，受制于房地产业及高昂的营运成本，面对国际和内地金融业纷纷进驻香港的现实，很难在更大的空间内增强其拓展功能和辐射能力，且中央银行的缺失造成金融业的脆弱性和敏感性，易受国际政局及经济环境变化的影响和受"中国因素"的影响而波动。

---

① 根据国际清算银行三年一度的全球外汇交易的调查结果，香港外汇交易中心的排名已由 2010年的第六上升到第五。

金融业是香港绝对不能失去的一块领地，深港离岸金融合作使香港国际离岸金融中心向内地延伸，给香港国际金融中心提供更广更深的腹地。而深圳可依托香港离岸金融市场，与香港共生互补，取得双赢。作为中国内地和香港之间的过渡区和桥头堡，同时作为香港拓展内地业务的首站和辐射平台，深圳可发挥与香港相互补充优势，利用与香港国际金融中心的地缘优势，主动接受香港金融辐射，积极承接内迁的香港金融业务，共同巩固两地在亚太离岸金融中心的地位，并借鉴香港金融多年的操作经验、现有优势以及完善的金融中介服务，可以预料，在双方共同合作的基础上，一方面进一步巩固香港的国际金融中心地位，另一方面以香港为"桥"促使深圳的金融业加快走向国际。

### 12.1.3 有利于巩固香港国际金融中心和创建深港全球金融中心

在当今世界金融体系中，无论从金融机构、金融市场规模还是从金融业产出角度，伦敦和纽约都明显是全球金融体系的两大核心，掌握着全球大部分金融资源。亚洲地区，中国、印度经济快速发展，在可预见的未来，亚洲将呈现中国、日本和印度三个经济大国鼎足的局面，亚洲经济规模将超过世界经济总规模的50%，人口将达到全球总量的60%，亚洲需要一个与经济规模相适应的，与伦敦、纽约相看齐的世界级金融中心。

根据2012年伦敦城市大学卡斯商学院所设立的环球金融中心指数来看，香港是仅次于伦敦和纽约的第三大国际金融中心。优越的地理位置、成熟的法制和自由的商业环境、适当而有效的监管体制、优惠的税收条件、良好的语言文化底蕴、中国内地强大经济支持等因素，是香港超越东京成为亚洲金融核心地位的优势所在。

但香港作为一个小型的经济体，发展金融也有着先天弱势，与伦敦和纽约相比，香港的差距还十分明显。从市场规模来看，香港资本市场还不够庞大，截至2012年底，香港股票总市值约3万亿美元，只有纽约股票市场市值12万亿美元的1/4左右，债券市场规模差距更大，大约只有纽约的1%。从本地金融机构发展看，香港无论在银行、证券或保险方面都没有可以排名全球前列的本地金融机构。从创新能力来看，香港的金融产品还不够丰富。可见，香港如果仅靠自身力量，较难成为世界级的国际金融中心，其根本原因在于香港的经济腹地不足。

香港要成为世界级国际金融中心应该继续加强与中国内地的金融合作，特别是与深圳的金融合作：①深港两地已经达成"共建深港都会"的良好共识，深港金融合作是建设深港都会的重要前提和内容，深港都会的形成，有利于香港国际金融中心地位的进一步提高；②香港可以通过深圳的桥头堡作用，与内地经济有机结合，提高对内地经济的金融辐射力；③深圳作为中国的两大资本市场交易地之一，有着相当的经济规模和金融市场规模，通过深港金融合作，可以有效弥补香港在金融市场规模方面的不足。

从深圳来讲，深圳传统经济发展的粗放型、外延型的发展模式和增长方式因受制于土地、资源、人口和生态环境已难以为继，还面临社会治安、城市管理、人口管理和社会事业建设等方面的极限挑战。深圳必须尽快转变增长方式，实现更高水平的发展，大力发展以金融业为代表的高端服务业。

根据世界城市发展的经验，当人均 GDP 达到 6 000～8 000 美元后，一个城市产业结构中的服务业在 GDP 中的比例越来越高，其中高端金融服务业的加速增长，是一个显著的标志和特征。2012 年深圳人均 GDP 已达到 2 万亿美元，对高端化产业的需要非常迫切，从产业结构看，第三产业对 GDP 的贡献逐年上升，从 2010 年的 52.7% 到 2011 年的 53.5%，再到 2012 年的 55.7%。

深圳与周边市场如中国香港、新加坡及土地面积大体相当的卢森堡相比，存在不小差距，以产业结构向高端金融服务业调整是深圳面临的一项重要任务。2012 年深圳实现金融业增加值 1 819.2 亿元，占 GDP 比重达到 14%，在全国位居前列，但仍低于土地面积相当的香港（20 世纪 90 年代初达 20.9%）、新加坡（1960 年为 14.4%，2005 年上升至 23.4%）和卢森堡（20%）。2010 年全球竞争力年度排名，新加坡、中国香港和卢森堡分别列第一、第二和第二十。卢森堡是全球最大的金融中心之一，截至 2012 年 6 月，在卢森堡注册的银行为 142 家，雇员 2.4 万人。卢森堡也是仅次于美国的世界第二、欧洲最大的基金管理中心。截至 2012 年 6 月，共管理基金 3 867 只，总额近 2.22 万亿欧元。

目前，在国家政策安排上，北京是我国的金融政策和决策中心，上海要建设成为中国内地的国际金融中心是既定的国家战略；而在金融企业、金融业务、金融市场和金融开放等方面的重大改革，原则上安排在天津滨海新区先行先试；深圳虽然提出了"区域金融中心"的定位，但这一定位并没有得到国家政策的正式认可，也没有明确的内涵，深圳证券交易所曾被停发新股三年之久，中国黄金交易所从深圳的迁出等事件一定程度说明深圳在国家整体金融布局中地位趋降。

"巩固香港国际金融中心地位，保持香港长期持续繁荣稳定"是"一国两制"的重要内容，支持香港发展也是深圳经济特区的一项重要任务。深化深港金融合作，共同建设世界级国际金融中心，这符合国家利益，也有益于香港国际金融中心地位的提高。同时，也有利于在国家层面提升深圳的金融地位，更好地推动深圳金融业发展，促进深圳产业转型和升级。

香港加上深圳的土地面积总和3 200平方公里、人口总和超过2 000万，经济总量相当于上海的两倍，已经成为中国中心城市的第一经济增长核，在当前世界三大区域集团鼎立的局面下，深港离岸金融合作的重大意义在于有能力代表崛起的中国作为区域单位参与经济的全球化竞争，形成一个与伦敦、纽约相看齐的世界级国际金融中心，巩固和提升香港国际金融中心的地位，平衡世界金融布局和金融资源配置的格局，促进亚洲和中国经济的更快发展。

## 12.2　深化深港金融合作的路径探析

深港金融合作尽管取得了诸多成绩，但毕竟两地隶属两个不同的金融体系，适用各自的金融制度，深化深港金融合作客观上面临诸多困难和障碍，其主要表现在：两地管辖权的不一致限制了两地在金融市场、机构和人才等方面的深层交流与合作；人民币资本项下不能自由兑换的限制导致两地在资本市场上的合作难以深入展开；深港金融合作两地政府在主观上的策略和重视程度也有待统一和加强等。

### 12.2.1　深港两地应就金融合作的目标和策略达成共识

目前，有关实现深港金融合作的终极目标不清晰，较多地注重具体的合作内容和层次上，而对两地金融合作的定位以及对国家的战略意义认识还不够，因而还没有形成一致的意见，两地政府并也没有就此形成与中央政府的沟通机制，且多年来深圳对深港金融合作的呼声较高，而香港则较多侧重与中国内地的全面金融合作，对深港之间的金融合作重视不够。

对此，建议两地建立深港金融合作的政府、金融机构、监管机构与研究机构之间的沟通机制，定期举行会谈，听取各方意见以及相关的研究成果，进一步达成深化深港金融合作的目标、总体战略及推动策略等方面的共识；资助两地大学和研究机构的金融专家进一步深入研究，举办相关论坛与研讨会，加强业界沟通；在明确深港合作的总体目标和战略前提下，鼓励两地媒体开展广泛的宣传；就面临的许多具体问题争取得到国家有关部门的指导、协调和支持。

还有，利用深圳金融监管联席会议机制，把深港金融合作作为会议的经常性重要议题，充分听取驻深金融监管机构和主要金融机构的建设性意见；鼓励驻深金融监管机构和主要金融机构设立或参与深化深港金融合作的专题研究；通过金融创新，争取在各领域取得技术性的突破；建立健全香港金融管理局、证券监督管理委员会、香港银行咨询委员会、香港保险业监理处等监管机构与中国人民银行深圳市中心支行、深圳银监局、深圳证监局和深圳保监局的定期沟通协商机制，解决深港金融合作中的各种问题。

### 12.2.2　加快推进金融体系基础性层面的合作

#### 1. 加强人才培养和交流合作

金融人才是金融业发展的基础动力，应推出鼓励人才流动的举措以推进两地金融人才的融合，鼓励人才的引进和培养：香港是全球最有名气的金融人才集聚中心之一，深圳应该利用地理优势开展多种形式的深港金融人才合作和交流，鼓励香港金融界人才到深圳任职，强化香港金融界对内地金融业的认知，创新培育深圳金融人才优势；深港两地政府应该加速金融人才流动，更好地创造两地金融人才融合环境，让两地金融人才能够更为便捷地往返两地，活跃两地金融交流及业务活动；在金融人才教育方面，政府可支持鼓励深港两地相关大学及培训机构开展金融人才教育方面的多种形式合作，通过培训提高深圳金融从业人员的素质，增加深圳金融业人才储备；深圳拟与中国证券监督委员会共同设立"资本市场学院"，可引进香港交易及结算所有限公司、香港金融管理局和香港证券及期货事务监察委员会参与创建，利用香港的金融教育和培训水准，为中国培育更多更好的金融人才，也为香港金融业发展提供后备人才和人才实习基地；两地金融协会通过定期不定期会晤，举办两地金融高级合作论坛等多种形式，开展交流，促进两地金融同业间的经常沟通。

#### 2. 全面支持香港本地银行在深圳发展

受香港经济规模和外国银行过度竞争等多种因素影响，香港本地银行基本是中小银行，其中不少在深圳建立了分支机构。按照中国银行业监督委员会的部署，深圳银监局已经将支持香港中小银行加快发展和给予国民待遇作为一项重要的工作。另外，除对香港本地银行在珠江三角洲建立分行给予便利外，深圳市政府将在银行发展用地、政府建设项目的银团贷款和在深圳地区增设网点等方面给予积极支持。同时，深圳市政府可采取适当的优惠政策，为香港银行在深圳的从业人员提供良好的工作、生活环境，支持香港中小银行在深圳的分支机构做大做强。总之，通过深港合作推动深圳金融机构的改革，鼓励香港金融机构参与深圳金融机构的重组，继续吸引香港金融机构来深圳设立分支机构。

3. 支持香港资本对深圳高科技企业的融资服务

充分发挥深港创新圈的功能，鼓励香港创业投资资本投资深圳科技企业，以及深圳高科技企业到香港上市。深圳是内地创业投资最为活跃的城市，也是科技成果创新最为集中的城市，据国家知识产权局的数据显示，2012 年专利授权和发明专利申请量排名均居全国前列，是中小高科技企业上市融资最为活跃的城市，有着充裕的上市资源。在深港创新圈建设中，积极发挥香港创业投资机构作用具有很大的空间。深圳市政府可以给予适当的优惠政策，鼓励香港创业资本投资深圳科技企业，并鼓励深圳高科技企业到香港上市。

4. 推动"深圳通"与香港"八达通"的互联互通

以促进深港两地居民生活同城化，便利两地人员往来为出发点，依托深圳与香港间现有的支付结算系统，加快实现"深圳通"和"八达通"互联互通。借助"八达通"电子化货币的强大功能，以小额支付为突破口，逐渐实现两地之间跨境资金的无约束流动。

5. 加快"深圳市金融产业服务基地"建设

随着现代信息技术的迅猛发展，全球金融业呈现出前台业务与后台服务分离的趋势。为了有效地保障深港两地金融数据的安全，提高金融机构运营效率，促进金融业合理布局，经深港两地政府倡导，深圳业已在龙岗区平湖街道建设"深圳市金融产业服务基地"。为了加快"深圳市金融产业服务基地"建设，深港两地需要加强合作，共同合作解决香港与"深圳金融产业服务基地"之间的同城化通信，进一步扩大深港两地金融基础设施合作，方便金融数据、信息的跨境流动以及资金的跨境结算。

强化支付结算合作基础，鼓励跨境资金通过系统进行清算，尽可能全面掌握深港之间资金流动信息，推动支付工具合作，方便两地的人员交往，努力在深港两地间创造一个快速、安全、高效的支付清算环境。推动建立深港支付结算应急合作机制，加强在支付系统应急机构和灾难备份中心建设方面的合作。建立跨境系统异常情况处理预案，确保一旦系统出现问题时能及时采取措施以最大限度减少损失。

### 12.2.3　深化深港两地证券交易所的合作

1. 资本市场是金融领域中最具有区域辐射力的领域

以纽约为例，纽约的银行和保险市场多年来占美国的市场份额维持在3%左右，而纽约的资本市场份额却占美国市场份额的40% ~ 50%，可见，证券交易所是促使资本集聚的重要力量。深港两地各自拥有一个证券交易所，这为两地资本市场合作和融合提供了重要的条件。

我国资本市场尚处于起步阶段，虽然中国资本市场的市值规模和交易规模已进入全球前列，但中国资本市场的脆弱性也是显见的，特别表现在证券市场交易规则不完善、市场结构失衡、衍生工具缺乏、股票发行核准制、再融资困难等。通过深港两地交易所的合作，借鉴香港成熟的和国际化的市场经验，建立香港与内地资本市场之间形成套利机制，对我国资本市场的健康发展和抑制两地市场的非理性投资行为有着重要的作用。另外，深港资本市场合作也拓宽了香港人民币的投资渠道，有利于香港人民币离岸业务中心的建设。总之，推动深港两地资本市场合作既符合国家利益，也为两地的发展特别是金融业的发展创造了新的机遇。

通过深港两地交易所合作，促进深港两地资本市场融合，建设香港世界级国际金融中心，使得香港资本市场可以更好地利用内地作为其经济腹地得以进一步发展，吸引更多的全球资本。而深圳资本市场可以更好地接通国际、走向国际，更好地促成香港金融中心成为全国、全亚洲乃至全球的财富资本中心和投融资中心。深港资本市场将真正成为国内外企业获取大量资本，并接通全球雄厚资本市场的枢纽。

2. 两地资本市场合作的具体途径

（1）在我国 QDII 和 QFII 的制度框架下探讨"两地交易所会员/参与者互认"。通过审慎认证，使目前深交所的交易会员以及香港交易及结算所有限公司的参与者，相互成为对方的会员/参与者，从而可以在各会员/参与者的交易大厅内同时交易双方交易所发行的证券品种。各自交易所的交易制度和交易品种不需做任何改变，所有其他相关的法规制度也不需要改变，只需要通过两地交易所建立通道，相互成为各自的分交易中心，并增强对各自的会员/参与者的结算和监管制度。在现阶段，作为一种策略性的安排，可以先进行小部分金融品种的交叉买卖，控制跨境贸易结算资金总量，并将投资者可交易场地限制在深圳。

（2）开展深港债券市场合作。一个交易活跃、参与广泛的债券市场是利率市场化的必经之路。香港虽是全球最具有活力的金融中心之一，但其债券市场在全球和亚洲地区优势并不明显。目前，中国记账式国债在深港两地交易所交易，两地的上市公司的公司债发行与交易也于 2013 年开始启动。但是，由于目前中国利率的非市场化形成机制和企业信用体系的不健全，使得目前以项目融资为主的企业债对一般投资者来说缺乏足够的吸引力。深港两地的交易所可积极合作探讨债券市场合作的可能，积极探索在深圳证券交易所上市的上市公司在香港交易及结算所有限公司发行港元或人民币债券。

（3）尝试探索在深圳证券交易所发行香港证监及期货事务监察委员会认可的基金产品。目前在香港交易及结算所有限公司交易的基金品种包括：封闭式基金、房地产信托投资基金、上市开放式基金、交易所交易基金等。其中一些基金品种，如房地产信托投资基金，是国内市场所缺乏的。如果在深交所引进这些基金，一方面可以使得香港证券市场的融资能力增强，吸引更多国际基金管理公司在香港发行在交易所买卖的基金品种；另一方面也使得深圳证券市场的交易品种更为丰富，吸引更多的国内个人投资者和机构投资者通过深圳证券交易所投资香港基金市场。可借鉴香港在按揭证券化领域的成功经验，有利于加强深港在更多中间业务研发和推广方面的合作。

（4）鼓励深圳证券交易所公司制改革，推动两地交易所股权合作。推动深港两地交易所股权合作使两地交易所成为一家企业是进一步促进两地资本市场的融合、共建香港世界级国际金融中心的有效措施。目前，香港交易及结算所有限公司已经是一家上市公司，但深圳证券交易所却是事业单位，因此要达成深港两地交易所的股权合作，首先需要有力的措施鼓励深圳证券交易所进行公司制改革。

（5）争取成为境内个人直接投资境外证券市场的试点城市。2007 年 8 月 20 日，国家外汇管理局公布了《开展境内个人直接投资境外证券市场试点方案》，规定天津为我国首个境内个人直接投资香港证券市场的试点城市。由于各种原因，该方案目前尚未得到落实。基于深港两地的地域条件，深圳为我国重要资本市场以及深圳境内个人业已投资香港证券市场的市场基础等理由，深圳应该争取成为我国境内个人直接投资香港证券市场的试点城市。通过试点，可以抑制深港两地间地下钱庄的非法金融行为，引导灰色地带的金融投资行为规范化发展，促进深港两地资本市场的深入合作。

## 12.2.4 优化深港两地金融生态环境

为了实现共建世界级国际金融中心的目标，深圳要加强金融生态环境建设，为金融机构产品开发、风险管理、公司治理及金融创新技术提供优良的平台环境，提高深圳与香港金融业融合，合作开展人民币业务创新的能力。

（1）提高全体市民金融意识和素质。建议将金融知识教育列入公务员培训内容，建立金融业发展高层研讨班制度，举办中小企业融资、证券投资基金和金融衍生产品方面的金融高峰论坛，甚至将金融宣传教育纳入社区、企业、学校的活动。监管机构或社会征信机构加快信用信息收集工作，建立统一的信用信息平台；鼓励和规范会计、律师、资产评估、信用评级、证券和期货投资咨询、财经资讯、调查公司和非上市公司产权登记中心等中介服务机构及专业服务机构的发展；支持和引导金融行业协会的建立并鼓励其建立行业信息平台和违规披露机制，推动行业自律。

（2）建立金融风险评估预警和机构。建立金融风险评估机制、评估机构、评估标准及风险等级，构建金融风险预警机制和常规风险处置机制；建立风险分担机制或再保险机制：提高司法机关处置涉金融案件的能力和水平，切实解决金融案件立案难、查案难、执行难等问题，加大对金融犯罪的打击力度，保护金融企业和从业人员的合法权益。

### 12.2.5　开展跨境人民币业务合作

目前具备操作可能性的合作内容有：

（1）实现人民币在"前海—香港"之间的双向流通，允许跨境双向人民币贷款、前海的企业到香港进行债务融资，前海居民可自由选择币种进行境外证券投资等资本账户下的人民币自由流动，探索离岸人民币资金的回流以及在岸人民币资金输出的管理模式，为人民币的可完全兑换提供示范。

（2）丰富香港离岸人民币计价金融产品，促进香港人民币离岸市场形成可持续的自我循环机制，这要求增强香港市场对人民币持有者的投资吸引力，丰富人民币计价金融产品，拓宽人民币在香港的使用范围。

（3）尝试允许香港居民和深圳居民可以在深港之间有限度地汇出入人民币。中国人民银行深圳市中心支行和国家外汇管理局深圳市分局都具有对深港企业同名结算账户进行监管的技术可行性，可以通过建立汇出汇入资金额度管理和资金账户监管制度，实现资金流入与流出的可管和可控；进一步深入研究建立"防火墙"，有效防止可能的过度投机性流进与流出的基础上，建立人民币在深港之间合法流动通道，对于遏制并打击地下钱庄和非法通道运行，切实保障金融安全具有重要意义。

（4）开放香港母银行与深圳分行间的人民币拆借业务，逐步形成深港两地人民币同业拆借市场。香港商业银行试办人民币业务以来，人民币回流渠道稳定、运转有效、深港双方合作密切。从提高香港本地中小银行资金使用效率出发，此举将有利于扩大香港人民币业务，降低香港银行深圳分行的经营成本，支持香港中小银行依托深圳尽快发展壮大。随着人民币国际化程度的逐步提高，香港人民币离岸业务中心的建设，以及深港两地金融市场的合作，香港母银行与其深圳分支行之间的拆借业务可以发展形成深港两地人民币同业拆借市场。随着人民币国际化目标的实现，香港金融中心将进一步发展成为全球银行人民币拆借业务中心。

# 12.3　以深港金融合作为"切入点"，创建前海人民币国际化"试验场"

人民币国际化路径确定为"区域化—离岸化—国际化"这一"同向、相含、互动"的新路径，这对确保人民币国际化的运行轨迹的科学性、整体性和高效性意义重大。在目前人民币资本账户还未完全可兑换之前，人民币的跨境流通必须局限在有限、渐进与可控范围之内。因此，先试点后推广的办法应该是积极稳妥的。设想在国内依据不同情况选择若干典型作为试点也是完全必要和可行的。就深港合作视角看，以深港金融合作为"切入点"，创建前海人民币国际化"试验场"，这无疑是实现人民币"区域化—离岸化—国际化"的理想之地。

## 12.3.1　前海人民币跨境自由流动的实验

前海作为深港共建的人民币跨境业务金融创新的"试验场"，在深化创建香港人民币离岸市场的同时，还肩负着人民币资本账户渐进开放试点的重任。前海作为中国金融改革开放的试验场的要义在于能够率先满足市场需求的同时，能将风险有效控制有限范围内，并且将实践中获得的成功经验复制到其他地区乃至全国。目前跨境双向贷款的开闸为双向人民币流动提供了通道，未来按照人民币使用实需原则，进一步完善和拓展资本账户下人民币资金流动。

可见，前海的最重要任务是要把境外人民币的流入、境内人民币的流出机制建立起来，为建设人民币国际化的重要循环枢纽奠定基础。尽管该项目目前还处于试点性质，实施范围也非常有限，但如果加以扩展，则最终将有助于香港离岸人民币市场与中国内地金融系统的整合，此举建起了人民币国际化进程中的新里程碑。

1. "前海—香港"人民币跨境流通机制

（1）人民币流出机制。①允许前海的商业银行用人民币进行国际借贷。商业银行自主开展不超过银行总资产或资本金一定比例的对外贷款，该比例可随国际收支状况和银行风险管理能力的增强而逐步提高。同时，在市场需求和总量控制的情况下，逐步放松对外人民币贷款限制（见图12-1）。②放宽人民币外汇及境外投资限制，还有合格境内机构投资者方面的进一步落实，加大可投资额度和合格投资者的审核，港股直通车等也要加快落实，方便内地投资者参与香港的股票市场。③香港方面应该加快研究和推出更多适合内地投资者的金融产品，好让前海筹集到的资金更加积极投资在香港这个国际化的金融市场平台。④拥有大量人民币的居民，如何在国家政策的配合下，加大在海外的贸易投资额，同时在海外消费旅游等方面使用人民币，进一步加快在人民币海外的流通速度。⑤深圳前海有良好的金融创新市场机制、完整的资本融资平台包括正在打造市场化的前海股权交易所，为市场提供多元化、多层次的融资渠道。为企业转型升级以及"走出去"提供金融服务①。

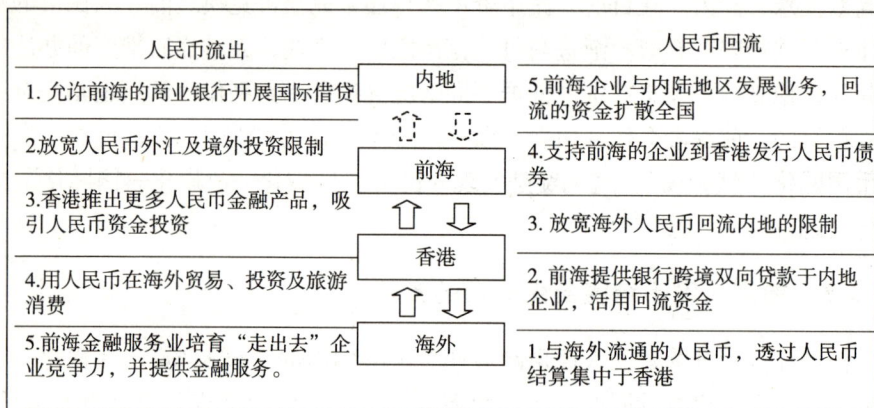

图 12-1　"前海—香港"人民币循环机制

（2）人民币回流机制。从香港人民币离岸市场发展的角度来看，回流机制的不足是制约离岸人民币规模扩张的重要瓶颈，解决的办法有：①利用香港的资本结算平台和集中大多数的人民币资金。②允许香港银行机构跨境双向贷款，放宽给予在前海合资格注册的企业得到香港银行贷款的条件，允许企业得到更多的香港海外资金。③支持在前海注册、符合条件的企业与金融机构在香港发行人民币债券②。④逐步放宽个人人民币兑换额限制，人民币回流内地的限制，例如每天8万元的转账限制和收款人必须是本人等诸多不便因素。可以借鉴台湾资本账户开放的经验，渐进提高个人人民币兑换的额度，比如由8万元提高到20万元等，实现最终的自由兑换。⑤前海募集到资金的企业大力进

---

① 资料来源：梁永建. 前海观潮：人民币国际化如何出海 ［N］. 南方都市报，2012-11-12.
② 资料来源：张明. 前海改革与人民币国际化 ［N/OL］. 英国金融时报中文网，2012-07-06.

入内地发展实体产业，把这些海外资金扩散运用到内地的进一步发展。

从《规划》中可以看到，前海发展目标是在 2020 年建成亚太地区重要的生产性服务中心。假设到时建成成熟的人民币离岸市场，离岸人民币存款规模将达到 10 万亿元人民币[1]，同时这也意味着人民币在前海与香港[2]（海外市场）之间的自由流通将实现向中国境内与香港之间的自由流动扩散这一终极目标迈进。

2. 前海试点人民币跨境贷款

以前海试点人民币跨境贷款为例，分析对离岸市场以及人民币区域化、国际化的影响。深圳前海跨境人民币贷款项目 2013 年 1 月在深圳签约，在中国资本账户开放的试点项目中，共有 15 家香港的银行与深圳市前海开发投资控股有限公司等公司签约 26 个项目，协议总金额约 20 亿元人民币。另有两家深圳的银行向香港企业提供了 6.2 亿元贷款，令跨境贷款呈双向流动。银行界人士表示，此标志着人民币国际化又向前迈进一步。

首次试点为部分放开，仅针对在前海注册的企业，资金以项目贷款形式直接发到在前海注册的企业账户。前海跨境人民币贷款期限和利率均由借贷双方自主确定，并通过深圳市的银行业金融机构办理资金结算。由中国人民银行深圳市中心支行（以下简称人行深圳中支）对前海企业获得香港人民币贷款实行余额管理[3]。根据人行深圳中支下发的《前海跨境人民币贷款管理暂行办法实施细则》，对跨境贷款的使用进行了严格控制，明确要求不得用于投资有价证券和金融衍生品，不得用于委托贷款，不得购买理财产品，不得用于购买非自用房产等。贷款企业必须在境内结算行开设专门的账户来存放从香港汇入的资金。

目前规定贷款只能用在前海自身的发展，但就前海地区的发展来说，其资金需求比较大，这也使香港约 6 000 亿元人民币存款有更大的用途。前海跨境人民币贷款业务为前海的开发建设提供了重要的金融支持，同时有效增加了境外人民币的用途，也有利于推动香港银行主动做大人民币资产负债规模，提升离岸人民币市场的活跃程度，形成人民币跨境双向流动的良性循环。人民币跨

---

① 谢涌海在"亚洲金融论坛"上的发言中提到人民币要超过英镑及日元，跻身全球三大货币，其离岸资金规模需要达到 8 万亿至 10 万亿元人民币。同时这也与第六章中人民币国际化预测相吻合，即到 2020 年人民币超过英镑和日元。

② 香港是自由市场，资金自由往来。

③ 资料来源：毕晓雯. 人民币国际化之路：由点到线的 2012 由线到面的 2013 ［N/OL］. 路透中文网，2012 - 12 - 28.

境贷款的开展，有利于香港人民币离岸市场的发展，也有利于人民币国际化。

3. 前海人民币跨境自由流动扩展步骤

前海人民币跨境自由流动步骤，可从短期、中期、长期三个时期来说明。

（1）短期而言，前海跨境人民币业务合作创新成为可复制的模式向南沙和横琴进行推广。广州南沙、珠海横琴与前海一起作为粤港合作框架下的三个国家战略平台（以下简称平台），共同推进人民币跨境结算，其中前海作为深港共建的跨境人民币创新试验场是另外两平台难以相比的优势所在。三地面临共同市场需求，即人民币资金的境外贷款和离岸回流，前海将现行先试的成功经验向南沙和横琴进行扩散。根据创新扩散理论，创新由前海向南沙和横琴扩散，人民币资金的流动主要包括平台内注册的市场主体融资需求（信贷、债权和股权）和离岸市场资金回流、平台内注册的市场主体境外贷款以及股权投资基金的资金和资产管理。跨境人民币合作创新模式成熟的标志在于对跨境流动的人民币账户资金流向能够进行有效的监管。（2）中期而言，跨境人民币合作业务从平台内扩散到广东省，实现人民币资金在粤港两地的自由流动。（3）长期而言，由广东省扩散到全国，实现人民币资金在境内外的自由流动，同时实现实需原则向人民币可自由兑换的转变。

## 12.3.2 前海人民币创新试验场的由来

2010 年 8 月国家发改委批复《前海深港现代服务业合作区总体发展规划》（以下简称《规划》）以推动跨境人民币业务为重点的金融创新领域合作，支持并完善香港人民币离岸中心业务。该规划的出台为深港围绕人民币离岸市场跨境货币合作提供了制度框架。《规划》内容与人民币业务相关主要体现三个方面：（1）允许前海探索拓宽境外人民币资金回流渠道，配合支持香港人民币离岸业务发展，构建跨境人民币业务创新试验区。（2）支持设立在前海的银行机构发放境外项目人民币贷款，在 CEPA 框架下，积极研究香港银行机构对设立在前海的企业或项目发放人民币贷款。（3）支持设立前海股权投资人民币母基金，积极探索外资股权投资企业在资本金结汇、投资、基金管理等方面的新模式。经济学家曹远征打了一个形象比喻，"前海要在资本管制之墙上钻开几个洞"①。随着人民币国际化进程的开展，离岸人民币市场发展迅速。在满足市场需求和谨慎推动市场开放的前提下，2012 年 12 月 27 日，《前海跨

---

① 资料来源：罗琼. 去前海淘"人民币"——"在资本管制之墙上钻开几个洞"［N］. 南方周末，2012 – 09 – 27.

境人民币贷款管理暂行办法》（以下简称《暂行办法》）由中国人民银行批复同意中国人民银行深圳市中心支行发布实施。由《规划》到《暂行办法》深圳前海开展跨境人民币业务终于有了具体执行方案。

深圳前海人民币国际化创新试验场形成的最直接的原因在于香港人民币离岸金融市场资金的回流，其实质仍然是人民币国际化背景下，资本账户局部开放的先行试点。在中国境内与境外市场之间形成一个有效的防火墙以吸取成功经验，等时机成熟后向全国推广，通过深圳前海人民币跨境业务创新推动人民币国际化。

### 12.3.3　前海人民币创新试验场的蓝图构想

1. "深圳前海"发展成为中国境内人民币离岸市场

随着深圳前海人民币国际化创新试验场的不断发展，为人民币资本账户的开放探索新经验总结新模式，未来深圳前海可发展成中国境内人民币离岸市场（China Offshore Market）。原因主要有以下几方面：（1）"前海—香港"人民币资金往来为经常账户与资本账户下提供了全方位开放实验的基础。中国人民银行深圳市中心支行负责对人民币离岸账户资金流向、使用和结算进行监管，促进人民币国际化发展的同时也将风险控制在局部有限范围。（2）在一定条件下，试点将向全国全面推广。这必然要求放松离岸金融市场和国内市场间资金转移的限制、放宽对市场准入资格的确认程序以及放宽关于资金必须由交易对方使用的严格要求。实际上相当于将人民币在"前海—香港"间扩大至"内地—前海—香港"间的循环（见图12-2）。可以将"前海—香港"局部开放中获得的成功监管经验复制到全局范围内人民币离岸资金的循环。（3）随着离岸人民币资金经由深圳前海向全国范围内扩散，前海在人民币离岸资金流动中充当了中心的位置。由此在前海可按照"内外分离型"模式建立中国境内的人民币离岸市场。该类型的市场是由政策诱导、推动，专门为非居民交易所创设。金融管理当局对离岸交易账户与在岸交易账户严格分开监管，不允许离岸与在岸资金之间互换渗透，同时也可以较为有效地阻挡国际金融市场对国内金融市场地冲击。该类型的市场以纽约、新加坡和东京的离岸金融为代表，可以借鉴和仿照。

2. 发挥金融对产业升级的推动力，提高中国企业"走出去"的竞争力

前海深港现代服务业合作区承担着深圳乃至内地探索现代服务业发展的任务，通过借鉴香港的经验，能够加速内地的产业升级进程。目前中国的金融创新与实体经济关联较大，前海金融创新将给深圳的实体经济与战略性新兴产

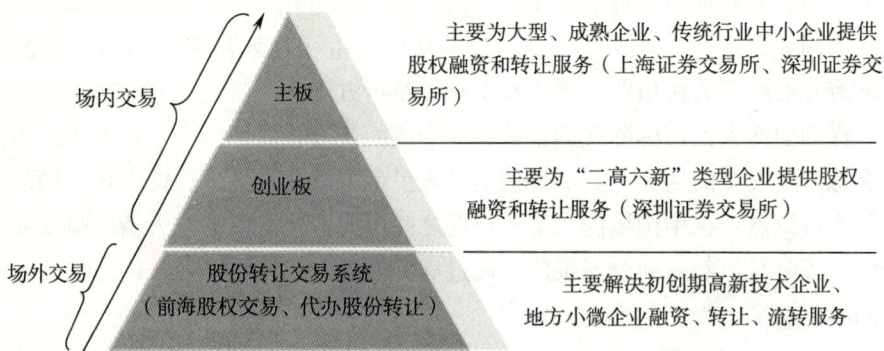

图 12 - 2    中国资本市场体系

业、基础设施产业、高科技产业带来重大机会，也将给金融企业带来机会。比如前海股权交易中心，是在深圳前海深港现代服务业合作区建设的立足深圳、辐射全国的股权交易市场，主要解决初创期高新技术产业、地方小微企业融资、转让、流转服务。前海股权交易系统是多层次、多元产品的资本市场体系的基石。前海股权交易中心将聚集大量的机构投资者和风险投资资本①，充分利用资本优势和信息优势，帮助企业引入战略投资者或财务投资者，实现定向直接融资。另外，交易所与银行等金融机构开展战略合作，为企业间接融资提供支持。中小企业私募债，可能在前海股权交易中心最先放开。前海股权交易所的功能在于为中小企业提供多元化的融资渠道，这有利于化解中小企业融资难的困境，并且借助于前海这一深港合作的试验场，为中小企业发行债券包括离岸人民币债券和私募债提供了平台。中国资本市场融资功能的完善，为企业提供多元化的融资渠道；同时，企业融资能力的提升（债务融资和股权融资）可以使得企业在产品市场竞争中更具有优势，这对于中国企业的竞争力提高有至关重要的作用，为企业"走出去"提供了有力的支撑。

前海探索建立创新型跨境人民币交易平台，完善深港合作机制，为跨境人民币资金的双向流动提供实验场所，为资本账户全面开放提供示范样本。同时利用深港金融中心的优势，发挥金融功能对经济的促进作用，提升企业竞争力，推动企业走出去，为人民币国际化提供持续发展动力。

### 12.3.4    深圳和上海两个"自贸区"的比较研究

关于深圳前海"自贸区"的创建，上述主要围绕它作为人民币国际化的

---

①    弘毅投资该公司的目标是在 5～10 年时间里帮助把前海打造成私募股权投资公司的全球中心。

"试验场"为中心加以阐述，即具体涉及深圳前海进行人民币跨境贸易自由流动的实验、人民币创新试验场的由来以及它的构想蓝图等方面。而与深圳前海几乎同时筹建的"中国（上海）自由贸易区"也已于2013年7月3日经国务院通过其总体方案，同年8月30日同意设立，全国人大授权，终于在9月29日正式挂牌启动。那么，深圳和上海两个"自贸区"究竟有何异同，特别是如何各自发挥对人民币国际化的推动作用，以下试做分析。

1. 两个"自贸区"的相同点

（1）背景和目标大体相同

当今世界，在全球金融危机的影响下，全球货币战、贸易战激烈，加上以美国为首的"太平洋伙伴关系协议（TPP）"的签订，这对于发展中国家特别是中国来说，客观上面临着严峻的挑战。中国如何采取最有力的应对措施，事实证明，最佳选择就是在继续深化改革开放的大背景下，开拓创新、另辟蹊径，在具有一定基础的区域建立"自贸区"，以商贸、金融等现代服务业为重点，推动金融、贸易、投资等方面的自由化、国际化，进而为中国经济的增长注入新的动力。而深圳前海和上海两个"自贸区"的创建，都是适应世界和中国经济发展形势的。从两个"自贸区"初露端倪的发展势头看，已显示其具有巨大的发展潜力。

（2）"试验场"身份相同

深圳前海和上海两个"自贸区"，都纳入国家战略层面，都是在原有良好发展环境的基础上，进一步用创新思维推动，不断探索新的路径，努力为创建适应世界形势变化的符合中国国情和具有中国特色的、以发展商贸、金融、投资的现代服务业为重点的、国家赋予其"先行先试"职责的"试验场"。由此，这两个"自贸区"都明显体现全局性、战略性、创新性和前瞻性的特征。

（3）享有系列优惠政策大体相同

深圳前海和上海两个"自贸区"的创建都是上升到国家战略层面，受国家的特殊政策的关怀和支持，由此均享有国家在金融、财税、法律、人才、教育、医疗、电信等方面的系列优惠条件。之所以这样做，不仅仅是单纯为立足于"自贸区"本身的发展，而且与加快推进人民币资本项目的可兑换和实现人民币国际化的战略目标是密切相连的。

（4）同样面临诸多困难

基于现行中国尚处于：法制还正在向规范化和独立性方向发展的进程中，存在一定程度上的垄断体制，缺乏充分自由的资讯和不太完善的企业治理结构等。与此同时，还要应对和处理在深化改革开放中出现的新变化和新问题。如何应对，这既需要有"壮士断臂"的勇气和啃"硬骨头"的大无畏精神，又必须要遵循科学发展规律，逐步有效地解决客观存在的问题，以真正实现社会经济的稳定、持续发展。

2. 两个"自贸区"不同点

（1）名称含义和区域大小有异

上海自贸区的全称为"中国（上海）自由贸易区"，冠有"中国"的名字，可见，它的地位是立足于国家视角和全球视野。从区域角度看，"自贸区"本身占地面积共 28.78 平方公里，还辐射整个长三角各省、市。深圳前海"自贸区"的全名为"深圳前海深港现代服务业合作区"①，地域只有上海自贸区的十分之一，当然两个"自贸区"与全球全国必然都有联系，但深圳前海主要立足于深港这一关联节点上。

（2）发展步骤不一样

上海"自贸区"是"大步走，闯难关，先挂牌，后运作"。而深圳前海"自贸区"是"携手港澳，小步快跑，先摸索，后定名"。

（3）运作方式有差别

上海"自贸区"采取"负面清单"方式，即首批包括新闻机构、网站、出版业、博彩业以及公共管理、社会保障、社会和国际组织等 18 个行业禁止外商涉入的办法，其限定的配套细则需 1~2 年内完成，要用 3 年时间作试验。深圳前海"自贸区"则通过发放人民币贷款、人民币债券，设立股权投资基金，建立外资股权投资基金，香港金融业在前海设立机构、建设新型要素交易平台，设立国际性和全国性的经济管理总部和业务运营总部等，注重开拓深港两地金融合作方面来提升它的地位和发挥其独特的作用。

3. 两个"自贸区"比较中的启示

（1）要坚持以市场为导向，充分发挥市场的决定性作用

当今世界，已有超过 1 200 个自由贸易区，而世界主要国家自由贸易区的建立和发展，一般并不存在与现行政治经济制度的冲突，也并不存在自由贸易区内外制度性的抵制。事实证明：建立自贸区的最大任务是开放市场，以实现货币的区域化、国际化，才能真正促成自贸区的成功和不断发展。也就是说货币的自由化对"自贸区"的生存和发展是一个不能缺失的重要因素。而中国还处在向社会主义市场经济的过渡阶段，还客观存在有不太完善的资本管理、法治和企业治理等问题，尤其是资本项目还不能实现人民币可兑换，作为一项

---

①　系国务院〔2012〕58 号文的称呼。

系统工程和国家战略目标的人民币国际化还在不断推进过程中，这些问题必然会在客观上降低中国自贸区的吸引力和生命力。中国30多年改革开放政策的实践证明，只有坚持以市场为导向，充分发挥其在社会资源配置中的决定性作用，才是自贸区创建的客观条件和关键所在。当然，在向市场化目标迈进中，也不能忽视政府在职能转变中的重要作用。

（2）要坚持以创新的思路来加快实现经济发展方式的转型

经济转型是指社会资源配置和发展方式的转变。从国际经验看，不论是发达国家还是新型工业化国家，无一不是在经济转型升级中持续快速发展的。正因为"转型"的最终目的是实现传统生产方式向市场化、法制化和国际化迈进，它对创建"自贸区"来说，既是为其创造必要和可能的条件，也是促使其科学发展的重要保障。由此，一定要用创新的理念来实现"转型"，具体来说：一是面对复杂多变的国内外形势，不能用常规的思路来试图化解由传统路径所带来的诸多问题；二是注重和遵循科学发展规律，要用发展的眼光和长远利益去考虑面对的问题；三是要冷静面对复杂多变的形势，依据中国的国情，勇于走自己的道路；四是从金融层面看，经济的发展不能过度货币化，不能寄希望于靠注入过多的流动性而丧失实体经济和引发通胀；五是不要将"转型"看作是一个快速和立竿见影的过程，而忽视它客观存在的艰巨性和复杂性。

（3）要以创办"自贸区"为契机，进一步加强上海、深圳、香港三地的紧密合作

中国创建上海、深港两个"自贸区"，上海、深圳、香港三地负有重大的历史责任。实践证明：一方面，要立足于"自贸区"本身，努力开拓创新，联系本地实际，在科学发展上下工夫、做文章，这当然是主要的。但另一方面还必须认识到，"自贸区"的创办绝不能单枪匹马，特别是三地之间紧密合作、优势互补、获取多赢尤为重要。这是因为三地都处于特殊的地位、扎实的基础和各自的特色所在，多年来都已取得了举世瞩目的辉煌业绩。①上海从1991年开始就致力于打造国际金融中心，现承担创建"自贸区"这一世界上最大的重任。近几年，在上海的外资金融机构加速聚集，国际化程度稳步提高；证券市场QFII数量和投资额度不断增加；货币、外汇和黄金市场稳步有序开放；境内金融机构稳步拓展海外业务以及跨境人民币结算业务的先行先试等方面成绩卓越。随着上海自贸区的建立，预见未来的发展空间更加广阔。可见，上海的资源、管理和人才优势是大家所公认的。②深圳是中国改革开放初期首个经济特区，30多年来，勇于开拓创新、努力争创新的优势，在实现市场化、法制化和国际化城市方面，取得了举世瞩目的辉煌业绩。近几年来，深

圳前海的发展更是大手笔，立志将"自贸区"办成政策更特殊、先行先试的创新区，香港与内地紧密合作的先导区，珠三角地区产业升级的引领区。总之，一个初具规模的高层次、开放型经济的试验平台已展现在人们面前。③香港早已是一个真正的自由贸易区，没有关税和资金管制，拥有一个健全的法治体制以及低税率制度。就国际金融中心的资历和经验来说，香港在人才、法治、体制、监管等方面都有其独有的优势。近年来，香港在拓宽境外人民币回流渠道、创建香港人民币离岸金融中心、推进人民币国际化进程等方面成就显著。

总之，可以断言，上海、深圳、香港这三大城市的相融多赢，无论对中国改革开放政策的进一步实施，对市场化、法制化、国际化目标的实现，对人民币国际化进程的加快推进都具有举足轻重的地位和作用，必须加以重视。

# 参 考 文 献

[1] 安佳. 美元本位制与美元危机 [J]. 江苏社会科学, 2006 (2): 94 - 98.

[2] 蔡恩泽. 改革 IMF, 时代的呼唤 [J]. 金融经济, 2009 (10): 53 - 54.

[3] 曹龙骐. 深港金融合作: 理念、定位和路径 [J]. 当代港澳研究, 2009 (1): 55 - 62.

[4] 曹龙骐. 人民币由区域化到国际化: 理念与路径 [J]. 深圳大学学报 (人文社会科学版), 2011 (1): 52 - 58.

[5] 曹凤岐. 超主权国际货币储备体系与人民币国际化 [J]. 国际金融, 2010 (10).

[6] 曹远征. 人民币国际化: 缘起与发展 [J]. 国际金融, 2011 (8).

[7] 陈红泉, 曹龙骐. 跨境贸易人民币结算试点与港澳人民币业务发展[J]. 广东金融学院学报, 2009 (6): 13 - 25.

[8] 陈虹. 日元国际化之路 [J]. 世界经济与政治, 2004 (4): 65 - 71.

[9] 陈卫东. 日元国际化过程中值得关注的若干问题——兼论一国货币国际化的基本条件与模式 [J]. 国际金融研究, 2010 (6): 4 - 14.

[10] 陈四清. 探索人民币国际化的路径 [J]. 中国金融, 2011 (14): 31 - 33.

[11] 陈雨露, 王芳, 杨明. 作为国家竞争战略的货币国际化: 美元的经验证据 [J]. 经济研究, 2005 (2): 35 - 44.

[12] 程恩富、夏晖. 美元霸权: 美国掠夺他国财富的重要手段 [J]. 马克思主义研究, 2007 (12): 28 - 34.

[13] 戴金平, 杨迁, 邓郁凡. 国际货币体系变革中的人民币国际化 [J]. 南开学报 (哲学社会科学版), 2011 (3): 100 - 106.

[14] 戴金平, 魏昊. 把握国际货币格局, 积极推进人民币国际化 [J]. 贵州大学学报, 2010 (7): 20 - 23.

[15] 冯毅. 基于商业银行微观视角的跨境人民币业务创新 [J]. 财经科学, 2011 (6): 28 - 29.

[16] 高洪民. 人民币国际化与上海国际金融中心互促发展的机理和渠道研究 [J]. 世界经济研究, 2010 (10): 22 - 28.

［17］高海红，余永定．人民币国际化的含义与条件［J］．国际经济评论，2010（1）：46-64．

［18］干杏娣．论离岸金融市场的性质、地位与上海离岸金融中心的创设［J］．世界经济文汇，2001（6）：23-28．

［19］谷秀娟．IMF 职能改革：美国观点及其评析［J］．南京师大学报（社会科学版），2006（1）：70-75．

［20］管涛．国际金融危机与储备货币多元化［J］．国际经济评论，2009（3）：18-19．

［21］郭树清．中国是世界货币经济中富有建设性的力量［J］．投资研究，2011（7）：5-9．

［22］郭建伟．人民币国际化：中国外贸微观基础视角分析［J］．深圳大学学报（人文社会科学版），2012（4）：96-102．

［23］何帆．人民币国际化的现实选择［J］．国际经济评论，2009（4）：1-16．

［24］何帆，张斌等．香港离岸人民币金融市场的现状、前景、问题与风险［J］．国际经济评论，2011（3）：84-109．

［25］何慧刚．人民币国际化：模式选择与路径安排［J］．财经科学，2007（2）：37-42．

［26］黄达．人民币的风云际会：挑战与机遇［J］．经济研究，2004（7）．

［27］黄梅波．货币国际化及其决定因素——欧元与美元的比较［J］．厦门大学学报（哲学社会科学版），2001（2）：44-50．

［28］黄梅波，熊爱宗．SDR 与国际货币体系改革［J］．国际金融研究，2009（8）：47-54．

［29］黄权国．人民币国际化的新思路［J］．国际金融研究，2012（12）：26-32．

［30］黄亭亭．人民币国际化基本条件分析：基于风险和责任角度［J］．上海金融，2009（4）：56-58．

［31］黄薇．全球金融治理之国际储备货币体系改革［J］．国际金融研究，2012（12）：12-24．

［32］贾留树，彭广明，姜弘烨．欧元结算三收益，美元结算三弊端［J］．中国外汇管理，2005（7）：56．

［33］姜波克，张青龙．货币国际化：条件与影响的研究综述［J］．新金融，2005（8）：6-9．

［34］蒋万进，等．人民币国际化的基础［J］．中国金融，2006（5）：16－17.

［35］李超．中国的贸易基础支持人民币区域化吗？［J］．金融研究，2010（7）：1－17.

［36］李翀．论人民币的区域化［J］．河北学刊，2002（5）：61－64.

［37］李稻葵，刘霖林．人民币国际化：计量研究及政策分析［J］．金融研究，2008（11）：1－16.

［38］李稻葵．人民币国际化：下一个十年重大的发展趋势［J］．当代社科视野，2011（1）．

［39］李海英，石建勋．国外关于人民币国际化研究的最新动态——基于2010—2011年的相关研究汇总［J］．当代经济，2012（1）：9－11.

［40］李海燕．国际汇率安排中的美元霸权［J］．国际金融研究，2003（3）．

［41］李婧．人民币汇率制度与人民币国际化［J］．上海财经大学学报，2009（4）：77－84.

［42］李文浩，张宁．论人民币国际化的问题及对策：金融市场视角［J］．武汉金融，2010（11）：63－65.

［43］李万超，苏存．人民币国际化的路径选择：企业国际化［J］．南方金融，2011（10）：30－33.

［44］李晓，等．论人民币的亚洲化［J］．世界经济，2004（2）：21－35.

［45］李晓，冯永琦．国际货币体系改革的集体行动与二十国集团的作用［J］．世界经济与政治，2012（2）：119－145.

［46］李艳丰．跨境贸易人民币结算失衡问题研究［J］．经济与管理，2011（10）：54－57.

［47］李艳丰，曹龙骐．香港人民币离岸市场流动性影响因素及应对策略分析［J］．深圳大学学报（人文社科版），2013（2）．

［48］李艳丰，曹龙骐．基于网络外部性理论的人民币国际化机制探讨［J］．税务与经济，2012（6）：12－16.

［49］李艳丰．跨境贸易人民币结算失衡问题研究［J］．经济与管理，2011（10）：54－57.

［50］李忠元，乔江宁．加大对外人民币融资力度提升企业"走出去"竞争力［J］．中国经贸，2011（11）：38－39.

［51］连平．人民币国际结算的重大意义与现实挑战［J］．新金融，2009（2）．

［52］刘昊虹．欧元问世后国际储备货币竞争格局与欧元危机［J］．财经科

学，2010（8）：4–6.

[53] 刘骏民. 双本位国际货币体系的形成及其历史趋势——三大趋势如何冲破固化的世界经济格局 [J]. 开放导报，2011（2）：41–56.

[54] 刘力臻. 人民币国际化的独特路径及发展前景 [J]. 华南师范大学社会科学报，2010（2）：112–118.

[55] 刘群，等. 论主权货币充当储备货币的风险 [J]. 中国人民大学学报，2011（4）：93–99.

[56] 罗忠洲. 跨境贸易计价货币选择理论：文献综述 [J]. 国际经贸探索，2012（6）：75–87.

[57] 马俊. 人民币离岸市场发展对境内货币和金融的影响 [J]. 国际融资，2011（5）.

[58] 门洪华. 金融危机与美元霸权的变迁 [J]. 理论视野，2009（1）：44–47.

[59] 莫莉. 人民币跨境贷款前海探路 [J]. 财经，2012（12）.

[60] 裴长洪. 国际货币体系改革与人民币国际地位 [J]. 2010（6）.

[61] 彭兴韵. 国际货币体系的演进及多元化进程的中国选择——基于"货币强权"的国际货币体系演进分析 [J]. 金融评论，2010（5）：8–29.

[62] 邵丽. 国际货币基金组织的困境与改革探讨 [J]. 理论研究，2011（4）：21–24.

[63] 邵鹏斌. 美元国际化进程对人民币国际化的启示 [J]. 经济学动态，2009（10）：57–60.

[64] 尚航飞. 加快建设香港人民币离岸金融市场的探讨与思考——基于人民币国际化的视角 [J]. 农村金融研究，2011（5）：32–36.

[65] 盛斌，张一平. 全球治理中的国际货币体系改革：历史与现实 [J]. 南开学报，2012（1）：60–69.

[66] 石巧荣. 国际货币竞争格局演进中的人民币国际化前景 [J]. 国际金融研究，2011（7）：34–42.

[67] 苏天鹏. 中心国金融危机与国际货币体系更替之间的联系 [J]. 财经科学，2011（7）：26–34.

[68] 孙海霞，谢露露. 国际货币的选择：基于外汇储备职能的分析 [J]. 国际金融研究，2010（12）：38–49.

[69] 王庆华. 国际货币、国际货币体系和人民币国际化 [J]. 复旦学报（社会科学版），2010（1）：16–23.

［70］王晓雷．国际储备的演进与储备货币的价值分析［J］．国际金融研究，2009（12）：40－48.

［71］王自力，赵锡军，等．全球金融危机下的人民币国际化［J］．银行家，2009（5）.

［72］夏斌．人民币区域化及风险防范［J］．金融论坛，2011（9）：3－10.

［73］夏斌．国际货币体系缓慢变革下的人民币国际化［J］．新金融，2011（15）：55－56.

［74］香港集思会人民币课题组．发展香港人民币离岸中心研究［J］．南方金融，2011（2）：35－39.

［75］吴念鲁．论人民币可兑换与国际化［J］．国际金融研究，2009（11）.

［76］向松祚．国际货币体系改革何去何从［J］．中国金融，2010（11）.

［77］项卫星，刘晓鑫．美元本位制的问题及其可持续性［J］．国际金融研究，2009（4）：32－39.

［78］徐奇渊，李婧．国际分工体系视角的货币国际化［J］．世界经济，2008（2）：30－39.

［79］杨绪彪．美元本位制、美元霸权与美国金融危机［J］．经济与管理，2009（1）：62－65.

［80］杨艳林，雷志威．欧元相对国际货币地位变动分析——基于主成分综合评价法［J］．广东金融学院学报，2011（3）：85－94.

［81］喻晓平，翟中伟．人民币国际化的路径选择［J］．商场现代化，2006（6）：215－216.

［82］余永定．国际货币体系改革和中国外汇储备资产保值［J］．国际经济评论，2009（5）：12－18.

［83］余永定．再论人民币国际化［J］．国际经济评论，2011（5）：7－13.

［84］余永定．人民币国际化推行本币计价比本币结算更重要［J］．中国对外贸易，2011（10）：32.

［85］张敖．美元霸权的历史演进［J］．金融发展评论，2011（3）：61－66.

［86］张纯威．香港人民币离岸金融市场发展与人民币国际化［J］．广东金融学院学报，2009（6）：5－12.

［87］张云，刘骏民．金融危机、美元危机与世界货币体系［J］．财经问题研究，2009（2）：60－66.

［88］赵保国．香港离岸即期人民币汇率在境内外汇率关系研究中的作用［J］．中央财经大学学报，2012（6）：40.

［89］张明．人民币国际化：基于在岸与离岸的两种视角［J］．金融与经济，2011（8）：4-10.

［90］张明．国际货币体系改革：背景、原因、措施及中国的参与［J］．国际经济评论，2010（1）：114-137.

［91］张青龙．人民币国际化的经济效应：一般均衡分析［J］．世界经济研究，2005（8）：44-48.

［92］周小川．关于改革国际货币体系的思考［J］．当代经济，2009（4）：1.

［93］周小川．用"超主权货币"重构国际货币体系［J］．竞争力，2009（5）．

［94］张肃．日元模式对人民币国际化风险控制的启示［J］．现代日本经济，2011（4）：39-46.

［95］张宜浩，裴平，沈晓华．香港离岸金融发展对大陆金融深化的效应——基于离岸金融中心的实证研究［J］．国际金融研究，2009（6）：31-39.

［96］张嫄．论美元霸权下国际货币体系的内在脆弱性［J］．国际评论，2011（2）：41-42.

［97］赵锡军．全球金融危机下的人民币国际化：机遇与挑战［J］．亚太经济，2009（6）．

［98］中国人民银行研究局课题组．关于国际货币体系改革的文献综述［J］．金融发展评论，2010（3）：143-158.

［99］钟伟．略论香港作为人民币离岸金融中心的构想［J］．管理世界，2002（10）：134-136.

［100］钟红．国际货币体系改革方向与中国的对策研究［J］．国际金融研究，2006（10）：18-26.

［101］周伍阳．人民币区域化与深港人民币离岸市场合作分析［J］．南方金融，2011（5）：49-48.

［102］朱纯福．主权货币国际化内在矛盾及其策略选择——兼论国际货币体系多元发展路线的历史逻辑［J］．世界经济研究，2011（3）：28-35.

［103］朱孟楠，陈硕．"中元区"的构建：现实可行性及前景展望［J］．厦门大学学报（哲学社会科学版），2004（4）：99-106.

［104］马克思．资本论［M］．郭大力，王亚南，译．上海：上海三联书店，2009.

［105］汉克·盖默特．欧元与国际货币竞争［M］．陈雨露，等，译．北京：

中国金融出版社, 1999.

[106] 巴里·艾肯格林. 资本全球化国际货币体系史 [M]. 彭兴韵, 译. 上海: 上海人民出版社, 2009.

[107] 保罗·R. 克鲁格曼, 茅瑞斯·奥伯斯法尔德. 国际经济学: 理论与政策 [M]. 黄卫平, 等, 译. 北京: 中国人民大学出版社, 2011.

[108] 本杰明·J. 科恩. 货币地理学 [M]. 代先强, 译. 成都: 西南财经大学出版社, 2004.

[109] 本杰明·M. 弗里德曼, 等. 货币经济学手册 [M]. 曾刚, 等, 译. 北京: 经济科学出版社, 2002.

[110] 达摩达尔·N. 古扎拉蒂. 计量经济学 [M]. 林少宫, 译. 北京: 中国人民大学出版社, 2000.

[111] 戴维·里维里恩, 克里斯·米尔纳. 国际货币经济学前沿问题 [M]. 赵锡军, 应惟伟, 译. 北京: 中国税务出版社, 2000.

[112] 多米尼克·萨尔瓦多. 欧元、美元和国际货币体系 [M]. 贺瑛, 译. 上海: 复旦大学出版社, 2007.

[113] 劳伦斯·H. 怀特. 货币制度理论 [M]. 李扬, 周素芳, 姚枝仲, 译. 北京: 中国人民大学出版社, 2004.

[114] 理查德·M. 莱维奇施. 国际金融市场: 价格与政策 [M]. 华强, 等, 译. 北京: 中国人民大学出版社, 2002.

[115] 罗伯特·特里芬. 黄金与美元危机——自由兑换的由来 [M]. 陈尚霖, 雷达, 译. 北京: 商务印书馆, 1997.

[116] 罗伯特 S. 平狄克, 丹尼尔 L. 鲁宾费尔德. 计量经济模型与经济预测 [M]. 钱小军, 等, 译. 北京: 机械工业出版, 2004.

[117] 罗恩. 保罗. 终结美联储 [M]. 朱悦心, 等, 译. 北京: 中国人民大学出版社, 2010: 73 - 83.

[118] 罗纳德·麦金农. 美元本位下的汇率: 东亚高储蓄两难 [M]. 李瑶, 卢力平, 译. 北京: 中国金融出版社, 2006.

[119] 高山晟. 经济学中的分析方法 [M]. 刘振亚, 译. 北京: 中国人民大学出版社, 2001.

[120] 海曼·P. 明斯基. 凯恩斯《通论》新释 [M]. 张慧卉, 译. 北京: 清华大学出版社, 2009.

[121] 杰弗里·萨克斯, 费利普·拉雷恩. 全球视角的宏观经济学 [M]. 费方域, 等, 译. 上海: 上海人民出版社; 上海三联书店, 2004.

［122］金德尔伯格．西欧金融史［M］．北京：中国金融出版社，2010.

［123］米尔顿·弗里德曼，安娜·J. 施瓦茨．美国货币史 1867—1960［M］．巴曙松，王劲松，等，译．北京：北京大学出版社，2009.

［124］托马斯·H. 格列柯．货币的终结［M］．周琴，刘坤，译．北京：金城出版社，2010.

［125］谢拉·C. 道．经济学方法论［M］．杨培雷，译．上海：上海财经大学出版社，2005.

［126］W. 阿瑟·刘易斯．经济增长理论［M］．梁小民，译．上海：上海人民出版社；上海三联书店，1994.

［127］菊地悠二．日元国际化——进程与展望［M］．陈建，译．北京：中国人民大学出版社，2002.

［128］石田护．人民币的稳定化、国际化和东亚货币体制的未来，人民币、日元与亚洲货币合作——中日学者的对话［M］．李晓，上川孝夫．北京：清华大学出版社，2010.

［129］中条诚一．亚洲的日元国际化［J］．郑甘封，译．经济资料译丛，2002（2）：16 – 26.

［130］凯文·多德，默文·K·刘易斯．金融与货币经济学前沿问题［M］．陈雨露，王芳，译．北京：中国税务出版社，2000.

［131］约翰·梅纳德·凯恩斯．就业利息和货币通论［M］．魏埙，译．西安：陕西人民出版社，2004.

［132］亚当·斯密．国富论［M］．杨敬年，译．西安：陕西人民出版社，2001.

［133］白仲林．面板数据的计量经济分析［M］．天津：南开大学出版社，2008.

［134］巴曙松，郭云钊，KVB 昆仑国际离岸金融项目组，等．离岸金融市场发展研究：国际趋势与中国路径［M］．北京：北京大学出版社，2008.

［135］曹龙骐．金融学（第四版）［M］．北京：高等教育出版社，2013.

［136］曹远征．人民币国际化：缘起与发展［M］．北京：社会科学文献出版社，2011.

［137］陈雨露．人民币国际化报告（2012）［M］．北京：中国人民大学出版社，2012.

［138］冯郁川．人民币渐进国际化的路径与政策选择［M］．北京：中国金融出版社，2009.

[139] 高铁梅．计量经济分析方法与建模：EViews 应用及实例［M］．北京：清华大学出版社，2006.

[140] 国务院发展研究中心课题组．人民币区域化：条件与路径［M］．北京：中国发展出版社，2011.

[141] 韩文秀．人民币迈向国际货币［M］．北京：经济科学出版社，2011.

[142] 胡振国．深港合作新趋势［M］．北京：中国经济出版社，2005.

[143] 姜波克，杨槐．货币替代研究［M］．上海：复旦大学出版社，1999.

[144] 蒋殿春．高级微观经济学［M］．北京：北京大学出版社，2006.

[145] 连平．离岸金融研究［M］．北京：中国金融出版社，2002

[146] 李晓，丁一兵，等．人民币区域化问题研究［M］．北京：清华大学出版社，2010.

[147] 李稻葵．人民币国际化道路研究［M］．北京：科学出版社，2013.

[148] 刘仁伍．资金跨境流动与货币政策［M］．北京：社会科学文献出版社，2011.

[149] 聂利君．货币国际化问题研究［M］．北京：光明日报出版社，2009.

[150] 孙东升．人民币跨境流通的理论与实证分析［M］．北京：对外经济贸易大学出版社，2008.

[151] 唐正东．从斯密到马克思：经济哲学方法的历史性诠释［M］．南京：江苏人民出版社，2009.

[152] 王爱俭．滨海新区金融创新与人民币国际化研究［M］．北京：科学出版社，2009.

[153] 向松祚，邵智宾．伯南克的货币理论和政策哲学［M］．北京：北京大学出版社，2008.

[154] 夏斌．中国金融战略 2020［M］．北京：人民出版社，2011.

[155] 赵庆明．人民币资本项目可兑换及国际化研究［M］．北京：中国金融出版社，2005.

[156] 张杰．银行制度改革与人民币国际化：历史、理论与政策［M］．北京：中国人民大学出版社，2010.

[157] 张晓峒．EViews 使用指南与案例［M］．北京：机械工业出版社，2007.

[158] 宗良，李建军．人民币国际化理论与前景［M］．北京：中国金融出版社，2011.

[159] 周林，温小郑．货币国际化［M］．上海：上海财经大学出版

社，2001.

[160] 周宇．人民币汇率机制［M］．上海：上海社会科学院出版社，2007.

[161] 左连村，王洪良．国际离案金融市场理论与实践［M］．广州：中山大学出版社，2002.

[162] 庄子银．高级宏观经济学［M］．武汉：武汉大学出版社，2004.

[163] 周爱民．高级宏观经济学［M］．北京：经济管理出版社，2001.

[164] 曾康霖，刘锡良，缪明杨．百年中国金融思想学说史［M］．北京：中国金融出版社，2011.

[165] 曹红辉．不"离岸"人民币何谈国际化［N］．中国证券报，2010 – 09 – 17.

[166] 曹彤．东南亚人民币接受程度季评［R］．国研网，2012 – 09 – 06.

[167] 曹理达，周慧兰．以金融改革推进利率市场化——市场化涵义与条件［N］．21 世纪经济报道，2012 – 02 – 06.

[168] 陈学彬，王培康．人民币汇率形成机制已趋完善［N］．国际金融报，2011 – 12 – 14.

[169] 陈娜．人民币国际化背景下香港建立人民币跨境结算中心研究［D］．暨南大学硕士论文，2011.

[170] 陈治国．人民币国际化问题研究［D］．吉林大学博士论文，2011.

[171] 崔彧．人民币国际化的路径选择研究［D］．华东师范大学硕士论文，2011.

[172] 付碧莲．RQFII 试点启动资本账户进一步开放［N］．国际金融报，2011 – 12 – 19：（2）.

[173] 高晨．人民银行频签货币互换协议人民币国际化再提速［N］．京华时报，2012 – 03 – 24.

[174] 胡金华．人民币国际化现短暂放缓信号［N］．华夏日报，2011 – 12 – 03.

[175] 胡蓉蓉，程旭．人民币汇率：牛皮市来了［N］．经济观察报，2011 – 12 – 19（1）.

[176] 黄静．建立人民币离岸金融中心的问题研究［D］．华东师范大学硕士论文，2007.

[177] 嵇晨．美元计价新兴市场债券走俏一时［N］．第一财经日报，2012 – 11 – 16（A10）.

[178] 金敏正．人民币国际化问题研究——基于构建香港人民币离岸金融市

场路径［D］．西南财经大学硕士论文，2010.

［179］拉迪．利率市场化和人民币的国际性角色［N］．21世纪经济报道，2012 - 05 - 19.

［180］李丹丹．人民币进入非洲将成尼日利亚储备货币［N］．上海证券报，2011 - 09 - 07.

［181］李建军．离岸金融中心建设对人民币国际化作用明显［N］．上海证券报，2011 - 07 - 18.

［182］刘崇．贸易发展、金融发展与货币国际化［D］．吉林大学博士论文，2007.

［183］刘冠洲．人民币国际化过程中的人民币离岸金融市场建设［D］．吉林大学硕士论文，2010.

［184］刘群，等．他国主权货币充当储备货币存在三大风险［N］．中国证券报，2011 - 10 - 13.

［185］连平．人民币国际化才上征途［N］．经济观察报，2011 - 11 - 14（24）．

［186］林翔．日元国际储备地位影响因素的实证分析［D］．广东商学院硕士论文，2010.

［187］马春园．在非洲实现人民币区域化和国际化没有问题［N］．21世纪经济报道，2012 - 07 - 21.

［188］牛娟娟．推进对外直接投资人民币结算［N］．金融时报，2011 - 09 - 20.

［189］欧阳晓红．贬值预期声再起人民币汇率进入盘整期［N］．经济观察报，2011 - 10 - 28.

［190］欧阳晓红．"可怕"的提速人民币国际化歧路［N］．经济观察报，2011 - 09 - 26（19）．

［191］潘理权．人民币国际化发展路径及保障措施研究［D］．合肥工业大学博士论文，2011.

［192］裴玥．非美元结算趋势，美元计价强势难改［N］．国际商报，2006 - 06 - 29（1）．

［193］沈建光．离岸市场建设与人民币可兑换提速［N］．上海证券报，2011 - 10 - 17.

［194］孙海霞．货币国际化条件研究［D］．复旦大学博士论文，2011.

［195］万晓晓．欧洲市场寒冬，出口企业各寻对策［N］．经济观察报，

2011 – 12 – 12（31）．

［196］夏青．人民币国际化如何走出"美债陷阱"［N］．证券日报，2011 –
09 – 07．

［197］夏青．多国纳入人民币作外储，人民币区域化为国际化铺路［N］．证
券日报，2011 – 09 – 15．

［198］易纲．人民币借香港国际化［N］．香港文汇报，2011 – 03 – 24．

［199］薛培莉．人民币国际化［D］．浙江工商大学硕士论文，2010．

［200］许小年．旧危机的新阶段［N］．经济观察报，2011 – 09 – 26（41）．

［201］杨海珍．香港人民币离岸中心建立模式与效应分析［R］．CFEF 研究报
告，2003，（11）．

［202］杨育智．广东跨境贸易人民币结算的理论与实证研究［D］．华南理工
大学硕士论文，2010．

［203］姚德忠．贸易发展推动人民币国际化研究——以东南亚区域为例［D］．
华中科技大学硕士学位论文，2010．

［204］俞懋峰，赵志鹏．中俄或签货币互换协议，分析称美元地位难撼［N］．
经济参考报，2009 – 09 – 10．

［205］张礼卿．国际货币治理的新使命：合作与共赢［N］．社会科学报，
2012 – 06 – 26（2）．

［206］张明．正反两个历史镜鉴——我看人民币国际化之五［N］．上海证券
报，2011 – 06 – 07．

［207］张莫，孙韶华．人民币 FDI 政策框架出台，回流渠道再拓展［N］．经
济参考报，2011 – 08 – 24．

［208］朱国良．世行：人民币 2025 年将跻身世界三大储备货币［N］．上海
证券报，2011 – 05 – 19（5）．

［209］左小蕾．别误导了人民币国际化的大方向［N］．上海证券报，2011 –
09 – 07．

［210］曾培炎．凝聚共识　循序渐进推进国际货币体系结构性改革［C］．中
国经济年会，2011—2012．

［211］Adam S. Posen, 2008, Why the Euro will Not Rival the Dollar, International Finance, 11: 1, pp. 75 – 100.

［212］Annette Kamps, 2006, The Euro as Invoicing Currency in International Trade, Working Paper Series No. 665.

［213］Benjamin J. Cohen, 2012, The Yuan's Long March: Can an International

Currency Be Manufatured ? http：//www. polsci. ucsb. edu/faculty/cohen/working/pdfs/Yuan. pdf.

[214] Eichengreen, B. 1998, The Euro as a Reserve Currency. Journal of Japanese and International Economics, vol. 12, pp. 483 – 506.

[215] Barry Eichengreen, 2005, Sterling's Past, Dollar's Future：Historical Perspective on Reserve Currency Competition. NBER Working Paper No. 11336.

[216] Barry Eichengreen and Marc Flandreau, 2008, The Rise and Fall of the Dollar, or When Did the Dollar Replace Sterling as the Leading Reserve Currency? Prepared for the conference in honor of Peter Temin, Cambridge, A longer version was presented to the Past, Present and Policy Panel, Genoa, Italy, pp. 8 – 29 March.

[217] Bénassy – Quéré, Agnès, 1996, Potentialities and Opportunities of the Euro as an International Currency, CEPII Working Paper, No. pp. 1096 – 1109.

[218] Bruce Greenwald and Joseph Stiglitz, 2006, A Modest Proposal for International Monetary Reform, http：//web. gc. cuny. edu/.

[219] Bordo, Michael D & Choudhri, Ehsan U, 1982, Currency Substitution and the Demand for Money：Some Evidence for Canada, Journal of Money, Credit and Banking, Blackwell Publishing, vol. 14（1）, pp. 48 – 57, February.

[220] Calvo, Vegh, 1992, Currency substitution in developing countries, IMF working paper, May 40.

[221] Cleveland, H. , 1976, The international monetary system in the interwar period, In Ed. Rowland, B. Balance of power or hegemony：The interwar monetary system. New York, NY：New York University Press. pp. 1 – 59.

[222] Cohen, Benjamin J. , 2005, The Macrofoundation of Monetary Power, Other Recent Work, Global and International Studies, UC Santa Barbara, p41 – 77. http：//escholarship. org/uc/item/8xb2p5rx.

[223] Cohen, Benjamin J. , 2011, The Benefits and Costs of an International Currency：Getting the Calculus Right, home page：www. polsci. ucsb. edu/faculty/cohen.

[224] Dobson, Wendy and Paul R. Masson , 2009, Will the Renminbi Become a World Currency? China Economic Review 20, pp. 124 – 135.

[225] Eichengreen, B. , 1985, Conducting the international orchestra：Bank of

England leadership under the classical gold standard. Journal of International Money and Finance 6 (1), pp. 5 – 29.

[226] Eichengreen, Barry, and Donald Mathieson, 2000, The currency composition of foreign exchange reserves: Retrospect and prospect, IMF Working Paper no. WP/00/131. Washington, DC: International Monetary Fund, July.

[227] Eichengreen, B., and P. Luengnaruemitchai, 2004, Why doesn't Asia have bigger bond markets?, BIS Papers, No. 30. pp. 49 – 87.

[228] Ewe – Ghee Lim, 2006, The Euro's Challenge to the Dollar: Different Views from Economists and Evidence from COFER ( Currency Composition of Foreign ExchangeReserves) and Other Data, IMF Working Paper 06/153.

[229] Frankel, J., 2011, Historical precedents for internationalization of the RMB, paper presented to a Council on Foreign Relations/China Development Research Foundation symposium, The future of the international monetary system and the role of the renminbi, Beijing.

[230] Friberg, Richard, 1998. In Which Currency Should Exporters Set Their Prices? Journal of International Economics, 45 (1), pp. 59 – 76.

[231] George S. Tavlas, 1990, On the International Use of Currencies: The Case of the Deutsche Mark, IMF Working Paper No. 3.

[232] George S. Tavlas, 1997, the International Use of the us dollar: an optimum currency area perspective, The World Economy, Vol 20, Issue 6, pp. 70 – 747.

[233] George S. Tavlas, 1998, The International Use of Currencies The U. S. Dollar and the Euro, Finance & Development (6), pp. 46 – 49.

[234] Grassman, S., 1973, Currency Distribution and Forward Cover in Foreign Trade, Journal of International Economics, pp. 215 – 221.

[235] Helene Rey, 2001, International Trade and Currency Exchange, Review of Economic Studies , 68, pp. 443 – 464.

[236] Hongyi Chen and Wensheng Peng, 2007, The Potential of the Renminbi as an International Currency, China Economic Issues, No. 7/07, pp. 1 – 21.

[237] Hoshi, T and A Kashyap, 2001, Corporate financing and governance in Japan, MIT Press, pp. 232 – 236.

[238] Hyoung – kyu Chey, 2012, Theories of International Currencies and the Future of the World Monetary Order, International Studies Review, 14, pp.

51 – 77.

[239] Ingram, J. C. , 1969, Comment: the currency area problem, in Monetary problem of the international economy, Mundell, Alexander, & Swoboda eds, University of Chicago Press.

[240] Ishiyama, Yoshihide, 1975, The theory of optimum currency areas: a survey, International Monetary Fund, Staff Paper 22.

[241] Jong – Wha Lee, 2010, Will the Renminbi Emerge as an International Reserve Currency? Asian Development Bank.

[242] Jeffrey A. Frankel and Andrew K. Rose, 1998, The Endogeneity of the Optimum Currency Area CriteriaThe Economic Journal, pp. 1009 – 1025.

[243] Kelly, Brendan, 2009, China's Challenge to the International Monetary System: Incremental Steps and Long – Term Prospects for Internationalization of the Renminbi, Issues and Insights 9: 11 ( Honolulu: Pacific Forum CSIS) .

[244] Kenen, Peter, 2009, Dimensions of Currency Internationalization, Forthcoming paper for the BIS – Bank of Korea Seminar on Currency Internationalization, Korea.

[245] Kevin Dowd and David Greenaway, 1993, Currency Competition, Network Externalities and Switching Costs: Towards an Alternative View of Optimum Currency Areas, The Economic Journal. Vol. 103, No. 420, pp. 1180 – 1189.

[246] Kiyotaka Sato, 1998, The International Use of The Janpanese Yen: The Case of Japan's Trade with East Asia, Research Associate, ICSEAD Working Paper Series Vol. 98 – 16.

[247] Linda S. Goldberg and Cédric Tille, 2008, Vehicle Currency Use in International Trade , Federal Reserve Bank of New York Staff Reports, No. 200.

[248] L. R Thomas, 1985, Portfolio theory and currency substitution, Journal of Money, Credit and Banking, vol. 17. No. 3, pp. 357 – 247.

[249] Marc. A. Miles, 1978, Currency substitution, flexible exchange rates, and monetary independence, The American Economic Review, Vol. 68, 6.

[250] Matteo Bobba, Giuseppe Della Corte, Andrew Powell, 2007, On the Determinants of International Currency Choice: Will the Euro Dominate the World? Research Department Working paper series 611.

[251] Mckinnon &Schnabl, 2011, China and Its Dollar Exchange Rate: A World-

wide Stabilizing Influence? http：//ideas. repec. org.

[252] Mckinnon. R. I. , 1985, Two concepts of international currency substitution, in M. D. Connolly&J. McDermott （eds. ）, The Economics of the Caribbean Basin, New York：Praeger.

[253] Menzie Chinn, Jeffrey A. Frankel, 2007, Will the Euro Eventually Surpass the Dollar as Leading? URL：http：//www. nber. org/chapters/c0126.

[254] Menzie Chinn and Jeffrey Frankel, 2008, Why the Euro Will Rival the Dollar, International Finance 11：1, pp. 49 – 73.

[255] Menzie D. Chinn and Hiro Ito, 2008, A New Measure of Financial Openness, Journal of Comparative Policy Analysis, Vol. 10, No. 3, pp. 309 – 322.

[256] Masahiro Kawai and Shinji Takagi, 2011, The RMB as a Key International Currency：Lessons from the Japanese Experience, presented at the AEEF conference, Paris.

[257] Nathan Chow. 2012, CNH：More than just "non – resident conversion", Singapore：DBS Group Research. http：//www. dbsvresearch. com/research/DBS/research. . . /CNH_ 120813. pdf.

[258] Paola Subacchi, 2010, One Currency, Two Systems：China's Renminbi Strategy, http：//www. chathamhouse.

[259] Papaioannou, Elias and Richard Portes , 2008, Costs and Benefits of Running an International Currency, Economic Papers 348 （Brussels：European Commission） .

[260] Paul Krugman, 1979, Vehicle Currencies and the Structure of International Exchange, NBER Working Paper Series No. pp. 333.

[261] Paul Krugman, 1980, Vehicle Currencies and the Structure of International exchange, Journal of Money, Credit and Banking, Vol. 12, No. 3, pp. 513 – 526.

[262] Paul Krugman, 1984, The International Role of the Dollar：Theory and Prospect, URL：http：//www. nber. org/chapters/c6838, pp. 261 – 278.

[263] Peter B Kenen, 2011, Currency internationalisation：an overview, BIS conference in korea, pp. 22 – 31.

[264] PE Guidotti, CA Rodriguez, 1991, Dollarization in Latin America：Gresham's Law in Reverse, IMF working paper.

［265］Philippe Bacchetta, Eric van Wincoop, 2005, A theory of the currency denomination of international trade. , Journal of International Economics , pp. 295 – 319.

［266］Prakash Kannan, 2006, Essays on International Money, A Dissertation Submitted to the Department of Eeconomics and the Committee on Graduate Studies of Stanford University in Partial Fulillment of the Requirements for the Degree of Doctor of Philosophy, UMI Number: 3219302.

［267］Prem, Room, 1994, International currencies and endogenous enforcement, University of Massachusetts, A Phd. Dissertation , pp. 142 – 143.

［268］Richard N. Cooper, 2009, The Future of the Dollar, Peterson institute for international economics, No. PB9 – 21. http: //www. iie. com.

［269］Robert McCauley, 2006, Internationalising a currency: the case of the Australian dollar, BIS Quarterly Review, pp. 45 – 73.

［270］Robert McCauley, 2011, Renminbi internationalisation and China's financial development, BIS Quarterly Review, pp. 45 – 61.

［271］Schwartz, A. , 1996, The operation of the specie standard: Evidence for core and peripheral countries, 1880 – 1990. In Ed, Bordo, M. (1999) The gold standard and related regimes: Collected essay. Cambridge, UK: Cambridge University Press.

［272］Shinichi Fukuda, Masanori Ono, 2006, On the Determinants of Exporters' Currency Pricing: History vs. Expectations, CIRJEDiscussion papers, http: //www. e. u – tokyo. ac. jp/cirje/research/03research02dp. html.

［273］Stephen S. Poloz, 1986, Currency substitution and the precautionary demand for money, Journal of International Money and Finance, vol 5. Issue 1, pp. 115 – 124.

［274］Tavlas, G. S. , 1990, On the International Use of Currencies the Case of the Deutsche Mark IMF working paper.

［275］Takatoshi Ito, 2010 , China as Number One: How about the Renminbi? Asian Economic Policy Review, vol. 5, No. 2, pp. 249 – 276.

［276］Toru Iwami, Kiyotaka Sato, 1996, The internationalization of the yen: with an emphasis on East Asia , international Journal of Social Economics, Vol. 23 No. 10/11, pp. 192 – 208.

［277］Tetsuji Murase, 2010, Hong Kong Renminbi Offshore Market and Risks to

Chinese    Economy,    Institute    for    International    Monetary    Affairs,
Newsletter No. 40.

[278] V. K. Chilly, 1969, On Measuring The Nearness of Near Moneys, American Economic Association, pp. 270 – 281.

[279] Wendy Dobson, Paul R. Masson, 2009, Will the renminbi become a world currency? China Economic Review, Vol. 20, Issue 1, pp. 124 – 135.

[280] Yiting Li, Akihiko Matsui , 2009, A theory of international currency: Competition and discipline, Journal of The Japanese and International Economies, 23, pp. 407 – 426.

[281] Yin – Wong Cheung, Guonan Ma, and Robert McCauley, 2010, Renminbising China's Foreign Assets, Working Paper No. 16 , Hong Kong Institute for Monetary Research.

[282] Yung Chul Park, 2010, RMB internationalization and its implications for financial and monetary cooperation in East Asia, China & World Economy, Vol. 18, No. 2.

# 后　记

本书实际上是近四五年来由曹龙骐教授连续主持的几个相关课题的延续。这些课题主要有：

1. 2008 年广东省普通高校人文社科研究重点项目：《离岸金融市场发展与深圳的实践》；

2. 2009 年深圳大学人文社会科学基金"团队创新"项目《人民币国际化战略构想及其对深圳的意义》（课题编号：09TDCX02）；

3. 2011 年深圳大学中国经济特区研究中心重大项目《深港金融合作研究》；

4. 2012 年深圳市社会科学联合会《深港金融合作：人民币离岸化区域化国际化研究》（课题编号：125A046）。

以上研究项目基本上已结项，这些项目中的较多部分与本书研究的内容有密切联系。与此同时，课题组人员已发表有关人民币国际化的论文 15 篇，大部分被 CSSCI 收录，期间还参加了与人民币国际化为主题的国际、国内学术研讨会共三次。由此，时时萌生对人民币国际化这一重大问题的深入思考，从中也提升了一些新的观点和积累了若干素材，这些都是引发撰写本书的主要动因，抱着"不甘心"和"不放弃"的情愫，下决心试啃一下这块"硬骨头"，前后奋战三年多，至今终于梦想成真。

本书为深圳市哲学社会科学"十二五"规划重点项目，编入深圳大学中国经济特区研究中心文库。在写作过程中，得到了有关领导的殷切关怀和热情支持。深圳大学经济学院的李璐彤同学做了不少资料整理工作。从本书出版合同的签订，到稿件的几次修改，得到了中国金融出版社的彭立勋主任、丁芊编辑等的全力支持，并付出了辛勤的劳动。在此，我们一并深表谢意！

本书的框架设计和内容安排，主要由曹龙骐教授负责。本书的写成，实在是集体努力的结果，几经修改，某些部分很难正确标出"你""我"之分，只能说大体分工如下：

自序：曹龙骐教授；

导论：曹龙骐教授；

第一章：曹龙骐教授；

第二章：李艳丰博士；

第三章：李艳丰博士；

第四章：杨文博士；

第五章：杨文博士；

第六章：李艳丰博士、汪争平教授；

第七章：李艳丰博士、曹龙骐教授；

第八章：曹龙骐教授、詹志东博士；

第九章：李艳丰博士、曹龙骐教授；

第十章：陈红泉讲师；

第十一章：李艳丰博士、曹龙骐教授；

第十二章：李艳丰博士、曹龙骐教授，陈红泉讲师。

我们深知，尝试对人民币国际化这一庞大繁复的系统工程进行探讨，确实需要有点勇气，但限于水平和时间，有很多问题没有讲清楚或讲得不深，诚恳希望有关专家和读者们多多给予帮助，待我们在今后进一步研究中认真弥补和逐一修正。

作者
2014 年 6 月